ENZYKLOPÄDIE
DEUTSCHER
GESCHICHTE
BAND 93

ENZYKLOPÄDIE
DEUTSCHER
GESCHICHTE
BAND 93

HERAUSGEGEBEN VON
LOTHAR GALL

RENAISSANCE UND HUMANISMUS

VON
ULRICH MUHLACK

DE GRUYTER
OLDENBOURG

ISBN 978-3-486-57932-1
e-ISBN (PDF) 978-3-486-83966-1
e-ISBN (EPUB) 978-3-11-039738-3

Library of Congress Cataloging-in-Publication Data
A CIP catalog record for this book has been applied for at the Library of Congress.

Bibliografische Information der Deutschen Nationalbibliothek
Die Deutsche Nationalbibliothek verzeichnet diese Publikation in der Deutschen Nationalbibliografie; detaillierte bibliografische Daten sind im Internet über http://dnb.dnb.de abrufbar.

Umschlagabbildung: Albrecht von Brandenburg-Ansbach, Herzog in Preußen, porträtiert von Lucas Cranach d. Ä., datiert 1528
Satz: le-tex publishing services GmbH, Leipzig
Druck und Bindung: Hubert & Co. GmbH & Co. KG, Göttingen
♾ Gedruckt auf säurefreiem Papier
Printed in Germany

MIX
Papier aus verantwortungsvollen Quellen
FSC® C016439
FSC www.fsc.org

www.degruyter.com

Vorwort

Die „Enzyklopädie deutscher Geschichte“ soll für Benutzer – Fachhistoriker, Studenten, Geschichtslehrer, Vertreter benachbarter Disziplinen und interessierte Laien – ein Arbeitsinstrument sein, mit dessen Hilfe sie sich rasch und zuverlässig über den gegenwärtigen Stand unserer Kenntnisse und der Forschung in den verschiedenen Bereichen der deutschen Geschichte informieren können.

Geschichte wird dabei in einem umfassenden Sinne verstanden: Der Geschichte der Gesellschaft, der Wirtschaft des Staates in seinen inneren und äußeren Verhältnissen wird ebenso ein großes Gewicht beigemessen wie der Geschichte der Religion und der Kirche, der Kultur, der Lebenswelten und der Mentalitäten.

Dieses umfassende Verständnis von Geschichte muss immer wieder Prozesse und Tendenzen einbeziehen, die säkularer Natur sind, nationale und einzelstaatliche Grenzen übergreifen. Ihm entspricht eine eher pragmatische Bestimmung des Begriffs „deutsche Geschichte“. Sie orientiert sich sehr bewusst an der jeweiligen zeitgenössischen Auffassung und Definition des Begriffs und sucht ihn von daher zugleich von programmatischen Rückprojektionen zu entlasten, die seine Verwendung in den letzten anderthalb Jahrhunderten immer wieder begleiteten. Was damit an Unschärfen und Problemen, vor allem hinsichtlich des diachronen Vergleichs, verbunden ist, steht in keinem Verhältnis zu den Schwierigkeiten, die sich bei dem Versuch einer zeitübergreifenden Festlegung ergäben, die stets nur mehr oder weniger willkürlicher Art sein könnte. Das heißt freilich nicht, dass der Begriff „deutsche Geschichte“ unreflektiert gebraucht werden kann. Eine der Aufgaben der einzelnen Bände ist es vielmehr, den Bereich der Darstellung auch geographisch jeweils genau zu bestimmen.

Das Gesamtwerk wird am Ende rund hundert Bände umfassen. Sie folgen alle einem gleichen Gliederungsschema und sind mit Blick auf die Konzeption der Reihe und die Bedürfnisse des Benutzers in ihrem Umfang jeweils streng begrenzt. Das zwingt vor allem im darstellenden Teil, der den heutigen Stand unserer Kenntnisse auf knappstem Raum zusammenfasst – ihm schließen sich die Darlegung und Erörterung der Forschungssituation und eine entsprechend gegliederte Auswahlbiblio-

DOI 978348683966-201

grafie an –, zu starker Konzentration und zur Beschränkung auf die zentralen Vorgänge und Entwicklungen. Besonderes Gewicht ist daneben, unter Betonung des systematischen Zusammenhangs, auf die Abstimmung der einzelnen Bände untereinander, in sachlicher Hinsicht, aber auch im Hinblick auf die übergreifenden Fragestellungen, gelegt worden. Aus dem Gesamtwerk lassen sich so auch immer einzelne, den jeweiligen Benutzer besonders interessierende Serien zusammenstellen. Ungeachtet dessen aber bildet jeder Band eine in sich abgeschlossene Einheit – unter der persönlichen Verantwortung des Autors und in völliger Eigenständigkeit gegenüber den benachbarten und verwandten Bänden, auch was den Zeitpunkt des Erscheinens angeht.

Lothar Gall

Inhalt

Vorwort des Verfassers

Der hier vorgelegte Band der *Enzyklopädie deutscher Geschichte* über Renaissance und Humanismus, der die Beiträge zur Kulturgeschichte der Frühen Neuzeit eröffnet, überschneidet sich mit anderen Bänden der Reihe, die je nach ihrer Fragestellung zu beiden Phänomenen eine Fülle von Beobachtungen und Bemerkungen enthalten. Neu an ihm ist, dass er eine eigene Gesamtdarstellung versucht. Soll sie mehr sein als eine bloße Addition einzelner Aspekte, bedarf es strukturierender Kriterien, die aus allgemeinen Bestimmungen über die beiden Leitbegriffe zu entwickeln sind. Das ist freilich alles andere als selbstverständlich. Die beiden Begriffe sind uns geläufig, aber ihr Gebrauch ist schwankend und widersprüchlich, dabei oft auch beliebig und unreflektiert; es ist weithin ungewiss, wofür sie stehen und worauf sie sich beziehen. Das ist bei der Anlage dieses Buches zu berücksichtigen. Es handelt nicht von fraglos gegebenen Tatsachen und Sachverhalten, sondern von Problemen und von Ansätzen zu ihrer Lösung, ist also durchgängig als Problemgeschichte zu konzipieren. Es ist daher zweckmäßig, in diesem besonderen Fall von dem vorgegebenen Gliederungsschema der Reihe abzuweichen und – ausgehend von der Entstehung und Fortbildung der beiden Begriffe – die „enzyklopädische" Darstellung der Sache mit dem Überblick über „Grundprobleme und Tendenzen der Forschung" zu verbinden. Es versteht sich, dass dabei keinerlei Vollständigkeit im Detail beabsichtigt ist; es geht vielmehr immer um Allgemeines und Grundsätzliches, das aber jeweils durch Einzelnes erläutert oder exemplifiziert wird. Die Bibliographie beschränkt sich, in alphabetischer Abfolge, auf die in diesem Buch zitierte Literatur, in der zugleich hinreichende Hinweise auf ergänzende Veröffentlichungen enthalten sind. Sie verzeichnet auch die hie und da herangezogenen Quellen, die deswegen nicht gesondert ausgewiesen sind, weil ihre Benutzung fernab von jedem Anspruch auf systematische Erfassung liegt. Andererseits erscheint es als sinnvoll, die Namen der für uns „primären" Quellenschriftsteller dem Personenregister zuzuordnen, während das Autorenregister den „sekundären" Verfassern oder Forschern vorbehalten bleibt.

Frankfurt am Main im März 2017 — Ulrich Muhlack

DOI 978348683966-202

A. Einleitung

Weitester Anwendungsbereich

Die Vorstellungen, die man gegenwärtig mit den Begriffen „Renaissance“ und „Humanismus“ verbindet, gehen weit über den Anwendungsbereich dieses Buches hinaus. Am weitesten reicht ein Sprachgebrauch, der sich an den unmittelbaren Wortsinn hält. Der Rede von der „Wiedergeburt“ wie auch vom „Menschen“ sind offenkundig keine Grenzen gesetzt. Es handelt sich dabei um begriffliche Hüllen, die sich mit den verschiedensten Inhalten füllen lassen. Sie haben keinerlei Erkenntniswert und bleiben daher bei der Anlage dieses Buchs außer Betracht. Allerdings kann in der Folge von solchen Definitionen natürlich dann nicht abgesehen werden, wenn sie in der einschlägigen Forschungsliteratur eine Rolle spielen.

Antike-Bezug

Enger gefasst ist eine andere Zuschreibung. Sie setzt die beiden Wörter in Beziehung zum griechischen und römischen Altertum. Sie versteht Renaissance ganz allgemein als „Wiedergeburt“ der Antike und Humanismus spezieller als Wiederbelebung des antiken Gedankens der „Menschenbildung“; der Übergang zwischen ihnen ist hier durchaus fließend und kann sogar ganz verschwimmen. Allerdings sind auch diese Bestimmungen keineswegs auf die beiden frühneuzeitlichen Phänomene beschränkt, sondern erstrecken sich auf weitere „Renaissancen“ und „Humanismen“. Am geläufigsten sind die „karolingische Renaissance“, die „Renaissance des 12. Jahrhunderts“, die „islamische Renaissance“ im frühen und hohen Mittelalter sowie der „römische Humanismus“, der „mittelalterliche Humanismus“, der „Neuhumanismus“, der „dritte Humanismus“ im beginnenden 20. Jahrhundert. Sie alle entsprechen dem maßgeblichen Kriterium der Wiederbelebung der Antike oder des antiken Bildungsgedankens. Dieses Kriterium ist gewiss nicht völlig beliebig; es schließt auch Differenzierungen zwischen den einzelnen „Renaissancen“ und „Humanismen“ nicht aus. Aber im Vordergrund steht doch, was den so bezeichneten Erscheinungen gemeinsam ist und sie über die Jahrhunderte hinweg verbindet. Sie interessieren jeweils nicht um ihrer selbst willen, sondern lediglich als Ausprägung eines universalen Typus oder vielmehr als Moment eines kontinuierlich verlaufenden universalen Prozesses. Zur Spezifizierung oder Präzisierung trägt dieser Begriffs-

DOI 978348683966-001

gebrauch ersichtlich wenig oder nichts bei, so dass er hier gleichfalls außer Betracht bleibt.

Methodische Kritik

Wohlgemerkt: Das ist kein Urteil über die Bedeutung der Antike in der Renaissance und im Humanismus der Frühen Neuzeit. Sie ist bekanntlich kaum zu überschätzen und kommt auch in diesem Band zu ihrem Recht. Es wird auch nicht bestritten, dass es durchaus legitim ist, unter diesem Aspekt Vergleiche mit früheren und späteren Phänomenen zu ziehen oder genetische Zusammenhänge zu ergründen; auch davon wird in diesem Buch wiederholt die Rede sein. Hier geht es, unabhängig von inhaltlichen Fragen, allein um methodische Kritik an einer, alles in allem, untauglichen Begriffsbildung. Sie ist jedenfalls nicht geeignet, das konkrete Thema dieses Buches zu strukturieren. Sie liefert noch nicht einmal Gesichtspunkte, wie dabei das Verhältnis zur Antike genauer zu bewerten und einzuordnen wäre.

Frühe Neuzeit

Als letzte Möglichkeit bleibt, dass man die Begriffe von Renaissance und Humanismus exklusiv auf die beiden frühneuzeitlichen Phänomene anwendet, und es ist folgerichtig, dass hier nur dieses Verständnis in Betracht kommt. Das ist zugleich der ursprüngliche Sprachgebrauch. Renaissance und Humanismus haben zunächst, direkt oder indirekt, keine andere Bedeutung; alle weiteren Definitionen sind nicht nur späteren Datums, sondern leiten sich auch von ihr her. Es sind Analogiebildungen, die ihre Abkunft auch dann noch zu erkennen geben, wenn sie sich ganz von ihr abstrahiert oder distanziert haben, Das Prestige der alten Namen ist bis heute ungebrochen.

Forschungslage

Allerdings ist auch dieser traditionelle Ansatz gegenwärtig nicht frei von Unklarheiten oder Ungereimtheiten. Das liegt nicht nur an den späteren Überlagerungen und Relativierungen, sondern auch an unterschiedlichen Akzentuierungen und Begrenzungen der jeweiligen Begriffsfelder. Vor allem aber sind beide Begriffe seit langem hinter einer sich immer stärker spezialisierenden Detailforschung zurückgetreten. Dafür gibt es eine einfache Erklärung: Man konnte nämlich der Meinung sein, dass die großen Auseinandersetzungen um die allgemeine Bedeutung von Renaissance und Humanismus abgeschlossen seien und es jetzt darauf ankomme, auf dieser Grundlage die Fülle des Einzelnen zu untersuchen. In der Tat: Die ältere Begriffs- und Forschungsgeschichte hatte zu Ergebnissen geführt, die jedenfalls grundsätzlich nicht in Frage zu stellen waren. Auf ihnen ließ sich aufbauen, ohne dass man darauf immer eigens hinweisen musste. Die zunehmende Verselbständigung der Einzelforschung ging fraglos mit einer gewaltigen Vermehrung unseres Wissens einher, hatte aber freilich ihren Preis. Vieles von dem, was die frühere Grundlagenforschung erarbeitet hatte, geriet in Vergessenheit. Die Grundbegriffe selbst zogen bald kaum noch systematisches Interesse auf sich; sie wurden auf Dauer undeutlich und diffus, bis sie, häufig genug, zu konventionellen Formeln verdorrten, die der äußeren Etikettierung beliebiger Forschungsinhalte dienten. Die Einzelforschung verlor ihren ursprünglichen Sinn; sie zerfiel in sich selbst. Ein kürzlich erschienener, in der konkreten Bestandsaufnahme sehr nützlicher Forschungsbericht zum „Renaissance-Humanismus" zieht daraus die äußerste Konsequenz, indem er die „eindeutige Antwort" darauf verweigert, „was Humanismus und womöglich Renaissance gewesen sind", und die „Probleme der Begrifflichkeit" von der „Effektivität ihrer Verwendung" trennt [285: A. Schirrmeister, Renaissance- Humanismus, 260].

Ältere Begriffs-und Forschungsgeschichte

Um sich in dieser weithin unübersichtlichen Situation zu orientieren, empfiehlt es sich, zunächst wiederum auf den Status quo ante zurückzugehen: auf jene ältere Begriffs- und Forschungsgeschichte zu Renaissance und Humanismus, von der sie sich wegentwickelt hat. Sie setzt im unmittelbaren Umkreis der beiden so benannten frühneuzeitlichen Phänomene selbst ein und erreicht ihre Höhepunkte im 19. und im beginnenden 20. Jahrhundert. Sie ist im Detail überholt, aber sie hat die Klärung der Grundbegriffe in einem seither unübertroffenen Maße vorangetrieben. Es ist nützlich, diese fundamentale Leistung erneut ins Bewusstsein zu heben. Sie liefert Kriterien, von denen her sich der weitere Gang der Forschung beurteilen lässt, gerade auch, um deutlich zu machen, was uns seither an prinzipiellen Einsichten abhanden gekommen ist. Ein solcher Rückblick, der die historische Rekonstruktion mit systematischen Konsequenzen für die gegenwärtige Forschung verbindet und dabei auch bisher ganz unabgegoltene Erkenntnismöglichkeiten zur Debatte stellt, ist in der Folge intendiert.

Forschungsgeschichte und „Realgeschichte"

Die Darstellung der Sache selbst ist in dieser Geschichte beschlossen. Was Renaissance und Humanismus für uns sind oder sein konnen, ist am genauesten an den Klärungsprozessen ablesbar, die die beiden Begriffe seit ihren Anfängen durchlaufen haben, und an den Desideraten, die sich daraus ergeben. Die Logik der „Realgeschichte" ist in der Logik des Gangs der historischen Erkenntnis enthalten. Das gilt zwar ganz allgemein, hat aber in unserem Fall eine geradezu empirische Evidenz. Man sieht förmlich, wie sich die „Realität" Zug um Zug aus einer Abfolge von Erkenntnisoperationen aufbaut, die aus wechselnden Fragestellungen resultieren und jeweils neue Fragestellungen hervorbringen. Die hier gewählte Darstellungsweise soll das vermitteln.

Zwei Bemerkungen sind noch hinzuzufügen:

Verhältnis von Renaissance und Humanismus

1. Renaissance und Humanismus gehören zusammen; beide werden daher in diesem Buch gemeinsam behandelt. Manche lassen sie sogar kurzerhand ineinander übergehen oder tautologisch zusammenfallen. Hier wird aber vorausgesetzt, dass sie, bei aller Gemeinsamkeit, nicht identisch sind, sondern, im Rahmen des Gemeinsamen, Verschiedenes bedeuten. Ihr Verhältnis ist, um das gleichfalls vorwegzunehmen, eines des Ganzen zum Teil: Der Renaissance-Begriff steht, nach partikulärem Beginn, „für die Gesamtheit der kulturellen Einzelphänomene" in einer bestimmten Epoche oder Gesellschaftsformation, der Humanismus-Begriff für eines dieser Einzelphänomene [112: Fr.-R. Hausmann, Humanismus und Renaissance, 94]. Beide werden daher im Folgenden in getrennten Kapiteln behandelt, wobei die Renaissance als der weitere Begriff den Anfang macht. Freilich bringt es die Relation zwischen ihnen mit sich, dass das Renaissance-Kapitel immer wieder auch auf den Humanismus zu sprechen kommt, jedenfalls Anschlussstellen für das Humanismus-Kapitel kenntlich macht, mit dem Nebeneffekt, dass dieses entschieden kürzer ausfallen kann.

Der italienische und europäische Kontext

2. Dieses Buch thematisiert einen Abschnitt aus der deutschen Kulturgeschichte. Aber es ist bekannt und auch hier Prämisse, dass Renaissance und Humanismus europäische oder okzidentale Phänomene sind. Was in Deutschland geschieht, kann nicht davon losgelöst gesehen werden. Ebenfalls bekannt und ebensowenig auch hier strittig ist, dass Italien dabei vor anderen Ländern hervorragt. Renaissance und Humanismus kommen zuerst in Italien auf; die beiden Begriffe stammen aus diesem Kontext oder werden vorab auf ihn angewendet. Renaissance und Humanismus außerhalb Italiens müssen sich an dem italienischen Paradigma messen lassen und haben insoweit ihm gegenüber einen sekundären Status. Dabei ist es unerheblich, ob oder inwieweit es sich hier um direkte Abhängigkeitsverhältnisse, um analoge Entwicklungen aus eigener Wurzel oder um Wechselwirkungen handelt. Entscheidend ist, dass wir der Renaissance und dem Humanismus in Italien die Maßstäbe zu entnehmen haben, um Renaissance und Humanismus außerhalb Italiens als solche zu identifizieren, und seien sie jeweils noch so verschiedenartig ausgeprägt. Das bedeutet auch, dass die Verwendung der beiden Begriffe außerhalb Italiens so lange problematisch bleiben muss, wie dieser Nachweis misslingt.

Folgerungen

Die beiden Kapitel dieser Problemgeschichte sind danach eingerichtet. Das Renaissance-Kapitel behandelt zunächst sehr ausführlich die Verhältnisse in Italien, sucht sodann die europäische Dimension insgesamt zu erfassen und stellt schließlich Deutschland auf den Prüfstand.

In dem systematisch angelegten Humanismus-Kapitel sind alle diese Bereiche von vornherein integriert.

Mit „Deutschland“ ist in diesem Buch der Raum deutscher Sprache gemeint. Das deckt sich mit einem damals zeitgenössischen Verständnis von deutscher Nation, das, mittelalterlichen Ursprungs, auch den später zu erörternden kulturnationalen Vorstellungen der deutschen Humanisten zugrundelag [92: U. GÖRLITZ, Konstruktion]. Das seit dem 15. Jahrhundert so genannte „Heilige Römische Reich deutscher Nation“ hielt dieses Verständnis in seinem Namen fest. Es erstreckte sich freilich, außer dass es auch „fremdsprachige“ Bewohner umschloss, keineswegs auf den gesamten deutschen Sprachraum. Das deutsche Ordensland und spätere Herzogtum Preußen, das im Renaissance-Kapitel eine besondere Rolle spielen wird, lag außerhalb der Reichsgrenzen. Deutschland

B. Renaissance

I. Italien

1 Die Gründungsautoren

Rinascita

Die Renaissance, verstanden als Phänomen der frühneuzeitlichen Geschichte, zeigte sich zuerst in Italien, und hier ist auch der Begriff selbst aufgekommen. Dem uns geläufigen französischen Wort ging das italienische Wort *rinascita* voraus, in dem, wie in einem Keim, alles Weitere enthalten war. Der Begriff entstand, als die italienische Renaissance sich dem Ende zuneigte und war gleichbedeutend mit einer nachträglichen Selbstdeutung. Der Autor, der ihn geradezu erschuf, war Giorgio VASARI (1511–1574). Er griff dabei frühere Äußerungen oder Motive auf und gab überhaupt ein seit langem in Italien weithin verbreitetes Lebensgefühl wieder, bot aber erstmals ein eigentliches Konzept.

1.1 Giorgio Vasari

Zyklische Geschichtsauffassung

VASARI, in seiner Zeit vielbeschäftigter Künstler und Kunstmanager, legte im Jahre 1550 ein gewaltiges Werk über „Le vite de' piu eccellenti architetti, pittori et scultatori italiani" vor; eine zweite, durchgesehene und erweiterte Auflage erschien 1568. Die Reihe der Künstlerbiographien reichte von Cimabue und Giotto bis zu Michelangelo und, in der zweiten Auflage, bis zu Vasari selbst, umspannte also den Zeitraum vom 13. bis zum 16. Jahrhundert. VASARI fasste diesen ganzen Zeitraum als Einheit auf und führte dazu den Leitbegriff der *rinascita* ein [309: G. VASARI, Kunstgeschichte, 55, 72 f. u. ö.]. Gemeint war die „Wiedergeburt" aller bildenden Künste nach ihrem Absturz von der Höhe der Antike. Die Metapher verwies auf eine zyklische Geschichtsauffassung: Die „Wiedergeburt" setzte „Geburt" und „Tod" voraus; die Entwicklung der Künste kehrte zu ihrem Ausgangspunkt zurück. Allerdings war nach dieser Logik auch die *rinascita* nicht gegen die Gefahr des Niedergangs gefeit, und es ist augenscheinlich, dass VASARI sich dieser Gefahr bewusst war, dass er hauptsächlich aus diesem Grund die Geschichte der *rinascita* schrieb. Er sah sich in einer Endzeit: Die Kunst habe, zuvörderst durch Michelangelo, im Grunde

DOI 978348683966-002

„alles erreicht"; sie sei so „hoch gestiegen, dass man heutzutage eher ihren Niedergang befürchten muß, als die Hoffnung auf eine weitere Vervollkommnung zu hegen" [ebd., 79]. Er schrieb also die Geschichte einer abgeschlossenen Epoche, und zwar mit dem Ziel, das Gedächtnis an die großen Künstler dieser Zeit wachzuhalten, sei es, um den drohenden Verfall so lange wie möglich hinauszuzögern oder der neuerlichen „Wiedergeburt", die unausweichlich kommen würde, eine Grundlage zu bieten.

„Geburt" und „Wiedergeburt"

Rinascita hieß für VASARI nicht „Wiedergeburt" der antiken Kunst [13: G. BLUM, Vasari, 13 f.; 189: MANIERA, 280], sondern „Wiedergeburt" der Kunst schlechthin. Die „Geburt" der Kunst fiel mit der Erschaffung des Menschen zusammen; die Kunst war dem Menschen „angeboren". VASARI deutete die biblische Menschwerdung als künstlerischen Akt: Sie sei „die erste Form von Bildhauerei und Malerei" [309: G. VASARI, Kunstgeschichte, 47]. Der Mensch selbst erschien da als Kunstgebilde, und ihm war aufgegeben, die Welt nach diesem Ebenbild zu gestalten. Er war durch seine Natur zur Kunst veranlagt; er besaß ein ästhetisches Bedürfnis, das ganz sich selbst genügte; das war die Begründung für die Autonomie der Kunst. Vasari zweifelte nicht, dass schon die ältesten Menschen „in jeglicher Weise meißelten und malten" [ebd., 48]. Jedenfalls traf er seit dem Beginn der historischen Überlieferung auf künstlerische Hervorbringungen, die, nach „einem bescheidenen Anfang", immer mehr an Qualität zugenommen hätten, bis sie von den Griechen und Römern schließlich „zur Vollendung gebracht" worden seien [ebd., 58]. Der tiefe Fall nach der Antike offenbarte freilich, dass die naturgegebene ästhetische Neigung der Menschen, so unzerstörbar sie an sich war, zeitweilig verstummen konnte. *Rinascita* bedeutete demnach, dass diese Neigung wiederum hervorbrach.

Die Rolle der Antike

Gleichwohl spielte die antike Kunst in VASARIS *rinascita* eine große Rolle. Sie hatte den ursprünglichen ästhetischen Sinn der Menschen erstmals in Werken von „wundervoller Vollendung" [ebd., 50] ausgeprägt. Sie konnte daher der *rinascita* zum Vorbild dienen; an ihren Überresten ließ sich erlernen, was „vollkommen und wunderschön" sei [ebd., 80 f.]; die „Wiedergeburt" fand insoweit den Boden bereitet. Es ist aber wesentlich, dass der Anstoß zur *rinascita* nicht aus der Anschauung der antiken Kunst kam, sondern aus der neuerwachten künstlerischen Bestimmung, die dem Menschen seit Anbeginn eigen war. Sie erst machte es auch möglich, dass man überhaupt auf die antiken Überreste aufmerksam wurde, die bis dahin unbeachtet geblieben waren. Die Antike konnte als Vorbild dienen, weil der Wille zur Kunst schon „wiedergeboren" war. Sie lieferte der *rinascita* Lehrmaterial und musste daher in demselben Maß zurücktreten, in dem der Schüler sich zum Meister ausbildete. Vasari gliederte die Geschichte der *rinascita* nach Perioden dieses Prozesses: In der ersten näherte man sich den Hervorbringungen der Alten an, in der zweiten wurde man ihnen ebenbürtig, in der dritten übertraf man sie. Er schrieb eine Fortschrittsgeschichte, die diesem Ziel zustrebte. Seine zyklische Geschichte von „Geburt" und „Wiedergeburt" der bildenden Künste erhielt damit die Form einer sich von Mal zu Mal steigernden Spirale, ohne dass es Vasari freilich möglich gewesen wäre, sich einen Fortschritt über die in Michelangelo gipfelnde *rinascita* hinaus vorzustellen.

Der Urbegriff der Renaissance

Die *rinascita* als Epoche der italienischen Kunstgeschichte, gegründet auf den Gedanken der Autonomie der Kunst, angelegt auf einen Wettstreit mit der Antike, entfaltet in einer Reihe großer Künstler: Das war der Urbegriff der Renaissance. Er war zugleich der schlechthin authentische Begriff, da er in unmittelbarem Zusammenhang mit dem von ihm bezeichneten Phänomen stand. Vasari wusste weithin aus eigenem Erleben, wovon er schrieb; er gehörte noch den Verhältnissen an, die er thematisierte; seine Begriffsbildung war, quellenkritisch gesprochen, ein Überrest des tatsächlichen Geschehens und damit von unbezweifelbarer Evidenz. Die Renaissance brachte sich da gewissermaßen selbst auf den Begriff. Der „Erfinder der Renaissance" war also weniger Vasari [13: G. Blum, Vasari] als die Renaissance selbst. Das erklärt auch, dass dieser Urbegriff die nachhaltigste Wirkung hatte. Noch heute halten wir an Vasaris kunstgeschichtlicher Epochenbildung fest; sie ist unsere primäre Assoziation, wenn wir von Renaissance reden, mag uns auch die sich „bis in unsere Gegenwart erstreckende Definitionsmacht Vasaris [...] zumeist nicht bewusst" sein [ebd., 16]. Das gilt nicht nur für das grundsätzliche Konzept, sondern auch für Einzelnes, unbeschadet dessen, dass sich unsere Wahrnehmung naturgemäß in vielem geändert hat. Jedenfalls steht diese Epoche der italienischen Kunstgeschichte für uns als solche vollkommen außer Frage, ganz gleich, wie man über sie denkt. Sie ist sozusagen ein Stück objektiver Realität. Der Versuch, ein Gesamtgebäude der italienischen Renaissance zu errichten, muss von dieser Grundeinheit her unternommen werden.

Erweiterung des Begriffs

Vasari hat nicht nur den Urbegriff der Renaissance eingeführt, sondern auch die nächste Periode der Begriffsgeschichte eingeleitet, und zwar aus der Logik seiner historiographischen Fragestellung heraus.

Die Gründe der rinascita

Eines seiner Hauptprobleme war es, die Gründe zu ermitteln, die den Aufstieg der *rinascita* ermöglicht hatten. Generell nahm er, entsprechend seiner zyklischen Geschichtsauffassung, an, dass sich die

Geschichte der Künste nach einem immanenten Gesetz von „Geburt", Niedergang und „Wiedergeburt" vollzog. Die antiken Künste waren verfallen, weil „das Schicksalsrad einen, den es bis zum höchsten Scheitelpunkt geführt hat, [...] wieder nach unten fallen läßt" [309: G. VASARI, Kunstgeschichte, 60], und die *rinascita* wurde möglich, weil „der Himmel" beschloss, die Menschen „in ihren ursprünglichen Zustand" zurückzuversetzen [ebd., 71]. Auch die einzelnen Künstler, die VASARI in seinem Werk der Reihe nach Revue passieren ließ, waren zunächst nichts anderes als Werkzeuge dieser höheren Gesetzlichkeit. Aber VASARI kannte daneben die konkrete Fülle der verschiedenen Lagen oder Umstände, in denen sich Künste und Künstler jeweils entwickelten: sekundäre Gründe, die gleichwohl in der historiographischen Darstellung durchaus im Vordergrund standen. Den Niedergang der antiken Kunst erklärte er vor allem aus dem Einbruch der „barbarischen Nationen" ins Römische Reich und aus dem Hass „der neuen christlichen Religion" gegen alles Heidnische [ebd., 60 u. 62]: „alle diese Einflüsse [hatten] zusammen und jeder für sich jede schöne Seele und jeden hohen Geist zur Gänze entstellt und erniedrigt" [ebd., 61]. Ganz analog beschrieben die Viten der einzelnen Künstler der *rinascita* in großer Dichte die jeweiligen Lebensverhältnisse, ohne die die künstlerische Leistung nicht verständlich war.

Die Michelangelo-Vita

Zur Exemplifizierung sei auf die Vita Michelangelos verwiesen, die die Arbeitsweise VASARIS am vollkommensten erkennen lässt. Zunächst erschien Michelangelo geradezu als Inkarnation von VASARIS Geschichtsmetaphysik: Er war vom „Himmel" ausersehen, aus der „Dunkelheit" ins „Licht" zu führen [308: G. VASARI, Das Leben des Michelangelo, 31]; in ihm offenbarten sich „das ganze Vermögen und die Macht der Kunst" [ebd., 51]; sie war das eigentliche Subjekt ihrer Geschichte. Gleichzeitig hob VASARI aber immer auch die Mannigfaltigkeit der Lebensbezüge hervor, in die er Michelangelo eingeordnet sah. Sie umgaben den Künstler in drei konzentrischen Kreisen.

Künstler

Im innersten Kreis hatte es Michelangelo mit anderen Künstlern zu tun: Domenico Ghirlandaio bildete ihn aus; mit Leonardo da Vinci trat er in Wettstreit; Raffael und Bramante waren seine Neider, Rosso und Pontormo seine Freunde; kurzum, er gehörte einer eigenen sozialen Formation an, die ihn auch dann trug, wenn er für sich blieb oder bleiben wollte.

Gelehrte und Dichter

Im zweiten Kreis traf Michelangelo auf Gelehrte und Dichter. Er konnte seit seiner Schulzeit in Urbino als „gebildet" gelten [ebd., 207]; er beriet sich mit Poliziano, dem VASARI „einzigartige Bildung" attestierte, über sein Relief der Kentaurenschlacht [ebd., 39 f.] und pflegte mit dem Philologen und Historiker Bembo Freundschaft [ebd., 197]. Er bewegte sich damit im Milieu des später so genannten Humanismus. Dazu gehörte Michelangelos Hinneigung zur Poesie. Selbst mit „der Zierde lieblicher Dichtung" ausgestattet [ebd., 32], las er „Werke Dantes, Petrarcas, Boccaccios und anderer toskanischer Dichter" vor [ebd., 46]. Diese ganze Welt der Bildung und Literatur stand zur *rinascita* in einem komplementären Verhältnis; Michelangelo stellte in seiner Person die Einheit beider Welten her.

Das politische Umfeld

Im dritten und äußersten Kreis handelte es sich um Michelangelos Beziehungen zu den Potentaten im Italien seiner Zeit. Ihnen war gemein, dass sie es für nötig hielten, „sich durch die Künste von Architektur, Bildhauerei und Malerei Ruhm zu verschaffen" [ebd., 96], und daher laufend Künstler förderten und beschäftigten. Michelangelo, der „dank allseitiger Begabung in jeder Kunst und in jedem Beruf befähigt" war [ebd., 31], besaß von frühauf „so viel Prestige" [ebd., 47], dass man sich förmlich um ihn riss. Er arbeitete für die Medici in Florenz und Rom, für das republikanische Florenz, für die Este in Ferrara und für viele andere Herren, ohne sich einem einzelnen seiner Auftraggeber zu verschreiben, denen er vielmehr in vollständiger Unabhängigkeit begegnete. Lorenzo il Magnifico ließ ihn „mit seinen Söhnen und anderen ehrwürdigen Personen von Rang [...] an seiner Tafel" speisen und „mit Ehren" bedenken [ebd., 38]; der Herzog von Ferrara „hofierte ihn" [ebd., 104]; alle behandelten ihn wie Ihresgleichen oder hatten keine Wahl, als so mit ihm umzugehen.

Kunstgeschichte und Kulturgeschichte

Was für die Lebensbeschreibung von Michelangelo galt, galt für Vasaris Viten insgesamt. Zug um Zug erweiterte sich die Geschichte der *rinascita* zu einer allgemeinen Kulturgeschichte Italiens in dieser Zeit. Vasari kam damit nicht von seinem ursprünglichen Thema ab, im Gegenteil: Die *rinascita* wurde ihm erst in solchen Zusammenhängen begreiflich. Er wandte sich zur Kulturgeschichte in kunstgeschichtlicher Absicht oder umgekehrt: Er schrieb Kunstgeschichte im Kontext der Kulturgeschichte. Freilich begnügte er sich mit einzelnen Elementen oder Bruchstücken, wie sie sich ihm im Ablauf seiner Lebensbeschreibungen gerade darboten; ein Gesamtbild kam nicht zustande und lag auch nicht in seiner Absicht.

1.2 Voltaire

Renaissance

Der erste, der ein derartiges Konzept skizzierte, war Voltaire (1694–1778). Mit ihm begann auch der Siegeszug des französischen Begriffs, der zunächst nichts anderes bedeutete als Vasaris *rinascita*.

Der universalgeschichtliche Zusammenhang

Voltaire kam auf die „Renaissance" in seinen großen universalhistorischen Werken zu sprechen, im „Siècle du Louis XIV" (1751) und im „Essai sur les moeurs" (1769). Entgegen der obsolet gewordenen christlich-theologischen Heilsgeschichte wie der im Barock üblichen Geschichte der Haupt- und Staatsaktionen inszenierte er darin die Weltgeschichte als Kulturgeschichte der Menschheit, die der regulativen Idee einer aufgeklärten Zivilisation folgte. Er verstand darunter die wohlgeordnete Gesamtheit sämtlicher Bereiche menschlichen oder gesellschaftlichen Lebens und Zusammenlebens. Indikator war ein Höchststand der schönen Künste, die für Voltaire die bildende Kunst und die Literatur mitsamt gelehrten und wissenschaftlichen Hervorbringungen umschlossen. Er war nur unter bestimmten politischen, ökonomischen und sozialen Bedingungen erreichbar: die Spitze einer Pyramide, die auf einem nach außen starken und im Innern rechtlich verfassten Staat mit reichen Einkünften beruhte und sich nach oben über die Förderung von Industrie, Handel und Verkehr und die unablässige Verbesserung der allgemeinen Lebensverhältnisse fortsetzte. Vor diesem Zivilisationsmodell konnten nur wenige Epochen der Weltgeschichte bestehen. Eine davon war die italienische Renaissance.

„Siècle du Louis XIV"

Im „Siècle du Louis XIV" beließ es Voltaire, ohne das Wort selbst zu gebrauchen, bei wenigen Bemerkungen. Man findet sie in der Einleitung, die das Thema des Werkes weltgeschichtlich einordnen sollte. Voltaire machte das Zeitalter Ludwigs XIV. zum letzten von vier Zeitaltern, die, in aufsteigender Folge, seinem Zivilisationsideal nahekamen. Das Zeitalter der (noch nicht so bezeichneten) Renaissance in Italien ging ihm voraus und folgte der griechischen und der römischen Antike. Es wurde eröffnet von den Medici in Florenz, den Kreditgebern der europäischen Könige. Sie holten die nach der türkischen Eroberung Konstantinopels (1453) verjagten griechischen Gelehrten nach Italien, die hier die schon vorher erwachten schönen Künste weiter stimulierten; Voltaire setzte diesen Vorgang in Parallele zur Einwirkung Griechenlands auf Rom im Altertum. Er illustrierte den Aufschwung der „beaux-arts" durch die Namen von bildenden Künstlern und Dichtern: Michelangelo, Raffael, Tizian, Palladio, Ariost, Tasso. Von der „belle architecture" sagte er, sie habe die Architektur Roms in dessen Blütezeit übertroffen. Die vorher herrschende „barbarie gothique" sei in allen ihren Erscheinungsformen aus Italien verschwunden. Voltaire bescheinigte den italienischen Künstlern ein Maß an „perfection", das sie in ihrer Zeit über das übrige Europa erhoben habe. Allerdings bedurfte es des Zeitalters Ludwigs XIV., um die Früchte der Renaissance wie der Antike zu weltweiter Reife zu bringen und durch neue Errungenschaften auf philosophisch-naturwissenschaftlichem Gebiet zu ergänzen. Das Zeitalter der Renaissance ging also im Zeitalter Ludwigs XIV. auf [314: VOLTAIRE, Le siècle, 616–618 u. 1698].

Im „Essai sur les moeurs“ äußerte sich VOLTAIRE über die Epoche wesentlich ausführlicher und genauer, teilweise auch mit anderer Akzentuierung. Das Werk, das die Weltgeschichte von Karl dem Großen bis zu Ludwig XIII. von Frankreich, d. h. vom Ende der Antike bis zur Grundlegung des Zeitalters Ludwigs XIV. behandelte, durchmaß eine öde Wüstnis der Barbarei, in der diese eine Periode der italienischen Geschichte eine Oase der Aufklärung bildete. VOLTAIRE verweilte daher dort mit besonderem Interesse. „Essai sur les moeurs“

Neu war zunächst, dass VOLTAIRE in aller Form den Begriff der „Renaissance“ verwendete, und zwar in der Verbindung „renaissance des arts“ [313: VOLTAIRE, Essai, Bd. 1, 766], d. h. mit Bezug auf die „Wiedergeburt“ der Künste im Italien des 13. und 14. Jahrhunderts. Die „arts“ oder „beaux-arts“ erstreckten sich, wie bei VOLTAIRE auch sonst, auf bildende Kunst und Literatur. Das war gegenüber VASARI eine Erweiterung; sie war aber konsequent, weil auch dieser beide Bereiche zusammengesehen hatte. Hier wie da kehrten große Namen wieder, die weithin schon bei VASARI sozusagen topisch waren: einerseits Dante, Petrarca und Boccaccio, die die italienische Sprache schufen und vervollkommneten, gefolgt von Pulci und Bojardo, mit Ausblicken auf Ariost und Tasso, Machiavelli und Guicciardini; andererseits Cimabue, Giotto und Brunelleschi, an die VOLTAIRE nur noch summarische Bemerkungen über die weitere Entwicklung bis zum 16. Jahrhundert anschloss. Mit VASARI verband ihn auch, dass er, deutlicher als im „Siècle“, diese „renaissance des arts“ nicht als eine „Wiedergeburt“ der Antike auffasste, sondern als originäre Tat ihrer Protagonisten: „Ils firent tout renaître par leur seul génie“; Cimabue war „un nouvel inventeur de la peinture“ [ebd.]. „Renaissance des arts“

Von den aus Konstantinopel vertriebenen Gelehrten meinte VOLTAIRE jetzt eher abschätzig, sie hätten die Italiener lediglich die griechische Sprache lehren können. Die Antike wirkte wie ein „Geburtshelfer“, der allerdings wiederum unschätzbare Dienste leistete. Das noch ungeformte oder ungeschliffene „génie“ der Italiener wurde durch den Umgang mit den künstlerischen Zeugnissen des Altertums „kultiviert“ [313: VOLTAIRE, Essai, Bd. 2, 8]. Man schulte sich an den Hervorbringungen der Antike; man lernte von ihnen, dass man an die eigenen höchste Ansprüche zu stellen hatte; man knüpfte an sie an, um sich desto sicherer von ihnen zu emanzipieren. VOLTAIRE gab viele Beispiele für eine gelungene Anverwandlung. Dante und Petrarca schienen Verhältnis zur Antike ihm „la force de l'antiquité et la fraîcheur du moderne" zu vereinigen [313: Voltaire, Essai, Bd. 1, 764]; Italien hatte in Guicciardini seinen Thukydides oder Xenophon; die „Mandragola" von Machiavelli ließ alle Stücke des Aristophanes hinter sich; Ariost und Tasso stellten Homer in den Schatten; die italienische Plastik war der griechischen fast gleich; die neue Peterskirche in Rom war in der Antike ohne Vorbild [313: Voltaire, Essai, Bd. 2, 168–170]. Es gab aber auch Bereiche, wo die Italiener hinter der Antike zurückblieben, etwa in der tragischen Dichtung. Voltaire erklärte Letzteres daraus, dass sie in der bloßen Imitation der antiken Muster stehengeblieben seien. So war es auch bezeichnend, dass Voltaire über die lateinischen Schriften Petrarcas, verglichen mit dem „Canzoniere", ziemlich absprechend urteilte. Was den später so genannten „Humanismus" primär ausmachte, nämlich die Wiederbelebung der klassischen lateinischen Sprache, stand also bei ihm nicht allzu hoch im Kurs.

Der allgemeine historische Kontext

Am bedeutsamsten aber war, dass Voltaire erstmals systematisch den allgemeinen historischen Kontext beleuchtete, in dem die „renaisance des arts" stattgefunden hatte. Es handelte sich dabei für ihn nicht um Kausalzusammenhänge, sondern um Bedingungen oder Gelegenheiten: Die Erneuerung der Künste entsprang einem „génie", das aus sich selbst stammte, bedurfte aber bestimmter Verhältnisse, um in Gang zu kommen und fortzuschreiten. In Italien herrschte ein Klima im weitesten Sinne des Wortes, das diesen Prozess begünstigte und daher auch dem Land einen zeitweiligen Vorsprung vor dem übrigen Europa verschaffte; schon im „Siècle" war, freilich ohne nähere Erläuterung, von spezifischen „climates" die Rede [314: Voltaire, Siécle, 617]. Sehr wichtig waren die ökonomischen Voraussetzungen: In den italienischen Städten blühten neuerdings Handwerk und Gewerbe; die „arts nécessaires" waren niemals verschwunden und erreichten jetzt ein vorher unbekanntes Niveau; man machte eine ganze Reihe nützlicher Erfindungen, von den Augengläsern über die Fayence und den Kristallspiegel bis zum Papier [313: Voltaire, Essai, Bd. 1, 757 f.]. Dieser Aufschwung der nützlichen Künste bereitete die Erneuerung der „beaux-arts" vor. Die italienischen Städte waren zugleich weltweit handeltreibend und häuften große Reichtümer an, die den Bürgern ein Leben in Bequemlichkeit und Überfluss ermöglichten: „on jouissait des douceurs de la vie" [ebd., 761]. Auf diesem Boden konnte das „génie" der Künstler gedeihen.

Die politischen Verhältnisse

Die Grundlage von alledem waren die politischen Verhältnisse im Italien des 14.–16. Jahrhunderts. Den Auftakt bildete der Machtverlust der Kaiser seit dem Tod Friedrichs II. und der Päpste seit dem avignonesischen Exil. Er gab den vielen kleinen Stadtstaaten in Ober- und Mittelitalien Raum zum Kampf um innere und äußere Freiheit, in dem es bald allein um den ungehinderten Besitz der Macht ging. Partei stand gegen Partei, Stadt gegen Stadt. Schon frühzeitig traten Emporkömmlinge auf den Plan, die, gestützt auf die eine oder andere Faktion, die Herrschaft in einzelnen Städten an sich rissen; sie errichteten im Innern eine Tyrannei und suchten möglichst viel fremdes Territorium zu erobern. Voltaire zählte einige von ihnen auf: zuerst Ezzelino da Romano in Padua und Castruccio Castracani in Lucca, danach die Scala in Verona, die Visconti und Sforza in Mailand, die Gonzaga in Mantua. Keine dieser Tyrannenherrschaften konnte sich auf längere Zeit behaupten; die Städte wechselten „de tyrans en tyrans“ [ebd., 705]. Es herrschte permanenter Krieg im Innern und nach außen. Man setzte, „à force d'esprit et de finesse“ [ebd., 707], alle Mittel ein, um seine Ziele zu erreichen, und seien es Dolch und Gift. Die Hauptsache war, dass man immer auf Krieg vorbereitet war, also eine Vorstellung von planmäßiger politisch-militärischer Organisation gewann. Voltaire hob hervor, dass die neuen Herrscher „des séculiers“ waren [ebd., 706], die von Kirche und Religion nichts wissen wollten, außer man konnte sie für die eigenen ganz weltlichen Zwecke instrumentalisieren oder manipulieren. Ausgenommen waren die Päpste, die, seit ihrer Rückkehr aus Avignon, den Kirchenstaat emporzubringen suchten. Sie benahmen sich dabei aber nicht anders als die weltlichen Herren und wussten sich insbesondere des populären Aberglaubens zu bedienen, von dem ihr tatsächlicher Atheismus abstach, den sie mit den „séculiers“ teilten. Voltaire zitierte wiederholt Machiavelli, um dieses Verhältnis zu charakterisieren. Erst im Laufe des 16. Jahrhunderts sah er Italien langsam zur Ruhe kommen.

Relative Autonomie der Teilbereiche

Voltaire hatte von seinem Standpunkt aus gute Gründe, „toutes ces scènes d'absurdité et d'horreur“ zu verabscheuen; man musste derartige „ténèbres“ verlassen, um „éclairé“ zu werden [313: Voltaire, Essai, Bd. 2, 86]. Umso mehr stellte sich ihm die Frage, wie angesichts dessen nicht nur die gleichzeitige ökonomische Blüte, sondern auch die „renaissance des arts“ möglich gewesen sei. Eine Erklärung lautete, dass beide Vorgänge sich unabhängig von den politischen Entwicklungen, gewissermaßen trotz ihrer, vollzogen hätten. Handwerker und Kaufleute seien von der „fureur ambitieuse des grands“ unbeeinflusst geblieben [313: Voltaire, Essai, Bd. 1, 757], wie auch die italienische Sprache, nachdem sie einmal eine gewisse Form angenommen habe, den Schriftstellern ein sicherer Halt gewesen sei, unabhängig davon, „qui gouverne et qui trouble la terre“ [ebd., 767].

Zusammenhänge und Wechselwirkungen

Doch VOLTAIRE verfolgte noch eine andere Argumentation, die zwischen den verschiedenen Bereichen einen eigentümlichen Zusammenhang stiftete. Die Kämpfe, die Italien in drei Jahrhunderten erfüllten, waren da nicht einfach eine Ausgeburt der schrecklichsten Unvernunft, sondern ein Schauplatz, auf dem große Energien mobilisiert wurden, die sich auch außerhalb des politischen Lebens schöpferisch auswirkten. VOLTAIRE konstatierte eine ungeheure Aufbruchsstimmung: Man strebte nach Freiheit und Reichtum; das stachelte „le génie" an und erhöhte „le courage"; man traute sich alles zu [ebd., 761]. Die „renaissance des arts" entstammte dieser Gesamtsituation und ließ sich selbst von den fürchterlichsten Exzessen nicht trennen: „De l'esprit, de la superstition, de l'athéisme, des mascarades, des vers, des trahisons, des dévotions, des poisons, des assassinats, quelques grands hommes, un nombre infini des scélérats habiles, et cependant malheureux: voilà ce que fut l'Italie" [313: VOLTAIRE, Essai, Bd. 2, 69]. Dem entsprachen unablässige Wechselwirkungen: die Herrscher, auf ästhetische Attribute ihrer Macht bedacht, förderten die „beaux-arts", und diese wiederum steigerten das allgemeine Ansehen der Herrscher. Seit dem 16. Jahrhundert konnten die italienischen Staaten ihre Stellung stabilisieren „par leur magnificence et par la culture des tous les arts" [313: VOLTAIRE, Essai, Bd. 1, 701]. Dazu kam, dass sie sich, gemäß ihrer „weltlichen" Tradition, weithin aus den verderblichen Kämpfen des nunmehr anbrechenden Zeitalters der Glaubenskriege heraushielten.

Florenz als Modell

Das Modell für diesen Zusammenhang der Dinge war das Florenz der Medici, das Voltaire jetzt in sehr viel größerem Rahmen zu würdigen wusste als im „Siècle". Die Medici, von Haus aus einfache Bürger, waren durch Handel zu Reichtum gekommen, der ihnen den Weg zur Macht ebnete. Sie behaupteten ihre Stellung, indem sie, ohne einstweilen ein förmliches Amt zu übernehmen, gleichermaßen die Interessen des Adels und des Volkes befriedigten und sich überhaupt durch Wohltaten aller Art hervortaten, die sie als sicherstes Mittel zum Machterhalt ansahen; sie zögerten allerdings nicht, gegen Gegner, wenn nötig, mit äußerster Härte vorzugehen. Ihre äußere Politik folgte den gleichen Kriterien der „prudence" [313: VOLTAIRE, Essai, Bd. 2, 72]. Ihre „Wohltätigkeit" erstreckte sich besonders auf das Feld der „beaux-arts"; das sollte im Innern wie nach außen Reputation bringen und damit ihre Herrschaft weiter festigen. Die Medici holten nicht nur die griechischen Flüchtlinge nach Florenz, sondern schmückten auch die Stadt mit prächtigen Bauwerken. Die „renaissance des arts" hatte in diesen Aktivitäten ihr Zentrum.

Voltaire und Vasari

Voltaires Bedeutung wird ersichtlich, wenn man ihn nochmals mit Vasari vergleicht. Er fügte der *rinascita* Vasaris zweierlei hinzu: eine explizite Ausdehnung des Begriffs auf die „redenden" Künste und eine Skizze der Kulturgeschichte Italiens im Zeichen der „renaissance des arts". Wie es Vasari auf seine Weise getan hatte, legte er in beiden Hinsichten Grundlagen, die immer noch gültig sind. Der erweiterte Begriff der „renaissance des arts", das Bild, das Voltaire von der italienischen Staatenwelt und Ökonomie in dieser Zeit entwarf, die kulturgeschichtliche Einordnung der Künste: Das alles bleibt in seinen Grundzügen „richtig" und bestimmt jedenfalls die Koordinaten für die weitere Diskussion zum Begriff und Problem der Renaissance.

Übergang zu Burckhardt

Den nächsten und entscheidenden Schritt vollführte Jacob Burckhardt (1818–1897). Er erweiterte den Renaissance-Begriff nochmals, indem er ganz allgemein von der „Kultur der Renaissance in Italien" sprach, und er gab von dieser Kultur eine an Umfang und Präzision bisher und, wie man gleich hinzusetzen muss, nachmals unerreichte Darstellung. Er verfuhr dabei allerdings nicht voraussetzungslos; vielmehr hatte man ihm seit Voltaire in beiden Richtungen vielfach vorgearbeitet.

1.3 Simonde de Sismondi, Jules Michelet, Leopold Ranke

Ausdehnung des Renaisance-Begriffs: Simonde de Sismondi und Michelet

Der Renaissance-Begriff hatte sich mittlerweile immer weiter ausgedehnt. Es setzte sich eine Tendenz durch, jede Neuerung im Italien des 14.–16. Jahrhunderts als „Renaissance" zu bezeichnen. Jean Charles Léonard Simonde de Sismondi (1773–1842), Historiker aus Genf, handelte in seiner „Histoire des républiques italiennes du moyen âge" (1807–1818) von der bis auf die Zeiten Barbarossas zurückdatierten „renaissance des vertus politique" [290: J. Ch. L. Simonde de Sismondi, Histoire, Bd. 1, 12], bevor er die „Histoire de la renaissance de la liberté en Italie" (1832) verfasste [138: J. Huizinga, Das Problem der Renaissance, 28]. Jules Michelet (1798–1874), Historiograph der französischen Nation, der den siebenten Band seiner „Histoire de France" (1855) der „Renaissance" als einem Ereignis der französischen Geschichte widmete, aber sich dabei zunächst auf das italienische Vorbild bezog, zählte gleich eingangs verschiedene Bedeutungen auf, vorab „l'avénement d'un art nouveau" und „la rénovation des études de l'antiquité" [204: J. Michelet, Histoire, Bd. 7, I]. Zugleich suchte er nach einer überwölbenden Definition, für die er die emphatische Formel fand: „die Entdeckung der Welt und des Menschen" („la découverte du monde, la découverte de l'homme") [ebd., II]; beides stand für den Anbruch der Moderne schlechthin. Er kam damit der

Vorstellung von Renaissance als Inbegriff einer kulturgeschichtlichen Epoche recht nahe, ohne sie jedoch schärfer zu fassen oder gar historiographisch auszuführen. BURCKHARDT hat die Formel übernommen [33: J. BURCKHARDT, Kultur, 305] und fruchtbar gemacht. Von MICHELET wird nochmals zu reden sein, wenn es um die europäische Dimension des Renaissance-Begriffs geht (s. u. 103 ff.).

Kulturgeschichte der Renaissance: Ranke

Gleichzeitig war die kulturgeschichtliche Epoche selbst ein festes Thema der Geschichtsschreibung [179: H. LEO, Geschichte, Bd. 4 u. 5] und Geschichtsphilosophie [116: G. W. FR. HEGEL, Vorlesungen, 863 f. u. 867 ff.] geworden, ohne dass dabei der Renaissance-Begriff, jedenfalls im Sinne MICHELETS oder später BURCKHARDTS, eine Rolle gespielt hätte. Man findet sie in vielen Werken zur italienischen oder allgemeinen Geschichte so dargestellt, wie dies bei VOLTAIRE vorgezeichnet war. Das Bild hatte dabei im Großen wie im Kleinen immer mehr an Kontur und Farbe gewonnen. Wie weit dieser Erkenntnisprozess mittlerweile gediehen war, konnte BURCKHARDT von seinem Lehrer Leopold RANKE (1795–1886) lernen. Seine Renaissance-Studien waren zwar gewiss nicht direkt von RANKE beeinflusst, aber er kannte RANKES Ansichten aus dessen einschlägigen Schriften, so aus den „Römischen Päpsten", „welche ich schon in meinen Studentenjahren verschlang und stellenweise auswendig wußte"; außerdem will er sich vor allem nach der Begegnung mit Ranke entschlossen haben, sein „Leben" der „Wissenschaft" von der Geschichte „zu widmen" [106: N. HAMMERSTEIN, Ranke, 45].

Das Projekt einer europäischen Kulturgeschichte im 15./16. Jahr hundert

Das Phänomen der Renaissance interessierte RANKE von Anfang an. Sein erstes historiographisches Projekt, von dem wir 1820 hören, handelte „vom Leben der Nationen im 15. Jahrhundert, von dem nochmaligen Aufgehen aller Keime, die das Alterthum gesäet": „wie Kaiserthum und Papstthum gestorben, und ein neues Leben mit neuem Odem daherbläst" [258: L. v. RANKE, Lebensgeschichte, 89]. RANKE plante eine europäische Kulturgeschichte, die auf die Reformation zulaufen, aber mit dem neuen „Leben" im Italien der vorangehenden Zeit einsetzen sollte. Als erster Band erschienen die „Geschichten der romanischen und germanischen Völker" (1824), die die Kämpfe in und um Italien an der Wende vom 15. zum 16. Jahrhundert erzählten und in diesem Zusammenhang die politische Geschichte der späteren Renaissance abhandelten. Statt diese Reihe fortzusetzen, nahm RANKE alsbald, durch Quellenfunde veranlasst, das neue Projekt der „Fürsten und Völker von Süd-Europa im sechszehnten und siebzehnten Jahrhundert" in Angriff. Das Renaissance-Thema ging ihm dabei aber nicht verloren. Dem ersten Band, über das osmanische Reich und die spanische Monarchie (1827), sollte einer über Italien folgen: „Es sind vier Abhandlungen übrig: über Venedig; den Pabst; Florenz und die kleineren Staaten; zuletzt allgemeine Betrachtung über Leben, Kunst, Literatur, und die gesammte Entwickelung" [246: H. ONCKEN, Frühzeit, 100]. Das war ein umfassendes Programm italienischer Kulturgeschichte, das die Renaissance offenkundig einschloss, jedenfalls von ihr ausging. RANKE hielt sich jahrelang in Wien und Italien auf, um das dazu nötige Material zusammenzutragen. Aber ein solcher Band ist niemals herausgekommen.

Neues Generalthema seit 1830

Der Grund war nicht nur die Überfülle der gesammelten Quellen, die die ursprünglichen Dimensionen sprengte, sondern vor allem, motiviert durch politische Erfahrungen im Zuge der Julirevolution von 1830, ein neues historiographisches Generalthema, dem RANKE fortan verpflichtet blieb: die Entstehung des europäischen Staatensystems, die Formierung der großen Mächte. Das Renaissance-Thema trat dadurch für RANKE in den Hintergrund, ohne aber ganz zu verschwinden. Fast alles, was der ursprünglich geplante zweite Band der „Fürsten und Völker" an „Abhandlungen" zur italienischen Kulturgeschichte enthalten sollte, findet sich, wenigstens bruchstückweise, an anderen Stellen des RANKE'schen Oeuvres. Die „Geschichte der Päpste", mit der RANKE die Reihe seiner großen Staatengeschichten eröffnete (1834–1836), war auch eine Geschichte der Renaissance-Päpste; dazu kamen teilweise schon während der italienischen Reise oder kurz danach entstandene Schriften zur venezianischen und florentinischen Geschichte, die RANKE 1877 und 1878 jeweils in besonderen Bänden seiner „Sämmtlichen Werke" zusammenfasste, eine Akademieabhandlung „Zur Geschichte der italienischen Poesie" vom 14. bis zum 16. Jahrhundert (1837) sowie ein 1831 niedergeschriebener Text „Zur Geschichte der italienischen Kunst" von Cimabue bis Tizian (1878). Aber auch in anderen Werken, so in der „Deutschen Geschichte im Zeitalter der Reformation" (1839–1847) oder auch in den posthum veröffentlichten Vorträgen „Ueber die Epochen der neueren Geschichte" (1854), kam RANKE immer wieder auf die Renaissance zu sprechen.

Rankes Bild der Renaissance

Das Bild der Renaissance, das sich aus alledem ergibt, war das von VOLTAIRE her vertraute, aber ohne die normativen Prämissen des Aufklärers, dabei aus eindringender historischer Anschauung ganz selbständig aufgefasst und zugleich wie selbstverständlich vor Augen gestellt: eine Wechselwirkung neuer Formen der Politik, des Krieges, der Ökonomie, der Gesellschaft, der Literatur, der bildenden Kunst. Gleich in den „Geschichten der romanischen und germanischen Völker" waren die Grunddaten genannt: die „angemaßten Herrschaften", d. h.

die Gebilde der Usurpation und Tyrannei, häufig auf „Reichthum" durch „Handel" beruhend; die Unsicherheit des Machtbesitzes, die neue Techniken des Machterhalts erfordert; das „Gegenstreben der dunkel oder offen immer fort vorhandenen Partheyen"; daraus entstehend „der Schein, ja die Wirkung der Freiheit" und das „Wachseyn aller Kräfte im Kampf", das zugleich die „Erregung zu allem Schönen", zu „Kunst" und „Wissenschaft" hervorruft [257: L. Ranke, Geschichten, 23 f. u. 104]. Ganz in diesem Sinne hat Ranke später, auch darin auf den Spuren Voltaires, das „Emporkommen des Hauses Medici in Florenz" beschrieben [260: L. v. Ranke, Savonarola, 185–200]. Diese Entwicklungen, in denen sich „die ersten Staaten der Welt" bildeten [257: L. Ranke, Geschichten, 25], bedeuteten eine Abkehr von „Kirche und Religion", ohne dass „die ganze Aeußerlichkeit der Kirche" in Frage gestellt worden wäre [ebd., 222]. In den „Päpsten" wies Ranke nach, wie die Verweltlichung des Papsttums von Sixtus IV. bis zu Leo X. dem noch Vorschub geleistet habe. Bis ins Einzelne, bis „in die Formen des Privatlebens, der geselligen Mittheilung" hinein [255: L. Ranke, Poesie, 84] hat er den Wandel der Dinge verfolgt.

Autonomie-Gedanke

Was diese Renaissance-Welt letztlich zusammenhielt, war die „Autonomie des Geistes" [260: L. v. Ranke, Savonarola, 222]. Sie regte sich, ausgehend von den „verschiedenen Autonomieen" in der politischen Sphäre [261: L. v. Ranke, Venedig, 7], in allen Lebensbereichen und erklärte damit überhaupt erst, warum sie in Wechselwirkung traten: „Die Autonomie tritt an jedem Punkte hervor", weil nach dem Niedergang des Papsttums wie des Kaisertums „keine höhere Gewalt da ist, sie [zu] züglen"; ihr entspringt „ein großes Gefühl der persönlichen Selbständigkeit", das „eine universale Regsamkeit" bewirkt [253: L. v. Ranke, Epochen, 281]. Mit dieser Erklärung der vielfältigen Phänomene aus einer durchgängigen Antriebskraft war das Gesamtverständnis der Renaissance-Kultur auf eine neue Stufe gehoben. Neues Licht fiel damit zugleich auf „die Studien des Alterthums" [255: L. v. Ranke, Poesie, 84], die man der Renaissance seit jeher eingeschrieben hatte. Ranke dehnte sie nicht nur vom künstlerischen und literarischen Bereich auf die politischen Verhältnisse aus, indem er etwa die Herrschaft von Cosimo Medici nach 1434 „mit der älteren griechischen Tyrannis" und, ganz analog, Lorenzo il Magnifico mit Peisistratos verglich [260: L. v. Ranke, Savonarola, 193, 197]. Er setzte sie auch zu jenem „Geist der Autonomie" in Beziehung, von dem er die Epoche durchdrungen sah. Bevor sich dieser Geist in eigenen Formen äußern konnte, zu der „Entwickelung eines selbstthätigen wissenschaftlichen Geistes, zu der Entdeckung neuer Wahrheiten und der Hervorbringung neuer Gedanken" fähig wurde, musste er sich nämlich zunächst in der „Nachahmung" der „Alten" üben [259: L. RANKE, Päpste, Bd. 1, 62]. Von der Nachahmung ging man zum Wetteifer über, bis schließlich der „Geist der Antike" zurücktrat und „ein moderner Geist" aufzog. [254: L. v. RANKE, Kunst, 277]. RANKE knüpfte mit dieser Deutung an Motive an, die seit VASARI im Schwange waren, stellte sie aber in einen weiteren Zusammenhang.

Rankes Desinteresse an terminologischen Fragen

Dieses Bild der Renaissance kam ohne Renaissance-Begriff aus. Es war überhaupt nicht RANKES Sache, historische Phänomene auf derartige Begriffe festzulegen; diese schienen ihm immer in der Gefahr, den Blick auf die Phänomene selbst einzuengen. Lediglich einmal, 1854 in den „Epochen der neueren Geschichte", taucht das Wort, und auch nur im Vorübergehen, auf. Es bezeichnet hier „die aus dem Altertum hereindringende Kulturerneuerung" [253: L. v. RANKE, Epochen, 283]. Das klingt an BURCKHARDTS „Kultur der Renaissance" an, meint aber, wie der Kontext zeigt, ganz im traditionellen Sinne lediglich die „Erneuerung" von Kunst und Literatur. Es entsprach allerdings gleichfalls dem traditionellen Sprachgebrauch, dass RANKE den hohen Stand von Kunst und Literatur als Hauptertrag der Epoche ansah. Von der „Kunstgeschichte" dieser Zeit konnte er sogar sagen, dass sie „auch für Politik und Historie von höchster Bedeutung" sei [254: L. v. RANKE, Kunst, 278]. Insoweit war auch hier die Erweiterung des Renaissance-Begriffs vorbereitet, der Übergang gleitend. Einige Male und gleichfalls beiläufig, nämlich 1874 in der zweiten Auflage der „Preußischen Geschichte" und 1878 in der „Geschichte der italienischen Kunst", kam bei Ranke übrigens auch der „Humanismus"-Begriff vor. Die Rede ist da vom „emporkommenden Humanismus" als „Beschäftigung mit dem klassischen Altertum" [252: L. v. RANKE, Zwölf Bücher, Bd. 1, 167; vgl. 150: P. JOACHIMSEN, Der Humanismus, 325 f.] bzw. vom „Humanismus, der an das Alterthum anknüpfte" [254: L. v. RANKE, Kunst, 278], das stimmte im weitesten Sinne mit der zuletzt von Georg VOIGT geprägten Definition (s. u. 155 ff.) überein. Der beide Male ebenso marginale wie konventionelle Begriffsgebrauch lässt auf kein sonderliches terminologisches Interesse schließen.

1.4 Jacob Burckhardt: „Die Kultur der Renaissance in Italien"

1.4.1 Konzept, Terminologie, Gesamtcharakteristik

Kulturgeschichte der Renaissance

Jacob BURCKHARDT hat die bis dahin weithin unverbundenen Stränge – den begriffsgeschichtlichen und den „realgeschichtlichen" – 1860 in seiner „Kultur der Renaissance in Italien" zusammengeführt [33: J. BURCKHARDT, Kultur]. Der Titel des Buches selbst drückte diese

Synthese aus: „Renaissance“ stand da für eine bestimmte Epoche italienischer „Kultur“; BURCKHARDT kam im Verlauf der Darstellung immer wieder auf diese Formel zurück. Das Buch war Teil eines größeren Projekts und sollte, wie es einleitend hieß, „durch ein besonderes Werk über die ‚Kunst der Renaissance‘“ ergänzt werden, die hier noch ausgespart war [36: J. BURCKHARDT, Kunst, 942]. BURCKHARDT nahm dieses „Werk“ sogleich in Angriff. Im Jahre 1867 erschien ein Band über Architektur und Dekoration [mit ergänzenden Texten in: 33: J. BURCKHARDT, Kultur]. Die damals teilweise schon ausgearbeiteten Abschnitte über Skulptur und Malerei blieben unvollendet und zu BURCKHARDTS Lebzeiten ungedruckt; erst kürzlich hat man das einschlägige Material, zusammen mit anderen Ausarbeitungen, vollständig aus dem Nachlass herausgegeben [36: J. BURCKHARDT, Kunst]. BURCKHARDT hat das Scheitern seines Publikationsvorhabens 1869, in der Einleitung zur zweiten Auflage seiner „Kultur der Renaissance“, eingestanden [33: J. BURCKHARDT, Kultur, 11 f.] und musste das umso schmerzlicher empfinden, als die „Kunst der Renaissance“ Ausgangspunkt und Ziel des ganzen Projekts war. Die Kunst galt ihm schlechthin als die höchste Form der Kultur und damit die Kunstgeschichte als Kulturgeschichte in höchster Potenz [213: U. MUHLACK, Burckhardt]. Diese bis auf VOLTAIRE zurückgehende Wertschätzung verband er mit kulturkritischen Motiven; die Kunst sollte ihm ein Refugium aus den Unbilden der Gegenwart bieten. Der „Kunst der Renaissance“, die er am ehesten als ein „modernes Gutes“ neben dem „modernen Bösen“ ansah [33: J. BURCKHARDT, Kultur, 450], diente ihm dabei als nächste Orientierung. Die „Kultur der Renaissance in Italien“ hatte keinen anderen Zweck, als auf die Behandlung dieses Themas vorzubereiten.

Fortdauer des kunstgeschichlichen Renaissance-Begriffs

Diese primäre Einstellung auf die „Kunst der Renaissance“ hatte zur Folge, dass der Gebrauch des Renaissance-Begriffs bei BURCKHARDT wiederum schwankend wurde. Als er sich von der „Kultur der Renaissance“ zur „Kunst der Renaissance“ wandte, ließ er den Begriff auf dessen ursprüngliche Bedeutung bei VASARI schrumpfen. Der übergreifende Titel seiner kunstgeschichtlichen Studien lautete: „Geschichte der Renaissance in Italien“; der Band über Architektur und Dekoration, in der Reihe „Geschichte der neueren Baukunst“ publiziert, trug den Titel „Die Renaissance in Italien“ [36: J. BURCKHARDT, Kunst, 942]. Neben die Renaissance als „Kulturepoche“ [33: J. BURCKHARDT, Kultur, 353] trat also neuerdings die Renaissance als „Kunstepoche“. Fast könnte man meinen, auch die „Kulturepoche“ sei in Wahrheit als „Kunstepoche“ konzipiert und „Kultur der Renaissance“ bedeute so viel wie „Kultur“ im Zeichen der „Kunst der Renaissance“. Andererseits blieb ihm die Ausdehnung des Renaissance-Begriffs von einer „Kunstbewegung“ auf „alle Gebiete des Lebens“, die sich seit VASARI vollzogen hatte, selbstverständlich [ebd., 602]. Von einem widersprüchlichen Begriffsgebrauch kann insoweit keine Rede sein.

Renaissance als „Wiedergeburt“ der Antike

Der Renaissance-Begriff wurde für ihn aber in einer anderen Hinsicht zum Problem, nämlich durch seine unmittelbare Bedeutung. An sich war sie BURCKHARDT so unstrittig, dass er sie, ohne ein Wort darüber zu verlieren, einfach voraussetzte. Er verstand darunter, ausgehend von *rinascita* bei VASARI, die „Wiedergeburt“ des römisch-griechischen Altertums [ebd., 175 f.]. Das war gegenüber VASARI wie auch gegenüber VOLTAIRE und MICHELET eine Verengung, die immerhin einen wesentlichen Aspekt betraf und daher von vornherein in der Begriffsgeschichte angelegt war. BURCKHARDT entsprach damit einer offenkundig verbreiteten Assoziation; sein unreflektiertes Vorgehen selbst beweist, wie sehr dieser Begriffsgebrauch geradezu konventionell geworden war. Umso mehr monierte er, dass man die „Renaissance“ in diesem Sinne „in einseitiger Weise zum Gesamtnamen des Zeitraums überhaupt“ gemacht habe [ebd., 175], weil der „Ausdruck [...] nur die eine Hälfte der Tatsache betont“ [ebd., 602]. Die „Kultur der Renaissance“ schien ihm in ihren eigentlichen Absichten und Leistungen über die „Wiedergeburt“ der Antike hinauszureichen. Trotzdem ließ er diesen „Gesamtnamen“ für sein kulturgeschichtliches Vorhaben durchgehen. Er trug auch keine Bedenken, den so verstandenen Begriff „stellenweise auf das ganze, auch außeritalienische Mittelalter“, etwa auf die „Bildung, welche Karl der Große vertrat“, anzuwenden, obwohl er in der Sache auf fundamentalen Differenzen beharrte [ebd., 176 f.].

Begriff und Sache

Insgesamt lässt sich konstatieren, dass BURCKHARDT an terminologischen Fragen so wenig interessiert war wie Ranke. „Renaissance“ war ihm wie „Humanismus“ eine Art Wechselbegriff zur „Wiedergeburt“ der Antike, ein geläufiges Wort, das ihm zur äußeren Etikettierung diente und, für sich genommen, keiner intellektuellen Anstrengung wert war. Größte Mühe verwandte er dagegen auf die „materiale“ Charakteristik der Renaissance-Kultur. Sie ergab ein so klares Bild, dass der BURCKHARDT‘sche Renaissance-Begriff sich für immer mit ihm verband.

Die Einheit der Renaissance-Kultur

BURCKHARDTS historiographische Leistung bestand darin, dass er aus den von VOLTAIRE bis RANKE eher exponierten als durchgeführten Motiven, gestützt auf breite Quellen- und Literaturkenntnisse, eine Darstellung formte. Was ihn leitete, war ein „sehr geschärfter kulturgeschichtlicher Blick“ [ebd., 142]. Er richtete sich auf eine „Kulturepoche, die in sich ein vollständig durchgebildetes Ganze vorstellt“ [ebd., 353].

Sie sprach sich gleichermaßen „im staatlichen Zusammenleben, in Religion, Kunst und Wissenschaft“ wie im „geselligen Dasein“ aus [ebd.]. Jede dieser „einzelnen geistigen und äußeren Kräfte“ [36: J. Burckhardt, Kunst, 447] stand zunächst einmal für sich; keine war von einer anderen in einem ursächlichen Sinne abhängig; jede verfolgte eine eigene Richtung. Aber es gab zwischen ihnen Bedingungsverhältnisse und Wechselwirkungen, die wiederum auf einen gemeinsamen „Kulturtrieb“ [33: J. Burckhardt, Kultur, 516] verwiesen; darauf beruhte die Einheit der Epoche. Burckhardt sah dabei einen „Geist der Renaissance“ am Werk [ebd., 829], der sich ihm im „italienischen Volksgeist“ [ebd., 175], im „Italiener der Renaissance“ [ebd., 450] konkretisierte; er knüpfte damit an die Kategorien des „esprit du temps“ und des „esprit des nations“ in Voltaires Geschichtsschreibung an, entwickelte sie aber von bloßen Relations- und Integrationsbegriffen zu dynamischen Faktoren des historischen Geschehens selbst weiter. Gelegentlich ließ er sogar die „Renaissance“ als Subjekt der Geschichte auftreten [ebd., 394 u.ö.]; von „Schöpfungen der Renaissance“ war die Rede [ebd., 433]. Die Einheit der Epoche wurde hier unmittelbar sinnfällig.

Weltlichkeit

Durchgängiger Zug der Renaissance-Kultur war für Burckhardt, auf den allgemeinsten Begriff gebracht, ihre Tendenz, „überwiegend weltlich“ zu werden [ebd., 487], sich auf die diesseitige Welt einzustellen. Diese „Weltlichkeit“ bestimmte Anfang und Ende der Epoche: Sie brachte die Renaissance in „einen ausgesprochenen Gegensatz zum Mittelalter“ und erlag schließlich der „Gegenreformation“ [ebd., 489 u. 516]. Die Hinwendung zur „Welt“ war nicht gleichbedeutend mit einer förmlichen Abkehr von Kirche und Religion. Die „Italiener der Renaissance“ wussten sich vielmehr der „Hierarchie“ zu akkommodieren, kultivierten allerdings zunehmend einen „antihierarchischen Unwillen“, aus dem sich durchaus eine spezifische „Religiosität“ entwickeln konnte, die sogar an die deutsche Reformation anklang [ebd., 452 u. 482].

Empirie und Reflexivität

Die „Weltlichkeit der Renaissance“ resultierte aus einer „Entdeckung der äußern und geistigen Welt“, aus dem „Überströmen der neuen Anschauungen, Gedanken und Absichten in bezug auf Natur und Menschheit“ [ebd., 487, 489 u. 545]: aus der „Entdeckung der Welt und des Menschen“, wie es Burckhardt im Anschluss an Michelet ausdrückte [ebd., 280]. Auf die „Phantasiewelt des Mittelalters“ folgte „eine objektive Betrachtung und Behandlung [...] der sämtlichen Dinge dieser Welt“, der eine „subjektive“ Selbsterfahrung „des Menschen selbst“ entsprach [ebd., 137 u. 179]. Es wurde zur „hohen Bestimmung des Zeitalters, die Wirklichkeit allseitig zu ergründen“ [ebd., 970]. Die Welt erschien als Gegenstand empirischer Erkundung, an die man „alle Geistes- und Seelenkräfte“ wandte [ebd., 545]. Ihre „Betrachtung und Behandlung“ geschah in vollem Bewusstsein dessen, was man tat; sie war ein Werk der „Reflexion“ [ebd., 96] und insoweit – um einen Schlüsselbegriff Burckhardts anzuführen – ein „Kunstwerk“ [ebd., 17 u.ö.].

Individualismus und Geschichte

Im Zentrum dieser Wirklichkeitserfahrung stand das „Individuelle“ [ebd., 953]. Der Mensch, der sich im Mittelalter „nur als Race, Volk, Partei, Korporation, Familie oder sonst in irgend einer Form des Allgemeinen“ erfahren hatte, erkannte sich jetzt als „geistiges Individuum“, das „ganz auf sich selbst gestellt“ war [ebd., 137], und begriff auch seine Umwelt als eine Summe individueller Erscheinungen, die „auf allen Stufen“ in ihrer Besonderheit zu erfassen waren [ebd., 303]. Diese individualisierende Sicht schärfte zugleich den Sinn für historische Unterschiede. Die Italiener hatten „Neigung und Begabung“, „den historischen Menschen nach seinen äußern und innern Zügen und Eigenschaften genau zu schildern“ [ebd., 326]. Individualisierung und Historisierung gingen zusammen; die Geschichte, die im Mittelalter eine lediglich abgeleitete Stellung eingenommen hatte, erhielt einen eigenen Wert.

Renaissance und Mittelalter

Burckhardt bestritt nicht, dass es auch im Mittelalter Ansätze zur „Weltlichkeit“, zur Empirie, zum „Individualismus“ [ebd., 303], zur „lebensvollen“ Aneignung der Geschichte gegeben habe [ebd., 240]. Aber er vermisste dort jene Reflexivität und damit Folgerichtigkeit, die er erst der Renaissance glaubte zusprechen zu können. Was er über die Entdeckungsreisen der damaligen Italiener bemerkte, lässt sich sinngemäß auf alle anderen Bereiche übertragen, in denen sich die Frage nach möglichen „Vorgängern“ der Renaissance stellte: „Nun ist aber der wahre Entdecker nicht der, welcher zufällig zuerst irgendwohin gerät, sondern der, welcher gesucht hat und findet [...]. Deshalb werden die Italiener, auch wenn ihnen jede einzelne Priorität der Ankunft an diesem oder jenem Strand abgestritten würde, doch immer das moderne Entdeckervolk im vorzugsweisen Sinne für das ganze Spätmittelalter bleiben“ [ebd., 281]. Der Durchbruch zur Moderne überhaupt war das Hauptwerk der Renaissance, das sie prinzipiell vom Mittelalter schied, und es lag an „der frühzeitigen Ausbildung des Italieners zum modernen Menschen“, dass dieser „der Erstgeborne unter den Söhnen des jetzigen Europas werden mußte“ [ebd., 137].

Die Antike als Medium

Die „Wiedergeburt“ des Altertums gehörte ebenfalls zu Burckhardts Gesamtcharakteristik der Renaissance-Kultur, war darin allerdings nur ein sekundäres Thema. „Weltlichkeit“, Wirklichkeitserfahrung, „Individualismus“, der Durchbruch zur Moderne, der sich in diesen Bestrebungen manifestierte: Das war eine aus eigenen Antrieben hervorgebrachte Leistung des „italienischen Volksgeistes“. Das „Wesen der Dinge“ war für BURCKHARDT ohne die „Einwirkung der antiken Welt [...] verständlich und vorhanden“; ja, er zögerte nicht zu bemerken, dass die „neuen geistigen Richtungen“ weithin ohne das Altertum „denkbar“ seien [ebd., 175]; die Untauglichkeit des „wiedergeborenen“ Altertums für ein Gesamtverständnis dieser kulturgeschichtlichen Epoche war hier augenscheinlich. Dennoch lag es BURCKHARDT ganz fern, den Anteil der „Wiedergeburt“ der Antike an der Kultur der Renaissance zu unterschätzen. Sie hatte zwar nichts mit dem „Wesen der Dinge“ zu tun, bot aber das „Medium“, in dem es sich „im Leben“ äußerte [ebd., 175 f.]: „Die Bildung aber, sobald sie sich von der Phantasiewelt des Mittelalters losmachen wollte, konnte nicht plötzlich durch bloße Empirie zur Erkenntnis der physischen und geistigen Welt durchdringen, sie bedurfte eines Führers, und als solchen bot sich das klassische Altertum dar mit seiner Fülle objektiver, einleuchtender Wahrheit in allen Gebieten des Geistes“ [ebd., 179].

Die Antike im Mittelalter

Auch im Mittelalter und auch außerhalb Italiens war die antike Tradition lebendig geblieben, etwa in der auch von Burckhardt so bezeichneten karolingischen „Renaissance“ oder in der „romanischen Baukunst“ und in der „Klostergelehrsamkeit“. Aber Derartiges ging niemals über die „Benützung einzelner Elemente der Antike“ hinaus [ebd., 176 f.] und fügte sich damit in den Rahmen der geistlich geprägten mittelalterlichen Weltanschauung ein. Demgegenüber hielt man sich im Italien der Renaissance „an dasjenige“, „was jenseits des Mittelalters liegt“ [ebd., 201]. Dem „noch halb antiken Volk“ galt das Altertum, von dem ihm viele „Erinnerungen und Denkmäler“ präsent waren, als eigene „Vorzeit“, die es als „groß“ empfand und „zu reproduzieren“ wünschte. Das war tatsächlich eine „Wiedergeburt“, und sie kam einer „Parteinahme für das Altertum überhaupt“ gleich [ebd., 177].

Der Neuansatz der Renaissance

Die Renaissance als „neuantike Kultur“

Die Italiener bewahrten in diesem Verhältnis dennoch immer ihre „Freiheit“ [ebd., 175]. BURCKHARDT betonte die „freie Originalität, womit das wiedergewonnene Altertum aufgenommen und verarbeitet wird, die Fülle ganz eigentümlichen modernen Geistes, welche bei der großen Bewegung sich mit offenbart“ [ebd., 602]. Jedenfalls blieb es dabei, dass die „Reproduktion des Altertums“ [ebd., 197] einer Entwicklung Vorschub leisten sollte, die eine originäre Qualität besaß. Die „Wiedergeburt“ selbst war für BURCKHARDT ein schöpferischer Akt. Das „Bündnis zwischen zwei auseinander liegenden Kulturepochen desselben Volkes“

[ebd., 175] gab gleichsam prototypisch jenes historische Bewusstsein zu erkennen, das in der Renaissance erwachte. Die Anschauung des Altertums ging mit der Vorstellung eines zeitlichen Abstandes von der Gegenwart einher, die „die geschichtliche Kontemplation“, ein „objektives geschichtliches Interesse“ förderte [ebd., 182 u. 243]. Das Verhältnis zur Antike wurde dadurch von vornherein ein „höchst selbständiges“ [ebd., 175], ganz gleich, wie weit die „Antikisierung“ [ebd., 247] jeweils reichte. Man lebte in einer „neuantiken Kultur“ [ebd., 388]; das „Neue“ und das „Antike“ flossen da nicht einfach ineinander, sondern bezeichneten – durch ihre Beziehung selbst – Verschiedenes.

Prozessualisierung der Renaissance

Die Einheit der Renaissance-Kultur, wie Burckhardt sie sah, war alles andere als eine statische Größe. Er führte sie auf einen „Kulturtrieb“ zurück, der „Kulturprozesse“ auslöste [ebd., 292]. Der „Geist der Renaissance“ war in fortwährender Bewegung begriffen; er entwickelte sich in ihr und durch sie. Burckhardt kannte eine „Frührenaissance“ [ebd., 298] und eine „Höhe der Renaissance“ [ebd., 491]. Dabei hütete er sich vor starren Datierungen oder Fixierungen; auch die Außengrenzen zum „Mittelalter“ und zur „Gegenreformation“ waren nicht auf das Jahr genau festgelegt. Ein Grund für diese Zurückhaltung war, dass die zeitlichen Ansätze der Renaissance nach Burckhardt in den einzelnen Kultursphären durchaus nicht übereinstimmten. Jedenfalls war hier der Ort, wo sich die „Kulturprozesse“ vollzogen, in denen sich der „Geist der Renaissance“ auf je eigene Art und in je eigenem Rhythmus formierte.

Durchdringung der einzelnen Kultursphären

Burckhardt nahm keine dieser Kultursphären in ihrem ganzen sachlichen Umfang in den Blick, sondern untersuchte sie allein unter seinem spezifischen Blickwinkel. Es interessierte ihn, was der „Geist der Renaissance“ in ihnen bewirkt hatte. Andererseits ließ er keinen Zweifel daran, dass diese Wirkung ins Zentrum jeder dieser Sphären reichte. Mit der Renaissance traten sie alle in eine Phase ein, in der sich jeweils ihr moderner Begriff bildete. Am höchsten stand für Burckhardt dabei die bildende Kunst. Man missversteht ihn nicht, wenn man seine Sicht der Renaissance-Kunst mit seiner grundsätzlichen Auffassung von Kunst gleichsetzt.

1.4.2 Die bildende Kunst

Vorzugsbehandlung

Es entsprach der Intention des Gesamtwerks, dass Burckhardt von vornherein alles auf die bildende Kunst hinordnete. Bereits im ersten Band, der „Kultur der Renaissance in Italien“, wies er immer wieder auf die „glorreiche Kunst“ [ebd., 450] als das Ziel des Ganzen hin. Ein ganzer Folgeband sollte ihr gewidmet sein, und wenn davon auch nur ein erster Teilband erschien, so ergab er doch zusammen mit den einstweilen unveröffentlicht gebliebenen Materialien ein riesiges Konvolut, das das Volumen der „Kultur" fast um das Doppelte übertraf und auch in seinem Zuschnitt zunehmend einer umfassenden Spezialgeschichte ihres Gegenstandsbereiches nahekam. Neben der eigenen Anschauung der Kunstwerke selbst, der BURCKHARDT für seine Darstellung das größte Gewicht beimaß, zog der Autor vor allem die Viten VASARIS heran, ein „unvergleichlich wichtiges Werk" [ebd., 329], obwohl er an VASARIS manieristischen Kunsturteilen viel zu kritisieren hatte [ebd., 883 u.ö.].

Autonomie der Kunst

Die Kunst der Renaissance bildete für BURCKHARDT mustergültig alle Tendenzen ab, die für den „Geist der Renaissance" kennzeichnend waren. Mit „Weltlichkeit" oder „Verweltlichung" war hier gemeint, dass die Kunst sich, entgegen der bisherigen Vorherrschaft von Religion und Kirche, absolut und damit autonom setzte. Diese „Kunst um ihrer selbst Willen" [36: J. BURCKHARDT, Kunst, 534] äußerte sich als auf das „Schöne" gerichteter „Kunstsinn" [33: J. BURCKHARDT, Kultur, 681 u. 770]; das war die schon bei VASARI geläufige Definition, der BURCKHARDT auch in einzelnen Bestimmungen folgte.

Ästhetisierung der Religion

Es verstand sich, dass die Künstler auch weiterhin mit religiös-kirchlichen Aufgaben und Themen zu tun hatten; das ergab sich aus dem Milieu, in dem sie wirkten, aus der „Fortdauer einer großen religiösen und kirchlichen Verpflichtung" [36: J. BURCKHARDT, Kunst, 451], die für sie bindend blieb. Aber sie waren bestrebt, gerade auch das Sakrale „in den Kreis des Schönen" zu ziehen [33: J. BURCKHARDT, Kultur, 765], also in reine Kunst zu verwandeln: Der „künstlerische Trieb tritt an die Stelle der sacralen Nothwendigkeit" [36: J. BURCKHARDT, Kunst, 53], ja „das Große und Schöne [schien] von selber heilig" [33: J. BURCKHARDT, Kultur, 681]. Man verließ „sich beim Kirchenbau darauf, dass durch Hoheit und Schönheit des architektonischen Eindruckes ein wahres Gefühl alles Höchsten hervorzubringen sei", und zwar „auch abgesehen von allem Zweck und auch ohne Kirchenweihe" [ebd., 721]. Sofern die Bildhauer kirchliche Statuen schufen, waren das „die ersten, rein aus künstlerischen Gründen geschaffenen Skulpturen" [ebd., 951]. Erst recht reichte ein Werk wie Michelangelos Malerei in der Sixtinischen Kapelle weit „über alle von der Kirche angebotenen oder verlangten Inhalte hinaus": da „wogt eine schöpferische Kraft um ihrer selbst willen" [36: J. BURCKHARDT, Kunst, 606].

Wirklichkeitserfahrung

Die „Entdeckung der Welt und des Menschen", die die „Weltlichkeit" der Renaissance-Kultur ausmachte, hieß für die Kunst „die lebendige Darstellung des Seienden und Geschehenden" [ebd., 447].

Entwicklungsstufen

Burckhardt verdeutlichte das besonders am Beispiel der Skulptur und der Malerei. Ein „gleichmäßig geltendes ästhetisches Gesetz“ ließ beide eine parallele Entwicklung durchlaufen: von der „realistischen“ oder „naturalistischen“ Wiedergabe der äußeren Phänomene über die Durchdringung „des optischen Scheines“ bis zur Darstellung des von innen her alles Äußere zusammenhaltenden „Ganzen“, aber ohne dass dabei die Deutlichkeit des „äußeren Lebens“ verlorenging. Das Ergebnis war eine „erhöhte Wirklichkeit“, die einer „Erfindung“ des Künstlers entsprang und damit die selbständige Wirkungsweise des „künstlerischen Vermögens“ bezeugte [33: J. Burckhardt, Kultur, 674, 909, 970 u. 975; 36: Ders., Kunst, 210 u. 280].

Individualität und Ruhmgedanke

Auch diese ästhetische Wirklichkeitserfahrung kreiste um das Individuelle und das „geistige Individuum“, als das sich der Mensch nunmehr erkannte. Die Künstler selbst wurden sich ihrer Individualität bewusst; sie wollten Einzigartiges hervorbringen und dadurch nicht nur in der Gegenwart höchste Ränge einnehmen, sondern auch in der Zukunft unvergesslich bleiben; das war ihr „monumentaler Sinn“ oder „Ruhmsinn“ [33: J. Burckhardt, Kultur, 575]. Das ihm gemäße Objekt hatte er in ruhmwürdigen Personen, Handlungen und Institutionen aus Vergangenheit und Gegenwart, die zugleich durch ihre künstlerische Verherrlichung erst wahren Ruhm gewannen; jedenfalls ging auch der bildende Künstler mit dem Anspruch ans Werk, „dass er der Austeiler des Ruhmes, ja der Unsterblichkeit sei; und ebenso der Vergessenheit“ [ebd., 156].

Monumentalisierung

Burckhardt versammelte zahlreiche Beispiele für „monumentale Architektur“, den „Monumentalsinn“ der Bildhauer und die „große monumentale Malerei“ [ebd., 769, 949 u. 965]. Die „Richtung der Kunst auf das Wirkliche und Individuelle“, die Burckhardt an dieser Stelle offenkundig als identisch ansah, fand besonders in der „Portraitskulptur“ und in den gemalten Porträts „berühmter Männer“ ästhetisches „Genüge“ [ebd., 953 u. 36: Ders., Kunst, 374]. Andererseits wollte Burckhardt gerade an diesen Porträtmalern zeigen, dass sie es nicht bei der bloßen Abbildung belassen hätten, sondern auf eine genuin künstlerische Hervorbringung des Dargestellten aus gewesen seien: „Nicht das wirkliche Portraitiren war dabei das Vorherrschende [...], sondern das Neuschaffen von Characteren und Gestalten“ [ebd., 375], also wiederum eine „erhöhte Wirklichkeit“ anstelle der lediglich „realistischen“ oder „naturalistischen“. Auch sonst war „die Darstellung der Berühmten“ [ebd., 374] für die meisten Künstler kein Selbstzweck, sondern Anlass für eine eigene Schöpfung, die vor allem den Ruhm der Künstler selbst mehren sollte. Das Individuelle in der Kunst begann mithin beim einzelnen Künstler und führte zu ihm zurück. Burckhardt hat auf den Spuren VASARIS und mit ähnlicher Klassifizierung diese Künstlerindividuen erfasst, aber nicht in biographischer Abfolge, sondern jeweils da, wo es seine Sache erforderte.

„Wiedergeburt des Altertums" in der Architektur

Auch die Kunst der Renaissance nahm an der „Wiedergeburt des Altertums" teil. Im Falle der Architektur setzte BURCKHARDT dieses Kriterium sogar zur Periodisierung ein. Er unterschied da drei Zeitabschnitte: „den Versuch der Wiedererweckung der antiken Baukunst" (12. Jahrhundert), für den er den Begriff der „Protorenaissance" einführte; „die Aufnahme des Gotischen" im 13. und 14. Jahrhundert; „die Renaissance seit dem 15. Jahrhundert", hier als eine Epoche verstanden, in der man das Altertum „in der Baukunst ernstlich und durchgreifend ergründete und reproduzierte" [33: J. BURCKHARDT, Kultur, 575 u. 616]. Für BURCKHARDT war die „Nachbildung der römischen Formenwelt", über der man die dem historischen Bewusstsein der Italiener eher fernstehenden „griechischen Baureste" vernachlässigte, ein aus der Entwicklung der Renaissance-Kunst nicht wegzudenkendes Moment [ebd., 601 u. 618]. Man übte sich an den „römischen Bauresten", die man „in Rom und der Umgegend" systematisch erschloss [ebd., 619]; diese „Aufnahme" dessen, was noch da war, gipfelte im 16. Jahrhundert in dem „Versuch zur vollständigen idealen Restauration des alten Rom", der zugleich „Aufnahmen in allen Gegenden" zum Vorbild dienen sollte [ebd., 619 u. 621]. In dieser Zeit erlangte auch Vitruv ein kanonisches Ansehen; er „nahm in der Baukunst bald eine ähnliche Rolle ein wie schon vorher Cicero in der Latinität" [ebd., 624].

Keine Kopie der antiken Baukunst

Gleichwohl konnte, aufs Ganze gesehen, von einer eigentlichen Kopie der antiken Baukunst keine Rede sein. BURCKHARDT begegnete seit der „Protorenaissance" jener „Selbständigkeit, welche dem modernen italienischen Geist dann bei seinem Bündnis mit dem Altertum stets eigen geblieben ist" [ebd., 602]. Es war bezeichnend, dass der „Protorenaissance" die „Gotik" folgte, die während der „Renaissance" selbst noch eine Weile in Koexistenz mit ihr fortbestand [ebd., 613]; die „monumentale Architektur", die in Italien seit dem hohen Mittelalter aufkam, band sich nicht allein an die Antike. Man suchte die „Baureste" des alten Rom zu sichern, baute aber keine Römerbauten nach; man hat vielmehr „das Antike nur im Sinne der freisten Kombination verwertet" [ebd., 635]. Michelangelo höhnte über puristische Vitruvianer [ebd., 627].

Dekorationskunst

Von der Einstellung der Architektur schien die Dekorationskunst abzuweichen, die sich dem Altertum, verglichen mit anderen Gebieten „der Kunst und der Kultur" der Renaissance, am stärksten „geistesverwandt" gezeigt habe. Burckhardt bemerkte aber auch hier eine Lust an der immer wieder neuen Kombination antiker Elemente; man sah die Antike nicht als unmittelbares „Vorbild" an, sondern „weiteiferte" mit ihr, indem man über sie wie über sein „Eigentum" verfügte und sie damit am Ende „gewaltig" überbot [ebd., 803 f. u. 807].

Skulptur und Malerei

Nicht anders stand es mit der Skulptur. Die Bildhauer sahen sich in der „Pflicht, dem Altertum nachzueifern"; aber es handelte sich auch bei ihnen um „Wetteifer ohne alle Knechtschaft" [ebd., 943]. Sie fühlten sich durch die Antike innerlich bereichert, ohne sie nachzuahmen; Donatello hat „stellenweise völlig antik componirt ohne doch antike Motive direkt zu entlehnen" [36: J. Burckhardt, Kunst, 35 u. 80]. Der Anblick einer antiken Skulptur löste den Wunsch aus, ein Werk von gleicher formaler Qualität zustande zu bringen: „Etwas der Art müssen wir auch können!" [ebd., 517] Die „monumentale Malerei" liebte es, „die Geschichte und Sage des alten Rom" zu thematisieren, aber nach Darstellungsregeln, die ihr selbst eigentümlich waren [ebd., 369].

Verallgemeinerung

Es war, um es zu verallgemeinern, „Sache des höchsten und feinsten künstlerischen Vermögens", wie mit der antiken Kunst umzugehen sei [33: J. Burckhardt, Kultur, 674]. Burckhardt sagte von der Skulptur, was in seiner Sicht grundsätzlich oder sinngemäß für die Kunst der Renaissance im Allgemeinen zutraf: Sie habe „nicht das Alterthum sondern die Natur erreichen" wollen [36: J. Burckhardt, Kunst, 38]. Der Begriff „Natur" verwies auf das originäre Bedürfnis nach authentischer Reproduktion „der Welt und des Menschen"; das „Alterthum" hatte die alleinige Funktion, diesem Bedürfnis Hilfestellung zu leisten.

1.4.3 Die Literatur

Literatur, Bildung, Poesie

Nahezu gleichauf mit der bildenden Kunst lag die Literatur, und zwar in dem seit Voltaire üblichen Umfang. Burckhardt erklärte sie in diesem allgemeinen Sinne zur „Botin" der „Bildung" [33: J. Burckhardt, Kultur, 628], obwohl er auch „sonstige Bildung" kannte [ebd., 401], ja, den Begriff, wie gesehen, geradezu auf die „Kultur" der Renaissance insgesamt beziehen konnte. Andererseits stand ihm unter allen literarischen Hervorbringungen die Poesie so hoch, dass er sie wiederholt als „pars pro toto" behandelte. Auch hier verschwammen die Begriffe, ohne dass die Sache selbst deshalb undeutlich geworden wäre.

Parallele Entwicklungen von Kunst und Literatur

Bildende Kunst und Literatur krönten nicht nur die Renaissance-Kultur, sondern durchliefen auch eine „parallele Entwicklung" [ebd., 398]. Die beiden bildeten für Burckhardt unzertrennliche Paare [ebd., 292, 400 f. u. ö.]; wiederholt stellte er Entsprechungen im Einzelnen heraus, etwa zwischen „Dichtung und Malerei" in der Darstellung der Landschaft [ebd., 292] oder zwischen der „scheinbaren Formlosigkeit" der frühen „Canzonendichtung" und der sparsamen Farbgebung der damaligen „Freskomalerei" [ebd., 305 f.].

Literarische Voraussetzungen der Kunst

Mit der strukturellen Analogie ging eine Phasenverschiebung zwischen Literatur und Kunst einher. Für BURCKHARDT war es „das durchgehende Gesetz der Renaissance, dass die Bewegung in der Bildung durchgängig der analogen Kunstbewegung vorausgeht", „dass die Bildung der Kunst vorangeht" [ebd., 252 u. 628]. Er meinte damit nicht einfach eine äußere zeitliche Abfolge, sondern einen genetischen Zusammenhang. Das hieß allerdings nicht, dass er die Entwicklung in der Kunst von derjenigen in der Literatur abgeleitet und damit die Kunst gegenüber der Literatur zurückgestuft hätte. Es blieb dabei, dass er die Kunst als von Grund auf autonomes Phänomen begriff, dem der erste Rang gebührte. Die Literatur war aber dem Aufstieg der Kunst förderlich. Denn sie fasste in Worte und hob damit ins Bewusstsein, was die Kunst bis dahin gleichsam instinktiv vorangetrieben hatte, und verschaffte ihr so einen entscheidenden Schub: Die Kunst „beginnt und rüstet sich lange, ehe sie dasjenige zum Ausdruck bringt, was Bildung und Poesie schon vorher auf ihre Weise ans Licht getragen" [ebd., 616].

Direkte und indirekte Einwirkungen

Ganz unmittelbar wirkten die „Theoretiker" der Kunst, z. B. in der Architektur, allen voran Leon Battista Alberti mit seinem Hauptwerk „De re aedificatoria"[ebd., 628]; sie stimulierten die ausübende Kunst, ohne sie in ihrer originären Entwicklung zu hemmen, die schließlich, wie der Widerstand gegen die vitruvianische Richtung zeigte, jedes „Regelbuch" hinter sich ließ [ebd., 227]. Am wirkungsmächtigsten aber wurde die Literatur dadurch, dass sie den „Geist" der Renaissance-Kultur überhaupt aussprach, dass sie ihn nach allen Seiten hin auf vielfältige Weise ausprägte, dass sie ihn reflektierend durchdrang und darbot. Die Kunst gewann aus diesem Fundus Impulse, Motive, Ideen, einen ganzen Kontext, den sie ihrerseits durch ihre Hervorbringungen bereicherte. Auch sonst war die Funktion der Literatur eine gleiche oder ähnliche. Allenthalben stand „die literarische Darstellung", indem sie die durchgängigen Bestrebungen der Renaissance-Kultur ausarbeitete und ausformte, „an der Wiege" der weiteren Entwicklung [ebd., 628].

Die humanistischen „Poeten-Philologen"

Ein überragendes Verdienst kam dabei jenen Literaten zu, „welche das hochverehrte Altertum mit der Gegenwart vermittelten" [ebd., 201], d. h. die „Wiedererweckung des Altertums", die den Durchbruch zur Moderne begleitete, planmäßig ins Werk setzten. Die Wörter „Humanismus" und „Humanisten" waren auf sie gemünzt [ebd., 200 f.]; auch hier griff BURCKHARDT auf, was er vorfand, ohne das Bedürfnis zu haben, darüber begriffliche Explikationen anzustellen. Wahlweise belegte er diese „neue Menschenklasse“ [ebd., 206], „eine hundertgestaltige Schar“ [ebd., 201], mit dem Namen „Poeten-Philologen“ [ebd., 149 u.ö.], um ihr zugleich historisch-rekonstruktives wie normativ-applikatives Verhältnis zur Antike zu kennzeichnen.

Die „Philologen“

Die „Philologen“ machten sich daran, die „Reste des Altertums“ [ebd., 191] zu erschließen, zu sichern und dem Publikum zur Verfügung zu stellen und so die versunkene Epoche wiederum ins Leben zu rufen. Das war ein historisch-kritisches Geschäft, das – außer den Zeugnissen der bildenden Kunst – vor allem die schriftlichen Dokumente römischer wie griechischer Provenienz zum Gegenstand hatte. Man sah sie „für Quellen aller Erkenntnis im absolutesten Sinne“ an [ebd.]. Das „Längstbekannte“ wurde durch „die große Reihe neuer Entdeckungen“ so erweitert, dass sich erst jetzt eine Vorstellung vom ganzen Umfang der antiken Literatur bildete [ebd.]. In demselben Maße, in dem man in die Sprachen und die Sachen des Altertums eindrang, etablierte sich „eine Kritik der Texte“ [ebd., 197], die ein korrektes Verständnis und damit eine authentische Aneignung ermöglichte.

Die „Poeten“

An den „Poeten“ war es, das Altertum in neuen Hervorbringungen zu reproduzieren. Man suchte alle Abteilungen der antiken Literatur – von der Epistolographie und Redekunst über die Abhandlung und einzelne wissenschaftliche Disziplinen bis zu den verschiedenen Formen der eigentlichen Dichtung – zu erneuern, und es entsprach diesem Erneuerungswillen, dass man sich dabei ausschließlich der lateinischen Sprache bediente: „als ob das Lateinische überhaupt die einzige würdige Schriftsprache wäre und bleiben müßte“ [ebd., 248].

Die neulateinische Literatur

Was so entstand, war einstweilen nichts weiter als reine „Nachahmung“ [ebd., 252]; man wollte schreiben, wie man im Zeitalter Ciceros geschrieben hatte [ebd., 250]. Das konnte in „pedantischen Purismus“ ausarten und damit die eigene schöpferische Entwicklung erschweren oder sogar hemmen [ebd., 200]. Aber im Allgemeinen blieb es dabei, dass die Erneuerung der antiken Literatur solche produktiven Kräfte gerade freisetzte. Sie bedeutete, dass „jedesmal das moderne Zeitalter der betreffenden Wissenschaft“ oder überhaupt der betreffenden literarischen Gattung begann [ebd., 245]. „Das Beste was so entsteht ist nicht mehr Nachahmung sondern eigene freie Schöpfung“ [ebd., 253]. Am höchsten schätzte Burckhardt die neulateinische Lyrik; sie kam dem Altertum am nächsten, indem sie, je nach ihrer ganz der Gegenwart angehörenden poetischen Absicht, am freiesten mit den verschiedenen Stilarten der antiken Lyriker spielte [ebd., 261 ff.].

„Moderne“ Schriftsteller: Dante, Machiavelli, Ariost

Freilich: Die „Humanisten“ oder „Poeten-Philologen“ bestellten ein Feld, auf dem letztlich andere Literaten ernteten; manchmal fielen die Aussaat und die Ernte in einer Person zusammen. Diese Schriftsteller standen auf eigenem Boden, waren modern durch sich selbst und schrieben italienisch. Die Renaissance stellte sich durch sie unverhüllt oder unvermittelt dar. Der neue literarische Impuls war erkennbar, noch bevor die humanistischen „Poeten-Philologen“ auf den Plan traten. Burckhardt führte das besonders am Beispiel der Geschichtsschreibung und der epischen Dichtung vor. Das eine Mal ging er auf die „herrlichen, farbenreichen lebensvollen“ Werke „wie die der Villani“ zurück [ebd., 240], das andere Mal auf Dante, einen „Markstein zwischen Mittelalter und neuer Zeit“ [ebd., 309]. Die spätere neulateinische Historiographie und Epik konnten demgegenüber „abgeblaßt und konventionell“ wirken [ebd., 240]. Endgültig in den Schatten gestellt wurde sie durch die Autoren des ausgehenden 15. und des 16. Jahrhunderts: durch die „großen florentinischen Geschichtschreiber“ von Machiavelli und Guicciardini bis zu Varchi und Vettori, die eine „lebendige Anschauung [...] vom Hergang der Dinge“ hatten und danach ihre Werke gestalteten [ebd., 244], und durch Dichter wie Pulci, Bojardo und Ariost, die „von der Hochschätzung des lebendigen momentanen Schilderns“ lebten [ebd., 323].

Ihre antiken Grundlagen

Dennoch hob Burckhardt wiederum sehr nachdrücklich hervor, dass diese Entwicklungen für ihn keine Selbstläufer waren, sondern ohne die „Einwirkung“ der Antike „gar nicht denkbar“ waren [ebd., 245]. Gerade Dante, das singuläre „Genie“, öffnete in der „Divina Commedia“ den Blick für die antike Welt und rief damit humanistische Motive hervor [ebd., 203], und Machiavelli oder Pulci waren zwar „keine Humanisten mehr, allein sie sind durch den Humanismus hindurchgegangen“ [ebd., 245]. Die Dialektik von Moderne und Antike erwies sich auch hier als ungebrochen.

Selbstgefühl der Literaten

Alle diese Literaten waren von dem gleichen Selbstgefühl erfüllt wie die bildenden Künstler: Verkünder „des Ruhmes und der modernen Ruhmbegier“ [ebd., 159]. Die „Poeten-Philologen“ betrieben die Vermittlung des Altertums als exklusive Mission, die ihnen in einer Zeit, als sich einstweilen alles um die „Wiedererweckung“ der Antike drehte, höchste Anerkennung bringen musste. Sie „wurden wichtige Personen, weil sie wissen, was die Alten gewußt haben, weil sie zu schreiben suchen wie die Alten schrieben, weil sie zu denken und bald auch zu empfinden beginnen wie die Alten dachten und empfanden“ [ebd., 201]. Petrarcas „Ruhm“ rührte „bei seinen Zeitgenossen“ daher, dass er, der Verfasser eines gewaltigen lateinischsprachigen Oeuvres, „das Altertum gleichsam in seiner Person repräsentierte" [ebd., 203]. Erst recht waren jene italienisch schreibenden Schriftsteller individualistisch gestimmt, die den „Geist der Renaissance" unvermittelt darzustellen suchten. Dante „strömt in all seinen Schriften eine Fülle von zwingender persönlicher Macht aus" [ebd., 143]; er beanspruchte, „daß seine Leistungen wesentlich neu, daß er der erste auf seinen Bahnen nicht nur sei sondern auch heißen wolle" [ebd., 148]; dieses Ziel hat er durch vielfältigste Ruhmestitel erreicht. Als Machiavelli seine „Geschichte von Florenz" in Angriff nahm, interessierten ihn besonders Beispiele für „den kolossalsten Ehrgeiz und Durst nach Größe" [ebd., 158]; das verwies zugleich auf seine eigene schriftstellerische Motivation.

1.4.4 Der „Staat als Kunstwerk"

Politisch-soziale Bedingungen der Renaissance-Kultur

Dennoch: Burckhardts „Kultur der Renaissance" ging nicht in den Sphären der bildenden Kunst und der Literatur auf, mochte sie sich in ihnen schließlich auch, vorab in der ersteren, erfüllen. Sie beruhte vielmehr zunächst einmal auf bestimmten politisch-sozialen Gegebenheiten und Entwicklungen, ohne die ihre weitere Ausgestaltung oder Auslegung schlechterdings nicht denkbar war. Sie wirkten zwar nicht eigentlich determinierend, blieben der Renaissance-Kultur aber auch nicht lediglich äußerlich, im Gegenteil: In ihnen stellte sich der „Geist der Renaissance" überhaupt zum ersten Mal in seiner vollen Bedeutung dar, und er strahlte von da auf alle anderen Sphären aus; alles „hängt an diesem Punkte" [ebd., 137]. Burckhardt wies systematisch, gerade auch mit Blick auf die bildenden und redenden Künste, auf derartige Anschlussstellen hin. Den Kern der neuen politisch-sozialen Verhältnisse bildete für ihn der „Staat als Kunstwerk".

Zentrierung auf den „Staat als Kunstwerk"

Burckhardt setzte damit einen Begriff ein, der für sein Gesamtverständnis der Renaissance zentral werden sollte. Dem „Staat als Kunstwerk" war das erste und grundlegende Kapitel seines historiographischen Unternehmens gewidmet. Man kann diese Tatsache nicht hoch genug veranschlagen. Sie brachte zum Ausdruck, dass er den „Staat als Kunstwerk" als konstitutives Merkmal der Renaissance-Kultur ansah. Schon früher hatte man die politisch-soziale Seite der Renaissance bemerkt; aber Burckhardt arbeitete sie mit einer vorher unbekannten Expertise und Stringenz heraus. Wo es Voltaire oder selbst Ranke bei eher beiläufigen oder flüchtigen Notizen beließen, bekam man jetzt eine bis ins Einzelne informierte und durchdachte Darstellung zu lesen, die alles Bisherige erledigte und alles Künftige fundierte. Mit ihr war gewissermaßen der Staat der Renaissance geboren, von dem wir seitdem auszugehen haben, um das Ganze dieser Kultur zu erfassen.

Rationalität und Reflexivität

Der „Staat als Kunstwerk“ war keine ästhetische Kategorie, unbeschadet dessen, dass von ihm oder einzelnen seiner Repräsentanten eine ästhetische Faszination ausgehen konnte oder sollte. Gemeint war, dass der Staat einen „künstlichen“ Charakter annahm [ebd., 56], dass er rationales Konstrukt wurde: „berechnete, bewußte Schöpfung“ [ebd., 13], „von der Reflexion“ abhängig, „auf genau berechneten sichtbaren Grundlagen“ ruhend [ebd., 96]. Am Anfang stand die Erkenntnis, dass der Staat eine „auf sich selbst gestellte Existenz“ führte [ebd., 16], d. h. sich selbst Zweck war, also kein anderes Ziel als das der Selbstbehauptung hatte. Das erforderte den genau kalkulierten Einsatz „aller Mittel mit alleiniger Rücksicht auf den Zweck“ [ebd., 14], die „bewußte Berechnung aller Mittel“ [ebd., 16], „eine objektive, vorurteilslose Behandlung“ der Dinge [ebd., 103], und zwar im Innern wie nach außen.

Innere und äußere Politik

Im Innern strebte man nach einer „fast absoluten Machtvollkommenheit“ [ebd., 16], um die dauernde Verfügungsgewalt über die vorhandenen menschlichen und materiellen Ressourcen zu gewinnen; die möglichst perfekte Ausbildung der „Fiskalität“ [ebd., 54] wurde zum Zentrum eines ganzen institutionellen Systems. Bei der „Behandlung der internationalen Dinge“ [ebd., 97] richtete man sich ganz „nach der Lage der Dinge, nach den zu erreichenden Zwecken“; man berechnete, wie auch im Innern, „die Leistungsfähigkeit von Freund und Feind in ökonomischer wie in moralischer Hinsicht bis ins Einzelste“ [ebd., 104]. Auch der Krieg erhielt den „Charakter eines Kunstwerks“ [ebd., 106]; allenthalben setzte sich „diese ganze rationelle Behandlung der Kriegssachen“ durch [ebd., 109]. Der „Staat als Kunstwerk“ fand seinen Theoretiker in Machiavelli; er war von allen, „die einen Staat meinten konstruieren zu können“, „der Größte“ [ebd., 92], der auch den „Krieg als Kunstwerk“ in Begriffe fasste [ebd., 108].

Abkehr vom Mittelalter

Dass der Italiener der Renaissance „der Erstgeborne unter den Söhnen des jetzigen Europas werden mußte“ [ebd., 147], lag für Burckhardt daran, dass im „Staat als Kunstwerk“, der die Renaissance eröffnete, erstmals „der moderne europäische Staatsgeist“ erschien [ebd., 12]. Er leitete die Abkehr des Staates überhaupt vom Mittelalter ein, in dem der Staat dem Recht untergeordnet war; mit ihm trat die ganz autonom gewordene Politik an „die Stelle eines anerkannten Rechtszustandes“ [ebd., 97]. Der Vorsprung Italiens erklärte sich daraus, dass hier Verhältnisse herrschten, die von denen im übrigen Okzident „in den wesentlichsten Dingen“ abwichen [ebd., 12]. Der „Staat als Kunstwerk“ entstand in einer Situation, in der „die Gesetze und Bräuche des sonstigen Abendlandes“ [ebd., 29] keine Geltung besaßen. Das bisherige politische System war in einem beispiellosen Erosionsprozess begriffen und löste daher einen unvermittelten Neuanfang aus.

Italien: Ausgangslage

Entscheidend war, dass sich Italien seit dem 13. Jahrhundert dem „Lehnssystem“, das damals noch das nordalpine Europa prägte, „fast völlig“ entzog [ebd., 12]. Nach den Kämpfen der Stauferzeit bestand die kaiserliche Oberherrschaft faktisch nicht mehr; auch der Einfluss des Papsttums ging stetig zurück. Die italienischen Städte, bis dahin mit je einer der beiden Seiten verbunden, sahen sich jetzt auf ihre partikulare Existenz reduziert. Parallel dazu hatten sich im Innern seit dem 12. Jahrhundert die Unterschiede zwischen den Ständen verwischt. Adelige und Bürger waren daran gewöhnt, in den Städten zusammenzuwohnen, „wodurch Schicksale und Vergnügungen gemeinschaftlich wurden“ [ebd., 353]. „Kastenhochmut“ und „Standesehre“ spielten keine Rolle [ebd., 104 u. 148]. Statt eines Systems, in dem „die Unterschiede der Geburt einen bestimmten Vorzug verliehen“ [ebd., 362], stellte sich „Gleichheit der Stände“ ein [ebd., 148], bei der sich „Vorteile“ allein „aus eigener Kraft“ erzielen ließen [ebd., 362]. Beide Entwicklungen bereiteten den Boden für „eine Menge politischer Gestaltungen“, „deren Dasein rein tatsächlicher Art war“ [ebd., 12]. Die neuen Herrschaften hatten keine rechtliche Legitimation, sondern beruhten, nach außen wie im Innern, auf dem faktischen Besitz der Macht, und sie konnten nur dann überdauern, wenn sie sich in diesem Besitz behaupteten. In diesem Moment trat der „Staat als Kunstwerk“ ins Leben.

Die „Tyrannenstaaten“

Burckhardt sah den neuen Staatstypus paradigmatisch in den „Tyrannenstaaten“ des 14. und 15. Jahrhunderts verwirklicht. Als „Vorbild“ fungierte dabei neben der Monarchie Kaiser Friedrichs II. in Unteritalien und Sizilien dessen Schwiegersohn Ezzelino da Romano, der schon bei Voltaire genannte Usurpator, der „durch Massenmord und endlose Scheußlichkeiten“ einen Thron zu gründen versuchte [ebd., 14]. Auch die Tyrannen, die in der Folgezeit in vielen italienischen Städten ans Ruder kamen, usurpierten die Herrschaft und zeigten „oft genug die fessellose Selbstsucht in ihren furchtbarsten Zügen“ [ebd., 12]: „ Ihre Missetaten schrien laut“ [ebd., 15]. Burckhardt nannte diese Exzesse beim Namen und gab deutlich zu verstehen, wie sehr er sie verabscheute [110: W. Hardtwig, Burckhardt, 98 ff.]. Andererseits ließ er sich dadurch in seinem analytischen Urteil nicht beirren. Er tröstete sich nicht nur damit, dass die nackte Gewalt allmählich besser organisierten Zuständen wich, sondern erkannte gerade in jenen kriminellen Auswüchsen die erste Ausprägung des neuen Staatstypus, an dessen historischer Berechtigung er keinerlei Zweifel aufkommen ließ. Diese Gewaltherrschaften, „wo Alles illegitim war“, wo jederzeit der Machtverlust drohte, wo „Garantielosigkeit" die Regel war [33: J. Burckhardt, Kultur, 18], waren aufs Äußerste dazu gezwungen, sich um des Machterhalts willen eine „künstliche" Existenz zu schaffen, in der kein erfolgversprechendes Mittel verschmäht wurde. Sofern man sich, wie fast immer in den Anfängen, zu moralisch verwerflichen Handlungen entschloss, so deshalb, weil die Kalkulation der „Mittel und Zwecke" keine Wahl zu lassen schien. Der „Staat als Kunstwerk" wurde auch und gerade von Staatsverbrechern heraufgeführt. Wenn in der Folgezeit „die weisen Tyrannen" [ebd., 16] sich anderer Mittel bedienten, so blieb doch der Begründungszusammenhang derselbe, ganz abgesehen davon, dass auch sie keineswegs auf die Gewalttat als Mittel der Herrschaftssicherung verzichteten. Wer es unternahm, diese Verhältnisse zu durchleuchten, musste sich damit abfinden, „dass das sittliche Urteil schwer zu seinem Rechte kömmt" [ebd., 25].

Ringen um innere Konsolidierung

Es lag in der Natur dieser „Tyrannenstaaten", dass sie in ihrem Innern und untereinander in permanente Konflikte verwickelt waren, die am Ende zu einer gewissen Flurbereinigung führten. Im Innern stand es so, dass der jeweilige Tyrann, meist ein siegreicher Parteiführer im innerstädtischen Parteienkampf, andere Parteihäupter gegen sich aufbrachte, die mit ihm um die Macht konkurrierten; die Machthaber wechselten, oft in kurzer Zeit, einander ab. Es dauerte lange, bis sich eine herrschende Familie – und auch da einstweilen noch höchst prekär – durchsetzen konnte. Zur Konsolidierung trug bei, dass in der Stadt mehr und mehr „die Sehnsucht nach einer festen Regierung" wach wurde [ebd., 68]; die ständische Egalisierung mündete in die „Gleichheit der Stände vor der Tyrannis" [ebd., 148]; sie stellte sich als „ein kontrollierbarer Haufe von Untertanen" dar [ebd., 13].

Äußere Verhältnisse

Das gleiche „Glücksspiel" um die Macht bestimmte auch das Verhältnis der „Tyrannenstaaten" untereinander. „Keiner erkennt den andern ohne Rückhalt an"; man versah „sich des Allerschlimmsten zu einander, wie das eigene böse Gewissen es jedem eingibt". Man suchte Sicherheit, indem man die Nachbarn niederwarf und sich einverleibte. „Das Bedürfnis sich zu vergrößern", das auch aus innenpolitischem Kalkül entsprang, „ist allen Illegitimen eigen" [ebd., 96 f.]. Besonderer Zündstoff lag dort bereit, wo Handelskonkurrenz bestand; hier hatte man seit jeher „die äußersten Mittel gegeneinander" eingesetzt und damit den „Boden [...] für jede andere Gewaltherrschaft" bereitet [ebd., 68]. Die „kleinen Tyrannen", aber „auch einige von den größern" überlebten diesen Kampf ums Dasein nicht; nur die „mächtigsten" wie die Visconti und Sforza von Mailand konnten sich schließlich für jeweils längere Zeit behaupten [ebd., 23 u. 68].

Neben den „Tyrannenstaaten" nannte BURCKHARDT die „Stadtrepubliken", als er auf die Schauplätze des neuen Staatstypus zu sprechen kam [ebd., 13]. Aber er hielt nicht nur die Ersteren zunächst für charakteristischer, sondern sah durchaus auch Übergänge, durch die die Abgrenzung der Letzteren fluktuierend, wenn nicht fragwürdig wurde. Die „Tyrannenstaaten" selbst waren gewöhnlich aus „Stadtrepubliken" hervorgegangen. Sofern diese „ihre Unabhängigkeit bewahrten", wie vor allem Florenz und Venedig, gerieten sie gleichwohl in den Sog der „Tyrannis" [ebd., 68 f.], sei es, dass, wie in Florenz, die republikanische Verfassung sich allmählich zur bloßen Fassade für die Alleinherrschaft einer Familie (der Medici) entwickelte, sei es, dass man, wie in Venedig, ohne das konstitutionelle System zu ändern, sich der Politik der „Tyrannenstaaten" anglich. Überhaupt breiteten sich die Prinzipien dieser Politik auf ganz Italien aus. BURCKHARDT führte das Königreich Neapel an, das „durch die neue aragonesische Dynastie eine kräftigere Richtung" erhielt [ebd., 23], und er verweilte vor allem beim Kirchenstaat, seitdem, nach der Mitte des 15. Jahrhunderts, „der Geist der italienischen Politik [...] sich auch seiner zu bemächtigen, ihn in die Pfade seiner Raison zu leiten sucht" [ebd., 110].

Die Republiken, das Königreich Neapel und der Kirchenstaat

Am vollkommensten schien sich für BURCKHARDT der „Staat als Kunstwerk" in Florenz zu manifestieren. Hier gab es „den größten Reichtum an Entwicklungsformen", der „die höchste politische Bewußtheit" bei der Berechnung der „Zwecke und Mittel" bedingte oder ermöglichte [ebd., 81]. Der Weg von der „Adelsherrschaft" über die „volle, halbe und Scheindemokratie" und den daraus resultierenden „Primat eines Hauses" bis zur teilweise theokratischen Wiederherstellung der Republik in „Mischformen", die schließlich „das mediceische Gewaltfürstentum vorbereiteten" [ebd., 89], diese Erfahrung fortgesetzter „Experimente und Sprünge", diese Nötigung, „den politischen und sozialen Zustand", auch die auswärtige Politik, „unaufhörlich" umzugestalten, verlangte von der florentinischen Politik schärfste Reflexion, die in den Schriften Machiavellis ihren begrifflich klarsten Niederschlag fand [ebd., 81]. Florenz verdiente „in diesem Sinne wohl den Namen des ersten modernen Staates der Welt" [ebd.]; die Florentiner waren insoweit „Vorbild und frühster Ausdruck der Italiener und der modernen Europäer überhaupt" [ebd., 91].

Florenz

Der „Staat als Kunstwerk" bildete den Auftakt zur „Welt als Kunstwerk", die die Renaissance insgesamt proklamierte: zur reflektierten Erfahrung und unverstellten Wahrnehmung der Wirklichkeit, zur objektiv-empirischen Erkundung „der Welt und des Menschen". Er enthielt und entband zugleich alle weiteren Facetten des Renaissance-Geistes:

Konstituierung der Renaissance-Kultur

die „Weltlichkeit", den „Individualismus", die „Wiederweckung des Altertums".

Autonomer Staat

Die Erosion der mittelalterlichen Rechtsordnung, die dem neuen Staatstypus vorausging, löste auch das „geistliche" Band, das sie umschlang". Der „Staat als Kunstwerk" war ein autonomes Gebilde; er führte eine „auf sich gestellte Existenz"; das „Gottverlassene dieser Existenz" [ebd., 20] war ihm inhärent; sein Reich war allein von dieser Welt. Das Papsttum der Renaissance-Zeit machte davon keine Ausnahme, indem „dasselbe jetzt wesentlich im Geist eines weltlichen italienischen Fürstentums lebte und handelte" [ebd., 112], sich also gleichfalls als „wesentlich" diesseitige Macht verstand, die weltliche Interessen verfolgte.

Verhältnis zu Religion und Kirche

Viele Machthaber brachten der „Klerisei" unverhohlene „Verachtung" entgegen [ebd., 286]. Andererseits sagte sich keiner von der Kirche los, denn das öffentliche Leben fand nun einmal in einem kirchlichen Raum statt; man bewegte sich darin wie selbstverständlich. Kirchliche „Weihen und Segnungen" gehörten zum Alltag und konnten in Todesgefahr sogar für „große Frevler" unter den Machthabern erstrebenswert werden [ebd., 111]. Jedenfalls hielt man es vielfach für klug, sich der Religion als eines Mittels zum Machterhalt zu bedienen, wie sich auch die Aufrichtung einer neuen Rechtsordnung auf Dauer als nützlich erweisen musste. „Als Savonarola in Florenz mächtig war", verordnete ein Herzog von Ferrara seinen Untertanen jahrelange Bußübungen: „Tun wir ihm Unrecht, wenn wir in all diesen Dingen die stärkste politische Absichtlichkeit voraussetzen?" [ebd., 485 u. 487]. Erst recht operierten die Päpste mit diesem Instrument. Sie brachten „Ehre und Glanz des apostolischen Stuhles" ins Spiel, um ihre politischen Ziele zu erreichen: Die „Devotion der Christenheit" sollte ihnen innerweltliche Vorteile verschaffen [ebd., 586 f.]; „auch die geistlichen Zwangsmittel wurden ohne irgendwelche Scheu an den zweideutigsten Zweck gewandt, welchem sich die andern Zwecke des Stuhles Petri unterordnen mussten" [ebd., 115].

Durchbruch des Individualismus in den „Tyrannenstaaten"

Die Geburtsstunde des Renaissance-Staates war auch die Geburtsstunde des „Individualismus", den Burckhardt ins Zentrum der Epoche stellte. Der „Staat als Kunstwerk" hatte eine soziale Entwicklung zur Voraussetzung, die direkt darauf zielte. In demselben Maße, in dem die Egalisierung der ständischen Differenzen voranschritt, „war das Individuum als solches aufgefordert, all seine Vorteile geltend zu machen" [ebd., 362], und in demselben Maße, in dem es das tat, bildete es sich zur „Individualität" aus, die sich ihrer Besonderheit oder Einzigartigkeit bewusst wurde. Der neue Staat trieb diese Individualisierung entscheidend voran. Die „Tyrannenstaaten“ waren auch hier bahnbrechend. Von der Usurpation bis zur Gewaltherrschaft lief alles auf die Person des Tyrannen zu. Er benötigte „eine große persönliche Tüchtigkeit“, um die Macht zu erobern und zu behalten: „in einer so künstlichen Existenz konnte sich nur ein Virtuose mit Erfolg bewegen“ [ebd., 56]. Auch „das Verbrechen gewinnt eine eigene persönliche Konsistenz“ [ebd., 440]. Umso mehr suchte der Tyrann in „einer vielleicht nur kurzen Zeit der Macht und des Einflusses“ den „Genuss der Herrschaft“ so intensiv wie möglich auszukosten [ebd., 139 f.]. Aus alledem entwickelte sich „im höchsten Grade die Individualität des Tyrannen“ [ebd., 138], die sich in einem „monumentalen Ruhmsinn“ äußerte [ebd., 577].

Die Republiken

In den Republiken war der permanente Kampf der Parteien um die Macht „der Ausbildung des individuellen Charakters“ günstig [ebd., 140]. Hier konnte sich auch am ehesten die Vorstellung bilden, dass das Gemeinwesen insgesamt eine Individualität sei. Burckhardt sah in Florenz „ein großes Volk“ an die Stelle des Fürsten treten [ebd., 81]; Machiavelli „faßte seine Vaterstadt vollkommen als ein lebendiges Wesen und ihren Entwicklungsgang als einen individuell naturgemäßen auf“ [ebd., 89]. Der „monumentale Ruhmsinn“ ging auf die Staatsindividualität über [ebd., 81]. Das Individuelle im weitesten Sinne gedieh schließlich gerade in diesem Milieu zu einer allgemeinen Kategorie, die politische Wirklichkeit zu erfassen, auch mit der Folge, dass Florenz „der geschichtlichen Darstellung im neuern Sinne“ Raum gab [ebd., 81].

Rekurs auf die Antike in den „Tyrannenstaaten“

Auch von der „Einwirkung“ des Altertums sprach Burckhardt zuerst im Zusammenhang mit dem „Staat als Kunstwerk“ [ebd., 64]. Sie schien ihm da eine existentielle politische Notwendigkeit zu sein. Die Illegitimität der „meisten tatsächlich vorhandenen Mächte“ verlangte auf Dauer nach einer Kompensation. Der alleinige Daseinsgrund dieser Gebilde war die Macht, deren Sicherung die Machthaber – nachdem die bisherigen Legitimationsmuster hinfällig geworden waren – zu einer neuen Rechtfertigung nötigte. Man suchte „nach einem neuen haltbaren Ideal“ und fand es im klassischen Altertum [ebd., 179]. Man folgte damit einer allgemeinen Richtung der Zeit, aber aus einer originären Motivation heraus, die ihr eine entscheidende Schubkraft verlieh. Es wurde für Burckhardt zum prototypischen „Beispiel“ für die „Einwirkung“ des Altertums, dass „die Herrscher [...] in ihrer Staatsidee sowohl als in ihrem Benehmen das alte römische Imperium oft ausdrücklich zum Vorbild nahmen“ [ebd., 64]. Umgekehrt pflegten sich ihre Gegner auf Brutus und Cassius oder selbst Catilina zu berufen [ebd., 64 ff.].

Gleiche Einstellung der Republiken

Auch in den Republiken wurde der Rekurs auf die Antike üblich. Die Florentiner etwa „exemplieren auf das Naivste mit dem Altertum" und applizierten z. B. römische Parteinamen wie den der Optimaten oder Aristokraten auf ihre eigenen Parteiungen, die man bis dahin mit einheimischen Namen belegt hatte; sie rückten ihre Parteikämpfe dadurch in eine universale Perspektive. BURCKHARDT fügte freilich hinzu: „Wie sehr färbt und entfärbt aber der Name die Sache!"; die antiken Namen drohten die so bezeichneten Phänomene selbst zu verfälschen; darin steckte ein grundsätzlicher Einwand gegen die ganze „Wiedererweckung des Altertums" [ebd., 92]. Andererseits billigte BURCKHARDT den Florentinern zu, dass „ihr Staatswesen eine notwendig dem Altertum einigermaßen analoge Denkweise hervorgetrieben hatte" [ebd., 424]. Diese gleichsam authentische Beziehung ermöglichte auch differenzierende Vergleiche zwischen Rom und Florenz, die durchaus zum Vorteil des Letzteren ausschlagen konnten [ebd., 81].

Einwirkung auf alle anderen Kultursphären

Mit dem Renaissance-Staat begann für BURCKHARDT die „Kultur der Renaissance" insgesamt. Hier entfaltete sich jener „Geist", der alsbald alle anderen Sphären des Lebens durchdrang. Der neue Staat war dabei nicht nur formales Vorbild, sondern wirkte auch allenthalben initiierend oder beflügelnd, erweiterte sich also gewissermaßen aus sich selbst heraus zum Kulturganzen. BURCKHARDT nahm dabei besonders die Bereiche der bildenden Kunst und der Literatur ins Visier, denen er innerhalb der Renaissance-Kultur die obersten Ränge zuerkannte. Der Staat war für sie zwar nicht ursächlich; sie blieben vielmehr autonom. Aber der Staat schuf Rahmenbedingungen, die ihren Start und ihren Fortgang in einem Maße förderten, das vielfach einer direkten Einwirkung gleichkam. Es handelte sich um ein Geschäft auf Gegenseitigkeit, bei dem der Staat weithin die Konditionen diktierte. Die Machthaber, seien es Tyrannen oder Kommunen, beauftragten die Künstler und Literaten, Werke zu schaffen, die zuletzt dem Ruhm der Auftraggeber dienen sollten, und die Beauftragten erhielten dadurch Gelegenheit, sich durch solche Leistungen zu beweisen und so eigenen Ruhm zu gewinnen. Das Streben nach Ruhm war also das zentrale Motiv dieser Kooperation, und es war das Ruhmbedürfnis der Machthaber, das dabei den Ablauf der Dinge bestimmte.

Die bildenden Künste in den „Tyrannenstaaten"

In den bildenden Künsten schlug dieses Bedürfnis unvermittelt durch. Der Gedanke des „Monumentalen", aus dem individuellen Selbstgefühl der neuen Machthaber entstanden, erfuhr hier seine anschaulichste Verwirklichung. Der Begriff selbst war das Generalthema des ganzen kunstgeschichtlichen Teils, den BURCKHARDT dem Eröffnungsband folgen ließ: Der „monumentale Sinn" oder „Ruhmsinn" erfüllte gleichermaßen die Architektur, die Dekoration, die Skulptur und die Malerei. Die Architektur avancierte sogar zu einem in seiner Wirkung kaum zu überschätzenden Werkzeug der allgemeinen Politik. „Die Herrscher, fast alle illegitim und gewaltsam", ließen „Bauten" aufführen als „ein dauerndes Sinnbild der Macht", das den dauerhaften Besitz der Macht gewährleisten sollte. Auch „für ihre Wiederkehr, wenn sie vertrieben waren", konnte das „von hohem Werte sein" [ebd., 582]. Andererseits diente eine rege Bautätigkeit manchen „Privatleuten" als „eine Vorstufe zur fürstlichen Macht" [ebd., 590]. Manche Herrscher, die auf „Garantien des Nachruhms" bedacht waren, behandelten ihre Bauten geradezu als ihre „Hauptlebenszwecke" [ebd., 593]. Der unmittelbare Nutzen dieses oder jenes Gebäudes kam nicht immer in Betracht: Ezzelino da Romano baute „Paläste über Paläste", „um nie darin zu wohnen, und Bergschlösser und Stadtanlagen, als erwarte er täglich eine Belagerung; alles um Schrecken und Bewunderung einzuflößen und den Ruhm seines Namens jedem Gemüt so einzuprägen, daß für ihn keine Vergessenheit mehr möglich wäre" [ebd., 583].

Kunstförderung in den Republiken

Aber auch die Republiken waren vom „monumentalen Ruhmsinn" erfasst [ebd., 577]. Zwar setzte sich Florenz zunächst ausdrücklich vom Baugebaren der „Tyrannenstaaten" ab [ebd., 759]. Einmal stand auch Cosimo Medici der Ältere „aus Furcht vor dem Bürgerneid" von einem Bau ab [ebd., 677]. Aber derselbe wusste wiederum, dass er mit seiner Machtergreifung „eine allgemeine Baupflicht" übernahm: Er „wollte vielen Leuten zu verdienen geben, zahlte genau und reichlich, freute sich, dass das Geld in der Stadt blieb, und bereute nur, dass er nicht 10 Jahre früher zu bauen angefangen"; er weissagte, „in fünfzig Jahren werde von Besitz und Herrlichkeit des Hauses Medici nur übrig sein, was er gebaut habe". Leon Battista Alberti lieferte für eine solche Haltung eine Begründung aus der Antike: „Größe und Macht des alten Roms" stammten „großenteils von dessen Bauten her", und Thukydides habe die Athener „mit Recht" dafür gerühmt, „dass sie durch Befestigungen viel mächtiger schienen, als sie waren" [ebd., 578 f.].

Unentbehrlichkeit der „Poeten-Philologen"

Mit diesem Zitat verwies Burckhardt beispielhaft auf die legitimierende Funktion des wiederweckten Altertums für staatliches Handeln. Sie brachte es auch mit sich, dass den Machthabern unter allen Literaten die humanistischen „Poeten-Philologen" am unentbehrlichsten waren. Von ihnen wurde jenes Wissen über die Antike erwartet, ohne das der neue Staat für seine Selbstdarstellung im Innern und nach außen nicht mehr auskommen zu können glaubte, und er suchte sie daher um jeden Preis an sich zu ziehen, was diesen zugleich die einzigartige Chance gab, sich auszuzeichnen.

„Hofhumanisten“

Die Fürsten waren dabei auch deswegen lange Zeit erfolgreicher als die Republiken, weil sie die Humanisten „mit reichlichern Belohnungen“ locken konnten [ebd., 218]. Sie versammelten „Hofhumanisten“ um sich, die ihnen als Sekretäre und Hauslehrer, an kleineren Höfen oft in einer Person, dienten [ebd., 225]. Diese „Tausende gelehrter Männer“ [ebd., 219] hatten sich um vielerlei zu kümmern: Sie erwarben Texte antiker Autoren, die den Grundstock fürstlicher Bibliotheken bildeten; sie sorgten auch für lateinische „Übersetzungen aus dem Griechischen“ und für „Kommentare“ [ebd., 223].

Hauslehrer und Sekretäre

Die Hauptaufgabe des Hauslehrers war humanistische Prinzenerziehung; manchmal bildeten sich im Anschluss daran pädagogische „Institute“, die über den Hof und selbst „die vornehme Welt“ hinausreichten [ebd., 211]. Die Sekretäre waren vor allem für die Abfassung öffentlicher Texte zuständig, die den Ansprüchen an einen vollkommenen lateinischen Stil und an ausgedehnteste Kenntnisse der griechisch-römischen Literatur zu genügen hatten: „die größten Männer der Wissenschaft im 15. Jahrhundert [haben] meist einen beträchtlichen Teil ihres Lebens hindurch dem Staat auf diese Weise gedient“ [ebd., 226] und sich so einen Namen gemacht, der oft ihren weiteren Aufstieg ermöglichte. Neben „eleganter lateinischer Epistolographie“ [ebd., 224], wie sie vor allem im internen diplomatischen Schriftverkehr gefordert war, blühte die „Eloquenz“ [ebd., 229], die ganz auf Außenwirkung aus war: sei es in öffentlichen Reden der „Gesandten von Staat zu Staat“, in Anreden an den Fürsten bei feierlichen Empfängen oder in Gedächtnis- und Leichenreden [ebd., 230 ff.].

Die antiken Muster der Redekunst

Jede dieser Reden, egal, aus welchem Anlass sie gehalten wurde, musste sich an einem Muster messen lassen, das die Quintessenz humanistischer Bildung enthielt: „Das wachsende Studium von Cicero‘s Reden und theoretischen Schriften, von Quintilian und den lateinischen Panegyrikern, das Entstehen eigener neuer Lehrbücher, die Benützung der Fortschritte der Philologie im Allgemeinen und die Masse von antiken Ideen und Sachen, womit man die eigenen Gedanken bereichern durfte und mußte, – dies zusammen vollendete den Charakter der neuen Redekunst“ [ebd., 236].

Der Humanismus in den Republiken

Burckhardt war nicht der Meinung, die Fürsten hätten „ihre Hofliteraten nur genährt um von denselben gerühmt zu werden“ [ebd., 224]; aber es stand doch für ihn außer Frage, dass alle diese Bemühungen in der Summe geeignet waren, den Ruhm der Fürsten zu mehren. Die Republiken zogen auf Dauer nach: Im Florenz „des 15. und beginnenden 16. Jahrhunderts“ fand sich wie nirgends sonst „ein Anerkennen“, dass das „Bedürfnis“, „den Wert […] des Altertums zu proklamieren“,

„das erste von allen sei“ [ebd., 217]; mit Cosimo Medici dem Älteren verband sich der „Ruhm“, durch die Begründung der platonischen Akademie „innerhalb des Humanismus eine zweite und höhere Neugeburt des Altertums ans Licht gefördert zu haben“ [ebd., 216].

Bedeutung des Individualitätsgedankens

Das Zusammenspiel der Machthaber mit bildenden Künstlern und Literaten hatte noch von vornherein eine besondere Note im Lichte des Individualitätsgedankens. Schon bei den frühen Tyrannen war das zu bemerken. Sie fühlten sich als Individualitäten, weil sie, aus der „Illegitimität“ kommend, alles ihrer eigenen Leistung verdankten und sich nur kraft ihrer zu halten vermochten. Das „vereinsamt den Herrscher“ und ließ ihn ein „Bündnis“ erstreben „mit der höhern geistigen Begabung“, die gleichfalls, „ohne Rücksicht auf die Herkunft“, nur durch sich selbst bestand. Er brauchte „das Talent als solches“, das dem seinen „verwandt“ war, und er entdeckte es bei „den Gelehrten, Dichtern, Musikern und Künstlern“: „Mit dem Dichter oder Gelehrten fühlt er sich auf einem neuen Boden, ja fast im Besitz einer neuen Legitimität“ [ebd., 16 u. 50]. Allmählich knüpfte sich daran die Vorstellung, der Machthaber müsse mit diesen Leuten „auf gleichem Fuße verkehren“ [ebd., 224]. Burckhardt kannte „kunstgelehrte Bauherrn“, die „stellenweise zum Baumeister“ wurden [ebd., 593], wie auch den „Staatsmann“, der „zugleich ein Gelehrter in beiden alten Sprachen“ war [ebd., 144]. Die Fürsten glaubten geradezu „an der Spitze der Bildung ihrer Zeit [...] stehen zu müssen“ [ebd., 219]; das war ihr höchster Ruhmestitel. Die Individualität der Machthaber sollte sich also im „Umgang“ mit der Individualität aus „der höhern geistigen Begabung“ steigern [ebd., 224]: ein weiteres Motiv, Letzterer jegliche Förderung angedeihen zu lassen.

Soziale Dimension der Renaissance-Kultur

Burckhardt flocht gelegentlich Bemerkungen über die soziale Dimension speziell der Renaissance-Literatur ein, die das unmittelbare politische Interesse der Machthaber transzendierten. Er setzte wiederum bei der „Gleichheit der Stände“ an, wie sie sich in Italien herausgebildet hatte. Sie hatte zur Folge, dass die Gesellschaft in Individuen zerfiel, die nur noch zum eigenen Vorteil handelten. Das war eine der Voraussetzungen für die Machtkämpfe, in denen sich die „Tyrannenstaaten“ formierten. Andererseits suchte sich die „allgemeine Gesellschaft“, die an die Stelle der ständischen getreten war, auf neue Prinzipien des Zusammenlebens zu verständigen. Sie konnten nur aus der freiwilligen Zustimmung der aus den ständischen Banden losgelösten Individuen kommen: „desto mehr musste auch die Geselligkeit sich aus eigener Kraft beschränken und veredeln“ [ebd., 362]. Sie fand diesen „Anhalt an der italienischen und lateinischen Literatur“ [ebd., 148], und zwar zunächst an der Letzteren. Die „allgemeine Parteinahme der Italiener für das Altertum" koinzidierte mit der „Bildung einer allgemeinen Gesellschaft" [ebd., 179]. Die Instrumentalisierung des Humanismus durch „Tyrannenstaaten" und Republiken erwuchs aus diesem Zusammenhang; das Zusammenwirken der Machthaber mit den „Poeten-Philologen" war möglich, weil beide Produkte derselben Gesellschaft waren.

2 Die Kontroverse um Burckhardt vor und nach 1900

Unverminderte Geltung von Burckhardts Buch

Das Bild, das BURCKHARDT von der italienischen Renaissance hinterließ, hat in seinen Grundzügen bis heute Bestand [109: W. HARDTWIG, Burckhardt. Kultur, 76]. Dieser Versuch, die „Renaissance in Italien" als eine „Kultur" zu begreifen, die, ausgehend von den politisch-sozialen Gegebenheiten oder Entwicklungen, die Gesamtheit menschlich-gesellschaftlicher Lebensverhältnisse umschließt, ist niemals ernsthaft in Frage gestellt worden. Der ungeheure Erfolg des zuerst 1860 erschienenen Hauptwerks spricht für sich. Das Buch erlebte bis 1885 in größeren Abständen vier Auflagen, bis mit der fünften Auflage von 1897 ein wahrer „Strom" einsetzte, der seitdem zu fließen nicht aufgehört hat [138: J. HUIZINGA, Das Problem der Renaissance, 32]; es zählt zu den ganz wenigen historiographischen Produktionen des 19. Jahrhunderts, die auch heute noch neu herauskommen. Dieser Erfolg hat auch mit der populären Wirkung des Buches zu tun, die freilich nicht selten auf dilettantischen Missverständnissen beruhte; sie braucht hier nicht zu interessieren. Der Erfolg des Buches bezeugt aber vor allem auch seine wachsende wissenschaftliche Reputation. Freilich wirkte es in seiner Zeit wie ein Solitär: Die Verbindung von politischer Geschichte, Sozialgeschichte, Literaturgeschichte, Wissenschaftsgeschichte und Kunstgeschichte, die BURCKHARDTS Ansatz erforderte, war für jede dieser Disziplinen ungewohnt. Sofern es vorher kulturgeschichtliche Synthesen dieser Art gab, litten sie daran, dass sie, schwankend zwischen Faktensammlung und Spekulation, hinter den mittlerweile etablierten Standards der historischen Forschung zurückblieben. BURCKHARDT war mit seinem Renaissance-Buch der erste Kulturhistoriker, der dieses Niveau erreichte und damit ein Paradigma für die weitere Entwicklung der Gattung lieferte.

Inhaltliche und methodische Anerkennung

Spätere Historiker wie Eberhard GOTHEIN (1853–1923) und Karl LAMPRECHT (1856–1915), die sich auf ihn beriefen, erfuhren freilich eher Ablehnung als Zustimmung und gaben dadurch dem alten Misstrauen gegenüber der Kulturgeschichte neue Nahrung. Das war bei BURCKHARDT anders. Seinem Renaissance-Buch wurde unter den

Fachgenossen große Anerkennung zuteil. Das lag an der Evidenz oder Plausibilität von Burckhardts inhaltlichen Ergebnissen, gegen die im Grund nicht aufzukommen war. Obendrein erwies sich später gerade das methodische Konzept Burckhardts als attraktiv, nachdem andere Ansätze längst obsolet geworden oder aus der Wahrnehmung der Historiker herausgefallen waren. Überhaupt avancierte Burckhardt über alle Brüche hinweg, die zumal die deutsche Geschichtswissenschaft im Laufe des vergangenen Jahrhunderts erlebte, zu einer gleichsam zeitlosen Autorität, der man Auswege aus den jeweils erfahrenen Krisen zutraute. Die neue, seit dem Jahr 2000 erscheinende Gesamtausgabe seiner Werke kann mit unvermindertem Interesse rechnen. Der Hauptgrund für diese fortdauernde Geltung ist aber wiederum das Renaissance-Buch von 1860, mit dem Burckhardt nicht nur ein in dieser historiographischen Konsequenz neues Forschungsfeld eröffnet, sondern dabei zugleich eine bleibende Forschungsleistung erbracht hat, hinter die offenbar nichts zurückführt: „es gibt für die Erörterung des Renaissance-Problems bis heute keinen anderen Ausgangspunkt" [73: H. W. Eppelsheimer, Renaissance-Problem, 96]; „all the historians of the Renaissance since his time have taken his work as a starting point" [82: W. K. Ferguson, Modern State, 137].

Kontroverse

Das heißt natürlich nicht, dass es an Burckhardts Renaissance-Bild keine ernsthafte Kritik gegeben hätte. Noch zu seinen Lebzeiten wurde Widerspruch laut, der sich nicht bei Details aufhielt. Er rief eine Kontroverse hervor, die sich bis in die 1930er Jahre hinzog. Niemals später stand Burckhardt derart auf dem Prüfstand. Seine weitere Akzeptanz ist ohne diese Debatte nicht denkbar; hier lief ein dialektischer Prozess ab, der mit einer Klärung oder Präzisierung der Burckhardt'schen Positionen endete.

2.1 Ansätze zur Kritik

Mangelnde Vermittlung mit dem Mittelalter

Man warf Burckhardt zweierlei vor: die mangelnde Vermittlung der Renaissance mit dem Mittelalter und, damit zusammenhängend, die undeutliche Verwendung dieser beiden Begriffe. In der Tat waren dies seine „schwachen Seiten" [138: J. Huizinga, Das Problem der Renaissance, 35]. Burckhardt sah die „Kultur der Renaissance" allenthalben in schroffem Gegensatz zum Mittelalter entstehen, ohne nach Verbindungslinien oder Momenten der Kontinuität zu fragen. Sofern er mittelalterliche Ansätze oder Entsprechungen zur Renaissance konstatierte, geschah das eher willkürlich und wiederum nicht selten, so im Falle der Monarchie Friedrichs II. in Sizilien und Unteritalien, ohne Einordnung in den jeweiligen Zusammenhang. Er leistete dieser dualistischen Betrachtungsweise noch dadurch Vorschub, dass er, methodisch gesehen, eine Zustandsbeschreibung gab, die ihren Gegenstand ganz auf den ihm bestimmten Zeitraum fixierte; er beschränkte sich auf die „Umrisse einer Kulturepoche" [33: J. Burckhardt, Kultur, 11], die er dabei, im Verhältnis zu der ihr vorangehenden wie der ihr nachfolgenden Epoche, sozusagen stillstellte.

Mangel an terminologischer Reflexion

Hinzu kam das eklatante Desinteresse Burckhardts an terminologischer Reflexion. Wie ihm letztlich die Bedeutung des Renaissance-Begriffs in der Schwebe blieb, so sprach er niemals explizit aus, was er unter Mittelalter verstand, geschweige denn, dass er beide Begriffe in vergleichende Beziehung gesetzt hätte. Noch nicht einmal die Tatsache, dass die Renaissance, wie er sie datierte, hauptsächlich im Mittelalter stattfand, war ihm eine Besinnung wert; einmal war ihm „Spätmittelalter" nur ein anderes Wort für „Renaissance" [ebd., 281].

Angriffsflächen

Das alles besagte noch keinesfalls, dass die Burckhardt'sche These schlechterdings fragwürdig geworden wäre. Man konnte Mittelalter und Renaissance in Verbindung setzen, ohne dass die Vorstellung einer Zäsur zwischen ihnen hinfällig werden musste; die Zustandsbeschreibung ließ durchaus eine Analyse übergreifender Prozesse zu, wie sie ja auch von vornherein interne Prozesse kenntlich machte und insoweit alles andere als statisch war; die begriffliche Unschärfe hinderte nicht, dass die Sache selbst jeweils scharf erfasst wurde. Aber Burckhardt machte sich hier doch angreifbar, und sei es, dass er es versäumt hatte, diese Defizite selbst zu benennen und womöglich mit Gründen auszuräumen.

Ludwig Geiger als Herausgeber des Renaissance-Buches

Die „schwachen Seiten" Burckhardts wurden durch seine frühesten Jünger oder Anhänger noch verstärkt. Ein Burckhardtianer der ersten Stunde war der Literarhistoriker Ludwig Geiger (1848–1919), seit 1880 Professor in Berlin, bald einer der emsigsten Organisatoren der Renaissance-Studien in Deutschland. Burckhardt, der sich 1869 in der Einleitung zur zweiten Auflage der „Kultur" von seinem großen Publikationsvorhaben zur Renaissance verabschiedet hatte, zog sich auch von der Vorbereitung einer dritten Auflage seines Buchs zurück und übertrug sie Geiger, der sie 1877 und 1878 herausbrachte und das Buch noch in vielen weiteren Auflagen erscheinen ließ. Geiger erhielt „das Recht, mit dem Buche frei zu schalten" [31: J. Burckhardt, Cultur, V]; er fügte hie und da neue Abschnitte hinzu, etwa im Kapitel über humanistische Büchersammlungen [ebd., 236 f. u. 33: J. Burckhardt, Kultur, 194 f.], änderte oder präzisierte auch Einzelnes, z. B. beim Namen des Vittorino da Feltre [31: J. Burckhardt, Cultur, 235 u. 33: Ders., Kultur, 211] und brachte die Anmerkungen auf den neuesten Stand der Forschung. Das ging von Auflage zu Auflage so weiter. Man kann nicht sagen, dass man schließlich „Burckhardts eigenes Werk kaum mehr daraus erkennen konnte“ [138: J. HUIZINGA, Das Problem der Renaissance, 66]. Aber das Buch geriet dadurch in ein positivistisches Fahrwasser, das leicht von dem ursprünglichen Erkenntnisinteresse wegführen oder ablenken konnte. Andererseits erwies diese Fortschreibung immer aufs Neue die Aktualität des Buchs. Der anhaltende Erfolg des Werks beruhte wesentlich auf den GEIGER‘schen Auflagen. Erst seit 1928 folgten Neuausgaben dem Original; aber in den Anmerkungen kann man auch später noch Zusätze von GEIGER finden [so in: 34: J. BURCKHARDT, Kultur, Ausgabe v. W. GOETZ].

Geigers „Renaissance und Humanismus“

GEIGER hat das BURCKHARDT‘sche Renaissance-Buch noch auf andere Weise fortgeschrieben, nämlich durch sein eigenes großes Werk über „Renaissance und Humanismus in Italien und Deutschland“, das er 1882 im Rahmen der von Wilhelm ONCKEN herausgegebenen Reihe „Allgemeine Geschichte in Einzeldarstellungen“ veröffentlichte. Er bezog sich im ersten, Italien gewidmeten Teil, der hier zunächst allein zu beachten ist, auf BURCKHARDTS Renaissance-Buch, das für „die italienische Renaissance überhaupt [...] das Hauptwerk“ sei, und führte dabei sogleich die von ihm besorgte dritte Auflage von 1877/78 an [91: L. GEIGER, Renaissance, 564].

Beschränkung auf die Literatur

Anders, als es der Titel erwarten ließ, schrieb GEIGER nicht nochmals über die „Kultur der Renaissance“, sondern lediglich über die Literatur der Epoche. Seine Absicht war, die wichtigsten Schriftsteller aller Sparten, von der Poesie bis zur Philosophie, mitsamt ihren Werken vorzustellen. Den Auftakt bildeten Dante, Petrarca und Boccaccio; danach folgten, von Ort zu Ort, die anderen Autoren; die Epoche klang aus mit Machiavelli, Pietro Aretino und Benvenuto Cellini. Das Ganze war eine Art Handbuch zur Literaturgeschichte der Renaissance, das die BURCKHARDT‘sche Darstellung auf diesem Gebiet nach der materialen Seite hin ergänzte. Dabei ging allerdings der allgemeine Zusammenhang, der bei BURCKHARDT im Zentrum gestanden hatte, zusehends verloren. GEIGER setzte ihn gewissermaßen voraus und wies auch gelegentlich auf ihn hin, so z. B. gleich bei Dante, den er an den „Momenten“ maß, „in denen sich nach Jakob Burckhardts vortrefflicher Eintheilung die Eigenart der italienischen Renaissancecultur zeigt“ [ebd., 13], oder im Kapitel über die Literatur im Umkreis von Lorenzo Medici, das mit dessen politischen Aktivitäten begann.

Unklarheit des Renaissance-Begriffs

Aber solche Bezüge liefen eher unverbunden nebenher, wie der kulturgeschichtliche Kontext überhaupt sich kaum auf die Beurteilung der Literatur auswirkte und obendrein immer mehr an den Rand rückte.

Die Renaissance-Kultur wurde damit faktisch auf die Literatur der Renaissance verengt, ja, mit ihr identisch; bestenfalls herrschte über das Verhältnis zwischen beiden vollkommene Unklarheit. Infolgedessen glitt der Renaissance-Begriff noch mehr ins Unbestimmte ab als bei BURCKHARDT. GEIGER definierte einleitend Renaissance als „Wiedergeburt, nämlich des Alterthums in Kunst, Wissenschaft und Leben" [ebd., 3], und in Tat war das der hauptsächliche Maßstab, den er an die von ihm beigebrachten Autoren anlegte. Auch BURCKHARDT hatte diese Definition, aber er äußerte Bedenken, ob sie sich zur Kennzeichnung der ganzen Kulturepoche eigne, auch wenn er sie schließlich so hinnahm.

Renaissance und Humanismus

GEIGER wusste ebenfalls, dass zum „Wesen der Renaissancecultur" mehr gehöre als „die Wiederbelebung des classischen Alterthums" [ebd., 15 u. 17]. Aber die BURCKHARDT'schen Skrupel waren ihm fremd; umso mehr fiel die Ungereimtheit seines Begriffsgebrauchs ins Auge. Signifikant ist noch, dass er einleitend die „Renaissance" vom „Humanismus" unterschied, den er mit „der Menschheitsbildung, der vollkommenen Entfaltung der innerlichen und äußerlichen Fertigkeiten des Menschen" gleichsetzte, aber andererseits die Renaissance eine „Bildungsepoche" nannte, dann wiederum „zwischen italienischer Renaissance und deutschem Humanismus" einen „Unterschied" sah, der ihn freilich nicht hinderte, den Humanisten Johannes Trithemius als „eine der charakteristischsten Figuren der Renaissancezeit" einzuführen [ebd., 3, 309, 324 u. 446].

Stellung gegenüber dem Mittelalter

Auch die Stellung der Renaissance gegenüber dem Mittelalter blieb letztlich ungeklärt. GEIGER verwies zwar im allerersten Satz seines Buches auf den langsamen und allmählichen „Uebergang vom Mittelalter zur Neuzeit", der sich nicht auf einen fixen „Anfangs- oder Endtermin der beiden Seiten" datieren lasse. Er gewahrte aber nur wenige Zeilen später im Mittelalter „Zeiträume verschiedenartigen Charakters und ganz entgegengesetzter Bestrebungen", die „aus den Ideen des Mittelalters herauszuführen" suchten. Darunter schien ihm die aus Italien stammende Renaissance des 13.-16. Jahrhunderts „am wichtigsten"; sie könne „dem Mittelalter nicht zugerechnet werden", „obwohl sie ihm zeitlich nahesteht", und „noch nicht als Bestandtheil der Neuzeit erfaßt werden", „obwohl sie ihr inhaltlich verwandt ist" [ebd., 3]. Statt die möglichen mittelalterlichen Voraussetzungen der Renaissance zu erörtern, trieb Geiger hier den BURCKHARDT'schen Dualismus in seiner Weise noch auf die Spitze. Erst in einem späteren Zusatz zu BURCKHARDTS Renaissance-Buch räumte er ein, dass BURCKHARDT „ die Entwicklung der Renaissance aus dem Mittelalter heraus, das ständige Wachsen des einen Zeitalters in das andere hinein, nicht genügend betont hat"; er hielt dabei allerdings „diejenigen, die den Beginn der Renaissance immer weiter ins Mittelalter hinaufsetzten", für überwunden [34: J. BURCKHARDT, Kultur, Ausgabe v. W. GOETZ, 161 f.]. Er reagierte mit diesen Sätzen auf die Kritik an BURCKHARDT, die damals längst in vollem Gange war.

2.2 Die Kritiker

2.2.1 Henry Thode

Gemeinsamkeiten mit Burckhardt

Den ersten Schlag hatte der Heidelberger Kunsthistoriker Henry THODE (1837–1920) in seinem Buch „Franz von Assisi und die Anfänge der Kunst der Renaissance in Italien" (1885) geführt; der Name BURCKHARDTS kam allerdings nur zweimal in den Anmerkungen vor, und zwar bei sachlichen Details und mit Verweis auf den „Cicerone", das zweite Mal ebenso lakonisch wie absprechend [301: H. THODE, Die Anfänge, 217 u. 228]. Zunächst stimmte THODE mit BURCKHARDT in Vielem überein. Er schrieb Kunstgeschichte der Renaissance, teilte aber die BURCKHARDT'sche Vorstellung einer Kultur der Renaissance, die er in ähnlichen Wendungen umriss; ihr durchgängiges Ziel war auch bei ihm „die Befreiung des Individuums", durch die sie „die vorbereitende und treibende Kraft der modernen Cultur ist" [ebd., 4]. Wenn er dabei der Kunst einen primären Wert zusprach, klang das einstweilen gleichfalls wohlvertraut. Seine innere Periodisierung der Renaissance-Kunst wich kaum von derjenigen BURCKHARDTS ab. Gleich ihm erkannte er der Antike in der Kunst wie auf allen anderen Gebieten eine lediglich sekundäre Funktion zu. Man kann noch nicht einmal sagen, dass THODE, um die Formulierung von GEIGER aufzugreifen, gegenüber BURCKHARDT den Beginn der Renaissance weiter ins Mittelalter hinaufgesetzt hätte. Die „Anfänge der Kunst der Renaissance in Italien" lagen für ihn da, wo sie schon bei VASARI gelegen hatten und auch bei BURCKHARDT außer Frage standen: im Umkreis von Cimabue und Giotto; die BURCKHARDT'sche „Protorenaissance" in der Architektur setzte sogar schon früher ein. Die Zeit um 1200 war für die Renaissance insgesamt bei beiden Autoren der Terminus post quem.

Religiöser Charakter der Renaissance

Erst auf diesem Hintergrund gemeinsamer Anschauungen lässt sich die entscheidende Differenz angeben, die THODE von BURCKHARDT trennte. Sie betraf die Stellung der Renaissance im Koordinatensystem geistlicher und weltlicher Bestrebungen. BURCKHARDT erklärte zum Grundzug der Renaissance-Kultur die Tendenz, „weltlich zu werden", und brachte sie insoweit in einen „Gegensatz zum Mittelalter"; das „Mittelalter" war hier also keine formale Zeitkategorie, sondern hatte inhaltliche Bedeutung und drückte eine bisherige „geistliche“ Dominanz aus. THODE erklärte die Renaissance dagegen aus einer geistlichen Wurzel, d. h. aus dem innersten Kern dessen, was BURCKHARDT das „Mittelalter“ genannt hatte. Der Drang nach der „Befreiung des Individuums“, der sich im Widerstand des „dritten Standes“ in Norditalien und Südfrankreich gegen Feudalismus und Hierarchie ankündigte, gipfelte in der Predigt des Franz von Assisi, die das Individuum in ein Immediatverhältnis zu Gott versetzte und damit von jeglicher „Bevormundung“ emanzipierte [ebd., 70]; der Franziskanerorden trug diese Botschaft weiter. Die Renaissance führte also keine Wendung vom „Geistlichen“ zum „Weltlichen“ herbei, sondern begann für THODE als „geistliche“ Erneuerung, die die „weltliche“ nach sich zog, sich „auf die Cultur im Allgemeinen“ erstreckte [ebd., 69]. Die Letztere löste dabei die Erstere nicht einfach ab, sondern hielt, indem sie aus ihr hervorging, an ihr fest, bewahrte sie, hob sie in sich auf. Die Renaissance bekam bei THODE einen christlich-religiösen Charakter. Die „Gleichgültigkeit gegen die Religion“, wie sie BURCKHARDT beobachtete, stufte er herunter: „im Grossen und Ganzen aber herrschte doch ein tief und wahr empfundener christlicher Glaube“ [ebd., 10]. Am Ende brachte er die Renaissance sogar mit der deutschen Reformation in Verbindung; derlei ließ BURCKHARDT allenfalls ausnahmsweise gelten.

Verabsolutierung der bildenden Kunst

Das Feld, auf dem THODE die Beweiskraft aller dieser Thesen zu demonstrieren suchte, war die bildende Kunst, das Thema seiner Monographie. Gerechtfertigt schien ihm diese Vorgehensweise deswegen, weil er die Kunst als die „grösste, herrlichste Frucht“ der neuen Bewegung ansah: „Sie geht der Verwirklichung des neuen Ideals auf politischem und wissenschaftlichem Gebiete voraus“; „herangewachsen zu einer Zeit, da die anderen noch unmündig, lehrt sie die jugendlich-enthusiastische Gesinnung der Menschheit, der sie entsprosst, deutlicher erkennen und schätzen“ [ebd., 5]. BURCKHARDT hatte, sosehr er die Kunst der Renaissance schätzte, über diese Proportionen anders gedacht und deswegen der geplanten und nur teilweise ausgeführten Kunstgeschichte eine allgemeine Kulturgeschichte vorangeschickt, die zunächst vom Staat handelte. Franz von Assisi war für THODE selbst „ein Dichter und Künstler“: „seine Auffassung der christlichen Religion war eine dichterische und künstlerische, so weit dieselbe gedrungen, hat sie auf die Künste gewirkt“ [ebd., 69]. Er hat Künstler zu ihren Hervorbringungen begeistert; die Franziskaner haben in seiner Nachfolge die Städte mit Kunstwerken förmlich übersät.

„Neue christliche Kunst“

Die Kunst der Renaissance hat sich aus diesen Antrieben heraus entwickelt. Sie war von vornherein „christliche Kunst“ oder vielmehr

„die neue christliche Kunst“, und sie ist es über alle Wandlungen hinweg geblieben: „Von Giotto bis Raphael ist eine einheitliche logische Entwicklung, der eine einheitliche Weltanschauung und Religionsauffassung zu Grunde liegt“ [ebd., 72]. BURCKHARDT hatte dagegen das „Christliche“ in der Renaissance-Kunst lediglich als Material eines ganz autonom gewordenen ästhetischen Schöpferwillens behandelt.

Burckhardts Rationalismus und Klassizismus

Der Gegensatz zwischen BURCKHARDT und THODE war, über die unmittelbar zur Debatte stehende Sache hinaus, prinzipieller Natur und reichte in weltanschauliche Dispositionen oder Grundanschauungen hinab. Ein Schlüsselbegriff BURCKHARDTS zum Verständnis der Renaissance war „Kunstwerk“. Er zielte auf die spezifische Rationalität der Menschen dieser Zeit: Das Individuum wurde sich seiner selbst und seiner Welt bewusst und suchte beides empirisch zu erfassen. Dieser Durchbruch zur Reflexivität und Objektivität signalisierte für BURCKHARDT den Beginn der Moderne. Hier wurde eine aufklärerische Grundhaltung sichtbar, die mit einem ästhetischen Klassizismus oder Neoklassizismus zusammenging.

Thodes neoromantische Wendung

Dagegen herrschten bei THODE romantische oder neoromantische Motive oder Stimmungen vor. Sein Schlüsselbegriff hieß „Gefühl“. Die „Befreiung des Individuums“ in der Renaissance verstand er als „das erwachende starke individuelle Gefühl“ [ebd., 4], das ihm erstmals in Franz von Assisi begegnete: „Mit Franz und in Franz erfährt die mittelalterliche Menschheit die volle Gewalt der jedem Einzelnen innewohnenden Gefühlskraft“ [ebd., 521]. Franz und Luther hatten gemeinsam „die übergewaltige Gefühlsmacht, mit der sie Wunder gewirkt“ [ebd., 526]. Das war ein Gegenprogramm zu jeder Form von Aufklärung, und THODE ließ keinen Zweifel daran, dass er in der Gegenwart und Zukunft auf eine neue Entfaltung des Gefühls hoffte, das ihm auch jetzt religiös gerichtet blieb: „Franz und Luther! Wann wird der Dritte kommen? [...] Was Anderes als neue Glaubenskraft, als neue Kräftigung des Gefühls verlangt es? Wer hilft ihm? Die Menschheit gebraucht von Neuem einen Franziscus, einen Luther!“ [ebd.].

2.2.2 Konrad Burdach

Gleiche Grundhaltung

Man begegnet der gleichen Grundhaltung wenig später bei jenem Autor, der in den folgenden Jahrzehnten am entschiedensten gegen BURCKHARDTS Deutung der italienischen Renaissance angeschrieben und damit freilich eine nicht minder scharfe Reaktion ausgelöst hat: bei Konrad BURDACH (1859–1936). Er verwarf „die befangene Geschichtsbetrachtung der Aufklärungszeit“ [43: K. BURDACH, Ursprung, 112], die, noch bei MICHELET und BURCKHARDT wirksam, die Renaissance an den Kriterien eines „ungeschichtlichen Rationalismus und Klassizismus“ [38: K. Burdach, Dante, 131] gemessen habe. Die Renaissance sei nicht „aus Reflexion, nicht aus intellektueller Kraft“ entstanden, sondern aus „Stimmungen“, „Phantasie“, „Sehnsucht“ und „Gefühl“: Sie bedeute „eine romantische Reaktion gegen den scholastischen Rationalismus“ [43: K. Burdach, Ursprung, 126, 146 u. 204].

Sprache und Habitus

Eine Folge dieser Betrachtungsweise war, dass sich Burdach auch sprachlich fundamental von Burckhardt unterschied. Alles war bei ihm auf einen festlichen, enthusiastischen, poetisierenden Ton gestimmt, wogegen Burckhardt eine sachlich-argumentative, kritisch-räsonierende Sprache gebrauchte, die auf uns geradezu zeitlos wirkt und uns jedenfalls noch immer unmittelbar anzusprechen vermag. Davon unberührt blieb der wissenschaftliche Anspruch, den Burdach erhob und der gleichfalls bis heute Anerkennung verdient, zumindest ernst zu nehmen ist. Er war Germanist und nicht nur den romantischen Ursprüngen, sondern auch den methodischen Regeln seines Faches verpflichtet, die er durch seine eigenen Arbeiten weiter vervollkommnete. Er verkörperte auch durch seine akademische Stellung eine wissenschaftliche Professionalität, wie sie Burckhardt weder besessen noch erstrebt hatte. Nach langen Jahren an der Universität in Halle trat er 1902 in die neu geschaffene Deutsche Kommission an der Berliner Akademie der Wissenschaften ein, in der er eine von allen Lehrverpflichtungen entbundene Forschungsprofessur übernahm; ein großer Stab von Mitarbeitern stand ihm zur Seite. „In der Geschichte der Germanistik stehen daher Person wie Werk aus gutem Grund singulär da“ [87: Kl. Garber, Burdach, 113].

Burdachs Weg zur Renaissance-Forschung

Die italienische Renaissance war nicht der Ausgangspunkt des Burdach'schen Werkes, rückte aber mehr und mehr in den Vordergrund, bis sie den Autor am Ende fast ausschließlich beschäftigte. Das Generalthema, das Burdach zeit seines Lebens verfolgte und dem auch seine Berliner Forschungsprofessur gewidmet war, bestand in dem „Projekt des Ursprungs und des Wachstums der neuhochdeutschen Schriftsprache“ [ebd., 113]. Walther von der Vogelweide und Goethe, mit denen Burdach seine Forschungen eröffnet hatte, bildeten die Eckpunkte. Auf der Suche nach den Wurzeln der Sprache Luthers, der in der Mitte des ganzen Prozesses stand, gelangte Burdach zu der böhmischen Kanzlei Karls IV. um Johann von Neumarkt. Am Prager Hof stieß er wiederum auf Rienzo und Petrarca, die ihn zugleich ins Italien der Renaissance führten und dort zunehmend festhielten. Sein mehrbändiges Hauptwerk „Vom Mittelalter zur Reformation“, das „Forschungen zur Geschichte der deutschen Bildung“ enthalten sollte, brachte, teilweise im Verein mit anderen Autoren, Editionen und Darstellungen zu deutschen Texten des 14. und 15. Jahrhunderts aus dem Umkreis der böhmischen Kanzlei, vor allem aber zu den beiden Schlüsselfiguren Rienzo und Petrarca. Auf beide kam BURDACH außerdem in einer Fülle größerer und kleinerer Abhandlungen zurück, in denen er das Problem der Renaissance insgesamt thematisierte. Sie sind für seine Sicht der italienischen Renaissance von besonderem Interesse.

Gemeinsamkeiten mit Burckhardt

Wie bei THODE handelte es sich auch bei BURDACH darum, dass die Kritik an BURCKHARDT Gemeinsamkeiten voraussetzte, und wenn THODE diese Übereinstimmung allenfalls indirekt zu erkennen gab (so, als verstünde sich hier alles von selbst), so hob BURDACH sie explizit hervor. Er meinte vom Humanismus, der an dieser Stelle nur ein anderes Wort für Renaissance war: „In der universalen Behandlung der Epoche des Humanismus bleibt Jakob Burckhardt in seinen allbekannten Werken Meister und Muster“ [43: K. BURDACH, Ursprung, 98]. Auch für BURDACH war also die italienische Renaissance ein Kulturganzes, das sich in seinen verschiedenen Seiten auslegte, und im Laufe seiner Darlegungen blieb keine dieser Seiten unerwähnt. BURCKHARDT hatte auch „mit Scharfblick erkannt“, „dass in der Renaissance neben der Antike der italienische Volksgeist eine gleiche Macht hatte“ [38: K. BURDACH, Dante, 131]; diese Relativierung der Antike gehörte zu BURDACHS Grundüberzeugungen. Er verwahrte sich auch entschieden gegen die Vorstellung, „dass ich zu viel aus dem Mittelalter herleite und das eigentümlich Neue, das die Renaissance brachte, unterschätze“; auch er suche vielmehr „das Neue der Renaissance“ [ebd., 260]. Das richtete sich zunächst gegen neuere Kritiker, bekräftigte aber zugleich die Position BURCKHARDTS, auf die diese sich berufen konnten. Es stand für BURDACH außer Frage, dass in der Renaissance die „Anfänge des modernen Geistes“ lagen [41: K. BURDACH, Deutsche Renaissance, 32], dass sie eine „Scheide der Epochen“ heraufführte [43: K. BURDACH, Ursprung, 112 u. 38: DERS., Dante, 266].

Genetische Betrachtungsweise

Die Differenz zu BURCKHARDT begann damit, dass BURDACH diese „Scheide der Epochen“ anders vonstatten gehen ließ als dieser. BURCKHARDT neigte zur dualistischen Konfrontation von Mittelalter und Renaissance, die er beide wesentlich als zeitlich genau fixierte Zustände wahrnahm. BURDACH setzte dieser Betrachtungsweise, die ihm der auch BURCKHARDT noch umfassenden „Epoche des Klassizismus und Rationalismus“ anzugehören schien, eine „historisch-genetische Auffassung“ entgegen [41: K. BURDACH, Deutsche Renaissance, III]. Seine Forschung zur Renaissance sollte, wie es im formulierten Widerspruch zu BURCKHARDT hieß, „das Zuständliche“ hintansetzen: „sie sucht überhaupt nicht den Querschnitt der Epoche, sondern ihren Längsschnitt: den wechselvollen genetischen Prozeß“ [40: K. BURDACH, Reformation, VIII]. Statt die Renaissance dem Mittelalter zu opponieren, wollte er zeigen, wie die Renaissance aus dem Mittelalter entstanden war. Diese Genese vollzog sich für BURDACH nicht mit einem Schlag, sondern über einen längeren Zeitraum hinweg. BURCKHARDT gab in seinem Renaissance-Buch die „Umrisse einer Kulturepoche“, die er scharf von der ihr vorausgehenden abhob; BURDACH untersuchte „das allmähliche Hervortauchen der Renaissance aus dem mittelalterlichen Geist“ [42: K. BURDACH, Sinn, 6].

Der Renaissance-Begriff als „Leitseil“

Als „Leitseil“ [40: K. BURDACH, Reformation, IX] diente ihm dabei der Begriff der Renaissance selbst, und zwar in der unmittelbaren Bedeutung als „Wiedergeburt“ und im Sprachgebrauch der Zeitgenossen des 13.–16. Jahrhunderts. Ausgehend von VASARIS *rinascita*, suchte er in den Quellen nach entsprechenden Ausdrücken wie *renovatio*, *nova vita*, *renasci*, *regenerari*, *reformatio* [ebd., 100], um von ihrer jeweiligen Verwendung auf das Selbstverständnis und damit auf die Grundrichtung der werdenden Renaissance-Kultur zu schließen. Der Weg führte ihn also von der Wortgeschichte über die Ideengeschichte zur Kulturgeschichte: ein philologischer Ansatz zu historischer Erkenntnis, aus dem BURDACH, aus dem Selbstbewusstsein des Philologen heraus, ein förmliches methodisches Programm machte [39: K. BURDACH, Quellen, 509 ff.]. Seine vielfach wiederholte und abgewandelte These war, dass die Renaissance aus einer allgemeinen Sehnsucht nach ganz diesseitiger, innerweltlicher Wiedergeburt des Menschen hervorgegangen sei, die sich wiederum aus der joachimitisch-franziskanischen Sehnsucht nach geistlich-religiöser Wiedergeburt entwickelt habe; es sei das „die langsame Säkularisierung des Gedankens der Wiedergeburt“ [42: K. BURDACH, Sinn, 83].

Ursprünge

Diese Deutung berührte sich mit „der Ansicht Henry Thodes in seinem unvergänglichen Buch über Franz von Assisi“ [43: K. BURDACH, Ursprung, 110], verwies aber zugleich auf noch viel weiter zurückreichende Wurzeln. Denn von „Wiedergeburt“ war auch im Neuen Testament, bei den Dichtern der Augusteischen Zeit, in der griechischen Klassik und im altägyptischen Mythos vom Vogel Phönix die Rede, der, in unendlichen Abfolgen von „Zerstörung“ und „Verjüngung“, „sich nur aus sich erneut“ und damit „das Beispiel wirklicher Wiedergeburt“ bot [42: K. BURDACH, Sinn, 70 f.]. BURDACH suchte zu erweisen, dass alle diese Vorstellungen in „die innerste Stimmung der Renaissance“ [ebd., 84] eingegangen seien. Die ganze okzidentale Kulturgeschichte stand da im Zeichen des Gedankens der Wiedergeburt und ließ sich daher als Vorgeschichte der Renaissance in Anspruch nehmen, die dabei aber nichts von ihrer originären Geltung verlor; der Renaissance-Begriff blieb ihr vorbehalten.

Rückblick auf die bisherige Forschung

Der Einsatz des Renaissance-Begriffs bei Burdach war bis dahin ohne Beispiel. Gewiss war die unmittelbare Wortbedeutung seit Vasari wie selbstverständlich präsent, und sie wurde in einzelnen Bereichen auch expliziert, etwa noch bei Burckhardt im Kapitel über die „Wiedererweckung des Altertums". Aber das Wort war, jedenfalls nach Vasari, mit der Sache, die es jeweils bezeichnen sollte, immer weniger vermittelt, und als Burckhardt es auf die Gesamtheit der Renaissance-Kultur übertrug, wurde es vollends zum bloßen Etikett ohne besonderen Erkenntniswert. Neu war aber vor allem, dass Burdach den Renaissance-Begriff in der Mitte des Phänomens selbst verankerte. Von Vasari abgesehen, der mit seiner Formel aber auch lediglich eine nachträgliche Selbstdeutung der Renaissance-Kunst lieferte, war bis dahin keiner auf die Idee gekommen, die Sache, um die es jeweils ging, von der so oder so gearteten zeitgenössischen Verwendung des Wortes oder verwandter Wörter herzuleiten. Bei Burckhardt finden wir schlechterdings nichts dergleichen. Sein lässiger Begriffsgebrauch demonstrierte hinlänglich, wie wenig ihm überhaupt an terminologischen Erörterungen lag. Das wurde bei Burdach von Grund auf anders. Er nahm den Renaissance-Begriff nicht nur ernst, sondern machte ihn zum Gegenstand einer systematischen Reflexion, aus der sich ihm die Maßstäbe für seine Renaissance-Deutung ergaben.

Umkehrung des Burckhardt'schen Kulturmodells

Burdach behielt bei alledem das Ganze der Renaissance-Kultur im Blick. Die Wiedergeburt, die er als Leitmotiv der Epoche herausstellte, geschah aus „Sehnsucht [...] nach neuem Licht, nach neuem Leben, nach neuen menschlichen Daseinsformen und neuer menschlicher Kunst", nach „Frieden, Einheit und Gerechtigkeit des politischen kirchlichen, sozialen Lebens" [ebd., 72]. Hier waren alle Kultursphären erfasst, auf die auch Burckhardt die Renaissance sich erstrecken ließ. Aber Burdach entfernte sich dabei nicht nur im Einzelnen von Burckhardt, sondern stellte auch das Burckhardt'sche Modell insgesamt geradezu auf den Kopf.

Der „Staat als Kunstwerk" bei Burdach

Burckhardt sah zwar die Renaissance-Kultur im Höchststand der bildenden Kunst und der Literatur gipfeln, gründete sie aber auf eine bestimmte politische Konstellation. Es entsprach der primären Affinität des Wiedergeburtsgedankens zu den Hervorbringungen der „Hochkultur", dass Burdach dieses Verhältnis umkehrte. Zwar fehlte auch bei ihm der aus der Usurpation stammende „Staat als Kunstwerk" keineswegs. Er kannte die „Tyrannen“ und „Emporkömmlinge“, „die Höfe der Renaissance-Tyrannen“ als „Sammelstellen der Humanisten“, ihren „Hang zu Festen und Prachtbauten“, ihre Rolle „als Gönner, Bauherren, Besteller und Bezahler“, ihr Streben, den „Übermensch[en]“ zu „verkörpern“ [43: K. Burdach, Ursprung, 139, 147 f. u. 163], handelte von „den nach Macht, Glanz, Genuß gierigen, von moralischen Regungen freien, aber schönheitsfreudigen italienischen Stadttyrannen und Kondottieren“, die es „während der Renaissance in großer Zahl“ gegeben habe, benannte ihre „Raubsucht und das skrupellose Vertrauen auf die Kraft, die Zweckmäßigkeit, den Erfolg“ [38: K. Burdach, Dante, 142]. Aber er erklärte es für „schlechterdings unmöglich“, aus diesem Milieu „die entscheidenden Impulse, die leitenden Ideen, die neue Weltanschauung“, „vor allem die charakteristischen literarisch-künstlerischen Formen“ der Renaissance „herzuleiten“.

Ausklammerung aus der Renaissance-Kultur

Sofern Burdach sich damit gegen kausale Abhängigkeitsverhältnisse aussprach, ging er mit Burckhardt einig, der stets auf der Autonomie der einzelnen Kultursphären beharrte. Aber anders als dieser trieb er die Autonomisierung bis zur völligen Unvergleichbarkeit und damit Unverbundenheit: „Zwischen dieser Welt des materiellen Erwerbs, des Kampfes um die Macht und der ideellen Welt des Humanismus, der Renaissance besteht kein innerer, notwendiger unmittelbarer Zusammenhang“. Eine Verbindung der einen mit der anderen Welt war allenfalls „mittelbar“ und dann höchstens auf ganz äußerliche Weise denkbar [43: K. Burdach, Ursprung, 147]. Im Laufe der Zeit wurde dieser Kontrast bei Burdach immer schroffer, so dass ihm selbst dieser indirekte Zusammenhang mehr und mehr entglitt. Es sei, so hieß es zuletzt, „ein geradezu ungeheuerlicher Irrwahn, den Geist der gesamten Renaissance nach den Visconti oder dem Stadttyrannen von Rimini, Sigismondo Malatesta, nach Alexander VI. oder Cesare Borgia [...] zu beurteilen“: „Der wahre Geist der italienischen Renaissance lebt in Dante, Rienzo, Petrarca, Salutati, in den Universalgenies Leon Battista Alberti und Lionardo da Vinci, in Lorenzo Valla, [...] in dem kühnen Reformator Savonarola, in Michelangelo, in all den großen, nur als schaffende Künstler tätigen Malern und Bildhauern“. Der nächste Schritt war, dass Burdach den „Renaissance-Staat“ förmlich aus der Renaissance ausklammerte. Den Typus des auf den bloßen Erfolg programmierten Machtmenschen fand er schon „im barbarischen Mittelalter unter Italienern, Nordländern, Arabern, Byzantinern“ und selbst „in den Isländischen Sagas“, ja, eigentlich zu allen Zeiten [38: K. Burdach, Dante, 141 ff.]. Die Renaissance war damit endgültig vom „Staat als Kunstwerk“ losgelöst und zu einem exklusiven Phänomen der literarisch-künstlerischen Welt geworden. An Machiavelli hielt Burdach fest, aber dadurch, dass er ihn den normativen Idealen „von Dante oder Rienzo" annäherte, jedenfalls eine „polare Gegensätzlichkeit" leugnete [ebd., 144]; höher schätzte er freilich „die Verherrlichung des Tyrannenmordes" [43: K. Burdach, Ursprung, 139], in dem er die geradezu idealtypische Form einer genuinen Renaissance-Politik sehen musste, auch sie primär ein literarisches Thema. Der Burckhardt'schen „Kultur der Renaissance in Italien" war damit der Boden entzogen.

Terminologischer Dissens mit Burckhardt

Burdach geriet mit Burckhardt noch in einer anderen Hinsicht in Dissens, nämlich auf dem terminologischen Terrain selbst. Der „Kultur der Renaissance in Italien" lag die seit geraumer Zeit geläufig gewordene Gleichsetzung von „Renaissance" mit „Wiedererweckung des Altertums" zugrunde, obwohl dieser „Ausdruck [...] nur die eine Hälfte der Tatsache betont" [33: J. Burckhardt, Kultur, 602], um die es ihm im Ganzen zu gehen schien. Burdach stimmte ihm in der Sache zu, beseitigte aber die begriffliche Inkonsequenz, indem er die „Wiedererweckung" des Altertums in seinen universalen Begriff kultureller „Wiedergeburt" integrierte.

„Renaissancen" im Mittelalter

Inzwischen war freilich die von Burckhardt adaptierte Deutung weiter in Gebrauch geblieben; Burdach bezeichnete sie noch 1924 als „landläufige Schulmeinung" [38: K. Burdach, Dante, 131]. Dazu gehörte, dass es üblich wurde, entsprechende „Renaissancen" im Mittelalter zu entdecken; die „Wiedererweckung des Altertums" in Italien seit dem 13. Jahrhundert schloss da lediglich eine ganze Serie früherer „Wiedererweckungen" ab. Burdach listete sie auf: „mehrere byzantinische Renaissancen, eine irische, eine altenglische, eine karolingische, eine ottonische, eine staufische Renaissance, eine Renaissance im Frankreich des 12. Jahrhunderts (Schule von Chartres, französische Plastik), eine kassinesisch-römische Renaissance seit dem Ende des 11. Jahrhunderts, eine normannische Renaissance" [42: K. Burdach, Sinn, 82]. Er bestritt diese Serie nicht: „Die Antike wiederzugewinnen, hat man immer und in allen Ländern zuzeiten versucht", „sogar mit vollem Bewußtsein" [ebd., 83 u. 43: Ders., Ursprung, 127]. Das alles waren für ihn aber nur „Vorklänge" der „eigentlichen Renaissance" [ebd., 129 u. 42: Ders., Sinn, 83]. Ihr attestierte er „das neue Verhältnis zum römischen Altertum", das aus der Sehnsucht nach „Selbsterneuerung und Selbsterhöhung", nach „Selbstbesinnung und Selbsterkenntnis" und aus dem „Selbst- und Kraftgefühl Italiens" nach dem „Zusammenbruch der gealterten mittelalterlichen Kultur" entsprang [ebd., 83 u. 43: Ders., Ursprung, 130]; „die Rückeroberung antiker Kultur“ [ebd., 83] sollte jene allgemeine „Wiedergeburt“ befördern oder begleiten, als welche Burdach die Renaissance-Kultur verstand.

Anklänge bei Burckhardt

Was Burdach zuletzt besonders aufbrachte, war, dass Burckhardt selbst mit der „Renaissance“ als „Wiedererweckung des Altertums“ sehr verschwenderisch umging. Schon 1860 meinte er, die Antike habe „schon längst auf das ganze, auch außeritalienische Mittelalter eingewirkt“. Von der „Bildung, welche Karl der Große vertrat“, sagte er geradezu, sie sei „wesentlich eine Renaissance“ gewesen; das war die Geburtsstunde der auch von Burdach zitierten „karolingischen Renaissance“, die bis heute ein Gegenstand der Forschung ist [33: J. Burckhardt, Kultur, 176]. Zwar hob Burckhardt gleich darauf die „eigentliche“ Renaissance von diesen früheren Einwirkungen der Antike ab, aber der Transfer des Begriffs konnte doch einer relativierenden Sicht Vorschub leisten.

Die „karolingische Renaissance“

In den 1905 posthum erschienen „Weltgeschichtlichen Betrachtungen“ äußerte sich Burckhardt noch weit unbedenklicher. Als er hier Veranlassung hatte, die „karolingische Renaissance“ zu erwähnen, riss ihn die Begeisterung zu einem kontrafaktischen Ausruf hin: „Ja! Wenn man sich Karls Imperium in seinem vollen Glanz hundert Jahre dauern denkt, dann [...] wären Städteleben, Kunst und Literatur der allgemeine Charakter der Zeit geworden; es hätte kein Mittelalter mehr gegeben; die Welt hätte es übersprungen und hätte sogleich in die volle Renaissance (statt nur in einen Anfang) eingemündet“ [30: J. Burckhardt, Weltgeschichtliche Betrachtungen, 94]. Das reichte schon über die „Wiedergeburt“ des Altertums hinaus und zielte auf die Renaissance-Kultur insgesamt. Allerdings beschwor Burckhardt hier ein Nichtgeschehen, das die „eigentliche“ Renaissance gerade nicht antizipierte. Aber der unerfüllte Wunsch war doch geeignet, sie in ihrer spezifischen historischen Situation in Frage zu stellen.

Typologischer Begriffsgebrauch

Obendrein erhob Burckhardt in demselben Text die „Wiedergeburt“ des Altertums, sogar losgelöst von der griechisch-römischen Antike, zu einer universalen historischen Kategorie. Er erklärte nämlich die „Fähigkeit zu Renaissancen“ in diesem Sinne zu einer „Eigentümlichkeit höherer Kulturen“: „Entweder ein und dasselbe oder ein später gekommenes Volk nimmt mit einer Art von Erbrecht oder mit dem Recht der Bewunderung eine vergangenen Kultur teilweise zu der seinigen an“ [ebd., 49]. Der Renaissance-Begriff rückte damit in eine zeitunabhängige Typologie der Kulturgeschichte ein. Sie ließ zwar Unterschiede im Einzelnen durchaus zu, hatte aber eine im Ganzen nivellierende Tendenz.

Es war vor allem diese typologische Wendung, die BURDACH auf den Plan rief. BURCKHARDT habe sich damit „in schroffsten Widerspruch" zu seiner früheren Auffassung gesetzt. „Seltsam" sei, dass er „über den fundamentalen Gegensatz, ob die ‚angenommene vergangene Kultur' dem eigenen oder einem fremden Volk gehört", [...] hinweggleitet", statt ihn in seiner qualitativen Tragweite herauszuarbeiten. Die terminologische Konsequenz war, dass BURDACH den Renaissance-Begriff endgültig von der „Wiedererweckung des Altertums" trennte und für eine singuläre Kultur der „Wiedergeburt" reservierte, in der auch „das neue Verhältnis zum römischen Altertum" seinen Platz hatte. Was die BURCKHARDT'sche Typologie betraf, so schlug er vor, „einen solchen geschichtlichen Vorgang [...] mit dem einzig dafür passenden Namen ‚Rezeption'" zu nennen. Damit sollte jedes Missverständnis ausgeräumt werden [43: K. BURDACH, Ursprung, 202 f.]. Burdachs Kritik

2.3 Die Rückkehr zu Burckhardt: Karl Brandi und Paul Joachimsen

2.3.1 Wendung gegen Burdach

BURDACH hatte von frühauf seinen Ehrgeiz daran gesetzt, als Philologe mit den Historikern gleichzuziehen. Das geschah auch aus einer Art von Minderwertigkeitskomplex oder auch aus einem Nachholbedürfnis gegenüber dem damals tonangebenden geisteswissenschaftlichen Fach heraus. BURDACH wollte „Philologie und Geschichte" als „Schwestern" erweisen [39: K. BURDACH, Quellen, 510] und ließ keinen Zweifel daran, dass in diesem Verbund ohne die Philologie nichts lief. Er griff BURCKHARDT auch deshalb an, weil er zeigen wollte, dass er als Philologe die größere Kompetenz zur Behandlung des Renaissance-Themas besaß. Umso weniger brauchte er sich darüber zu wundern, dass gerade die Historiker nahezu geschlossen gegen ihn aufstanden. BURDACH sah sich von ihnen fast vom ersten Tag an angefeindet und daher fortwährend zur Auseinandersetzung mit ihnen genötigt. Der Gang seiner Forschungen selbst stand schließlich im Zeichen dieses Dauerkonflikts. BURDACH geriet dabei mehr und mehr in die Defensive. Das alte Ressentiment gegenüber der Geschichtswissenschaft brach wieder auf und setzte ihn unter permanenten Rechtfertigungszwang, ohne dass es ihm gelungen wäre, die ersehnte Akzeptanz zu erringen. In einem späten Aufsatz, in dem er nochmals zusammenfassend gegen seine Kritiker Stellung bezog [39: K. BURDACH, Quellen], klangen alle diese Motive und Stimmungen zusammen. Er beharrte auf seinen Thesen, tat Vorhaltungen als Missverständnisse ab, suchte bei seinen Gegnern nach selbst kleinsten Zeichen der Zustimmung, beklagte die Missachtung seiner Widerlegun- Aufstand der Historiker gen und musste sich am Ende voller Verbitterung eingestehen, dass sein „Verlangen nach engerem Zusammenhang zwischen Historie und Philologie" nicht in Erfüllung gegangen sei [ebd., 517 f.].

Hauptgegner

Als seine Hauptgegner erkannte er Paul Joachimsen und Karl Brandi [ebd., 478] mit „ihren Nachbetern" [ebd., 510]. Sein entscheidender Vorwurf an sie lautete, dass sie „kein Heil außerhalb des Burckhardtschen Renaissancedogmas" sähen, dass sie den „dogmatisierten Formeln Burckhardtscher Prägung" anhingen [ebd., 492 u. 512]. Er offenbarte damit nicht nur deutlich genug die gegen Burckhardt zielende Grundtendenz seiner eigenen Forschungen, sondern erfasste auch sehr genau, worum es seinen Kritikern tatsächlich ging: nämlich Burckhardt gegen Autoren wie Burdach wiederum ins Recht zu setzen. Joachimsen und Brandi selbst haben das immer wieder bekannt und waren am Ende fest davon überzeugt, dass ihnen dabei der Sieg zugefallen sei. Joachimsen hielt, als er 1930 Bilanz zog, die Burckhardt'sche Renaissance-Deutung „gegenüber allen modernen Mißverständnissen noch für vollkommen richtig und für die einzig zutreffende" [150: P. Joachimsen, Der Humanismus, 332], und Brandi meinte kurz darauf: „In der Hauptsache aber, müssen wir gestehen, bleibt es bei dem, was Burckhardt zuerst so deutlich herausstellte" [22: K. Brandi, Renaissance und Reformation, 348].

Erkenntnisinteresse

Paul Joachimsen (1867–1930), Gymnasiallehrer und Honorarprofessor in München [221: U. Muhlack, „Deutsche Neuzeit";105: N. Hammerstein, Joachimsen], und Karl Brandi (1868–1946), seit 1899 Professor der Geschichte in Göttingen, einer der angesehensten deutschen Historiker seiner Zeit, waren nicht durch Burdach, sondern auf eigenen Wegen zur italienischen Renaissance gekommen: Joachimsen aus Studien zum deutschen Humanismus heraus, die von vornherein zum Vergleich mit Italien herausforderten, und Brandi nach einer frühen Italienreise, die ein lebenslanges Interesse am „Problem der Renaissance" [286: P. E. Schramm u. H. W. Klewitz, Geleitwort, VI] hervorrief. Als in Deutschland nach dem Schock von 1918/19 die nationale Identität der Deutschen im Vergleich zur romanischen und angelsächsischen Welt ein historisch-politisches Thema wurde, kam für beide das Motiv hinzu, die italienische Renaissance von der deutschen Reformation abzuheben und überhaupt im Übergang vom Mittelalter zur Neuzeit zu verorten. Ihre Auseinandersetzung mit Burdach hat sich in solchen Zusammenhängen entwickelt, die übrigens auch ihren Widersacher ergriffen.

Schriften

Joachimsen und Brandi haben sich in mehreren Aufsätzen zur Renaissance geäußert; von Brandi stammen außerdem zwei einschlägige

Monographien: die erstmals 1900 und in siebenter Auflage 1927 erschienene Monographie über „Die Renaissance in Florenz und Rom“ und sein darauf aufbauender „Renaissance“-Beitrag zum 1907 publizierten vierten Band der PFLUGK-HARTTUNG'schen „Weltgeschichte“, den er nochmals, allerdings stark erweitert, 1932 im vierten Band des Nachfolgewerks, der „Propyläen Weltgeschichte“, abdrucken ließ. Was sie von BURDACH trennte, lässt sich am ehesten aus zwei großen Rezensionsartikeln ersehen, die sie dessen großem Werk „Vom Mittelalter zur Reformation“ gewidmet haben; der von JOACHIMSEN ist 1920/21, der von BRANDI 1923 erschienen, jeweils mit dem BURDACH'schen Titel.

Rückkehr zur Burckhardt'schen Terminologie

Die beiden Historiker konzentrierten ihre Kritik darauf, was ihnen „der Grundgedanke Burdachs“ zu sein schien [152: P. JOACHIMSEN, Vom Mittelalter, 20]: nämlich auf dessen philologische Vorgehensweise. BURDACH hatte es unternommen, die „Kultur der Renaissance in Italien“ vom zeitgenössischen Gebrauch des Renaissance-Wortes her zu entschlüsseln, und so den Historikern kraft seiner fachspezifischen Kompetenz Paroli bieten wollen. JOACHIMSEN und BRANDI waren davon freilich nicht beeindruckt, im Gegenteil: Sie hielten dieses Verfahren für vollkommen untauglich. Es sei „verhängnisvoll“, wenn man von den „sprachlich-stilistischen Problemen“ zur „Untersuchung des Kulturwandels“ vorschreite; das Renaissance-Wort bleibe dieser „Untersuchung“ äußerlich und könne daher nichts zum Verständnis des „Kulturphänomens“ im Ganzen beitragen [ebd.]; der „Name sagt uns nichts über [das] Wesen“ der Renaissance-Kultur [155: P. JOACHIMSEN, Renaissance, 127], um das es „für uns Historiker“ aber gehe [18: K. BRANDI, Vom Mittelalter, 308]. BRANDI plädierte für eine „nominalistische Auffassung“ solcher Begriffe, statt sie als „objektive Realität“ anzusehen [ebd., 307]. Sofern er als allgemeiner Kulturhistoriker am Renaissance-Begriff festhielt, handelte es sich für ihn um „die nachträgliche Bezeichnung einer ganzen Periode durch die Nachwelt“ [ebd., 308]: „jener ganzen Kulturepoche, die besonders durch Jakob Burckhardt [...] als höhere Einheit gefaßt wurde“ [19: K. BRANDI, Renaissance, 187]. Auch JOACHIMSEN verstand unter Renaissance, im Anschluss an Burckhardt, „eine Periode italienischer Geschichte, die etwa von 1250–1550 reicht“ [150: P. JOACHIMSEN, Der Humanismus, 332]. Spätere Stimmen haben diese Sicht bekräftigt: Wallace K. FERGUSON (1902–1983), Verfasser der bis heute besten Darstellung zur Geschichte der Historiographie über die Renaissance [80: W. K. FERGUSON, Renaissance], kritisierte 1951 die von den Philologen verursachte „confusion of terms“: „The real problem is not what the age should be called, but what were its most characteristic traits and its chronological boundaries“ [79: W. K. Ferguson, Interpretation oft he Renaissance, 126]; B. L. Ullman lastete 1952 „einem zu starken Interesse an dem Wort, das mehrere Jahrhunderte nach der Entstehung des Begriffes gebräuchlich wurde, [...] teilweise die Mißverständnisse über die Bewegung an sich“ an [306: B. L. Ullman, Renaissance, 264].

Wiederherstellung des Renaissance-Staates

Diese Rückkehr zur Burckhardt‘schen Terminologie bedeutete zugleich, dass die einzelnen Teilbereiche oder Sphären der Renaissance-Kultur wieder in ihr früheres Verhältnis gesetzt wurden. Burdach hatte, eingespannt in den Horizont seiner philologischen Fragestellung, die Ausprägung dieser Kultur in Literatur und bildender Kunst nahezu verselbständigt und jedenfalls die politisch-soziale Seite marginalisiert, wenn nicht überhaupt ausgeklammert. Jetzt erhielten die „materiellen Voraussetzungen“ [21: K. Brandi, Die Renaissance in Florenz, 51] ihre konstitutive Funktion zurück. Die Entstehung der Renaissance, so Joachimsen, müsse sich „in sozialen Erscheinungen zeigen“ [152: P. Joachimsen, Vom Mittelalter, 20]; ihr „politisch-soziales Kennzeichen, das allein für die historische Begriffsbestimmung in Betracht kommt, ist das Emporkommen des Stadtstaats“, den Joachimsen mit dem Burckhardt‘schen „Staat als Kunstwerk“ identifizierte [150: P. Joachimsen, Der Humanismus, 332]. „Mit der Gründung der italienischen Staaten“, so auch Brandi, „beginnt man seit Jakob Burckhardt die Kultur der Renaissance“ [21: K. Brandi, Die Renaissance in Florenz, 138], wie auch der Niedergang der Renaissance, seit der französischen Invasion von 1494, aus einer „ganzen Reihe von Kämpfen und Machtverschiebungen“ zu erklären sei [ebd., 229].

Literatur und bildende Kunst

So wenig wie bei Burckhardt stand damit in Widerspruch, dass Literatur und bildende Kunst in der kulturgeschichtlichen Gesamtbilanz ihren Spitzenplatz behielten. Brandi meinte geradezu, der „ästhetische Zug der Zeit“ sei „schließlich doch der beherrschende“: „Die bildende Kunst“ sei, nach Vorbereitung durch die Literatur, „sein reinster Ausdruck, und in ihr ist deshalb in der Tat das höchste Lebensgefühl der Renaissance zu suchen“ [ebd., 77 u. 201]. Er ging sogar so weit, „eine Naturgeschichte der geistigen Strömungen“ anzunehmen: „Von materiellen Voraussetzungen ist zunächst überall nichts zu verspüren“ [ebd., 51]; die auch von Burckhardt behauptete Autonomie der einzelnen Kultursphären schien damit nochmals gesteigert.

Politisch-soziale Voraussetzungen

Aber die „geistigen Strömungen“ waren auf Dauer ohne „materielle Voraussetzungen“ nicht denkbar: „ihre weitere Wirkung hängt von allgemeinen Bedingungen ab“ [ebd.], die zuletzt in bestimmten politisch-sozialen Verhältnissen wurzelten. Die „Frührenaissance“ in Florenz, die in den Humanisten und Künstlern des Trecento und Quattrocento sinnfällig wurde [ebd., 3 ff.], war das Werk einer wohlhabenden „Geldaristokratie“ [ebd., 31], die, „auf der Höhe ihrer Macht“, „mit wachsenden Ansprüchen“ auf „geistigen und künstlerischen“ Prunk hervortrat [19: K. Brandi, Renaissance, 148]. Die „Hochrenaissance“ in Rom, die auf Raffael und Michelangelo zulief [21: K. Brandi, Die Renaissance in Florenz, 135 ff.], basierte auf dem „Fürstentum der Päpste“, das „mit den landesüblichen Mitteln wilder Condottieri und politischer Rechenkunst hergestellt und behauptet werden“ musste und um seiner Reputation willen „die Einwanderung von Künstlern und Gelehrten“ aus ganz Italien begünstigte [19: K. Brandi, Renaissance, 160].

Die nächste Revision betraf die Abgrenzung der Renaissance-Kultur gegenüber dem Mittelalter. Burdach hatte sie, auf den Spuren des Renaissance-Wortes und seiner Synonyma, zwar nicht aufgehoben, aber doch relativiert und in Joachim von Fiore und Franz von Assisi Wegbereiter der Renaissance gesehen, die ihrerseits eine bis in die vorchristliche Antike zurückreichende Tradition fortgeführt hätten. Joachimsen und Brandi mussten diese Argumentation prinzipiell zurückweisen, ja, sie ersahen vor allem aus ihr die Untauglichkeit der Burdach'schen Wortphilologie. Für Joachimsen war es „gleichgültig“, „ob man irgendeinmal sonst renasci und reformare gleichgesetzt oder ob man etwa im Mittelalter schon beide Ausdrücke gebraucht hat.“ Die Gleichheit der Worte erlaubte keinen Schluss auf die jeweiligen „Tendenzen“ der beiden Epochen, auf die alles ankam. Der Vergleich zwischen ihnen ergab, dass die Renaissance im Sinne „eines einmaligen Kulturphänomens von ganz singulärer Wesenheit“ begriffen werden musste, das sich deutlich von der mittelalterlichen Kultur abhob [152: P. Joachimsen, Vom Mittelalter, 21]. Brandi sah es genauso und beschwor dabei die „Gefahren“ der „Methode einer äußerlichen Wort- und Begriffsgeschichte“: „jene Begriffe“ seien seit Jahrhunderten „auf unendlich verschiedene Vorgänge angewandt worden“; die Aufgabe des Historikers sei es, derartige Verschiedenheiten zu erfassen und dazu jeweils „die vorwiegende Tendenz einer bestimmten Zeit“ zu ermitteln; Renaissance und Mittelalter waren mithin „möglichst scharf gegeneinander abzusetzen“ [18: K. Brandi, Vom Mittelalter, 308].

Abgrenzung vom Mittelalter

2.3.2 Syntheseversuche

„In der Hauptsache aber, müssen wir gestehen, bleibt es bei dem, was Burckhardt zuerst so deutlich herausstellte“: Diese bilanzierende Bemerkung von Brandi besagte auch, dass es außerhalb der „Hauptsache“ durchaus Differenzen zu Burckhardt gab, dass also die Rückkehr zu

Differenzen zu Burckhardt

Burckhardt nicht einfach dessen unvermittelte Reproduktion oder Rekapitulation zur Folge hatte. Joachimsen und Brandi brachten nicht nur im faktischen Detail viel Neues. Was sie über die ökonomische Dimension der Renaissance-Kultur, was sie über „Gewerbe“, „Handel“, „Geldgeschäft“ in Florenz [21: K. Brandi, Die Renaissance in Florenz, 32 f.], über „die Ansätze der modernen Staatswirtschaft“ in ganz Italien [19: K. Brandi, Renaissance, 136], über die „Durchdringung dieser Gemeinwesen mit den Formen des Kapitalismus“ [150: P. Joachimsen, Der Humanismus, 333] bemerkten, war so bei Burckhardt nicht zu lesen, der an diesen Dingen eher vorbeiging. Noch bedeutsamer war aber, dass beide Historiker die Grundforderungen der Burckhardt-Kritiker akzeptierten, die sie bei Burdach sozusagen idealtypisch vorfanden, freilich ohne sie gegen Burckhardt zu wenden, sondern um die Burckhardt'sche Position zu klären und weiterzuentwickeln.

Entstehung der Renaissance aus dem Mittelalter

Zunächst ist nochmals vom Verhältnis der Renaissance zum Mittelalter zu sprechen. Joachimsen und Brandi übernahmen die Burckhardt'sche „Abgrenzung“ der beiden Perioden [19: K. Brandi, Renaissance, 187], teilten aber zugleich die genetische Fragestellung Burdachs. Die Renaissance war ein singuläres Kulturphänomen, das aus dem Mittelalter nicht ableitbar war, aber kein erratischer Block, sondern aus dem Mittelalter heraus entstanden und nur aus dieser Entstehungsgeschichte heraus verständlich. Joachimsen und Brandi haben die Beziehungsgeschichte der beiden Perioden fortwährend thematisiert und reflektiert und ließen sich dabei in der Sache bis ins Einzelne auf die Burdach'sche Argumentation ein. Auch die hochmittelalterlichen Verkünder einer religiösen Wiedergeburt bekamen in diesem Prozess ihren Platz zugewiesen: Franz von Assisi ging mit seinem Preis der Natur Dante voran, der „am Eingang der Renaissance“ stand [21: K. Brandi, Die Renaissance in Florenz, 22 f.]; man baute seinem Orden in der Renaissance „Häuser und Kirchen“ und schmückte sie mit Bildern aus dem Umkreis des Heiligen [19: K. Brandi, Renaissance, 131]; das „Franziskanertum“ sei „in die Renaissancewelt“ eingezogen [155: P. Joachimsen, Renaissance, 131], bis es aus der „Entwicklung der italienischen Renaissance“ ausgestoßen worden sei [152: P. Joachimsen; Vom Mittelalter, 36].

Kontinuität und Diskontinuität

Eine eigentliche Annäherung der Renaissance an das Mittelalter stand bei derartigen Beobachtungen nicht zur Diskussion; gezeigt werden sollte vielmehr, wie die mittelalterliche Kultur Stufe um Stufe einer Situation zustrebte, in der das ganz Neue aufbrach, um sich seinerseits erst nach und nach durchzusetzen [dazu auch 318: G. Weise, Humanismus]. Kontinuität schlug in Diskontinuität, Diskontinuität in Kontinuität um. Mittelalter und Renaissance erschienen als zwei distinkte Perioden, die gleichwohl einer sie umschließenden historischen Bewegung angehörten. Die „Abgrenzung" BURCKHARDTS erhielt damit einen dynamischen Koeffizienten, der dessen vielfach statisch-dualistische Betrachtungsweise überwand. Die „Kultur der Renaissance in Italien", bei BURCKHARDT ein „in einzelne scheinbar oft willkürliche Kategorien" zerlegter Zustand, der ohne rechte Vermittlung auf einen früheren folgte, wurde dynamisch und damit – im striktesten Sinne – historisch. Die beiden Renaissance-Monographien von BRANDI brachten das in sehr gedrängter Form zur Anschauung: zwei jeweils diachron angelegte Längsschnitte, die wie einer gelesen werden können. Der Verfasser eröffnete seinen Durchgang mit einer Gesamtcharakteristik „der mittelalterlichen Welt" [21: K. BRANDI, Die Renaissance in Florenz, 7]: einer Welt „vorherrschend klerikalen und ritterlichen Wesens" [19: K. BRANDI, Renaissance, 133]. Er überblickte den „langen Prozeß" [21: K. BRANDI, Die Renaissance in Florenz, 6], der aus ihr herausführte, sah die Ansätze dazu am ehesten in der „Mittelmeerkultur" und zuletzt besonders in den „Seestädte[n] des mittleren und nördlichen Italiens" heranreifen [19: K. BRANDI, Renaissance, 120 u. 123] und schilderte das „Gewirre von Städten und kleinen Herren", die sich „als neue politisch selbständige Wesen" entwickelten und nicht nur eine „reiche materielle Kultur", sondern auch „eine neue ideelle Kultur" erzeugten [21: K. BRANDI, Die Renaissance in Florenz, 8 f.]. Sodann beleuchtete er auf diesem Hintergrund die „Frührenaissance", die er auf das Florenz des 13. und 14. Jahrhunderts, und die „Hochrenaissance", die er auf das päpstliche Rom des ausgehenden 15. und beginnenden 16. Jahrhunderts zentrierte, und beschrieb schließlich das „Ende der Renaissance" [ebd, 221], das ihm aus „europäischen Verwickelungen resultierte" [19: K. BRANDI, Renaissance, 172].

Sensibilisierung in terminologischen Fragen

Auch die BURDACH'sche Kritik am eher sorglosen Umgang BURCKHARDTS mit dem Renaissance-Begriff ließ JOACHIMSEN und BRANDI nicht unberührt. Sie lehnten das philologische Konzept BURDACHS zur Bestimmung der Renaissance-Kultur ab und behielten demgegenüber den BURCKHARDT'schen Sprachgebrauch bei. Aber BURDACH und seine Richtung haben ihnen doch das Terminologische in ganz anderer Weise bewusst gemacht, und sie waren daher sensibilisiert, dazu ihrerseits Reflexionen anzustellen.

„Wiedergeburt"

Sogar die unmittelbare Bedeutung des Renaissance-Wortes ging in ihre Texte ein: JOACHIMSEN nannte das Aufkommen der neuen italienischen Stadtstaaten „eine Renaissance" und verstand darunter das Wiederaufleben der griechischen Polis [155: P. JOACHIMSEN, Renaissance, 129]; da dieser Vorgang für das Kulturganze konstitutiv war, bot es sich an, die „Bezeichnung Renaissance" als kulturgeschichtlichen Periodenbegriff beizubehalten [150: P. Joachimsen, Der Humanismus, 332]. Brandi überschrieb die Epoche insgesamt mit „Wiedergeburt der Seele" [19: K. Brandi, Renaissance, 119]. Ja, er hielt es sogar für aussichtsreich, den zeitgenössischen Gebrauch des Renaissance-Worts für die Bestimmung des Kulturganzen dann gelten zu lassen, wenn er mit dem „eigenen Lebensgefühl" der Zeit in Verbindung zu bringen war; auch bei den „zahlreichen synonymen Worten" in anderen Epochen kam diese Möglichkeit in Betracht; das Ergebnis konnte freilich nur ein neuerlicher Beleg für die Singularität der einen wie der anderen Epoche sein [18: K. Brandi, Vom Mittelalter, 308; dazu auch 23: Ders., Werden]. Joachimsen wiederum sah es als „wichtig und unbestreitbar" an, wenn man, statt von „den sprachlich-stilistischen Problemen" auf den „Kulturwandel" insgesamt zu schließen, „den umgekehrten Weg geht" [152: P. Joachimsen, Vom Mittelalter, 20]. Überhaupt war durch Burdach das Verständnis für die Selbstzeugnisse oder die Selbstauslegung der Renaissance-Kultur gewachsen, die bei Burckhardt der Strukturanalyse untergeordnet waren [319: H. Weisinger, Erneuerung, 228].

Präzisierung der leitenden Begriffe: Joachimsen

Jedoch wichtiger als dieser direkte Einsatz des Renaissance-Wortes, innerhalb oder außerhalb der Quellensprache, war etwas Anderes: nämlich das durch die Burdach'sche Richtung stimulierte Bedürfnis an terminologischer Genauigkeit schlechthin. Es entsprach der generellen Abneigung Burckhardts gegen alle Formen eines starren geschichtstheoretischen oder geschichtsphilosophischen Systemdenkens, dass er es vermied, die „Kultur der Renaissance in Italien" in festumrissenen Begriffen zu fassen. Er begnügte sich vielmehr mit der erzählerischen Deskription der konkreten Phänomene. Burdach und seinesgleichen hatten es daher nicht schwer, Anhaltspunkte für ihre Kritik zu finden. Um sie zu widerlegen, schien es tunlich, die „Kultur der Renaissance in Italien" nach Begriffen zu organisieren, ohne ihre konkrete Fülle substantiell zu schmälern. Zur Historisierung Burckhardts im Zuge der neuen genetischen Fragestellung kam also, dass er im Zuge des neuen terminologischen Interesses auf Begriffe gebracht wurde. Dabei tat sich besonders Joachimsen hervor. Er fand für die Hauptmomente der Burckhardt'schen Renaissance-Deutung prägnante Definitionen oder Beschreibungen, die sie gegen die Angriffe der Burdach'schen Richtung immunisierten und damit zugleich Maßstäbe für die künftige Erforschung der italienischen Renaissance setzten. Mit ihnen kam die damalige Kontroverse um Burckhardt an ihr logisches Ende, und sie gestatten daher ein systematisches Resümee.

Der Renaissance-Begriff

Den Anfang machte der Renaissance-Begriff selbst. Er sollte für Joachimsen „eine Periode italienischer Geschichte" bezeichnen, „die etwa von 1250–1550 reicht" und im „Emporkommen des Stadtstaats" ihr „für die historische Begriffsbestimmung" entscheidendes „politisch-soziales Kennzeichen" hatte. Bevor er diese „Begriffsbestimmung" traf, schloss er andere mögliche Bedeutungen aus, mit denen Burckhardts „Kultur der Renaissance in Italien" durchmischt war: die von Vasari herstammende Bezeichnung für eine „Kunstrichtung", die er natürlich für die Kunstgeschichte gelten ließ, die Gleichsetzung mit dem „Humanismus", sei es als schon vor Burckhardt geläufige „Wiedererweckung des Altertums" oder, wie bei Burdach, in einem allgemeinen kulturgeschichtlichen Sinne, und die Bedeutung als „kulturphilosophischer Typenbegriff", mit der Burckhardt in den „Weltgeschichtlichen Betrachtungen" operiert hatte und die inzwischen bei Kulturhistorikern wie Karl Lamprecht [174: K. Lamprecht, Charakter, 630] beliebt geworden war. Die „Bezeichnung Renaissance", „als Kulturepoche genommen", stand nach diesen Abgrenzungen unzweideutig fest, sie ließ fortan keinerlei Missverständnisse zu.

„Wiedererweckung des Altertums"

Allerdings spielte doch eine der bisherigen Bedeutungen, nämlich die „Wiedererweckung des Altertums", in Joachimsens „Begriffsbestimmung" hinein. Da er den neuen Stadtstaat die wiederauflebende „Polis der Antike" nannte, schien ihm die „Bezeichnung Renaissance" kulturhistorisch brauchbar [150: P. Joachimsen, Der Humanismus, 331 f.]. Allerdings war diese „Wiedererweckung" kein willentlicher Akt, sondern „den Menschen selbst unbewußt" [155: P. Joachimsen, Renaissance, 129]. Sie fungierte im Grunde als Metapher für Analogien, die den Unterschied der Zeiten nicht aufheben sollten, vergleichbar den Ähnlichkeiten, „welche man etwa für den Feudalismus Europas mit den mittelalterlichen Zuständen Japans oder den antiken Persiens konstruiert hat" [146: P. Joachimsen, Die Bedeutung, 105 f.]. Nicht metaphorisch war, dass die „Staatsanschauungen der Renaissance" an die „Auffassungen des Altertums" anknüpften. Das lag gewiss daran, dass diese „in den politischen Zuständen der italienischen Gemeinden einen besonders empfänglichen Boden gefunden haben werden". Andererseits war die Frage, ob „sie an der politischen Entwicklung selbst beteiligt waren", „zu verneinen": „Die Wiederbelebung des Altertums hat hier, wie auf anderen Gebieten, einer sich neu entfaltenden Entwicklung als Bestätigung, gleichsam als innere Rechtfertigung gedient" [ebd., 106]. Der Sinn der Renaissance als „eines einmaligen

Kulturphänomens von ganz singulärer Wesenheit" blieb jedenfalls so und so gewahrt.

Individualismus

BURCKHARDT hatte den „Geist der Renaissance" in verschiedenen Hinsichten charakterisiert. JOACHIMSEN zog diese Bestimmungen in eine zusammen. Das „Kennzeichen" der Renaissance war für ihn „das Hervortreten des Individualismus" [152: P. JOACHIMSEN, Vom Mittelalter, 21]; sie war ganz allgemein „ein Zeitalter des Individualismus" [155: P. JOACHIMSEN, Renaissance, 127]. Der neue „Stadtstaat" wurde dadurch für die Renaissance-Epoche grundlegend, dass er das „erste individualistische Gebilde der abendländischen Welt" darstellte, in dem sich, ausstrahlend auf alle Kultursphären und sie von der Wurzel her umgestaltend, „ein neuer individualistischer Herrschertypus" ausbildete [150: P. JOACHIMSEN, Der Humanismus, 332].

Der Burckhardt'sche Ansatz

Auch hier sorgte JOACHIMSEN für definitorische Klarheit. BURCKHARDT ließ das Individuum der Renaissance im Gegensatz zu jeglicher „Form des Allgemeinen" sich erheben, wie er sie im Mittelalter antraf. JOACHIMSEN zitierte diese Stelle und hielt sie „für vollkommen richtig" [ebd., 332]. Sie hatte freilich viele nicht davon abgehalten, auch im Mittelalter und selbst in der Vorzeit „Individuen" ausfindig zu machen.

„Individuen" vor der Renaissance

Schon BURCKHARDT selbst glaubte „in viel frühern Zeiten [...] eine Entwicklung der auf sich gestellten Persönlichkeit zu erkennen"; er verwies auf den „Kreis kräftiger Frevler des 10. Jahrhunderts"; man konnte geradezu den Eindruck gewinnen, der Unterschied zur Renaissance sei lediglich quantitativer Art [33: J. BURCKHARDT, Kultur, 137 f.]. Natürlich war das nicht die Meinung BURCKHARDTS; aber er war unbefangen genug, um solche Ungereimtheiten stehen zu lassen; dass so Missverständnisse auftreten könnten, kümmerte ihn nicht. So ebnete er möglichen Gegnern den Weg. Bald galt vielfach: „Jeder mittelalterliche Mensch, der eine scharfe Persönlichkeit aufweist, fällt unter den Strahl des großen Küstenlichts der Renaissance" [138: J. HUIZINGA, Das Problem der Renaissance, 36]. BURDACH entdeckte die „kräftigen Frevler", als welche BURCKHARDT die Tyrannen der frühen Renaissance identifiziert hatte, schon „im barbarischen Mittelalter" und „unter den Gestalten der isländischen Sagas": „Die Italiener der Renaissance waren schwerlich frevelhafter, rachsüchtiger, hinterhältiger, berechnender, als die des Mittelalters und der heidnischen Zeit" [38: K. BURDACH, Dante, 142 f.]. JOACHIMSEN hat diese Projizierung der BURCKHARDT'schen „Renaissancezüge" auf das „Mittelalter" und die „Recken der Sage" vehement zurückgewiesen [152: P. JOACHIMSEN, Vom Mittelalter, 21 u. 155: DERS., Renaissance, 128], aber nicht ohne dabei mit Argumenten zu operieren, die die bei BURCKHARDT zu vermissende Klarheit herstellten.

Das methodische Problem

Die Voraussetzung war, dass JOACHIMSEN sich des methodischen Problems bewusst wurde, das er zu lösen hatte. In seiner allgemeinsten Form besagte es, dass „jeder historische Begriff [...] nur verständlich und historisch bedeutsam [ist], wenn er etwas anderem entgegengesetzt wird" [ebd., 128]. So war auch mit dem Begriff des Individualismus zu verfahren. Er konnte in verschiedenen historischen Situationen vorkommen, also verschiedene Gegensätze bilden. Im Falle der Renaissance war der Gegensatz zum Mittelalter zu präzisieren. Das wiederum konnte nur dann mit Erfolg unternommen werden, wenn eine genaue Vorstellung davon bestand, was hier unter Mittelalter zu verstehen war. JOACHIMSEN hat zu alledem eine scharf differenzierende Terminologie eingeführt, die die Betrachtung der vergleichenden Phänomene auf eine bis dahin unerreichte Ebene hob.

Mittelalterliche „res publica christiana"

JOACHIMSEN sprach von der „res publica christiana des Mittelalters". Sie war hingeordnet „auf das im Christentum offenbar gewordene transzendente Prinzip" und bildete einen „Organismus", ein „organisches System", d. h. ein von diesem Prinzip durchdrungenes, nach allen Seiten verbundenes Ganzes [154: P. JOACHIMSEN, Die Reformation, 1]. Sie prägte oder wirkte sich aus in drei Formen, die in engster Wechselwirkung standen: „in der Form der theokratischen Universalmonarchie mit feudalistischem Aufbau", „als einzige Heilsgemeinschaft" und „als allgemeine Kulturgemeinschaft". JOACHIMSEN bestritt nicht, dass es im Mittelalter Individuen und Individualitäten gab. Aber „die Stellung und Daseinsberechtigung des Individuums" bestimmte sich da „lediglich nach seiner Beziehung zum System" [152: P. JOACHIMSEN, Vom Mittelalter, 22].

Renaissance-Individualismus

In der Renaissance handelte es sich dagegen darum, dass sich das Individuum gegen dieses „System durchzusetzen und zu behaupten sucht" und „sich dieses Gegensatzes bewußt wird", dass die „Menschen [...] ihren Lebenskreis nur nach den Bedürfnissen ihres individuellen Daseins gestalten" und dass sie dies „vernunftgemäß" tun [155: P. JOACHIMSEN, Renaissance, 128], d. h. zur „rationalen Durchbildung des eigenen Lebenskreises" gelangen [150: P. JOACHIMSEN, Der Humanismus, 333]. Andererseits bezweckte der Individualismus der Renaissance nicht, das mittelalterliche System „zu sprengen oder gar zu ersetzen" [152: P. JOACHIMSEN, Vom Mittelalter, 23]; er verblieb vielmehr „innerhalb des organischen Systems der respublica christiana" [147: P. JOACHIMSEN, Aus der Entwicklung, 78], das er benötigte, „um zum Bewußtsein seines zunächst tatsächlichen Andersseins zu kommen" [150: P. JOACHIMSEN, Der Humanismus, 333].

Der Renaissance-Staat als individuelles Gebilde

Der Renaissance-Staat, in dem dieser Individualismus zuerst zur Darstellung kam, war, wie JOACHIMSEN zitierte, der BURCKHARDT'sche Staat, der ein „Dasein rein tatsächlicher Art" führte [ebd., 332]. Aber der neue oder neu gefasste Begriff ließ ihn in schärferen Umrissen erscheinen. Die „Polis der Renaissance" stellte sich als „ein Individuum von politischer, wirtschaftlicher und moralischer Autarkie" auf [147: P. JOACHIMSEN, Aus der Entwicklung, 78], wollte „ein Individuum werden mit Eigengesetzlichkeit, Eigengerechtigkeit, Selbstgenügsamkeit" [155: P. JOACHIMSEN, Renaissance, 129], strebte „zur Autonomie und Autarkie nach außen, zu einer ersten rationalen [...] Durchbildung [ihres] Lebens im Innern" [150: P. JOACHIMSEN, Der Humanismus, 332]: „das erste völlig moderne Staatsgebilde des Mittelalters mit der Tendenz zur politischen, wirtschaftlichen und sozialen Autarkie und der Rechtfertigung seines gesamten Lebens aus seinen eigenen Zwecken" [154: P. JOACHIMSEN, Die Reformation, 8].

Abgrenzung nach außen

Die „Autonomie und Autarkie nach außen" bedeutete, dass man sich der „Legitimierung von seiten der Papst-Kaisermonarchie" entzog [147: P. JOACHIMSEN, Aus der Entwicklung, 82], ohne sie grundsätzlich in Frage zu stellen, und gegenüber der Umwelt beständig auf Krieg gefasst sein musste: „ein möglicher Gegner ist jeder andere Staat"; daraus entstanden „die Staatskunst im modernen Sinne als Voraussicht und Berechnung" und „die Politik als Wissenschaft" [155: P. JOACHIMSEN, Renaissance, 129].

Innere Entwicklung

Im Innern verschwanden die herkömmlichen „korporativen und dogmatischen Bindungen" vor dem Staat als „Selbstzweck", der sich „in allen Vorschriften und Bindungen des Gemeinschaftslebens" zur Geltung brachte [153: P. JOACHIMSEN, Zur Psychologie, 553]; es herrschte der „Geist der Ökonomie, der Rechenhaftigkeit" [155: P. JOACHIMSEN, Renaissance, 129]. JOACHIMSEN sah diesen Staat von der „Stadtrepublik" zur „Tyrannenherrschaft" sich entwickeln [154: P. JOACHIMSEN, Die Reformation, 8] und unterschied drei „Epochen": „die Zeit der Kommunen, der Signorien und der Prinzipate"; ihnen entsprachen wiederum Zeiten „der ökonomischen Entwicklung" im Zeichen des durchdringenden „Kapitalismus" [150: P. JOACHIMSEN, Der Humanismus, 333].

Der „individualistische Menschentypus"

Der „individualistische Menschentypus", den JOACHIMSEN aus dem Renaissance-Staat herleitete, fügte sich in dieses Interpretationsmodell ein. Er war für ihn der Inbegriff jener „Gesellschaft", die der neue Staat „aus sich entlassen" hat. Die Aufhebung der alten „korporativen und dogmatischen Bindungen" in einem „bestimmten Bezirk des öffentlichen Lebens", d. h. im Bereich des Politischen, schuf ein

„Aggregat von Individuen“ [153: P. JOACHIMSEN, Zur Psychologie, 552], in dem „die Kräfte des Individuums in beständigem Wettbewerb entwickelt“ wurden [155: P. JOACHIMSEN, Renaissance, 130]; die Tyrannen, die sich die Kommunen untertan machten, gaben dafür das erste „sichtbare“ Beispiel [150: P. JOACHIMSEN, Der Humanismus, 332]. Mit dieser Individualisierung hing zusammen, dass der „Mensch sich einer neuen Bindung einfügt“, die er sich selbst gab [ebd., 335 f.].

Staat und Gesellschaft

Die Möglichkeit einer „Einschmelzung der Stände in den Bürgerbegriff“ wurde im Tyrannenstaat hinfällig; selbst in fortbestehenden Republiken war „die theoretische Gleichheit des Bürgerbegriffs längst nicht mehr die wirkliche Form des staatlichen Daseins“ [ebd., 332 u. 334]. Entscheidend wurde vielmehr ein „Nebeneinander von Staat und Gesellschaft“, „die sich stillschweigend ergänzen, ohne sich zu berühren“. Diese Gesellschaft wurde „ durch eine neue Sitte“ zusammengehalten, die „nichts Naturgegebenes“, sondern „reine Konvention“ war, beruhend auf der freien „Uebereinstimmung der Meinungen“ [153: P. JOACHIMSEN, Zur Psychologie, 554], auf dem „consensus opinionum [...] über die Formen des Lebens“ [150: P. JOACHIMSEN, Der Humanismus, 335]. Dazu gehörte „die Konservierung des Freiheitsbegriffs, den der Tyrannenstaat vernichtet hatte“, ohne dass dabei „das geringste Gefühl eines Gegensatzes zu diesem Staate“ aufgekommen wäre [153: P. JOACHIMSEN, Zur Psychologie, 554]. Umgekehrt bedurfte der Staat „der ideologischen Rechtfertigung“ [150: P. JOACHIMSEN, Der Humanismus, 333], die ihm die neue Gesellschaft bot, ungeachtet dessen, dass er an sich, ohne weiteren Zweck, „nur Politik treibt und nur Politik ist“: „Die Einwirkung dieser Gesellschaft auf den Staat vollzieht sich vor allem in der Form der Fürstenerziehung“, die „gar nichts von Politik weiß“ [153: P. JOACHIMSEN, Zur Psychologie, 554].

Einsatz des Humanismus-Begriffs

An dieser Stelle wurde für JOACHIMSEN der Humanismus-Begriff wichtig. Auf ihn ist später genauer zurückzukommen. Hier sei nur bemerkt, dass er sich um ihn ebenso intensiv gekümmert hat wie um den Renaissance-Begriff, und zwar gleichfalls mit dem Ziel, die von BURCKHARDT bis BURDACH aufgetretenen Unstimmigkeiten zu beseitigen. Es lag ihm insbesondere daran, die beiden Begriffe strikt auseinanderzuhalten: Keiner war für ihn ein „Wechselbegriff“ des anderen [152: P. JOACHIMSEN, Vom Mittelalter, 21 u. 33; 150: DERS., Der Humanismus, 322].

Grundbestimmung

„Humanismus“ war ihm „die Wiederbelebung des klassischen Altertums“: „er will die Antike als ein Ganzes von selbständigem Kulturwert der eigenen Welt entgegensetzen, er will aus ihr die Maßstäbe für seine eigene Lebenshaltung gewinnen“; das war „kein Stoffproblem, sondern ein Formproblem“ [155: P. JOACHIMSEN, Renaissance, 131 f.]: „ein Problem der Formung und der Normierung“, der ästhetischen und der ethischen Wertsetzung, „aber so, dass in den ästhetischen Werten die ethischen als beschlossen gedacht werden“ [150: P. JOACHIMSEN, Der Humanismus, 326]. Diese „Wiederbelebung“ geschah, weil man sich der Scholastik entgegensetzte [147: P. JOACHIMSEN, Aus der Entwicklung, 63], weil man ganz allgemein „zwischen sich und dem Altertum einen Abstand, besser gesagt, eine Kluft“ empfand, die man überbrücken wollte [150: P. JOACHIMSEN, Der Humanismus, 325].

Humanismus und Renaissance

Der Humanismus, der sich bei Petrarca „als individual-psychologisches Problem“ konstituierte [ebd., 327], etablierte sich als „kulturpsychologische Erscheinung“ durch seine Verbindung mit der Renaissance, in der er durch den gemeinsamen Gegensatz zur mittelalterlichen *res publica christiana* „auf ihm homogene Bedingungen traf“ [ebd., 337]. Er lieferte dem Individualismus der Renaissance „Rechtfertigung“ und „Norm“: Er hat „die Lebensführung des einzelnen wie der Gemeinwesen immer wieder in die Begriffe und Formen der antiken Kultur gekleidet und damit erst dieses Reich des vernünftigen Denkens und Handelns sicher umgrenzt“ [155: P. JOACHIMSEN, Renaissance, 133]. Vor allem verschmolz er mit dem *consensus opinionum*, auf dem die neue Gesellschaft beruhte, indem er die *opiniones* festlegte, über die sie sich verstand. Ja, er erzeugte überhaupt erstmals „den Begriff einer Gesellschaft“, „die nur aus sich selbst, durch reine Konvention, die Gesetze ihres Tuns und Lassens empfängt“, indem er diese „Gesetze“ aus der Antike ableitete [ebd.]: „die Schaffung des Gesellschaftsbegriffs der Renaissance ist recht eigentlich sein Werk“ [153: P. JOACHIMSEN, Zur Psychologie, 553].

Bildung

Gesammelt wurden „diese Formen und Normen zu einem so früher nicht gekannten Begriff der Bildung“ [150: P. JOACHIMSEN, Der Humanismus, 336]. Die Gesellschaft der Renaissance stellte also eine humanistische „Bildungsgemeinschaft“ dar [154: P. JOACHIMSEN, Die Reformation, 9], die sich von der mittelalterlichen abgrenzte. Sie versammelte die Bildungsgüter, die der Individualismus der Renaissance zu seiner Formung und Normierung benötigte. Es war also „die humanistisch geformte Renaissance, die wir eigentlich meinen, wenn wir ihr Bild heute heraufbeschwören“ [155: P. JOACHIMSEN, Renaissance, 131].

Der religiöse Individualismus der Renaisance

Ein Sonderfall war der religiöse Individualismus der Renaissance, auf den JOACHIMSEN gemäß seiner Systematik wiederholt einging. Nachdem er die Abkehr des neuen Staates von der ständisch-feudal organisierten „Papst-Kaisermonarchie“ und der neuen Gesellschaft von der scholastisch geprägten „Bildungsgemeinschaft“ konstatiert hatte, wurde für ihn die Frage unabweisbar, wie es die Renaissance mit der „Heilsgemeinschaft“ hielt, die den transzendenten Zweck der mittelalterlichen *res publica christiana* am reinsten verkörperte. Diese Fragestellung gestattete es ihm, das von BURCKHARDT reichlich beigebrachte Material zur Einstellung der Renaissance gegenüber der Religion zu strukturieren und zu ergänzen. Einerseits bemerkte er, „dass der Mensch der Renaissance äußerlich in dieser Kirche lebt, sich ihrer Gnadenmittel nicht entschlägt“ [ebd., 130], aber innerlich auf „der Immanenz der individualistischen Lebensbejahung“ bestand [ebd., 133]. Andererseits verfolgte er von Petrarca bis zu Ficino die „Ansätze zu einem religiösen Individualismus“ [152: P. JOACHIMSEN, Vom Mittelalter, 36], die ihm auf „eine neue ästhetische Religion“ [146: P. JOACHIMSEN, Die Bedeutung, 118], auf eine „gebildete Religiosität“ [155: P. JOACHIMSEN, Renaissance, 135] hinausliefen. Der Humanismus lieferte dazu die Stichworte, etwa die Paarungen „Christus und Cicero“ und „Christus und Plato“ [ebd., 133]. Jedoch diese Versuche blieben vereinzelt und unausgereift: „das wahre Lebensgebiet der Renaissance ist nicht eine noch so ästhetisch gerichtete Religiosität gewesen, es ist die Politik, in der die berechnende Vernunft die höchsten Kränze sich winken sieht“ [ebd., 134]. Mit dem Renaissance-Staat begann und endete die „Kultur der Renaissance in Italien“.

3 Zur neueren Forschung

3.1 Ausgangslage und Grundrichtung

Weitere Kritik an Burckhardt

Der Streit um BURCKHARDT von THODE und BURDACH bis zu BRANDI und JOACHIMSEN war kein isoliertes Phänomen, sondern in eine allgemeine Debatte eingebettet, die auch mitnichten auf Deutschland eingegrenzt blieb. Der allgemeine „Einfluß Burckhardts“ auf „die französische Wissenschaft“, die von ihm „alle Grundgedanken und Urteile übernommen hat“ [291: FR. SIMONE, Mittelalter, 130 f.], hinderte nicht, dass sich zumal auch unter französischen Gelehrten vehementer Widerspruch regte, der vor allem darauf abzielte, die Grenze zwischen Renaissance und Mittelalter zu verwischen. Diese „Wurzelzieher der Renaissance“ konnten sich auf MICHELET berufen, der schon 1855 die Ansätze für eine Renaissance-Kultur bis ins 12. Jahrhundert zurückdatierte und dabei auf die gleichen Wurzeln stieß wie später THODE und BURDACH. Ihnen traten wiederum Emil GEBHART (1839–1908) und Paul SABATIER (1858–1928) mit ihren Büchern über „la renaissance religieuse au moyen âge“ (1892) und Franz von Assisi (1893) zur Seite; beiden kam es vor allem darauf an, den Anteil der Antike an der Renaissance noch weiter zu minimieren [138: J. Huizinga, Das Problem der Renaissance, 37 ff.]. In Deutschland war es dann der Kunsthistoriker Carl Neumann (1860–1934), der bald darauf diese Interpretationsrichtung bis zum Äußersten trieb; er wollte „uns von dem Wahn befreien, als sei die Antike das eigentlich zeugende Leben in der großen italienischen Kulturbewegung des ausgehenden Mittelalters gewesen“, die ihm vielmehr auf die „christliche Erziehung des Mittelalters“ zurückzugehen schien [240: C. Neumann, Byzantinische Kultur, 228 u. 231 f.].

Gegenstimmen

Dagegen stellte der Historiker Walter Goetz (1867–1958) 1914 fest: „Die Renaissance in Italien ist ohne Antike kaum denkbar“ [97: W. Goetz, Renaissance, 201], unbeschadet dessen, dass er „der Thode-Neumannschen Theorie“ insoweit zustimmte, als „sie an Stelle einer jähen Kluft zwischen unten und oben den sachten Anstieg ununterbrochener Entwicklung gezeigt hat“ [96: W. Goetz, Mittelalter, 170]. Um die gleiche Zeit hatte der Theologe Ernst Troeltsch (1856–1923) Veranlassung, von der italienischen Renaissance ein Bild zu malen, das, von einzelnen Schattierungen abgesehen, in den Farben Burckhardts gehalten war und mit „der philologischen Wortforschung und deren Uebergewicht“ im Stile Burdachs kontrastierte [305: E. Troeltsch, Renaissance, 266 ff.]. In einer Zwischenbilanz von 1920 neigte der holländische Historiker Johan Huizinga (1872–1945) am Ende eher Burckhardt zu, während ihm Burdach mit seiner Konzentration auf die Ideengeschichte die „Wirklichkeit“ der Renaissance zu verfehlen schien [138: J. Huizinga, Das Problem der Renaissance, 54 u. 64].

Der rote Faden der Debatte

Man könnte noch viele weitere Namen hinzufügen, um die Breite der Diskussion zu dokumentieren. Gleichwohl bildete die Linie von Thode über Burdach und Brandi bis zu Joachimsen darin eine Art roten Faden. Diese Autoren nahmen nicht nur an der allgemeinen Debatte teil, sondern konzentrierten sich dabei zugleich auf die wesentlichen und grundsätzlichen Apekte. Sie stellten anspruchsvolle Fragen und gaben darauf anspruchsvolle Antworten, die einem fortgesetzten Klärungsprozess gleichkamen. Das Resultat war von hoher methodischer wie inhaltlicher Qualität. Es mag genügen, hier nochmals auf die Arbeiten Joachimsens zu verweisen. Er ist freilich heute in der Renaissance-Forschung, abgesehen von seinem Standardwerk „Geschichtsauffassung und Geschichtschreibung in Deutschland unter dem Einfluss des Humanismus“ (1910), weithin vergessen oder unbeachtet; auch die reprographische Ausgabe seiner einschlägigen

Aufsätze (1970/83) hat daran wenig geändert. Das ist nicht zuletzt aus den Zeitläuften zu erklären. Der Name des 1930 verstorbenen deutsch-jüdischen Historikers ist nach 1933 aus der wissenschaftlichen Öffentlichkeit in Deutschland verdrängt worden und nach 1945 verdrängt geblieben; die insoweit „in Deutschland ausgebliebene Aufnahme [der] Arbeiten Joachimsens [...] erschwerte [es], sie im Ausland bekannt zu machen" [107: N. HAMMERSTEIN, Vorrede des Herausgebers, 7; vgl. aber 209: TH. E. MOMMSEN, Begriff, 179]. Hier ist eine Wiederentdeckung jenseits einer lediglich historiographiegeschichtlichen Rekonstruktion gefordert.

Das Ergebnis der Kontroverse

Das Ergebnis der Kontroverse um BURCKHARDT war, dass dieser sich unangefochtener präsentierte als jemals zuvor. Die „schwachen Seiten", die es seinen Kritikern so leicht gemacht hatten, waren jetzt „gestärkt", so dass er an Prestige noch dazugewonnen hatte. Das Bild der „Kultur der Renaissance in Italien", das durch ihn ins Leben getreten war, behielt seine zwingende Evidenz. Ist es seitdem gelungen, ein anderes Bild an dessen Stelle zu setzen, wenn nicht überhaupt das von BURCKHARDT beschriebene Phänomen von einer völlig veränderten Perspektive her zu beleuchten?

Burckhardts Forschungsleistung

BURCKHARDT hat dem Renaissance-Buch von 1860 den „[Unter-] Titel eines bloßen Versuches" gegeben [33: J. BURCKHARDT, Kultur, 11]. Das war keine Bescheidenheitsfloskel, sondern entsprach dem Verständnis von historischer Forschung, wie es sich seit dem Beginn des 19. Jahrhunderts allenthalben – zunächst in Deutschland – durchgesetzt hatte. BURCKHARDT stellte eine Hypothese auf, die er auf empirischem Wege überprüfte. Was dabei herauskam, stand grundsätzlich zur Disposition. BURCKHARDT wusste, dass „dieselben Studien, welche für dieses Buch gemacht worden, unter den Händen eines anderen nicht nur eine ganz andere Benützung und Behandlung erfahren, sondern auch zu wesentlich verschiedenen Schlüssen Anlass geben [könnten]", ja, er wandte sich ausdrücklich an „Forscher der verschiedensten Standpunkte", da der „Gegenstand an sich wichtig genug" sei, „um noch viele Bearbeitungen wünschbar zu machen" [ebd.]. Allerdings verlangte er von seinen Lesern aus gutem Grund „ein geduldiges Gehör" [ebd.]. Er eröffnete mit seinem Buch nicht nur ein vollkommen neues Forschungsfeld, sondern fuhr dabei auch reiche Ernte ein; das Resultat konnte sich wahrlich sehen lassen. Aus der Kontroverse um 1900 ging er als Sieger hervor; seine Renaissance-Deutung war mit den beweiskräftigsten Argumenten bestätigt worden. Hier lag eine Forschungsleistung vor, die Maßstäbe für weitere Forschungen auf diesem Gebiet setzte: ein Paradigma im strikten Sinne des KUHN'schen Begriffs [171: TH. S.

KUHN, Struktur, 29]. Wer daran rütteln wollte, hatte sich an diesen Kriterien messen zu lassen.

Gesamtbild der Renaissance

Der Kern der BURCKHARDT'schen Leistung war das Gesamtbild, das der Autor von seinem Gegenstand lieferte: das letztlich politisch-sozial fundierte Ensemble verschiedenster Kulturtendenzen und Kultursphären, als das er die „Kultur der Renaissance in Italien" begriff. Es handelte sich um ein Kulturganzes, das sich in seinen Teilbereichen auslegte, ohne ihnen ihren je spezifischen Charakter zu nehmen: um ein System von Wechselbeziehungen und Bedingungsverhältnissen, das bis in alle seine Verzweigungen hinein eine Herkunft aus gemeinsamer Wurzel zu erkennen gab. Das Ganze und die Teile bildeten eine unauflösbare Einheit; das eine war von dem anderen nicht zu trennen und umgekehrt. Burckhardt selbst legte größten Wert darauf, dass „dieses Buch als ein Ganzes aufgefaßt wird" [33: J. BURCKHARDT, Kultur, 11]. Das war sichtlich vor allem eine Mahnung an die Adresse möglicher Kritiker. Ihnen wurde bedeutet, dass es nicht genüge, sich auf Einzelnes zu kaprizieren, sondern dass der Blick auf das Ganze entscheidend sei, von dem auch das Verständnis des Einzelnen abhänge. In der Tat: BURCKHARDT war nur beizukommen, wenn sein Gesamtbild von der italienischen Renaissance, „die Kurve vom Teil zum Ganzen und vom Ganzen zurück zu den Teilen" [73: H. W. EPPELSHEIMER, Renaissance-Problem, 118; so auch 86: J. GADOL, Einheit], aus den Angeln gehoben wurde. Die Feststellung ist unumgänglich, dass dies bis heute niemandem gelungen ist.

Einzelforschung

Natürlich ist die Renaissance-Forschung seit BRANDI oder JOACHIMSEN nicht stehengeblieben, im Gegenteil: Sie hat sich weltweit gewaltig weiterentwickelt und ist heute ein dauerhaft etabliertes und vielfach sogar institutionalisiertes Spezialfach der historischen Wissenschaft, in das sich verschiedene Disziplinen teilen. Deutschland spielt dabei längst keine herausgehobene Rolle mehr; die wichtigsten Impulse kommen mittlerweile von angelsächsischen Forschern, die freilich zu einem Gutteil, sei es direkt oder indirekt, bei deutschen Emigranten in die Lehre gegangen sind. Im Vordergrund stand und steht dabei, angeleitet von neuen Erkenntnisinteressen und auf einer ständig erweiterten Quellenbasis, die Erforschung einzelner Aspekte der italienischen Renaissance-Kultur. Das hatte schon zu BURCKHARDTS Lebzeiten begonnen und setzte sich jetzt fort, und bald gab es keinen Teilbereich im Umkreis der BURCKHARDT'schen Studien mehr, der nicht immer wieder neu untersucht worden wäre. Dass sich dabei BURCKHARDT im Nachhinein eine schier unendliche Serie einzelner Modifikationen oder Korrekturen gefallen lassen musste und muss, verstand und versteht sich sozusagen von selbst. Wer sich ein Bild von dem machen will, was diese Einzelforschung bis heute erreicht hat, kann sich bestens in Peter Burkes „The Italian Renaissance" informieren, das 2014 in dritter Auflage erschienen ist; der Autor fasst alle relevanten Resultate der zumal in den letzten Jahrzehnten betriebenen einschlägigen Studien zusammen und listet in seiner Bibliographie Hunderte von Büchern und Artikeln auf. Das braucht hier nicht wiederholt zu werden. Was hier allein interessiert, ist die Frage, ob oder inwieweit die Fülle der Einzelforschung zu einem neuen Gesamtbild der italienischen Renaissance geführt hat.

August Bucks Bilanz von 1969

Als August Buck (1911–1998) 1969 in einem Sammelband den damaligen Stand der Renaissance-Forschung rekapitulierte und dokumentierte, stand er so sehr unter dem Eindruck des bis dahin massenhaft akkumulierten Detailwissens, dass ihm „die Möglichkeit zu einer Synthese" überhaupt zweifelhaft wurde. Er fragte sich, „ob eine Zusammenschau der verschiedenen z. T. heterogenen Phänomene von einem Standpunkt aus überhaupt zu rechtfertigen ist", und war sich sicher, dass „die verschiedenen Erscheinungsformen, in denen sich die Renaissance in den einzelnen Bereichen des Geisteslebens, in Religion, Philosophie, Literatur und Kunst, sowie in der politischen, gesellschaftlichen und wirtschaftlichen Entwicklung offenbart, schwerlich mit einer einzigen Formel zu erfassen" seien. Jedenfalls war zu klären, „ob die Voraussetzungen für den Entwurf eines neuen Gesamtbildes der Renaissance gegeben sind" [27: A. Buck, Einleitung, 28].

Anschluss an Burckhardt

Burckhardt schien dieser ganz der Zukunft zugewandten Sichtweise weit entrückt. Doch er kehrte umgehend zurück. Denn Buck hielt nicht nur an dem Begriff der Renaissance im Burckhardt'schen Sinne einer bestimmten kulturgeschichtlichen Epoche fest, sondern wollte auch keineswegs darauf verzichten, „die Renaissance als eine Epoche mit eigener Physiognomie zu betrachten", von der erst seit Burckhardt die Rede sein konnte: „Ihre Deutung bleibt die Aufgabe der Forschung unter Respektierung der Vielfalt der historischen Wirkungszusammenhänge", die man inzwischen in jahrzehntelangen Bemühungen zutage gefördert hatte [ebd., 28]. „Burckhardts 1860 erschienenes Werk" stand für ihn „am Anfang der modernen Renaissance-Forschung"; „eine über ihn hinausgehende Konzeption der Renaissance" musste „auf der Grundlage eines revidierten Burckhardt" entwickelt werden; das Burckhardt'sche „Bild" der Renaissance war „durch neue Aspekte" zu korrigieren und zu ergänzen, war also im Ganzen „als nach wie vor gültig" anzuerkennen [ebd., 17 u. 19]. Ein „Entwurf eines neuen Gesamtbildes der Renaissance" konnte nichts anderes bedeuten als eine Fortschreibung des alten BURCKHARDT'schen „Gesamtbildes". Kurzum, der angekündigte Aufbruch in eine Renaissance-Forschung jenseits von BURCKHARDT fand im Zeichen BURCKHARDTS statt.

Generalisierung

Was BUCK hier aussprach, lässt sich insgesamt auf den Umgang der neueren Renaissance-Forschung mit BURCKHARDT beziehen. Man rief, unter dem Eindruck ständig wachsender Forschungserträge, permanent dazu auf, über BURCKHARDT hinauszugelangen, ihn gar zu überwinden, verharrte aber schließlich doch, eingestanden oder uneingestanden, in den BURCKHARDT'schen Grundstrukturen. Das sieht auch heute nicht anders aus.

3.2 Die Auseinandersetzung mit Burckhardt

3.2.1 Die Nachfolger

Propyläen Weltgeschichte: 1. Ausgabe

Die doppeldeutige und zunehmend in sich widersprüchliche Haltung zu BURCKHARDT in neuerer Zeit hat sich allerdings erst allmählich herausgebildet. Anfangs war, zumal unter deutschen oder deutschsprachigen Forschern, die Übereinstimmung mit Burckhardt erklärtermaßen nahezu uneingeschränkt. Bereits die regelmäßigen Zusätze, die GEIGER in seinen Ausgaben des BURCKHARDT'schen Renaissance-Buches anbrachte, hatten gezeigt, dass dieses Werk von seiner ganzen Anlage her elastisch genug war, um Neues aufzunehmen, ohne seine Identität einzubüßen. Das galt zunächst und erst recht auch nach der Kontroverse. Karl BRANDI wiederholte 1932 im Renaissance-Kapitel des vierten Bandes der „Propyläen Weltgeschichte", das auf seinen Beitrag in der im gleichen Verlag erschienenen PFLUGK-HARTTUNG'schen „Weltgeschichte" zurückging, sein positives Urteil. Er resümierte einleitend „Mißverständnisse, Ergänzungen, Kritik der Burckhardtschen Idee", um danach fortzufahren: „So lange man aber überhaupt von Renaissance spricht, kann es im Grunde nur der Burckhardtsche Begriff sein" [20: K. BRANDI, Die Renaissance, 164]. Der Herausgeber des Bandes, Walter GOETZ, empfand das „Zeitalter der Renaissance" geradezu als „das erste große Kulturerlebnis der abendländischen Menschheit" [93: W. GOETZ, Ausgang, XXV]. In demselben Band übertrug Jakob STRIEDER (1877–1936) BURCKHARDT'sche Kategorien auf den von BURCKHARDT vernachlässigten Bereich der Wirtschaft: „der wirtschaftliche Individualismus" erschien ihm „als eine Teilmanifestation" des Renaissance-Geistes [298: J. STRIEDER, Werden, 5]; „dem Staate als Kunstwerk" trat „die Wirtschaft als Kunstwerk" zur Seite, als die er

„das moderne Geschäft, die kapitalistische Unternehmung“ beschrieb [ebd., 8].

Propyläen Weltgeschichte: 2. Ausgabe

Leonhard von Muralt (1900–1970) schlug 1941 in der „Neuen Propyläen-Weltgeschichte“ den gleichen Ton an. Der einschlägige Beitrag des Züricher Historikers war von direkten oder indirekten Burckhardt-Zitaten durchzogen. In seiner „Schlußabrechnung“ erklärte er „den Reichtum politischer Gestaltungskraft und die Fülle kultureller und geistiger Werte“ zur Hauptleistung der Renaissance; das war jene Welt, „die durch Jacob Burckhardt zum unverlierbaren Besitz der Kulturmenschheit geworden [ist]“ [238: L. v. Muralt, Das Zeitalter der Renaissance, 70]. Er zögerte auch nicht, Joachimsens Definition der Renaissance, freilich ohne den Autor zu nennen, wörtlich zu übernehmen [ebd., 4]. Gerhard Ritter (1888–1967) begann seinen Artikel zur europäischen Geschichte „im Jahrhundert der Reformation und der Glaubenskämpfe“ mit einem Rückblick auf die italienische Renaissance in Burckhardt'scher Perspektive: auf „eine Staatenwelt, die politisch revolutionären Ursprungs, ohne altgefestigte Traditionen war“, und das allein auf diesem „Boden“ denkbare „neue geistige Leben“, das die Gesellschaft der Renaissance in Italien bewegte“ [273: G. Ritter, Neugestaltung, 169].

Propyläen Weltgeschichte: 3. Ausgabe

Auch in der 1961–1965 erschienenen dritten und einstweilen letzten Ausgabe einer „Propyläen Weltgeschichte“ blieb Burckhardt eine feste Referenzgröße. Eugenio Garin (1909–2004), der in seiner Zeit führende Renaissance-Forscher Italiens, von dem der Beitrag über die italienische Renaissance stammte, konzentrierte sich besonders auf die „Formel über die Renaissance als die Entdeckung des Menschen und der Welt“, und wenn er sie auch „in ihrer buchstäblichen, unbestimmten und ein wenig rhetorischen Bedeutung“ abzulehnen geneigt war, so erkannte er ihr doch andererseits „volle Gültigkeit“ zu, insofern „die Renaissance eine neue Konzeption des Lebens und ein neues Bild der Natur, neue moralische Ideale, neue philosophische Theorien und neue Wissenschaften hervorbrachte“ [89: E. Garin, Kultur, 501]. Der Beitrag von Friedrich Merzbacher (1923–1982) bot dazu den politischen „Unterbau“: die „Entstehung autonomer Staaten“, die „auf einmalige Weise die Idee fruchtbarer Größe“ habe „erkennen“ lassen und damit den Aufstieg der Renaissance-Kultur einleitete [198: Fr. Merzbacher, Europa, 413 u. 416]

Deutsche Gesamtdarstellungen zur italienischen Geschichte

Es sei noch hinzugefügt, dass auch deutsche Darstellungen zur italienischen Geschichte insgesamt da, wo sie von der Renaissance handelten, auf Burckhardt fußten. Die 1989 in zweiter ergänzter Auflage herausgebrachte „Geschichte Italiens“ von Michael Seidlmayer (1902–

1961) enthielt eine Gesamtcharakteristik der Renaissance-Kultur, die sich ganz an BURCKHARDT orientierte und dabei diesen selbst immer wieder direkt zu Wort kommen ließ [288: M. SEIDLMAYER, Geschichte]. Zur 2004 erschienenen „Kleinen italienischen Geschichte“ steuerte Rudolf LILL den Abschnitt zum „Italien der Hoch- und Spätrenaissance“ bei. Der „Epochenüberblick“ am Beginn des Kapitels las sich wie ein knappes Resüme des BURCKHARDT'schen Buches, das auch an entscheidender Stelle, nämlich im Zusammenhang mit der „politischen Dimension“ der Renaissance genannt wurde [181: R. LILL, Italien, 125], allerdings nicht im Literaturverzeichnis auftauchte.

3.2.2 Die Neuerer

Ruggiero Romano und Alberto Tenenti

Indessen hatte aber die eigentliche Renaissance-Forschung gegen BURCKHARDT Alarm geschlagen. Drei Jahre, nachdem sich Eugenio GARIN in der neuesten „Propyläen Weltgeschichte“, trotz gelegentlicher Vorbehalte, zu BURCKHARDT bekannt hatte, legten Ruggiero ROMANO (1923–2002) und Alberto TENENTI (1924–2002) im Rahmen der „Fischer Weltgeschichte“ einen Band über „Spätmittelalter, Renaissance, Reformation“ vor, der wie eine Reaktion auf GARIN wirkte. Die Verfasser, die der damals in Blüte stehenden sozialgeschichtlichen Schule um die in Frankreich erscheinende Zeitschrift „Annales“ angehörten, plädierten für „Erneuerung“ und „Fortschritt“ in der historischen Forschung; sie habe „von der zeitgenössischen Problematik“ auszugehen; für „die Historiographie alter Schule“ gelte, dass „sie heute keine Fortschritte mehr erzielt und schwerwiegende methodische Schwächen verrät“. Sie verzichteten daher darauf, „Autoren oder Schriften“ auch nur zu nennen, „die eher auf bloßer Tradition beruhen“; man solle sich deswegen nicht „erregen“ [277: R. ROMANO u. A. TENENTI, Grundlegung, 328 u. 337]. Was die italienische Renaissance betraf, so war damit das Urteil über BURCKHARDT gesprochen. Er mochte seit jeher „in Universitäts- und Schulkreisen“ geheiligt“ sein [ebd., 337], hatte aber offenbar in einer neuen Darstellung nichts zu suchen; jedenfalls kam sein Name in dem Buch an keiner Stelle vor. Die Verfasser gingen sogar so weit, dass sie den Begriff der Renaissance selbst verabschiedeten: In ihm stecke „teilweise ein Mythos“, man wolle „einen von vornherein kompromittierten und zweideutigen Begriff, der unweigerlich Verwirrung stiftet, vermeiden“ [ebd., 147].

Analogien zu Burckhardt

Bei genauerem Zusehen zeigt sich freilich, dass das große Donnerwetter in der traditionellen Sicht der Dinge kaum Schäden anrichtete. Wenn man fragt, wogegen ROMANO und TENENTI eigentlich polemisierten, stößt man zuletzt auf ihre Abneigung gegen herkömmliche

Formen der Ereignisgeschichte, in welchem Bereich auch immer; dagegen zielten sie auf die „Hauptlinie der Entwicklung der europäischen Gesellschaft“, auf die „Wandlung der ganzen Gesellschaft“ [ebd., 328 u. 330]. Für diese Konfrontation ergaben sich allerdings in der bisherigen Renaissance-Forschung nur wenige Anhaltspunkte und gar keine bei BURCKHARDT, der, jenseits der Faktographie von Haupt- und Staatsaktionen jeglicher Couleur, Struktur- und Prozessgeschichte geschrieben hatte. Man begegnete daher bei der Durchführung auf Schritt und Tritt BURCKHARDT‘schen Argumenten oder Argumentationsmustern, nur dass das Ganze, ohne nähere Begründung, statt als „Renaissance“ unter dem Etikett „Humanismus“ firmierte [ebd., 145]. Sie konstatierten, fast in den Worten JOACHIMSENS, das Bedürfnis „nach einer eigenständig geformten Kultur für die neue weltliche Gesellschaft“ [ebd., 131]; der Mensch habe „die ethische Rechtfertigung und das unmittelbare Verständnis der eigenen Welt“ wiederbekommen „und damit die künstlerischen Mittel, diese Welt darzustellen, die literarischen Möglichkeiten, den Wert dieser Welt zu verherrlichen, und das ethisch-politische Rüstzeug, sie zu beherrschen und zu gestalten“ [ebd., 175 f.]; man habe „die Autonomie und die positive Bedeutung menschlichen Handelns“, „die Selbständigkeit der Individualität“, „die Unabhängigkeit [...] der einzelnen irdischen Staaten und damit jeder menschlichen Gemeinschaft“ proklamiert [ebd., 135]. Die Parallelen oder Analogien zu BURCKHARDT lagen auf der Hand.

Abwendung und Bestätigung

Am Schluss wurde das Verdikt über ihn in ein und demselben Satz gleichermaßen dekretiert und dementiert; die Verfasser äußerten sich da sehr herablassend über „den sogenannten Glanz der Renaissance“, um ihn auf ihre Weise sogleich wieder erstrahlen zu lassen: „viel glanzvoller erscheint jene Gesellschaft durch die Freiheit, die sie auf wirtschaftlicher, kultureller, wissenschaftlicher und künstlerischer Ebene erreichte“, und „durch ihre natürliche Freude am Lebensgenuß und an der Eroberung, am eigenen Schaffen und Entdecken“ [ebd., 332]. Die Abwendung von BURCKHARDT endete mit einer emphatischen Bestätigung der BURCKHARDT‘schen Renaissance-Deutung.

Renaissance-Monographien

Diese Betrachtungsweise war oder wurde in der Renaissance-Forschung Gemeingut. Man sparte nicht mit Kritik an BURCKHARDT und kam letztlich doch nicht von ihm los. Am sinnfälligsten trat das in monographischen Gesamtdarstellungen der italienischen Renaissance hervor, also da, wo man der „Kultur der Renaissance in Italien“ auf der gleichen historiographischen Ebene begegnete.

Denis Hay und Peter Burke

Zwei Autoren, der eine am Anfang, der andere am Ende der letzten fünfzig Jahre, waren hierfür repräsentativ: Denis HAY (1915–1994) mit dem 1961 herausgekommenen Buch „The Italian Renaissance in its Historical Background" (deutsch 1962) und der schon genannte Peter BURKE, der sein Buch über die italienische Renaissance von 1972 bis 2014 in drei Auflagen mit wechselnden Titeln herausbrachte (deutsch zuletzt 1996). Beide grenzten sich einleitend von BURCKHARDT ab: HAY distanzierte sich „in vielen Punkten [...] von den Urteilen und von der Methode Jakob Burckhardts" [114: D. HAY, Geschichte, 6]; BURKE kündigte „a perspective somewhat different from Burckhardt's" an [45: P. BURKE, Italian Renaissance, 3]. Beide hielten sich dabei durchaus nicht mit Details auf, sondern gingen sozusagen aufs Ganze. HAY kritisierte, dass BURCKHARDT „die politische, soziale und wirtschaftliche Entwicklung Italiens" gegenüber der „Entwicklung seiner Kultur" vernachlässigt habe, die von ihm, im Ganzen gesehen, „als selbständiger Faktor" behandelt worden sei; demgegenüber seien „Politik, Wirtschaftsleben und geistige Entwicklung" in ein rechtes Verhältnis zu setzen [114: D. HAY, Geschichte, 16 u. 22]. Auch BURKE monierte, dass BURCKHARDT „in der ganzen Frage der Beziehung zwischen Kultur und Gesellschaft immer wieder schwankte" [46: P. BURKE, Die Renaissance in Italien, 16]; außerdem vermisste er nicht nur die „economy", sondern auch „any serious discussion of Renaissance art" [45: P. BURKE, Italian Renaissance, 36].

„Burckhardt modifizieren"

Gleichwohl lenkten beide Autoren wiederum ein. HAY war voller „Bewunderung für Burckhardts Meisterschaft": „Wenn wir heute weiter und klarer sehen als Burckhardt, so verdanken wir es weitgehend seinem Vorbild, daß wir überhaupt in dieser Weise sehen können" [114: D. HAY, Geschichte, 7]. Auch BURKE sprach von BURCKHARDTS „Meisterwerk", von dem auszugehen sei: „Man sollte Burckhardt modifizieren, aber man braucht ihn nicht rundweg abzulehnen" [46: P. BURKE, Die Renaissance in Italien, 8 u. 205]. Und in der Tat: Was immer sie zu ergänzen oder zu korrigieren hatten, ließ sich unschwer in das BURCKHARDT'sche „Gesamtbild" einfügen. HAY wählte sogar die gleiche Gliederung wie BURCKHARDT, abgesehen davon, dass er Italien im europäischen Zusammenhang zeigte und sich insgesamt kürzer fasste.

Die Gliederung bei Burke

BURKE verfuhr zwar anders, indem er „the artists and their milieu", einschließlich der Literaten und Wissenschaftler, an den Anfang stellte und sie danach in „the wider society" einordnete, von den „worldviews" über „the social framework" (Religion, Politik, Gesellschaft, Wirtschaft) bis zum „cultural and social change"; er schrieb also eine Sozialgeschichte der Künstler, die sich Zug um Zug zu einer allgemeinen Sozialgeschichte erweiterte. Bei BURCKHARDT war es genau umgekehrt. Er setzte mit der allgemeinen Geschichte ein, um im nächsten Schritt von ihr her von Kunst und Künstlern zu handeln; er hat diesen Schritt im Renaissance-Buch von 1867 zur Hälfte vollzogen und Weiteres, ohne Publikationsabsicht, von kleineren Texten abgesehen, entworfen oder ausgearbeitet.

Kunst-und Kulturgeschichte

Jedoch kann dabei von einem grundsätzlichen oder strukturellen Unterschied keine Rede sein. Beide Autoren hatten gemeinsam, dass ihr primäres Interesse der Kunst galt und dass sie von ihr her zur allgemeinen Geschichte kamen; beide wandten sich von der Kunstgeschichte zur Kultur- oder Sozialgeschichte.

Detailkritik und Gesamtkonzept

Auch im Einzelnen kam es häufig vor, dass Kritik in Zustimmung umschlug. BURKE bezweifelte das Individualismus-Konzept BURCKHARDTS, verwies auf den überindividuellen Sinn der damaligen Italiener, bekannte aber schließlich: „And yet we need the idea of individualism or something like it“ [45: P. BURKE, Italian Renaissance, 203 f.]; er kam auf BURCKHARDTS These vom Erwachen des Ruhmgedankens in der Renaissance zu sprechen, führte ein Gegenargument HUIZINGAS an, der dergleichen schon im mittelalterlichen Rittertum beobachten wollte, stimmte ihm zu, wurde aber wiederum zweifelhaft und meinte abschließend: „Es kann aber auch sein, dass die Menschen jetzt ein stärkeres Geltungsbedürfnis entwickelten als im Mittelalter [...]. Auf jeden Fall waren Geltungsbedürfnis und Selbstbehauptung wichtige Merkmale des Menschenbildes der Renaissance“ [46: P. BURKE, Die Renaissance in Italien, 198 f.]; er warnte davor, die BURCKHARDT'sche Rede von der „Entdeckung des Menschen“ zu übertreiben, fügte jedoch sogleich hinzu: „Dennoch hatten Michelet und Burckhardt nicht ganz unrecht, wenn sie von der ‚Entdeckung des Menschen‘ in der Renaissance sprachen“ [ebd., 204 f.; so schon 51: E. CASSIRER, Bemerkungen, 218]. Natürlich waren die Einschränkungen, die BURKE an solchen Stellen machte, durchaus ernst zu nehmen; hier ist das Entscheidende, dass er damit den Gesamtzuschnitt von BURCKHARDTS Renaissance-Bild nicht antastete, sondern im Grunde bestätigte.

3.2.3 Ein Beispiel: Die „Baron Thesis“

Stellung in der Forschung

Unter den Autoren, die sich in neuerer Zeit mit BURCKHARDT und der in seiner Tradition stehenden Renaissance-Deutung auseinandergesetzt haben, verdient der deutsch-jüdische Historiker Hans BARON (1900–1988) eigens hervorgehoben zu werden. Der 1939 in die Vereinigten Staaten emigrierte Gelehrte „machte [dort] keine akademische Karriere [...] im eigentlichen Sinne“, sondern musste sich mit der Stellung eines Bibliotheksangestellten in Chicago begnügen, knüpfte aber „sein eigenes, nicht durch institutionelle Strukturen unterstütztes Netzwerk“, das es ihm erleichterte, mit seinen Renaissance-Forschungen auch „in internationalen Fachkreisen große Aufmerksamkeit“ zu finden [68: G. A. Eakin-Thimme, Geschichte, 195 u. 197]. Man sprach im Fach alsbald, um die Quintessenz dieser Forschungen zu kennzeichnen, von der „Baron Thesis“. Sie betraf die politische Dimension der Renaissance-Kultur, mit der Burckhardts Sicht der Dinge stand oder fiel, und sie war zeitweise so einflussreich, dass man Baron geradezu den Burckhardt des 20. Jahrhunderts genannt hat [108: J. Hankins, ‚Baron Thesis‘, 67].

Thema

Baron studierte in Berlin und Leipzig bei Ernst Troeltsch, Walter Goetz und Friedrich Meinecke (1862–1954), die ihn, außer der Reformation, für die italienische Renaissance interessierten. Nachdem er 1924 mit einer Dissertation über „Calvins Staatsanschauung und das konfessionelle Zeitalter“ debütiert hatte, wandte er sich dem republikanischen Florenz an der Wende vom 14. zum 15. Jahrhundert zu, wo er den wahren Ursprung der Renaissance zu entdecken meinte. Als „a firm supporter of the Weimar republic“ von freiheitlichen Anschauungen erfüllt [ebd., 68], die nach 1933 eine antitotalitäre Spitze erhielten und sich nach 1939 mit den „Auseinandersetzungen um die ideenpolitischen Ursprünge der amerikanischen Demokratie“ verbanden [99: F. W. Graf, Tagtraum], machte er dies zu seinem Lebensthema. Noch in Deutschland kam seine erste große einschlägige Arbeit heraus, in der bereits die Grundlinien seiner Renaissance-Deutung ausgezogen waren: eine mit Einleitung versehene Ausgabe der „Humanistisch-Philosophischen Schriften“ von Leonardo Bruni (1928). Eine dichte Folge von Abhandlungen aus den nächsten Jahrzehnten bereitete das große Werk über „The Crisis of the Early Italian Renaissance“ vor, das 1955 in erster und 1966 in zweiter Auflage erschien. Weiteres kam hinzu: So verfasste Baron 1971 das einschlägige Kapitel in „The New Cambridge Modern History“ [4: H. Baron, Civilisation]; noch 1988 erschien eine Sammlung ausgewählter Essays, die 1992 auch in Deutschland herauskamen [3: H. Baron, Bürgersinn].

Florenz

Die „Baron Thesis“ stellte einen Zusammenhang her zwischen der Selbstbehauptung der florentinischen Republik gegenüber dem Expansionsdrang der Mailänder Tyrannei der Visconti um 1400 und dem gleichzeitigen Aufschwung der Renaissance-Kunst und des Humanismus in Florenz. Der auf Leben und Tod geführte Abwehrkampf der Florentiner hatte, so Baron, zum Ergebnis, dass sich die Republik gewissermaßen neu konstituierte, dass man sich voller Enthusiasmus zu ihr bekannte und dass diese Bürgergesinnung auf alle kulturellen Sphären ausstrahlte. Die neue Kunst und der Humanismus bekamen dadurch gewaltigen

Auftrieb, ja, sie konnten sich erst jetzt überragend in Szene setzen. Masaccio, Donatello und Brunelleschi schufen ihre hinfort schulbildenden Meisterwerke im Auftrag der Stadt. Bruni, der Staatskanzler der Republik, und seine Schüler erhoben den Humanismus zu der neuen Qualität des „Bürgerhumanismus" oder *civic humanism*, der, basierend auf der republikanischen Tradition der Antike, auf die Erziehung zum Gemeinsinn, zur Teilnahme am öffentlichen Leben zentriert war. Kurzum, „all of the new elements in humanism and in art that constitute the essence of the Renaissance [...] appeared first of all in Florence" [5: H. BARON, The Crisis, 1955, Bd. 2, 383].

Das alles hatte Konsequenzen für ganz Italien. Die Niederlage der Visconti stoppte nicht nur den Siegeszug der Tyrannenstaaten, sondern bewahrte das Land auch vor der Aufrichtung eines monarchischen Einheitsstaats und ermöglichte damit eine „Mannigfaltigkeit" der staatlich-politischen Verhältnisse [6: H. BARON, Einheit], ohne die die Renaissance sich nicht über Italien hätte ausbreiten können. BARON bestand darauf, „that the failure of the Visconti to achieve an Italian Monarchy was the necessary condition for Italy's becoming intellectually, artistically and culturally the birthplace of the Renaissance" [5: H. BARON, The Crisis, 1955, Bd. 2, 383]. Er bestritt nicht, dass es schon in den Tyrannenstaaten des 13. und 14. Jahrhunderts einen Raum für neue künstlerische und literarische Bestrebungen gegeben habe; „the triumph of Petrarch's humanism" stand ihm außer Frage [4: H. BARON, Civilisation, 71]. Aber die eigentliche Geschichte der „Kultur der Renaissance in Italien" begann erst in Florenz mit der Wende zum Quattrocento. Auch die verbliebenen Tyrannenstaaten konnten sich den von daher ausgehenden Impulsen nicht entziehen. Zur Koexistenz mit der republikanischen Welt genötigt, öffneten sie sich für die Elemente der neuen Kultur; „the spirit of the Renaissance", jedenfalls „the language of the Renaissance" drang auch hier durch [ebd., 73 f.].

Italien

Die „Baron Thesis" war ein genauer Gegenentwurf zu BURCKHARDTS Renaissance-Deutung und sollte es auch sein; der Autor sah sich im Zuge seiner Studien „zu immer entschiedenerer Kritik des BURCKHARDT'schen Bildes" veranlasst [6: H. BARON, Einheit, 211]. BURCKHARDT leitete die italienische Renaissance-Kultur von der Tyrannis her, BARON ließ sie aus der Republik hervorgehen. Dieser Unterschied war nicht einfach verfassungstechnischer Natur, sondern reichte bis in die Auffassung dessen hinein, was beide ganz allgemein unter dem „Geist" der Renaissance verstanden. BURCKHARDT entwickelte aus dem „Staat als Kunstwerk", der ihm in den Tyrannenstaaten des 13.–15. Jahrhunderts entgegentrat, die spezifische Rationalität der

Gegenentwurf zu Burckhardt

Renaissance, während BARON, im Ausgang von der um 1400 erneuerten florentinischen Republik, „die Leidenschaften und Triebe“ als entscheidende Antriebskraft hervorhob [7: H. BARON, Das Erwachen, 30 f.]. Damit ging seine Aversion gegen den BURCKHARDT'schen „Individualismus“ der Renaissance einher [6: H. BARON, Einheit, 205]. BURCKHARDT hatte am Paradigma der „Individualität des Tyrannen“ die von jeder „Form des Allgemeinen“ losgelöste „Entwicklung des Individuums“ als eines der hauptsächlichen Kennzeichen der Renaissance hingestellt [33: J. BURCKHARDT, Kultur, 137 u. 139]. Dagegen stand für BARON das „Gemeinschaftsleben“ obenan, wie es ihm zuerst in Florenz ansichtig geworden war [6: H. BARON, Einheit, 205].

Überschneidungen

Andererseits entsprach es der in neuerer Zeit üblichen Haltung gegenüber BURCKHARDT, dass BARON ihn zwar kritisierte, aber ihm doch näher stand, als man zunächst annehmen möchte. BURCKHARDT, sosehr er die Tyrannenstaaten präferierte, zog doch auch die Republiken und dabei vor allem Florenz in Betracht. Hier treibe „ein ganzes Volk das, was in den Fürstentümern Sache einer Familie ist“ [33: J. BURCKHARDT, Kultur, 81], und das bedinge „die geistige Freiheit und Objektivität“, die die Florentiner auszeichne [ebd., 82]. Allerdings beschrieb er die Wirklichkeit dieser Volksherrschaft als Kampf oligarchischer Parteien um die Macht, der einer Rivalität der jeweiligen Führer gleichgekommen sei und schließlich „das mediceische Gewaltfürstentum“, also eine wie auch immer verschleierte Tyrannis hervorgebracht habe [ebd., 89]. BARON fand nicht, „dass dies alles unrichtig ist“ [6: H. BARON, Einheit, 206], obgleich ihm die florentinische Republik bis 1530 grundsätzlich intakt blieb [ebd., 196].

Weitere Relativierungen

Was die Weiterungen aus den jeweiligen politischen Prämissen betraf, so waren ähnliche Relativierungen nicht zu übersehen. BARON gab, bei aller Anerkennung der „Leidenschaften und Triebe“, „das Licht der Vernunft“ keineswegs preis [7: H. BARON, Das Erwachen, 31], wie BURCKHARDT umgekehrt, ohne den rationalen Grundzug der Renaissance in Frage zu stellen, von „der neufürstlichen Hab- und Herrschgier“ sprach [33: J. BURCKHARDT, Kultur, 19]; sie kehrte wieder in der „Begierde nach Ruhm und Macht“, in „Ehrgeiz und Ruhmbegier“, die BARON im republikanischen Florenz wahrnahm [7: H. BARON, Das Erwachen, 30]. Entsprechend übertrug BURCKHARDT die Kategorie der Individualität auf kollektive Gebilde [33: J. BURCKHARDT, Kultur, 89], während für BARON „der für die Renaissancekunst so typische Individualismus“ oder „Geist des Individualismus“ durchaus mit dem „Gemeinschaftsleben“ vereinbar war [8: H. BARON, Hintergrund, 11 f.; 6: DERS., Einheit, 205].

Genau genommen, handelte es sich, wenn man BARON mit BURCKHARDT verglich, nicht um Gegensätze, sondern um Ergänzungen, für die sich bei BURCKHARDT selbst Anschlussstellen fanden. BARON verwahrte sich, wie er sagte, lediglich dagegen, dass „Burckhardts ‚Prisma' das einzige sei", „dessen wir uns bedienen können und müssen" [6: H. BARON, Einheit, 206]; er wollte vielmehr „dem Bilde des Italiens der Renaissance neue Einsichten abgewinnen" und damit vorführen, wie „sehr Burckhardts Ideen dadurch verändert und ausgebaut werden können" [ebd., 184 u. 211]. Oder mit BURKE: „The value of Baron's approach [...] lies in what it has added to the common store rather than in sweeping away all previous accounts of the Renaissance" [45: P. BURKE, Italian Renaissance, 43]. Ergänzungen

Die „Baron Thesis" war in der Renaissance-Forschung heftig umstritten. Lob und Tadel wechselten sich ab: der eine wollte „zur Förderung dieser Richtung" beitragen [114: D. HAY, Geschichte, 16; vgl. auch 115: DERS., Introduction, 15 f.]; der andere glaubte dem „Anliegen des Verfassers weitgehend die Zustimmung versagen zu müssen" [287: M. SEIDLMAYER, Entwicklung, 73]; der Streit drehte sich ums Allgemeine wie ums Einzelne. Jedes dieser Urteile gab zugleich, explizit oder implizit, eine bestimmte Einstellung zu BURCKHARDT zu erkennen. Wer sich auf die Seite BARONS schlug, war gleich weit wie dieser von BURCKHARDT entfernt; wer ihn ablehnte, hielt es gewöhnlich mit BURCKHARDT, es sei denn, er wollte im ganzen noch weiter über BURCKHARDT hinaus. Am stichhaltigsten argumentierten jene Kritiker, die auf Ausgleich oder Vermittlung bedacht waren. Der erste von ihnen war Paul JOACHIMSEN, dem BARONS große Erstlingsarbeit, die Bruni-Edition, vorlag. Er setzte sich vor allem mit dem angeblichen florentinischen „Bürgerhumanismus" auseinander. BARON habe „Gutes" über ihn geschrieben [150: P. JOACHIMSEN, Der Humanismus, 334]. Ähnlich äußerte sich damals Ludwig BERTALOT (1894–1960), Bibliotheksangestellter in Rom und Privatgelehrter, in zwei Rezensionen der Ausgabe; auch wenn er an der Einrichtung der Edition selbst kein gutes Haar ließ, würdigte er doch die „gut geschriebene, höhere Einsichten verratende und größere Gesichtspunkte hervorkehrende Einleitung über die Sonderart des ‚Florentiner Bürgerhumanismus'" [11: L. BERTALOT, Studien, Bd. 2, 425 f.]. Auseinandersetzung mit der „Baron Thesis"

JOACHIMSEN fügte freilich hinzu: „nur in Florenz hat es der Humanismus noch mit der Formung eines Bürgergeists zu tun." In Italien hatte es es der Humanismus, nach seiner „individual-psychologischen" Phase, in der Regel mit den „Signorien", „mit den principati, [...] mit dem ausgebildeten Renaissancestaat" zu tun. Die Republiken Venedig „Bürgerhumanismus" und Verfassungswirklichkeit und Florenz bildeten in der italienischen Staatenwelt eine lediglich „scheinbare" Ausnahme; denn hier „ist die theoretische Gleichheit des Bürgerbegriffs längst nicht mehr die wirkliche Form des staatlichen Daseins." Der „Bürgerhumanismus" und die Realität des republikanischen Lebens in Florenz klafften also auseinander. Er wirkte andererseits auf den Humanismus insgesamt durch seine Wiedererweckung der antiken Polis ein, die das Vorbild eines ständeübergreifenden Zusammenlebens bot. Das verstärkte oder beflügelte die „neue humanitas als Bildungs- und Lebensgefühl", die Vorstellung „eines neuen Menschentyps" als Ziel der Bildung. Es war Bruni, der dieses Programm „am deutlichsten" entwickelte: „Und hier in Florenz bleibt auch der Gedanke lebendig, dass es Bürgertugenden gibt, die mit den geistlichen Tugenden wetteifern können" [150: P. Joachimsen, Der Humanismus, 334].

Synthese

Hier waren die Dinge im Sinne Burckhardts zurechtgerückt, oder anders gewendet: die „Baron Thesis" hatte, noch bevor sie sich richtig entfaltet hatte, den ihr angemessenen Platz in der „Kultur der Renaissance in Italien" erhalten. In neuester Zeit kam James Hankins zum gleichen Befund: „it can be said that Baron's idea of ‚civic humanism' retains a core of validity, and can stand as an important supplement to the Burckhardtian understanding of the Renaissance." Er bezog sich dabei auf Burckhardts „individualism", den er durch Barons „sense of public duty and social conscience" ergänzt sah, und zwar dergestalt, dass er dem Humanismus im Ganzen, „in signorial regimes as well as in republics", dieses „project" zuschrieb [108: J. Hankins, ‚Baron Thesis', 81 f.]. Wallace K. Ferguson hat diese vermittelnde Auffassung auf den allgemeinsten Begriff gebracht: „It seems to me [...], that the synthesis that will place the whole movement of Italian humanism in relation to the economic, social, political, and cultural evolution of the Renaissance must be based upon a broader frame of reference, although such a synthesis will necessarily include that aspect which Baron has perceived and demonstrated with irrefutable proofs" [79: W. K Ferguson, Interpretation of the Renaisance, 121].

3.2.4 Renaissance und Moderne

Renaissance als Anbruch der Moderne

Die vielleicht schärfste Kritik an Burckhardt in neuerer und neuester Zeit lag jenseits der bisher behandelten Ansätze. Sie zielte nicht auf das Phänomen selbst, das Burckhardt dargestellt hatte, sondern auf dessen Einordnung in den großen Zusammenhang der europäischen oder universalen Geschichte. Burckhardt setzte die Renaissance mit „der frühzeitigen Ausbildung des Italieners zum modernen Menschen" gleich [33: J. Burckhardt, Kultur, 137], erblickte in ihr also den Anbruch jener Zeit, der noch die Gegenwart angehörte; indem er sie thematisierte, schrieb er die unmittelbare Vorgeschichte jenes Zeitalters, in dem er selbst lebte. Er wiederholte damit zunächst das Selbstverständnis der Renaissance wie auch die Periodisierung VOLTAIRES oder RANKES, unbeschadet eigener Erkenntnisinteressen, die aus eigenen Zeiterfahrungen resultierten.

Die Forschung nach Burckhardt

Die nachfolgende Renaissance-Forschung behielt einstweilen diese Klassifizierung bei. Selbst die „mediävistische Reaktion" gegen BURCKHARDT konnte und wollte daran nicht rühren. Wenn THODE und BURDACH nach mittelalterlichen Voraussetzungen der Renaissance fahndeten, verlegten sie eben die Anfänge der Moderne ins Mittelalter. BRANDI brauchte für lange Zeit keinen Widerspruch zu fürchten, als er 1932 mit ausdrücklichem Bezug auf BURCKHARDT feststellte, dass „eine der Wurzeln moderner Kultur" in die Renaissance hinabreiche [20: K. BRANDI, Die Renaissance, 164].

Abstand von der Gegenwart

Je mehr wir uns allerdings der Gegenwart nähern, desto brüchiger ist diese Auffassung geworden. Unsere Lebenswelt hat sich seit der zweiten Hälfte des 20. Jahrhunderts und verstärkt in jüngster Zeit dermaßen verwandelt, dass die Renaissance für manche Autoren in eine ferne Vergangenheit gerückt ist, von der kein direkter Weg zur Gegenwart führt. Auch die alte Diskussion über das Verhältnis der Renaissance zum Mittelalter nahm damit eine neue Wendung. Beide kamen sich, gemessen an dem gewaltigen Abstand, der sie von der Gegenwart trennte, immer näher. Sofern man am Begriff der Moderne festhielt, erschien die italienische Renaissance geradezu als vormodern. Freilich geriet dieser Begriff selbst unter zunehmenden Beschuss. Er schien für eine eurozentristische Geschichtsteleologie zu stehen, die uns im Zeichen der Globalisierung nichts mehr zu sagen hat.

Moderne und Postmoderne

Die Renaissance trat damit unter neue Vorzeichen. Sie war aus dem Modernisierungskonzept herauszulösen und zunächst einmal auf sich selbst zu stellen: „the Italian Renaissance should be studied from a perspective somewhat different from Burckhardt's. It should be reframed – in other words, detached from the idea of modernity – and studied in a ‚decentred' fashion"; dazu gehörte, dass sie mit anderen Kulturen in anderen Epochen vergleichbar wurde [45: P. BURKE, Italian Renaissance, 3 f.]. Man ließ schließlich „the idea of modernity" insofern gelten, als man den Begriff, im Einklang mit einem längst etablierten Sprachgebrauch der britischen und amerikanischen Geschichtswissenschaft, auf eine bestimmte Epoche der okzidentalen Geschichte anwandte, die der Geschichte der neuesten Zeit vorauslag. So gesehen, konnte es bei der BURCKHARDT'schen Klassifizierung der Renaissance bleiben. Man sagte dann, „that the Renaissance, while perhaps the inaugural chapter in the history of the early modern if not the modern world, was not the foundation of our own postmodern culture." Die Renaissance habe eine Moderne eröffnet, mit der sich nicht nur BURCKHARDT und seine Zeitgenossen, sondern auch die Historiker im frühen und mittleren 20. Jahrhundert hätten identifizieren können: „But we are no longer modern!" [191: J. J. MARTIN, Introduction, 11 u. 15].

Relativität und Flexibilität des Neuzeit-Begriffs

Man muss gewiss nicht alle Kapriolen des selbsterklärten Postmodernismus mitmachen. Vieles davon ist kurzatmige Selbstüberhebung, wenn nicht überhaupt unverbindliche Spielerei, der die historischen Proportionen abhanden gekommen sind. Eine ernsthafte Auseinandersetzung lohnt sich da offenkundig nicht. Andererseits ist es ebenso offenkundig, dass neue historische Fragestellungen neue historische Periodisierungen hervorbringen können; die Epochen und Epochengrenzen liegen bekanntlich nicht fest, sondern bestimmen sich allein nach unseren grundsätzlich unendlichen Erkenntnisinteressen. Wer von Neuzeit oder Moderne spricht, muss darauf gefasst sein, dass die Vorstellungen, die er damit verbindet, irgendwann obsolet werden. Die beiden Begriffe selbst entbehren, streng gefasst, jeder inhaltlichen Füllung; sie meinen eine Epoche, die unmittelbar auf die Gegenwart zuläuft und sich inhaltlich daher von der Gegenwart her definieren lässt; da aber Gegenwart auf Gegenwart folgt, ergeben sich dafür von Gegenwart zu Gegenwart neue Ansätze. Es ist also insoweit alles andere als ein Dogma, dass die Neuzeit mit der Renaissance beginnt, und es ist jedenfalls durchaus legitim, diese Datierung im Lichte neuer Gegenwartserfahrungen in Zweifel zu ziehen. Allerdings ist es doch wiederum höchst bemerkenswert, dass sich der Begriff der Neuzeit, wie wir ihn traditionell verwenden, seit jeher als sehr flexibel für neue Inhalte erwiesen hat, ohne dabei auszudünnen. Auch heute besteht aller Anlass, sich davon nicht voreilig zu verabschieden und damit auf ein nützliches Arbeitsinstrument zu verzichten. Auch die Renaissance sollte man dabei nicht ohne weiteres abschreiben. Sie enthält in vielem ein bis zur Gegenwart reichendes Modernisierungspotential, und es ist wenig wahrscheinlich, dass diese Sicht der Dinge in absehbarer Zeit revidiert werden sollte.

Unverändertes Bild der Renaissance

Aber zunächst drängt sich eine andere Beobachtung auf. Selbst die entschiedenste Distanzierung der Renaissance von unserer gegenwärtigen Welt hat nichts an dem BURCKHARDT'schen Bild der Renaissance selbst geändert. Die „Kultur der Renaissance in Italien" drohte ihren bisherigen Platz im Ablauf der Geschichte zu verlieren, blieb aber in sich intakt. Auch im Verhältnis zum Mittelalter ergaben sich kaum neue Gesichtspunkte, ungeachtet dessen, dass die Renaissance ihm in demselben Maße näher kam, in dem man sie von der Gegenwart entfernte.

Renaissance und Mittelalter

BURKE würdigte die „hundertjährige Erforschung der Kontinuitäten zwischen Mittelalter und Renaissance", versicherte aber zugleich: „Aus dieser veränderten Perspektive erscheint die kulturelle Revolution der damaligen Zeit nur um so bemerkenswerter" [46: P. BURKE, Die Renaissance in Italien, 7 f.]. Die „Kultur der Renaissance" als „kulturelle Revolution": Schärfer lässt sich der Abstand zum Mittelalter nicht ausmessen. BURKE nannte die Renaissance auch „ein Ensemble von wichtigen Veränderungen in der abendländischen Kultur" [44: P. BURKE, Die Renaissance, 16]. Zuletzt erklärte er zum zentralen Thema seines Buches über die italienische Renaissance „the break with one code, described at the time as ‚barbaric', as ‚Gothic or as part of the Middle Age' [...] and its replacement by another code, modelled more clearly on ancient Greece and Rome but containing many new elements as well" [45: P. BURKE, Italian Renaissance, 4]. Weder BURCKHARDT noch BRANDI oder JOACHIMSEN hätten dem widersprechen mögen.

Die Modernität der Renaissance

Angesichts solcher Bewertungen ließ sich auch die spezifische Modernität der Renaissance im Sinne BURCKHARDTS nicht unterdrücken. BURKE, um ihn weiter zu zitieren, schreckte zwar davor zurück, die traditionelle Auffassung der Epoche als „Ursprung der Moderne", die er mit „Tendenzen" wie „vor allem Realismus, Säkularismus, Individualismus" verband, direkt zu übernehmen, hielt vielmehr diese „Gewißheiten" für fragwürdig. Er verwarf sie aber keineswegs ganz: „Wenn sie sich überhaupt retten lassen, dann nur um den Preis einschneidender Umformulierungen" [46: P. BURKE, Die Renaissance in Italien, 27]; das klang nicht unumwunden, war aber in der Sache eindeutig. Wie das im Einzelnen aussah, zeigte besonders sein Urteil über den „Staat als Kunstwerk", den BURCKHARDT als grundlegend für die „Kultur der Renaissance in Italien" insgesamt ansah. BURKE stellte fest, dass „diese Vorstellung die Probe von mehr als hundert Jahren Forschungsarbeit bestanden" habe: „Burckhardts Sprache klingt heute etwas altmodisch", aber er „legte die Finger auf dieselben auffälligen Merkmale, die auch Max WEBER hervorgehoben hat", um den modernen Staat zu kennzeichnen; es sei „sinnvoll, von einem ‚Renaissancestaat' zu sprechen", der für „ein reges politisches Bewußtsein und die Fähigkeit zu politischer Reflexion und politischem Kalkül", d. h. für die politische Moderne stehe [ebd., 223 u. 234].

Kritik an Burckhardts Renaissance-Tyrannis

Andere Autoren ließen Burckhardt an dieser Stelle freilich keineswegs so leicht davonkommen, in der richtigen Erkenntnis, dass das Burckhardt'sche Modernitätspostulat für die Renaissance nur dann entscheidend zu treffen war, wenn man es an seiner politischen Wurzel packte. Zur Exemplifizierung sei Volker Reinhardt genannt, der diese Stimmen in einem Büchlein über die italienische Renaissance (2002) zusammengefasst hat. Er rechnete zunächst scharf mit Burckhardt ab: Das „Konstrukt des modernen Tyrannenstaats" sei „in sich" zusammengestürzt, der „Mythos vom signore als wurzellosem Parvenü" erledigt, „das Klischee des Renaissance-Tyrannen" entlarvt; „Skrupellosigkeit, Heimtücke, Wille zur Macht" seien bereits vor der Renaissance aufgetreten [264: V. Reinhardt, Renaissance, 12, 46, 48 u. 52]. Das letzte Argument, mit dem schon Burdach operiert hatte, krankte freilich daran, dass es den Aspekt der politischen Rationalität, der den Staat überhaupt erst zum „Kunstwerk" machte, außer acht ließ; er fehlte auch bei der Beurteilung Machiavellis, dem der Autor die „Bezeichnung als erster ‚Wissenschaftler der Politik'" absprach [ebd., 113]. Allerdings unterstellte auch Burke Machiavelli die Auffassung, „dass die Gewalt, und nicht die Vernunft, in der Politik den Ausschlag gibt" [46: P. Burke, Die Renaissance in Italien, 280], ganz zu schweigen von seiner Behauptung, Machiavellis „Principe" gehöre „in gewisser Hinsicht einem mittelalterlichen Genre" an, sei also doch wohl auch inhaltlich wenigstens teilweise mittelalterlichen Ursprungs [44: P. Burke, Die Renaissance, 14]. Das sind Ansichten, die, gemessen an längst erreichten Standards, schwerlich aufrechtzuerhalten sind.

Gegenläufige Argumentation

Reinhardt hat in seinem Renaissance-Buch glücklicherweise seine Ausgangsposition verlassen oder doch stark modifiziert. Denn er konnte bei seinen konkreten Analysen sozusagen gar nicht umhin, sich Schritt für Schritt auf Burckhardt zuzubewegen. Bestrebt, dem „Mythos vom signore als wurzellosem Parvenü" die tatsächliche Herkunft der Renaissance-Signorie aus den fortdauernden republikanischen Mechanismen der italienischen Stadtstaaten entgegenzusetzen, stellte er ausgerechnet Francensco Sforza von Mailand, „einziger wirklicher Selfmade-Herrscher von Rang im Italien der Renaissance", als idealtypische Verkörperung dieses politischen Systems hin [264: V. Reinhardt, Renaissance, 19 f.]. Aber auch die republikanischen Mechanismen selbst liefen bei Reinhardt letztlich in diese Richtung: Denn die „wenig veränderlichen sozialen und politischen Koordinaten" der republikanischen Politik, so der Autor, schufen dem signore „Freiräume", die er zur Befestigung seiner Alleinherrschaft nutzte. Dazu gehörte, dass er, die sich im innerstädtischen Konkurrenzkampf bietenden „Profilierungschancen“ nutzend, zwischen Ober- und Unterschichten lavierte und sich im günstigsten Falle „in der Rolle des väterlichen Schiedsrichters zwischen Untertanen und ‚Staat‘“ zu etablieren vermochte [ebd., 52 f.]. Den größten Wert legte der Autor auf „die Gewinnung von Prestige als Mittel der Politik nach innen und außen“, und zwar vor allem „durch die Wirkungskraft ihrer Selbstdarstellung“ [ebd., 54], die, „kulturell außerordentlich fruchtbar“ [ebd.], im Hof ihr ästhetisch-politisches Zentrum hatte. Prestige

Das war, im Einzelnen ergänzt oder neu akzentuiert, das Burckhardt‘sche Bild der Renaissance-Tyrannis. Auch hier verlief die Kritik an Burckhardt am Ende gewissermaßen im Sande, und es war bezeichnend, dass Reinhardt sich schließlich darauf beschränkt sah, „die seit Burckhardt immer wieder gestellte Frage nach dem Wesen der italienischen Renaissance-Signorie modifiziert und zugleich nuanciert [zu] beantworten“ [ebd., 53], d. h. aber grundsätzlich die Burckhardt‘sche Position zu akzeptieren. Resultat

3.3 Rückblick und Bewertung

Wenn man auf den Gang der Renaissance-Forschung seit Brandi und Joachimsen zurückblickt, stellt sich ein zwiespältiger Eindruck ein. Auf der einen Seite hat sich seitdem eine gewaltige Menge detaillierten Wissens über einzelne Themen oder Themenbereiche angehäuft. Wir haben heute entschieden genauere Kenntnisse über die „Kultur der Renaissance in Italien“ als Burckhardt und seine Nachfolger, ohne dass deswegen die Burckhardt‘sche Deutung insgesamt erschüttert worden wäre. Der Forschungsprozess der letzten hundert Jahre läuft insoweit auf eine permanente Fortbildung oder Fortentwicklung Burckhardts hinaus. Mit diesem Befund kontrastiert andererseits die seit der zweiten Hälfte des 20. Jahrhunderts anschwellende Kritik an Burckhardt, nachdem bis dahin teilweise enthusiastische Äußerungen der Zustimmung überwogen haben. Sofern es sich dabei um Korrekturen oder Ergänzungen im Einzelnen handelt, fällt das nicht aus dem Rahmen. Anders die grundsätzliche, aufs Ganze zielende Kritik: Sie bricht sich daran, dass die Kritiker selbst faktisch immer wieder, manchmal in windungsreichen Absetzbewegungen, von ihr abrücken, ohne sie doch förmlich zu widerrufen. Diese doppeldeutige, ja, widersprüchliche Haltung verrät eine konzeptionelle Unschärfe, die zwar den Wert der je konkreten Einzelforschung nicht schmälert, aber das „Gesamtbild“ der italienischen Renaissance in ein diffuses Licht versetzt. Sie bedeutet im Verhältnis zu Burckhardt und zu Autoren wie Brandi und Joachimsen ersichtlich keinen Erkenntnisfortschritt, sondern einen Zwiespältiger Eindruck

Rückschritt. Sie gibt obendrein vielmals gravierende Missverständnisse Burckhardts zu erkennen, die laufend zu schiefen Konfrontationen führen, etwa, wenn man Burckhardt eine Trennung von Politik und Kultur, eine Vernachlässigung der bildenden Kunst oder eine mangelnde Vermittlung von Gesellschaft und Kultur unterstellt. Gewiss geht die Forschung über alle diese Bereiche oder Aspekte weiter, aber man sollte darüber die strukturellen Kontinuitäten mit der „Kultur der Renaissance in Italien" und den ihr vorausgehenden, sie begleitenden und ihr nachfolgenden Schriften Burckhardts nicht außer Acht lassen.

Auflösung des Renaissance-Begriffs

Signifikant für diese Wendung der Dinge ist, dass der Burckhardt'sche Renaissance-Begriff, seitdem Joachimsen ihn auf den Punkt gebracht hat, zunehmend in Auflösung begriffen ist. Stattdessen machen beliebige Variationen die Runde, durch die der Begriffsgebrauch im Ganzen undeutlich wird. Ein und derselbe Autor kann an verschiedenen Stellen Verschiedenes meinen.

Das Beispiel Burkes

Burke mag erneut als signifikantes Beispiel dienen. Er versteht unter Renaissance zunächst, durchaus im Einklang mit Burckhardt, einen allgemeinen „Ordnungsbegriff" [44: P. Burke, Die Renaissance, 16], den er aber wahlweise auf „die künstlerischen, literarischen und ideellen Veränderungen" [ebd., 27] oder auf die „Renaissancekultur" wie den „Renaissancestaat" erstreckt [46: P. Burke, Die Renaissance in Italien, 234]. Mal kennt er mehrere wichtige Merkmale der Renaissance [44: P. Burke, Die Renaissance, 19]; mal hebt er die „Wiederbelebung" der Antike hervor [ebd.]; mal erklärt er sie zum einzigen Merkmal „im Gegensatz etwa zu den anderen kulturellen Veränderungen, die bei Burckhardt und vielen anderen Historikern betont werden", und zwar mit der Begründung, „dass beinahe alle anderen Merkmale, mit denen die Renaissance gemeinhin charakterisiert und gegen das Mittelalter abgegrenzt wird, schon im Mittelalter vorgefunden werden können" [ebd., 105]; mal relativiert er diese „Einschränkung", indem er sie „willkürlich" nennt [ebd.] und lediglich dadurch als berechtigt ansieht, „dass die Wiederbelebung des Klassischen [...] leichter zu definieren oder gar zu erkennen ist als der ‚italienische Geist'" [47: P. Burke, Die europäische Renaissance, 14]; mal bestreitet er gerade mit Blick auf die Antike einen tiefgehenden „Unterschied zwischen Renaissance und Mittelalter": „eine kulturelle ‚Revolution' im Sinne eines plötzlichen Bruchs mit der Vergangenheit" habe nicht stattgefunden [44: P. Burke, Die Renaissance, 45].

Fortsetzung

Burke besetzt das Renaissance-Wort aber auch mit der unmittelbaren Bedeutung von „Wiedergeburt" oder „Erneuerung", sei es, um das Selbstverständnis der Renaissance zu charakterisieren [46: P. Burke,

Die Renaissance in Italien, 194], oder, bei der Beschreibung eines „im Renaissancestil“ umgebauten College-Portals in Cambridge, als Metapher für den „Weg des Studenten durch die Universität“ [47: P. BURKE, Die europäische Renaissance, 255]. Auch fehlt es nicht an Indizien, dass er gelegentlich die Renaissance im Humanismus aufgehen lässt, auch wenn er es unterlässt, wie bei ROMANO und TENENTI „Renaissance“ einfach durch „Humanismus“ zu ersetzen.

Eingrenzungen

Es würde keinerlei Schwierigkeiten bereiten, für eine oder mehrere dieser Definitionen eine Fülle weiterer Belege anzuführen. Am weitesten ist heute die Vorstellung verbreitet, der Renaissance-Begriff sei auf das Feld „der bildenden Kunst, des Denkens und der Erziehung“ einzugrenzen [89: E. GARIN, Kultur, 432] und meine primär die Wiederbelebung der Antike. Ein neuerer Forschungsbericht resümiert insoweit treffend: „Mit einem eher geistesgeschichtlichen Blick vor allem auf die Kunst-und Wissenschaftsgeschichte kann man sich sehr wohl vorstellen, dass Renaissance eine geeignete Beschreibung ist, die die grundlegende Bedeutung der Antike für die Humanisten akzentuiert“ [285: A. SCHIRRMEISTER, Renaissance-Humanismus, 291].

Terminologische Unschärfe

Man könnte sich angesichts dieser unreflektierten oder unabgeglichenen Bedeutungsvielfalt an das notorische Desinteresse BURCKHARDTS an terminologischen Fragen erinnert fühlen, der seine „Neigung zum Empirisch-Anschaulichen und sein Mißtrauen gegenüber Abstraktionen“ [46: P. BURKE, Die Renaissance in Italien, 15] niemals verhehlt hat. Sein lässiger Umgang mit dem Renaissance-Begriff war allerdings, gemessen an seiner wohldurchdachten Darstellung, nur von sekundärer Wichtigkeit. Aber er gehörte zu BURCKHARDTS „schwachen Seiten“, auf die sich Kritiker wie BURDACH stürzten, und die „Antikritik“ von BRANDI und JOACHIMSEN suchte auch und gerade hier Klarheit zu schaffen. Spätestens mit den Definitionen des letzteren war sie erreicht. Es ist nicht zu erkennen, dass die neuere und neueste Entwicklung des Renaissance-Begriffs mehr Klarheit gebracht hätte, im Gegenteil: sie machte das schon Erreichte rückgängig und glitt damit in einen Zustand ab, in dem, genau genommen, noch nichts geklärt war. Die Identifizierung des Begriffs mit der „Wiedergeburt“ der Antike, seine Beschränkung auf bildende Kunst und Literatur, der Ausgang vom unmittelbaren Selbstverständnis, die Gleichsetzung von Renaissance und Humanismus: Das alles fand sich schon früher, von BURCKHARDT selbst über GEIGER bis zu BURDACH, und das alles waren Positionen, die Autoren wie BRANDI und JOACHIMSEN mit triftigen Argumenten widerlegten. Von triftigen Gegenargumenten hat man bis heute nichts gehört. Aus dem „Ordnungsbegriff" ist vielmehr lauter „Unordnung" geworden.

Konventioneller Begriffsgebrauch

Der tiefste Grund für diese Entwicklung liegt freilich darin, dass, nachdem einmal, ausgehend von Burckhardt, der Raum für die Einzelforschung eröffnet war, das Terminologische an Bedeutung verlor. „Meistens wird ‚Renaissance' aus Gewohnheit, als liebgewordene, nützliche oder zumindest vertraute Konvention verwendet" [264: V. Reinhardt, Die Renaissance, 7], die sich im Einzelnen mit den verschiedensten Inhalten verbinden kann. Der Einzelforschung tut das an sich keinen Abbruch. Terminologische wie überhaupt sogenannte „theoretische" Diskussionen können auf die Wissenschaftspraxis durchaus lähmend oder abschreckend wirken. Aber die Sache wird offenbar dann misslich, wenn die Einzelforschung sozusagen aus dem Rahmen ausschert, in dem sie sich konstituiert hat, und damit gleichsam orientierungslos wird. Wer sich mit der „Kultur der Renaissance in Italien" befasst, muss auf Dauer eine präzise Vorstellung davon haben, was er unter Renaissance versteht. Die Definition, an die wir uns hier zu halten haben, liegt längst fest und ist bis heute nicht übertroffen: „So lange man aber überhaupt von Renaissance spricht, kann es im Grunde nur der Burckhardtsche Begriff sein" [20: K. Brandi, Die Renaissance, 164].

II. Europa

Italien und Europa

Mit der Geschichte des Renaissance-Begriffs war von vornherein eine europäische oder universale Assoziation verknüpft. Vasaris *rinascita* der bildenden Künste teilte sich „der ganzen Welt" mit [309: G. Vasari, Kunstgeschichte, 27]. Voltaire erhob die Epoche der Medici in den Rang eines weltgeschichtlichen Zeitalters. Ranke erblickte in den „Bestrebungen", die das Italien des 14. und 15. Jahrhunderts erfüllten, „das Entstehen der neueren Zeit" [253: L. v. Ranke, Epochen, 282]. Und für Burckhardt war der Italiener der Renaissance „der Erstgeborne unter den Söhnen des jetzigen Europas"; mit ihm begann die „Ausbildung [...] zum modernen Menschen" [33: J. Burckhardt, Kultur, 137]. Diese Einordnung der italienischen Renaissance ist, mutatis mutandis, immer noch gültig: „as a major turning point in European, if not world history" [191: J. J. Martin, Introduction, 1].

1 Europäische Renaissance: Problem, Kriterien, Umriss

Das Problem einer europäischen Renaissance

Eine andere Frage ist aber, ob man deswegen von Renaissance oder Renaissancen außerhalb Italiens sprechen kann, also von Phänomenen, die nicht nur mit dem italienischen vergleichbar sind, sondern zu ihm auch in direkter Beziehung stehen. Gab es ein europäisches Zeitalter der Renaissance, in dem Italien lediglich den ersten Akt aufführte? Diese Frage ist offenbar längst beantwortet. In der Kunstgeschichte war das niemals zweifelhaft. Bereits VASARI fügte in die zweite Ausgabe seiner Lebensbeschreibungen „auch nordalpine Künstler (von Vasari ‚flämisch' genannt)" ein [83: S. FESER, Vasari, 20]. Seitdem ist die Renaissance in der europäischen Kunstgeschichte eine fixe Größe. Gleiches trifft aber auch jenseits der Kunstgeschichte zu: MICHELET überschrieb den siebenten Band seiner „Histoire de France", in dem er, ausgehend von der Invasion Karls VIII. in Italien, die Geschichte Frankreichs bis zur Schlacht von Marignano (1515) behandelte, mit „Renaissance". Heute ist es üblich, im weitesten Sinne von „europäischer Renaissance", so der Titel des Standardwerkes von Peter BURKE, zu reden. Allerdings lief und läuft man auch hier Gefahr, dass der Begriff zur „Konvention" erstarrt, die man unbedenklich auf wechselnde Inhalte in verschiedenen Zusammenhängen anwendet. Um bei der Lösung des europäischen Renaissance-Problems einen sicheren Kurs zu steuern, benötigt man unanfechtbare Kriterien, und sie lassen sich offenkundig am ehesten der BURCKHARDT'schen „Kultur der Renaissance in Italien" entnehmen. Sie ist in ihren wesentlichen Zügen bis heute unübertroffen und bildet damit einen festen Ausgangspunkt für darüber hinausgehende vergleichende oder synoptische Betrachtungen. Wer eine Renaissance-Kultur außerhalb Italiens annimmt, muss sich an diesem Maßstab orientieren.

Gegengründe

Dabei gibt es gute Gründe, diese Annahme zunächst einmal entschieden zu verwerfen. Was im Verhältnis zum Mittelalter gilt, das gilt auch im Verhältnis zu anderen europäischen Ländern: Die Kultur der Renaissance in Italien war ein „einmaliges Kulturphänomen von ganz singulärer Wesenheit" [152: P. JOACHIMSEN, Vom Mittelalter, 20]; sie ließ sich so, wie sie war, weder in frühere Zeiten zurückversetzen noch in andere Länder verpflanzen. Sie war auch dadurch singulär, dass man sie außerhalb Italiens nicht einfach kopieren konnte. Der Italiener war der „Erstgeborne unter den Söhnen des jetzigen Europas", weil eine solche „Erstgeburt" der Moderne in keinem anderen Land hätte stattfinden können. Die Kultur, die ihn hervorbrachte, entstand aus spezifischen Verhältnissen, die anderswo so nicht gegeben waren, und behielt ihr eigentümliches Gepräge bis zu ihrem Niedergang im 16. Jahrhundert:

„Als Ganzes ist die italienische Kultur nirgends übernommen; das konnte auch ihrer Natur nach nicht geschehen“ [20: K. BRANDI, Die Renaissance, 258]. Man sollte daher von Renaissance-Kultur im strikten Sinne nur für Italien sprechen und sie, wie es JOACHIMSEN im Anschluss an BURCKHARDT tat, als „eine Periode der italienischen Geschichte“ bezeichnen [150: P. JOACHIMSEN, Der Humanismus, 334]. Sofern andere Länder am Prozess der Modernisierung teilhatten, geschah das aus einheimischen Voraussetzungen oder Motiven, die dazu führten, dass man eine je eigene Richtung einschlug.

Notwendige Kriterien

Natürlich ist damit das Problem einer „europäischen Renaissance“ keineswegs erledigt. Die Möglichkeit einer direkten Transplantation des italienischen Modells scheidet aus; man kann hinzufügen, dass kein transkulturaler Prozess so abläuft; das wäre gegen jede historische Logik. Es ist aber vorstellbar, dass eine Kultur sich eine andere aneignet, ohne von ihrer eigenen Richtung abzubiegen, ja, gerade durch den von außen kommenden Impuls stimuliert wird, diese Richtung einzuschlagen oder fortzusetzen. Sofern sich ein derartiger Zusammenhang zwischen dem Italien der Renaissance und anderen europäischen Ländern nachweisen ließe, könnte von „europäischer Renaissance“ die Rede sein. Allerdings müssen auch dabei bestimmte Bedingungen erfüllt sein. Es reicht nicht aus, wenn man „einzelne Kulturelemente“ übernimmt [20: K. BRANDI, Die Renaissance, 258]. Herausgelöst aus ihrem ursprünglichen Kontext, hätten sie in dem neuen Umfeld nicht die gleiche Bedeutung oder Wirkung. Voraussetzung ist vielmehr, dass man sich an das Kulturganze der italienischen Renaissance hält, das sich zwar nicht unmittelbar reproduzieren lässt, aber durch seine Grundtendenzen und Grundstrukturen, burckhardtisch gesprochen, durch seinen „Geist“ anschlussfähig ist. Allerdings muss der adaptierende oder rezipierende Teil durch seine bisherige Entwicklung auf diesen Anschluss vorbereitet sein; die „Kultur der Renaissance in Italien“ kann nur dann auf andere Länder einwirken, wenn hier analoge oder vergleichbare Bedürfnisse herrschen, wodurch zugleich Wechselwirkungen zwischen beiden Seiten impliziert sind.

Strukturelle Analogie

Es ist offensichtlich, dass diese Bedingungen für eine „europäische Renaissance“ weithin erfüllt waren. Was Italien mit anderen Ländern verband, war zunächst eine strukturelle Analogie, die sich aus dem gemeinsamen Modernisierungsziel ergab. Die Hauptsache war auch außerhalb Italiens, entsprechend den „general tendencies which were common for all Western European countries“ [82: W. K. FERGUSON, Modern State, 141], das Aufkommen des modernen Staates, und auch hier bildete der sich erneuernde Staat den Kristallisationskern für ein

Kulturganzes, das der Kultur der Renaissance durchaus vergleichbar war oder wurde.

Wirkungszusammenhänge

Die strukturelle Analogie machte Wirkungszusammenhänge möglich, und es lag in der Natur der Sache, dass dabei Italien voranging. Das Italien der Renaissance besaß nun einmal einen Entwicklungsvorsprung. Es war nicht nur das erste Land der Moderne, sondern wurde damit auch für andere Länder, die der Modernisierung zustrebten, zum Vorbild; wenn es auch nicht zur unmittelbaren Nachahmung taugte, trug es doch entscheidend dazu bei, dass sich aus einheimischen Voraussetzungen oder Motiven das je eigene Neue herausbildete. Italien löste allenthalben eine Art Initialzündung aus und vermochte das, weil in den betroffenen Ländern die realen oder potentiellen Prämissen dazu gegeben oder angelegt waren.

Michelet

Michelet hat den Eindruck geschildert, den der Anblick Italiens bei den französischen Invasionstruppen von 1494 hervorgerufen habe: „Le contraste était si fort avec la barbarie du Nord, que les conquérants étaient éblouis, presque intimidés, de la nouveauté des objets": „ces tableaux, ces églises de marbre, ces vignes délicieuses peuplés de statues"; sie hätten „le paradis de la terre" betreten [204: J. Michelet, Histoire, Bd. 7, 25 f.]. Das poetisch verdichtete Bild kann als Metapher dafür dienen, in welchem Maße das Italien der Renaissance, und zwar in allen Hinsichten, zum Lehrmeister Europas wurde.

Italien als Lehrmeister der Politik

Das Land, seit der Invasion Karls VIII. die Drehscheibe des werdenden europäischen Staatenssystems, erteilte den auswärtigen Fürsten, die in die damaligen Kämpfe um Italien verwickelt waren, samt ihren Ministern und publizistischen Helfern konkreten Anschauungsunterricht in moderner Politik. Zwar lässt sich eine „unmittelbare Einwirkung der italienischen Verhältnisse auf die innere Entwicklung der übrigen europäischen Staaten [...] nirgends erkennen"; in „der großen Politik sind diese italienischen Kleinstaaten weit mehr Werkzeug anderer Mächte und Objekte ihrer Begehrlichkeit als mitbestimmendes Subjekt gewesen" [273: G. Ritter, Neugestaltung, 178]. Die Italiener konnten den „Barbaren" aber die Grundtatsachen ihrer neuen Politik vor Augen führen: die Autonomie der Politik, die Macht als Selbstzweck, die Idee der Staatsräson, geordnete Finanzen, einheitliche Verwaltung, Rationalisierung des Kriegswesens, ständige Diplomatie. Die Modernisierung der europäischen Staatenverhältnisse ist ohne diese Erfahrungen nicht zu denken. Man erlebte allerdings auch, wie die fortgesetzte Verfeinerung der Techniken der Macht durch die Fürsten und Städte Italiens in eine Selbstblockade umschlug und damit den weitgehenden Verlust der politischen Selbständigkeit nach sich zog.

Selbstblockade

Kunst und Literatur

Man trat zugleich zur Kunst und Literatur der italienischen Renaissance in ein Verhältnis: sei es, dass man selbst nach Italien reiste oder pilgerte, sei es, dass man sich Italiener sozusagen als Entwicklungshelfer ins eigene Land holte. Die Bewegung verlief aber immer auch und in zunehmenden Maße in umgekehrter Richtung: italienische Künstler schulten sich an niederländischen und deutschen; die Humanisten in ganz Europa bildeten eine *res publica litteraria*, in der jedermann zugleich nahm und gab. Die „Auffassung", „in der Italien als aktiver und kreativer Produzent und das restliche Europa als passiver und nachahmender Rezipient erscheint" [44: P. Burke, Die Renaissance, 19], wird hier gegenstandslos.

Die neue kulturelle Einheit Europas

Zug um Zug wuchsen so Italien und jene Länder, denen an der Aneignung der italienischen Moderne gelegen war, zu einer neuen kulturellen Einheit zusammen, und im Grunde spricht nichts dagegen, dass man den Renaissance-Begriff auf dieses erweiterte Phänomen anwendet und die Kultur der Renaissance in Italien, ohne ihre Singularität zu bestreiten, in eine Epoche der „europäischen Renaissance" einmünden lässt.

Italien als Vorstufe

Schon Burckhardt hatte mit einer derartigen Erweiterung keinerlei Schwierigkeiten. Er hat zwar die Einmaligkeit der italienischen Renaissance-Kultur niemals in Frage gestellt, diese aber zugleich als Vorstufe für analoge Entwicklungen im übrigen Europa betrachtet, die sich für ihn in engem Kontakt mit Italien vollzogen, und er trug keine Bedenken, auch ihnen das Renaissance-Prädikat zuzuerkennen. Das Renaissance-Buch von 1860 enthielt dazu manche Hinweise, die dann in der seit 1858 viele Male gehaltenen Vorlesung „Neuere Geschichte von 1450 bis 1598" systematisch ausgeführt wurden; sie „bedeutete in der Hauptsache nichts anderes als eine Erweiterung und Fortsetzung" des Renaissance-Buches [157: W. Kaegi, Burckhardt, Bd. 5, 4]. Das Italien der Renaissance, das er eingangs nochmals in scharfen Umrissen von den gleichzeitigen Verhältnissen außerhalb Italiens abhob [32: J. Burckhardt, Fragmente, 112 f.; 157: W. Kaegi, Burckhardt, Bd. 5, 85 f.], erschien darin als „Anfang der modernen Welt" [ebd., 4], in der sich auf Dauer, und zwar flächendeckend, eine gleiche Kultur wie in Italien herausbildete, vom vielfach zum „Großstaat" gesteigerten „modernen Staat", dieser „Hauptschöpfung der neuern Geschichte", bis zur „Freiheit des Denkens und Forschens, des objektiven Ermessens der Welt und der Geschichte" [32: J. Burckhardt, Fragmente, 77]. Burckhardt legte von Land zu Land, von England und Frankreich bis zu Spanien und Portugal, die je spezifischen Grundlagen frei, auf denen sich dieses „Leben der modernen Völker" [ebd., 78] gestaltete.

Andererseits betonte er wiederholt die von Italien ausgehenden Einwirkungen: Aus dem bloßen „Wähnen und Phantasieren" der übrigen Europäer wurde unter italienischem Einfluss „ein Wissen und ein freies Objekt des Gedankens" [ebd., 114]; man wurde sich seiner selbst und seiner Stellung in der Welt bewusst. Ludwig XI. von Frankreich „studierte" die „italienischen Tyrannen" [ebd., 102], die den auch in Frankreich vorgebildeten neuen „Begriff der Staatsmacht" erstmals in vollkommener Reinheit zur Darstellung gebracht hatten [ebd., 86 f.]. Schon im Renaissance-Buch von 1860 hieß es über Frankreich und Spanien, sie hätten im Zuge der Kriege um Italien „angefangen, den zentralisierten italienischen Staaten zu gleichen, ja dieselben nachzuahmen, nur im kolossalen Maßstabe" [33: J. BURCKHARDT, Kultur, 100]. Überhaupt „wirken Italiens moderne Staatsformen, seine Handelseinrichtungen, seine Reisenden." Man entdeckte auch die neue Gelehrsamkeit und „die Kunst der Italiener, verbunden mit den Resten des Altertums" [32: J. BURCKHARDT, Fragmente, 115]. Kurzum, die Kultur der Renaissance in Italien fand ihre Fortsetzung in einer europäischen Renaissance-Kultur.

Italien als Vorbild

BURCKHARDT hat dem terminologisch Rechnung getragen, ohne das besonders hervorzuheben; auch hier war sein grundsätzliches Desinteresse an begrifflichen Fragen unverkennbar. Jedenfalls dehnte er wie beiläufig den Renaissance-Begriff auf das außeritalienische Europa aus, und zwar in allen drei Hinsichten, in denen er ihn gebrauchte. Er sprach mit Blick auf die bildende Kunst von „der außeritalienischen Renaissance" [33: J. BURCKHARDT, Kultur, 118], ließ die „Renaissance im engern Sinn" der „Wiedererweckung des Altertums", die vor allem der italienische Humanismus verkörperte, Europa durchdringen [32: J. BURCKHARDT, Fragmente, 114 f.] und wendete ganz allgemein den Begriff der Renaissance auf „die italienisch-europäische des 15. und 16. Jahrhunderts" an [30: J. BURCKHARDT, Weltgeschichtliche Betrachtungen, 49].

Erweiterung des Renaissance-Begriffs

2 Anwendungen

2.1 Die Renaissance in Frankreich

Seit jeher sah man das Frankreich des 16. Jahrhunderts als Musterland der „außeritalienischen Renaissance" an. Das geschah zuerst in der „Histoire de France" von MICHELET. Das große Thema des von 1833 bis 1867 in siebzehn Bänden erschienenen Werks war die Formierung, „l'unité croissante" [203: J. MICHELET, Histoire, Bd. 1, Vorr.] der

Michelets „Histoire de France"

französischen Nation, die der Autor als Nationalisierung, als Prozess der Selbstbefreiung des französischen Volkes verstand. Der Renaissance-Band von 1855 bildete darin eine Zäsur, nicht nur, weil es elf Jahre von dem vorangegangenen, bis zum Tod Ludwigs XI. (1483) gediehenen Band getrennt war, sondern vor allem, weil MICHELET in dieser Zeit, im Vorfeld und im Zuge der Revolution von 1848 und ihrer Folgen, sein ihn bis dahin leitendes freiheitlich-demokratisches Erkenntnisinteresse zu einem entschieden republikanischen gesteigert hatte, das sich zunächst in seiner „ Histoire de la Révolution française“ (1847–1853) [202: J. MICHELET, Geschichte] niederschlug. Von ihr ging er aus, als er die Arbeit an der „Historie de France“ wiederaufnahm. Er holte fortan gewissermaßen die Vorgeschichte der Französischen Revolution nach, die er bereits dargestellt hatte. Die Folge war, dass das Volk jetzt ganz anders hervortrat als früher. Schon in den bisherigen Bänden war es „l'acteur historique“ [296: P. STADLER, Geschichtschreibung, 172], aber doch weithin mittelbar. Seit dem 14. Jahrhundert führte MICHELET „le progrès de cette nationalité“ vor allem zurück auf „le grand ouvrage de l'égalité et de l'ordre civil, lentement préparé par la Monarchie“, das die Revolution lediglich vollendet habe [203: J. MICHELET, Histoire, Bd. 1, VII]. In den neuen Bänden wurde diese Leistung allenfalls beiläufig und dann eher widerwillig anerkannt. Stattdessen konstatierte MICHELET jetzt eine wachsende Kluft zwischen der Monarchie und dem Volk, das nunmehr seinen eigenen Weg zur Nation einschlug, bis es 1789 vorerst ans Ziel kam.

Stellung des Renaissance-Buches

Eröffnet wurde dieser Weg durch die Renaissance. MICHELET nannte sie die „révolution du seizième siècle“, in der sich bereits die „Révolution française“ ankündigte [204: J. MICHELET, Histoire, Bd. 7, IX]; in ihr schimmerten die „lueurs de la future Révolution de 89“ [206: J. MICHELET, Histoire, Bd. 10, 453].

Renaissance-Begriff

Die Renaissance war für MICHELET ein Inbegriff menschlicher Schöpferkraft, Selbstermächtigung, Selbstbestimmung: „de l'âme et de la pensée originale, de l'initiative féconde, de l'héroisme, héroisme d'action, héroisme de création“ [204: J. MICHELET, Histoire, Bd. 7, Vorr.]. Der Mensch entdeckte die Erde und den Himmel, und er entdeckte sich selbst: „la découverte du monde, la découverte de l'homme“ [ebd., II]. Er gewann damit „l'indépendance humaine“ zurück, die im Mittelalter verlorengegangen war oder auf wenige isolierte Individuen beschränkt blieb [ebd., XXII u. 308]. Auch diese Wendung war neu: Bis 1844 hatte MICHELET das Mittelalter vielfach positiv beurteilt, jetzt räumte er ein, er habe seinerzeit „l'idéal que se posa la Moyenne âge“, nicht „sa realité“ beschrieben [ebd., Vorr.]. Das Reich der Renaissance erstreckte sich über die bildenden Künste, die Literatur, die Naturwissenschaften, die Theologie und die Rechtswissenschaft und verband sich mit „l'antiquité retrouvée", die „se reconnaît identique de coeur à l'âge moderne" [ebd., III]. Es stammte nicht aus der Politik, hatte aber eine politische Dimension. Die „Entdeckung der Welt und des Menschen" schloss auch die Entdeckung der politischen Welt und des politischen Menschen ein und signalisierte damit den revolutionären Umsturz der überkommenen staatlichen Verhältnisse.

Italien, Frankreich, Europa

Michelet sah die Renaissance von vornherein als ein Ereignis an, das ganz Europa, ja, die ganze Welt ergriff. Luther, Kolumbus und Kopernikus waren ihr Dreigestirn [ebd., Vorr. u. 310]. Der erste Akt fand zwar in Italien statt, aber diese „sublime officine des arts et des sciences" hielt sich lange Zeit „en réserve" [ebd., 309]; sie musste entriegelt werden, um auf die Welt ausstrahlen zu können. Vor der universalen „découverte du monde" und „découverte de l'homme" kam die „découverte de l'Italie" [ebd., 19]. Sie war das Werk Frankreichs, herbeigeführt durch die Invasion von 1494. Frankreich war dazu vor anderen Nationen berufen durch seine geistige Beweglichkeit und Lernbegierde. Die Entdeckung Italiens motivierte die Franzosen zu einer produktiven Auseinandersetzung, in der Frankreich „trouva sa propre originalité": „elle devint elle-même" [ebd., 17]. Die Aneignung der italienischen Renaissance fiel da geradezu mit der Konstituierung der französischen Nation zusammen. Frankreich handelte aber nicht nur für sich selbst, sondern öffnete durch seine Tat zugleich den anderen europäischen Nationen den Weg nach Italien: „Toutes les nations viennent derrière la France; elles s'initient à leur tour, elles voient clair à ce soleil nouveau" [ebd., 57 f.]. Die französische Entdeckung Italiens wurde also „pour le salut de l'Europe et de l'esprit humain" unternommen. Frankreich erwies sich dadurch als „le vivant organe de la Renaissance" [ebd., 17], als „l'organe principal de la Renaissance" [ebd., 63]. Es war das Hauptland der europäischen Renaissance; im strengen Sinne kam ihm allein „l'aimable mot de Renaissance" zu [ebd., I]. „So fand die französische Kultur", wie es später einmal ganz im Sinne Michelets hieß, „eine ganz einzigartige Form und bereitete den großen Geistern der Renaissance den Weg" [291: Fr. Simone, Mittelalter, 150].

Königtum und Volk

Dieses Frankreich der Renaissance war nicht das Frankreich der Könige. Gewiß, Michelet führte die „sécurité" unter Ludwig XI. und die „prosperité" unter Ludwig XII. an [204: J. Michelet, Histoire, Bd. 7, 309], ohne die das französische Engagement in Italien nicht möglich gewesen wäre. Er billigte auch die Invasion von 1494, die Frankreich ein erwünschtes Gegengewicht gegenüber Osmanen und Spaniern verschaffen sollte [ebd., 17 f.]. Demgegenüber malte er drastisch „la misérable situation“ aus, in der sich die italienische Staatenwelt zum Zeitpunkt der Invasion befand [ebd., 21]: den „mort moral de l'Italie“ [ebd., 331], der es diesen und späteren Eroberern leicht gemacht habe. Unter den Gedichten des jungen Franz I. erkannte er „l'épigraphe de la Renaissance“; die Gedichte seiner Nachfolger waren „des vers d'hommes de lettres“ [ebd., 263]. Aber als eigentlichen Akteur der französischen Renaissance machte MICHELET das französische Volk aus: „ce peuple commence d'apparaître“ [ebd., 309]. An der Invasion von 1494 interessierte ihn besonders das Invasionsheer: „Ici, ce fut la France entière, une petite France complète (de toute province et de toute classe), qui fut portée dans Italie“ [ebd., 58]. Dieses „kleine Frankreich“ gab das Italien-Erlebnis an das „große Frankreich“ weiter. In der Folge entstand daraus „l'âge adulte de la Renaissance, sa grandeur et son ambition infinies“: „Cette France de Gargantua, principale organe de la Renaissance“ [205: J. MICHELET, Histoire, Bd. 8, XI u. XIII]. In demselben Maße, in dem sich die Renaissance später der Krone auslieferte, büßte sie ihre nationale Mission ein; aber ihr heroischer Aufbruch blieb ein Fanal für die Zukunft, das Vorzeichen für die große Revolution.

Blick auf Burckhardt

BURCKHARDT hat Frankreich bestimmt nicht für „l'organe principale de la Renaissance“ gehalten; seine „Kultur der Renaissance“ ließ sich dazu vielmehr durchaus als eine Art Gegendarstellung lesen. Aber er redete doch wie selbstverständlich von einer „französischen Renaissance“ [33: J. BURCKHARDT, Kultur, 616], die er allerdings ganz auf die Krone konzentrierte. Ludwig XI. lernte von den italienischen Tyrannen, was „Machtmittel“ sind [32: J. BURCKHARDT, Fragmente, 102]. Seine Nachfolger eiferten dem Zentralismus der italienischen Staaten nach. Ludwig XII. ließ, von Fra Giocondo inspiriert, in Paris einen Triumphbogen errichten, der eine „italienische Renaissance-Idee“ mit „französisch-gotischen Formen“ verband [33: J. BURCKHARDT, Kultur, 615]. Franz I. und Heinrich II. waren „Könige der Renaissance“ [ebd., 393].

Schule von Fontainebleau

Gerade Franz I. zeigte andererseits, dass es bei der Aneignung der italienischen Renaissance mit bloßer Kopie nicht getan war. Sehr negativ äußerte sich BURCKHARDT über die Bemühungen des Königs, die neue italienische Kunst nach Frankreich zu verpflanzen: „Der eitle Mensch wollte eine Kunstthätigkeit haben und ließ sich ein complettes Kunstleben aus Italien kommen. Er ließ den alten Lionardo da Vinci, von dem er mehrere Bilder besaß, nach Frankreich kommen, Lionardo starb bald [...]. Später Andrea del Sarto, Benvenuto Cellini etc. endlich eine förmliche Schule, die er zur Ausschmückung von Fontainebleau und mit französischen Schülern versah [...]. Im Schlosse selbst ist viel von ihren Gemälden übrig [...]; sie stob wieder auseinander, ohne irgend bedeutende Wirkung" [35: J. Burckhardt, Neuere Kunst, 104]. In der Architektur setzten sich demgegenüber Mischformen durch, in denen, umgekehrt wie unter Ludwig XI., „gotische Ideen [...] mit Renaissancedetail" zusammengingen [33: J. Burckhardt, Kultur, 616].

„Gemischte Kultur"

Die neuere Forschung hat diese Sicht weiter vertieft und auf den literarischen Geschmack ausgedehnt. Der „Kontakt und der Konflikt zwischen verschiedenen Stilen" habe „eine gemischte Kultur" hervorgebracht. Franz I. habe „in zwei Welten zugleich" gelebt, „nämlich [...] in der Huizingas (Herbst des Mittelalters) und in der Burckhardts (Die Kultur der Renaissance in Italien)" [47: P. Burke, Die europäische Renaissance, 129]. Er ließ sich die antiken Klassiker vorlesen [ebd., 115 f.], schätzte aber auch die traditionellen französischen Ritterromane [ebd., 128]. Einerseits war er an der Kunst der italienischen Renaissance interessiert und betrieb ihre Aufnahme in Frankreich; diese Bemühungen werden inzwischen im Allgemeinen etwas positiver beurteilt als bei Burckhardt [ebd., 109 f.]. Andererseits gab man unter Franz I. manches Bauwerk „in gotischer Bauweise in Auftrag" [ebd., 129].

Der französische Renaissance-Staat

Die entscheidende Möglichkeit einer „französischen Renaissance" war durch den politisch-sozialen Zustand gegeben, in dem sich das Land um die Wende vom 15. zum 16. Jahrhundert präsentierte. Joachimsen hat ihn, im Vergleich mit Italien, ebenso knapp wie treffend charakterisiert [vgl. auch 82: W. K. Ferguson, Modern State, 141 ff.]. War für ihn in Italien „das Emporkommen des Stadtstaats", von der Kommune über die Signorie bis zum Prinzipat, „politisch-soziales Kennzeichen" der Renaissance, „das allein für die historische Begriffsbestimmung in Betracht kommt" [150: P. Joachimsen, Der Humanismus, 332], machte er dieses „Kennzeichen" in Frankreich am Aufstieg „des monarchischen Flächenstaats" fest. Er sah darin eine „Analogie" zum italienischen Renaissance-Staat: Beide Male handelte es sich um eine faktische Ausgrenzung aus der mittelalterlichen *res publica christiana*, um die Entstehung eines individuellen politischen Gebildes „mit der Tendenz zur staatlichen und ökonomischen Autonomie", um die Zentralisierung der politischen Macht. Zwischen beiden Gebilden herrschte „kein prinzipieller Gegensatz", sondern lediglich „ein Unterschied der Ausgestaltung". Der „wesentliche Unterschied" war, dass in Italien die Person des Herrschers, dagegen in Frankreich die Institution des Königtums im Zentrum stand [152: P. Joachimsen, Vom Mittelalter, 37 f.]; die autonom gewordene Politik erschien daher dort „als reine

Willkür“ [153: P. JOACHIMSEN, Zur Psychologie, 553], während sie hier in rechtliche Begriffe gefasst war.

Stufen der Entwicklung

Die Anfänge des französischen Renaissance-Staates reichten bis ins 13. Jahrhundert zurück; das war dieselbe Zeit, in der sich auch die italienische Tyrannis erhob. Philipp der Schöne, der von 1285 bis 1314 regierte, war, verglichen mit den italienischen Gewaltherrschern, „keine Renaissancepersönlichkeit“, betrieb aber „echteste Renaissancepolitik mit der praktischen Zielsicherheit des autonom gewordenen Staates“ [152: P. JOACHIMSEN, Vom Mittelalter, 38]. Die eigentliche Bildung „des französischen Staatsbegriffs“ ereignete sich „unter Ludwig XI. und Franz I.“ [153: P. JOACHIMSEN, Zur Psychologie, 554]. Jetzt erst wurden auch die „wachsenden Beziehungen zu Italien“ in vollem Umfang wirksam [152: P. JOACHIMSEN, Vom Mittelalter, 38]. Joachimsen ließ die damals eingeleitete Entwicklung in der Zeit Ludwigs XIV. gipfeln, die er mithin noch dem französischen Renaissance-Staat zuschlug, jedenfalls direkt zu ihm in Beziehung setzte [153: P. JOACHIMSEN, Zur Psychologie, 554].

Staat und Gesellschaft

Frankreich hatte mit Italien noch gemeinsam, dass der „moderne Staat“ eine „moderne Gesellschaft“ aus sich entließ, die das notwendige Medium für eine allseitige Entfaltung der Renaissance-Kultur darstellte. Die Monopolisierung der politischen Macht an der Spitze des Staats hatte zur Folge, „dass die alte berufständische Gliederung, auf der der Staat des Mittelalters ruht, für einen bestimmten Bezirk des öffentlichen Lebens überwunden und durch ein Aggregat von Individuen ersetzt wird“, die ihr Verhältnis untereinander durch frei vereinbarte „Konvention“ regelten und damit einen Raum für Selbstbestimmung und schöpferisches Tun schufen [ebd., 552]. Anders als in Italien wurden zwar „in Frankreich Kirche und Adel als politische Mächte konserviert“, aber so, dass man sie durch ihre Funktion im politischen System der Monarchie definierte und damit ihrer früheren Machtansprüche beraubte. „Die Gesellschaft also ist gleichsam die Bewahrerin des ursprünglichen Geistes der Nation, aber sie ist jetzt vollständig [...] an den Staat gebunden“, der sich im Hof des Königs konzentrierte [ebd., 554 f. u. 565]. In diesem Sinne war „die französische Gesellschaft, wie sie die Renaissance schafft, [...] die erste politische Gesellschaft der Neuzeit“, auch insofern, als sie, ohne die grundsätzliche Bindung an das Königtum in Frage zu stellen, durch ihr bloßes Dasein „Elemente der Kritik und der Opposition“ zur Geltung brachte. Das war der politisch-soziale Kontext, in dem sich „die Renaissance“, kulminierend in der großen Literatur des Zeitalters Ludwigs XIV., herausbildete [ebd., 554 f.].

Es sei noch hinzugefügt, dass JOACHIMSEN auch die „englische Renaissance" in vergleichende Betrachtung zog. Sie „beginnt mit den Tudors, sie erreicht ihren Höhepunkt mit Elisabeth." Ausgangspunkt war „die Zusammenfassung der Nation durch eine zentralisierte Verwaltung mit Ableitung aller ihrer Rechte vom König". Die aus dem Staat entlassene Gesellschaft beruhte „auf einem [...] Ausgleich der Stände", der viel weiter ging als in Frankreich; sie war stark „an das Königtum gebunden", und zugleich dauerte in ihr „der angelsächsische Geist" fort, der sich in moralisch-sozialen „Anschauungen" ausprägte. In diesem Rahmen entwickelte sich, ausgehend von Werken wie der „Utopia" des Thomas Morus, „die reiche und glänzende Kultur des elisabethanischen Zeitalters", für die „die Namen Shakespeare, Bacon und Spencer" standen [ebd., 555 f.]. England

JOACHIMSEN ließ die Renaissance wesentlich in Süd- und Westeuropa stattfinden; das folgte aus seinem strikten Begriffsgebrauch und brachte eine allgemein herrschende Meinung zum Ausdruck. Freilich hat man längst auch in Nord-, Ost- und Südosteuropa nach Spuren einer Renaissance gesucht. Dem kann hier nicht in extenso nachgegangen werden. Man sollte dabei nur im Bewusstsein behalten, dass man dazu in der Nachfolge BURCKHARDTS eindeutige Kriterien braucht, dass die partielle Ausbildung oder Übernahme einzelner Elemente nicht genügt, um von einer Renaissance-Kultur zu sprechen, und dass vor allem die Grundzüge eines, wie auch immer im Einzelnen ausgestalteten, Renaissance-Staates erkennbar sein müssen. Es gibt aber ein Beispiel, an dem sozusagen alles stimmt und das hier angeführt zu werden verdient: der Fall des Königs Matthias Corvinus von Ungarn, der sein Land von 1458 bis 1490 regierte. Nord-, Ost- und Südosteuropa

2.2 Matthias Corvinus von Ungarn als „Renaissancefürst"

Matthias Corvinus ist in der Renaissance-Forschung wahrlich nicht neu zu entdecken. „Bekanntlich", so schrieb Georg VOIGT schon 1859, „hat König Matthias eifrigst dazu beigetragen, die italienische Bildung nach Norden und Osten Europa's zu verpflanzen" [312: G. VOIGT, Wiederbelebung, 1859, 398]. BURCKHARDT gedachte „des bücherliebenden Königs" [33: J. BURCKHARDT, Kultur, 195]. Neuere oder neueste Autoren nennen ihn einen „Renaissancefürsten" [47: P. BURKE, Die europäische Renaissance, 84] oder gebrauchen das Etikett der „corvinischen Renaissance" [24: H. BREDEKAMP, Herrscher, 261]; in der Schallaburg-Ausstellung von 1982 hat man „Matthias Corvinus und die Renaissance in Ungarn" thematisiert [283: SCHALLABURG '82]. Traditionelle Zuschreibungen

Verpflanzung italienischer Kunst und Literatur

Gemeint ist mit diesen Zuschreibungen, dass Matthias ein systematisches Interesse an der Kunst und Literatur der italienischen Renaissance hatte, dass er sie in Ungarn heimisch machen wollte, dass er zu diesem Zweck mit italienischen Künstlern und Gelehrten Kontakt pflegte und viele von ihnen an seinen Hof holte. Er ließ seinen Palast in Buda und seine Sommerresidenz in Visegrád „im toskanischen Stil" umbauen [47: P. Burke, Die europäische Renaissance, 85]; dazu gehörte jeweils „ein komplexes antikisierendes Statuenprogramm", für das er hauptsächlich Giovanni Dalmata heranzog [24: H. Bredekamp, Herrscher, 256 ff.]; Aufträge ergingen auch an Verrocchio, Filippino Lippi und Gian Cristoforo Romano [47: P. Burke, Die europäische Renaissance, 85]. Selbst Adept einer humanistischen Erziehung, die er auf Veranlassung seines bildungsbeflissenen Vaters bei dem italienisch geprägten Johannes Vitez, seinem späteren Kanzler, genossen hatte, sammelte Matthias antike Autoren, die die Grundlage einer großen Bibliothek bildeten; viele Bücher und der Bibliothekar kamen aus Italien [ebd., 83]. 1488 wurde der Humanist Antonio Bonfini aus Ascoli zum Hofhistoriographen berufen; er verfasste in dieser Funktion „Rerum Ungaricarum decades" [113: L. Havas u. S. Kiss, Geschichtskonzeption, 282 ff.]. Matthias stand auch mit Ficino in Verbindung, „den er an den Hof von Buda zu ziehen versuchte" [24: H. Bredekamp, Herrscher, 260; 283: Schallaburg '82, 343]. Unter ihm blühte auch ein einheimischer humanistischer Poet von europäischer Geltung: Ianus Pannonius, ein Neffe von Johannes Vitez, den ein unverdächtiger Zeitgenosse sogar mit Vergil oder Cicero verglichen hat [25: Briefwechsel, 117; 172: P. Kulcsár, Humanismus, 57 ff.; 235: Ch. Munier, Rhenanus]. Vespasiano da Bisticci nahm ihn 1485 in seine Viten-Sammlung auf und stilisierte ihn darin zum bedeutendsten „ultramontanen" Gelehrten seiner Zeit, dem selbst in Italien keiner gleichgekommen sei [310: Vespasiano da Bisticci, Große Männer, 197 ff.; 172: P. Kulcsár, Humanismus, 58].

Streben nach Legitimität

Man hat mit Recht bemerkt, dass der ganze künstlerische und literarische Glanz, der vom Hof des Königs ausstrahlte, dessen „Legitimität" bekräftigen sollte [24: H. Bredekamp, Herrscher, 261]. Dazu bestand in der Tat aller Grund. Denn Matthias Corvinus war zwar kein Usurpator, dem der Ruch der Illegitimität anhaftete; aber sein Herrschaftsanspruch war keineswegs über jeden Zweifel erhaben, sondern durchaus umstritten, jedenfalls immer der Gefahr der Anfechtung ausgesetzt. Er wurde damit den Tyrannen der italienischen Renaissance ähnlich und sah sich daher gleich ihnen zu einer Politik genötigt, die ausschließlich der Sicherung seiner Herrschaft diente.

Matthias Corvinus kam aus einer Familie des ungarischen Kleinadels, der traditionsgemäß von den Magnaten und Oligarchen des Landes niedergehalten wurde. Seinem Vater Johannes Hunyadi, einem „homo novus" [188: E. Mályusz, Matthias Corvinus, 2], war es gelungen, diese ständische Schranke zu durchbrechen: Er hatte sich im Kampf gegen die Türken nationale Reputation erworben und war in der Zeit der Minderjährigkeit des Königs Ladislaus Postumus zum Reichsverweser aufgestiegen. Als Matthias nach dessen Tod durch die Gunst der Umstände die Königsherrschaft übernahm, führte er die von seinem 1457 verstorbenen Vater begonnene Erfolgsgeschichte auf ihren Höhepunkt. Sein Königtum beruhte auf an sich unbezweifelbaren Rechtsakten: auf Wahl (1458) und Krönung (1464). Was Matthias aber zur vollen Anerkennung fehlte, war die Möglichkeit, sich auf das Geblütsrecht zu berufen, dem für die Thronfolge bis dahin konstitutive Bedeutung zugekommen war. Er stand in keinerlei genealogischen Beziehungen zu seinen näheren und ferneren Vorgängern, ja, er stammte aus einem „Geschlecht, das nicht zur Herrschaft geboren war" [312: G. Voigt, Wiederbelebung, 1880/81, Bd. 2, 327]; seine niedere Herkunft blieb ein unauslöschlicher Makel. Die Folge war, dass er vom ersten bis zum letzten Tag mit konkurrierenden Thronfolgeansprüchen zu kämpfen hatte, die jeweils dynastisch begründet waren. Der eine Gegner waren die Habsburger, der andere die Jagiellonen in Polen und Böhmen. Beide konnten sich auf Fraktionen innerhalb des ungarischen Hochadels stützen: eine erwählte 1459 Kaiser Friedrich III., der im gleichen Jahr, also noch vor Matthias, auch gekrönt wurde; eine andere rief 1471 einen polnischen Prinzen ins Land. Matthias stand also vor einer gleichermaßen außen- wie innenpolitischen Herausforderung.

Anfechtungen seines Königtums

Um seine äußeren Gegner in Schach zu halten, setzte er alle ihm zu Gebote stehenden diplomatischen und militärischen Mittel ein. Er schloss mit Friedrich III. Frieden, um sich später gegen die Jagiellonen zu wenden; danach erneuerte er den Krieg gegen die Habsburger. Gegen beide suchte er Bundesgenossen: Er verband sich mit dem Deutschen Orden gegen die Jagiellonen und mit den Eidgenossen gegen die Habsburger, ohne sich an unerfüllbare „Bündnisverpflichtungen" zu halten [239: K. Nehring, Ungarn, 34], bemühte sich auch um Herzog Karl den Kühnen von Burgund, seine Aktivitäten umspannten Europa. Seine Erfolge überwogen dabei seine Niederlagen. Er konnte sich nicht nur gegen seine Widersacher behaupten, sondern auch selbst mehr und mehr zum Angriff übergehen. Er eroberte die böhmischen Nebenländer Mähren, Schlesien und Lausitz und ließ sich 1469 von einem Teil der böhmischen Stände zum König von Böhmen wählen. Später fielen ihm große Teile

Äußere Politik

Österreichs, Kärntens und der Steiermark zu, die ihm „sogar die Lehnshuldigung leisteten" [71: J. ENGEL, Von der spätmittelalterlichen respublica christiana, 233]; seit 1485 residierte er in Wien. Es sah so aus, als könne es ihm gelingen, das luxemburgisch-habsburgische Projekt einer Großreichsbildung in Ostmitteleuropa unter seinem Namen zu verwirklichen. Auch der Gedanke an eine Erhebung zum römischen König war ihm nicht fremd; sie hätte seiner Herrschaft die endgültige Rechtfertigung bringen sollen. Der von ihm fortgeführte Kampf gegen die Türken sollte ihn als dazu besonders prädestiniert erscheinen lassen.

Innere Politik

Der äußeren Politik entsprach die innere. Matthias drängte die Magnaten aus der Regierung, erreichte vom zunächst noch widerstrebenden Reichstag regelmäßige Steuerbewilligungen, schnitt die Verwaltung ganz auf seine Person zu und baute ein stehendes Heer aus Söldnern auf, die schlagkräftigste Truppe ihrer Zeit. Als probates Mittel erwies sich ihm, nicht nur Angehörige des Kleinadels, sondern vor allem auch Nichtungarn an der Verwaltung des Landes zu beteiligen; das neue stehende Heer rekrutierte sich hauptsächlich aus Serben und Tschechen. Der Staat erhielt absolutistische oder frühabsolutistische Strukturen: „Die strenge Zentralisation der Macht in den Händen des Königs, die geregelten und gesteigerten Einnahmen, das dadurch ermöglichte ständige Söldnerheer, diese Errungenschaften deuteten auf denselben Weg, auf dem die französischen Herrscher und eben in den letzten Jahrzehnten seiner Regierung auch die Habsburger [...] fortgeschritten waren" [84: E. FÜGEDI, Königreich, 27].

Anhaltender Widerstand

Gleichwohl gab es weder nach außen noch im Innern dauerhafte Sicherheit. Die äußeren Gegner waren keineswegs endgültig geschlagen oder befriedet, sondern warteten auf ihre Stunde. Im Innern musste immer mit Revolten unzufriedener Magnaten gerechnet werden; selbst auf die Loyalität der höchsten Kronbeamten war kein Verlass: 1471 musste Matthias Corvinus erleben, dass sein Lehrer und Kanzler Johannes Vitez, seit 1464 auch Erzbischof von Gran und damit Primas von Ungarn, und dessen Neffe Ianus Pannonius, der 1459 das Bistum Fünfkirchen erlangt hatte, auf die Seite der projagiellonischen Fraktion trat; 1476 nahm der Schlesier Johann Beckensloer, von ihm nach Vitez' Tod zum Erzbischof von Gran befördert, an einer Verschwörung gegen ihn teil, bei der Friedrich III. seine Hände im Spiel hatte. Beide Aktionen schlugen zwar fehl, führten aber doch vor Augen, wie prekär die Stellung des Königs war. Matthias musste an beiden Fronten auf der Hut sein.

Heiratspolitik und Thronfolge

Ein besonderes Legitimationsproblem erwuchs Matthias aus seiner Familienpolitik. Sie war ein Kernstück seines Strebens nach Anerkennung. Gleich nach seiner Wahl im Jahre 1458 ließ er sich in Prag, wohin ihn Ladislaus Postumus verbannt hatte, von Georg Podiebrad, König von Böhmen, mit dessen Tochter Katharina verloben; beide verband damals die Gegnerschaft gegen Friedrich III. Aber als die Heirat 1461 zustande kam, war das Bündnis längst zerbrochen; nach dem Tod der Königin im Jahre 1464 steigerten sich die Spannungen bis zum offenen Krieg, in dem sich Matthias zugleich als Vorkämpfer gegen den hussitischen Ketzerkönig stilisieren konnte. In der Folgezeit bemühte er sich erfolglos um Prinzessinnen aus Brandenburg, Mailand und Sachsen, bis ihm 1476 die Eheschließung mit Beatrix von Aragón, einer Tochter des Königs Ferdinand I. von Neapel, gelang, die ihn auf das Niveau der etablierten europäischen Fürstenhäuser hob. Die Ehe blieb aber kinderlos, dem König also die legitime Begründung einer Dynastie verwehrt, die die Befestigung seiner Herrschaft krönen sollte. Ersatzweise suchte er einen Sohn aus einer unehelichen Verbindung, Johannes Corvinus, zum Nachfolger aufzubauen. Die Frage der Legitimität war damit neu gestellt, und zwar in aller nur möglichen Schärfe. Matthias unterließ nichts, um die an sich unzweifelhafte Illegitimität seines Sohnes zu überspielen und ihm damit die Thronfolge zu sichern. Er „überhäufte ihn [...] mit Besitzungen" [ebd., 27], trat gemeinsam mit ihm auf, verständigte sich mit der Mehrheit des ungarischen Adels über eine Unterstützung bei der Königswahl, verheiratete ihn 1487 mit Bianca Sforza aus Mailand, der späteren zweiten Gemahlin des deutschen Königs Maximilian, und stand in Verhandlungen mit Friedrich III. Alle Welt sollte wissen und sich daran gewöhnen, dass er Johannes Corvinus zum Nachfolger bestimmt hatte.

Renaissancefürst par excellence

Wenn irgendein Herrscher außerhalb Italiens ein „Renaissancefürst" par excellence war, so Matthias Corvinus, der „echteste Renaissancepolitik" betrieb: von zweifelhafter Legitimität, im dauernden Kampf um Behauptung und Erweiterung der einmal erworbenen Herrschaft, durch „bewußte Berechnung aller Mittel", die den „Staat als Kunstwerk" in Szene setzten. Er glich in vielem dem „nuovo principe" Machiavellis, der, durch „fortuna" an die Macht gelangt, die Herrschaft kraft eigener „virtu" zu festigen und auszubauen weiß: „uno prudente e virtuoso uomo", der „jedes Mittel" gebraucht und nichts versäumt, um „sich gegen Feinde zu sichern, Freunde zu gewinnen, mit Gewalt oder mit List siegreich zu bleiben, sich bei der Bevölkerung beliebt zu machen und doch gefürchtet zu sein, sich unter den Soldaten Gehorsam und Achtung zu verschaffen, diejenigen zu vernichten, die einem schaden könnten oder die dazu genötigt wären, ferner die alten Einrichtungen durch neue zu ersetzen, zugleich streng und freundlich, edelmütig und freigebig zu sein, ein untreues Söldnerheer abzuschaffen und ein neues aufzustellen, sich die Freundschaft von Königen und Fürsten zu erhalten, so daß sie einem gern Wohltaten erweisen und sich doch hüten, einem zu schaden" [186: N. MACHIAVELLI, Il Principe, 40, 50 f. u. 63]. Machiavelli, der „nach ihm den Principe [hätte] modellieren können" [188: E. MÁLYUSZ, Matthias Corvinus, 1], hat ihn ein einziges Mal erwähnt, in der „Florentinischen Geschichte", wo er ihn, sehr bezeichnend, als einen Fürsten schildert, der ein gegebenes Versprechen nur so lange hält, wie das seinem Interesse entspricht [185: N. MACHIAVELLI, Geschichte, 435 f.].

Legitimierung durch Kunst und Literatur

In diesen Kontext von Machtbehauptung und Machtsteigerung gehörten auch die künstlerischen und gelehrten Aktivitäten, die Matthias, nach dem Vorgang „der Usurpatoren und Dynasten Italiens" [312: G. VOIGT, Wiederbelebung, 1880/81, Bd. 2, 327], an seinem Hof veranlasste oder förderte. Was immer er da unternahm, war auf die Rechtfertigung oder Überhöhung seines Herrschaftsanspruchs gemünzt. Er ging dabei mit der gleichen Planmäßigkeit zu Werke wie in seiner Politik. Dass er in großem Stil italienische Künstler und Gelehrte an seinen Hof holte, entsprach seiner Vorliebe für Ausländer in Verwaltung und Heer. Ihnen traute er am ehesten die Professionalität zu, deren es bedurfte, um „seine Legitimität oder die seines Nachfolgers" [24: H. BREDEKAMP, Herrscher, 261] in eine ästhetisch-literarische Form zu bringen; viele kamen im Gefolge der Königin Beatrix. Der Umbau der Paläste in Buda und Visegrád begann nach ihrer Ankunft. Der König „dürfte auch persönlich an der Planung der Bauarbeiten teilgenommen haben"; jedenfalls ist bekannt, „daß er die Bauten der italienischen Fürsten aufmerksam verfolgte" sowie „Fachbücher über Architektur und Meister aus Italien kommen" ließ; wie in Italien ging es um die monumentale Zurschaustellung des eigenen Herrschaftsanspruchs. Die bewundernden Urteile auswärtiger Gesandter beweisen, das Matthias damit durchaus erfolgreich war [293: E. SPEKNER, Die Geschichte, 10].

Bonfinis „Res Ungaricae"

Bonfini hatte mit den „Res Ungaricae" auf seine Weise das gleiche Ziel zu erreichen. Er erhielt zunächst den Auftrag, „die Geschichte der Hunnen niederzuschreiben, offenbar in der Absicht, [mit ihr] die Geschichte Ungarns zu verknüpfen und sie so in die Universalgeschichte einzubinden"; entscheidend war dabei „das skythische Erbe der Hunnen", in dem die Anweisung zur Weltreichsbildung steckte; Matthias sollte „als derjenige erscheinen, der [dieses] Erbe entfaltet und vollendet" und damit die Anwartschaft auf eine *translatio imperii* erworben hatte [113: L. HAVAS u. S. KISS, Geschichtskonzeption, 287 u. 292]. Bonfini machte aber auch den Aufschwung der Künste und Wissenschaften selbst, den der König zur „geistigen“ Fundierung seiner Politik eingeleitet hatte und von der auch die „Res Ungaricae“ als literarische Hervorbringung ein Teil waren, zu einem eigenen Ruhmestitel: Matthias habe versucht, „aus Ungarn ein zweites Italien zu machen“ [ebd., 302]. Er hob vor allem die Bautätigkeit des Königs hervor: Matthias „ließ Paläste bauen, die sich vom römischen Luxus nicht unterschieden“ [293: E. SPEKNER, Die Geschichte, 11]. Vom Umbau des Palastes in Buda, der später von den Türken vollständig zerstört wurde, liegt uns lediglich die Beschreibung Bonfinis vor.

Das Herkules-Motiv

Wie sehr die Aufträge des Königs an Künstler und Gelehrte bis ins Einzelne und Kleinste gingen, zeigt die zeitweilige Zentrierung dieses Legitimierungsprogramms auf das Herkules-Motiv. Der griechische Heros, der sich im Italien der Renaissance zu einem „Vorbild für den guten Fürsten“ entwickelt hatte [276: CHR. ROHWETTER, Typologie, 98], empfahl sich dem ungarischen König besonders durch seine „martial virtues“, durch die er allenthalben Ordnung und Recht hatte aufrichten können [49: G. BUZÁS, The Hercules Fountain, 51 f.]; Matthias sah darin sein eigenes kriegerisch-politisches Handeln vorgebildet und beglaubigt. Dazu kam, daß Herkules sich als „the ancestor of the Scythians“ beanspruchen [ebd., 50] und damit unmittelbar auf die von Matthias propagierte „Mission des skythisch-ungarischen Königtums“ beziehen ließ [113: C. HAVAS u. S. KISS, Geschichtskonzeption, 292].

Künstlerische und literarische Ausführung

Die Parallelisierung zwischen Herkules und Matthias wurde daher zu einem Dauerthema der bildenden Kunst wie der Literatur am Königshof. Bonfini stilisierte Matthias, mit Blick auf dessen Siege über die Türken, zu einem Beschützer der Christenheit und setzte zum Vergleich „das Gleichnis von Herkules am Scheideweg“ ein; er kannte auch den „Hercules Scythicus“ und plazierte ihn obendrein am Anfang der corvinischen Familiengeschichte [ebd., 293 u. 300]. Ianus Pannonius stellte ähnliche Bezüge her [49: G. BUZÁS, The Hercules Fountain, 52 f.]. Auch das Statuenprogramm für Buda und Visegrád kreiste um Herkules als Personifizierung jener Tugenden, mit denen Matthias prunken wollte. Im Palast zu Buda stand „eine Bronzebüste von Herkules“ [293: E. SPEKNER, Die Geschichte, 11], die mit ihrem „imperialen Gestus“ das kaisergleiche Herrschaftsverständnis des Königs „verkörperte“ [24: H. BREDEKAMP, Herrscher, 258]; Bonfini erwähnte einen „Eingang [...] mit wunderbaren Bronze-Türfeldern“, „die die Arbeiten des Herkules [...] darstellen“ [293: E. SPEKNER, Die Geschichte, 11] und damit auf die Mühen des Königs im Kampf gegen äußere und innere Feinde anspielten. In Visegrád kam der von Matthias ausersehene Thronfolger ins Spiel. Eine „Brunnenfigur des noch knabenhaften Herkules“, der, das Fell des Nemeischen Löwen übergeworfen, die Keule gegen die vielköpfige Hydra schwingt, sollte die Befähigung des Johannes Corvinus zum Ausdruck bringen, das Aufräumungs- und Ordnungswerk des Vaters fortzusetzen [24: H. Bredekamp, Herrscher, 258].

Künstlerische Selbstinszenierung

Es gab aber auch künstlerische Hervorbringungen, die Vater und Sohn unmittelbar ins Bild setzten. In einem Innenhof des Budaer Schlosses fiel, wie Bonfini berichtete, „Matthias mit Helm“ ins Auge: er „stützt sich nachdenklich auf seine Lanze und seinen Schild“ [293: E. Spekner, Die Geschichte, 11]; im „Zentrum der ganzen Anlage aber stand ein Minerva-Brunnen“ mit einer Statue, die „den Herrscher auf dem Thron, umgeben von seinem Hofstaat, zeigt“ [24: H. Bredekamp, Herrscher, 256 f.]. Gian Cristoforo Romano verfertigte eine Porträtbüste des Königs; Matthias erschien da mit seinem herrscherlichen Kranz „wie ein römischer Kaiser“ [47: P. Burke, Die europäische Renaissance, 84 f.]. Die Illuminationen zu einer Abschrift mit trojanischen Geschichten des kaiserzeitlichen Schriftstellers Philostratos enthielten Darstellungen des Johannes Corvinus: Er erschien einmal als „mit einem Bärenjungen spielendes Kind“ und zum andern „in der Person des triumphalen Mars“; das sollte seine „Mannwerdung“ und damit seine Berufung „zum kommenden Herrscher“ verdeutlichen; der Text deutete obendrein auf die aus dem Untergang Trojas erwachsene Gründung Roms hin und legte daher gleichfalls die Assoziation zum römischen Kaisertum und damit zum kaiserlichen oder kaisergleichen Herrschaftsanspruch des Königs nahe [24: H. Bredekamp, Herrscher, 260; 283: Schallaburg ’82, Abb. 34, 35, Beschreibung ebd., 423]. Das in der Schatzkammer des Doms von Gran aufbewahrte Matthias-Kreuz, das nicht mit dem dort ebenfalls vorfindlichen „Staatskreuz“ [ebd., Abb. 69 a, b, Beschreibung ebd., 475] verwechselt werden darf, „verbindet das spätgotische [...] Kalvarienreliquiar mit dem im Renaissancestil gehaltenen Fuß“, der eine „von Sphingen gehaltene Vase“ bildet [24: H. Bredekamp, Herrscher, 260; 283: Schallaburg ’82, Abb. 62 a, b, Beschreibung ebd., 475 f.]; hier wurde die grundlegende Funktion der Renaissance-Kunst für die Selbstinszenierung des Königs sinnfällig.

Zusammenfassung

Kurzum: Matthias Corvinus war auch dadurch ein „Renaissancefürst“, dass er, um seine vielfach angefochtene Herrschaft zu stabilisieren, die Kunst und Literatur der italienischen Renaissance adaptierte und auf seine Bedürfnisse anwenden ließ. Künstler und Gelehrte erhielten mit dieser Bestimmung zugleich einen Freiraum, sich zu entfalten, und gewannen so eine gegenüber ihrem Auftraggeber selbständige Position; der König selbst hatte daran Interesse, weil er nur dergestalt von ihnen profitieren zu können meinte. Wie in Italien erweiterte sich also der Renaissance-Staat zur Renaissance-Kultur.

Ungarn und Italien

Es ist auffällig, dass Matthias Corvinus zu den ersten europäischen Renaissance-Fürsten außerhalb Italiens zählte, lange bevor die Könige von Frankreich und England diesen Weg beschritten. Man hat das seltsam für einen Herrscher an der Peripherie Europas gefunden [47: P. Burke, Die europäische Renaissance, 83]. An der Peripherie Europas? Seit der Christianisierung im 11. Jahrhundert war Ungarn mit dem Okzident verbunden. Besondere Beziehungen, auch dynastischer Art, bestanden schon frühzeitig zu Italien. Sie verstärkten sich, als mit dem Beginn des 14. Jahrhunderts das Haus Anjou in Ungarn zum Zuge kam. Beide Länder wuchsen fortan immer mehr zu einem System zusammen: Die ungarischen Könige nahmen an den inneritalienischen Kämpfen teil; sie liehen Geld von florentinischen Bankiers, lernten die administrativen Innovationen der italienischen Stadtstaaten kennen und wurden für die neue Kunst empfänglich. Ludwig der Große (1342–1382) wirkte in vielem wie ein Herrscher der italienischen Frührenaissance; in seiner Zeit schufen ungarische Künstler im Dom von Várad Bronzestandbilder der frühen ungarischen Könige, die analogen italienischen Hervorbringungen sogar „um Jahrzehnte" voraus waren [24: H. Bredekamp, Herrscher, 255 f.]. Auch später gab es Kontakte: Masolino zögerte beispielsweise nicht, die um 1423 begonnene und später von Masaccio fortgeführte Ausmalung der Brancacci-Kapelle in Florenz zu unterbrechen, „um einen Auftrag in Ungarn anzunehmen" [183: N. Maak, Moment].

Fortführung der traditionellen Beziehungsgeschichte

Matthias Corvinus hat diese Beziehungsgeschichte bruchlos fortgesetzt. Dass sich seine dynastischen Pläne vor allem auf Italien richteten, dass er italienische Künstler und Gelehrte ins Land holte, folgte einer langen Tradition. Die von ihm heraufgeführte Renaissance-Kultur in Ungarn bildete sich im unmittelbaren Umkreis der italienischen Renaissance-Kultur, ja, war im Grunde ein Teil von ihr. Das erklärt, warum Matthias Corvinus einer der ersten europäischen Renaissance-Fürsten außerhalb Italiens war. Auf einem ganz anderen Blatt stand, dass Ungarn in kurzem durch seine Schicksale in den neu entbrennenden Türkenkriegen tatsächlich in eine Randlage geriet; auch der nach dem Tod des Königs Matthias einsetzende Niedergang der Renaissance-Monarchie in Ungarn war damit einstweilen besiegelt.

2.3 Neuere Forschungstendenz

Verengung des Renaissance-Begriffs

Inzwischen hat sich in Forschungen zur „europäischen Renaissance" die gleiche Tendenz durchgesetzt wie in den Forschungen zur italienischen Renaissance-Kultur: die faktische Begrenzung des Renaissance-Begriffs auf die bildende Kunst und die Literatur. Man spürte allenthalben Erscheinungsformen der Renaissance-Kunst und des Humanismus nach; das war gewöhnlich gleichbedeutend mit der Frage nach der Diffusion oder Rezeption der italienischen Muster, die freilich nicht einfach übernommen wurden, sondern jeweils auf endogene Entwicklungen trafen, die ihrerseits auf Italien zurückwirkten.

Politisch-soziale Dekontextualisierung

Peter BURKE gibt in seiner großen Gesamtdarstellung einen instruktiven Überblick über die Ergebnisse, die die Spezialforschung zu den einzelnen europäischen Ländern erbracht hat; er präzisiert auch die Wege oder Kanäle, durch die sich die „Kunst und Literatur" der italienischen Renaissance über Europa verbreitet haben [47: P. BURKE, Die europäische Renaissance, 88]. Am Beispiel der „französisch-flämischen" Renaissance im Verhältnis zur italienischen zeigt er, ein seit HUIZINGA viel erörtertes Problem aufgreifend, dass Maler wie Jan van Eyck für eine durchaus eigenständige Richtung standen, von der auch die Italiener lernten, dass aber die von Italien ausgehenden Einflüsse, aufs Ganze gesehen, doch stark ins Gewicht fielen [ebd., 71 ff.]. Sofern man den politisch-sozialen Kontext berücksichtigte, geschah das in der Regel lediglich insoweit, als das zum unmittelbaren Verständnis des künstlerisch-literarischen Bereichs notwendig schien. Der Staat, sei es Fürst oder Stadt, kam allein als Auftraggeber oder Mäzen für Künstler und Literaten in Betracht. Was dahinterlag, wurde allenfalls vorausgesetzt, jedenfalls nicht expliziert oder auch nur indirekt in Ansatz gebracht. Man kann sagen, dass der Renaissance-Kultur, ohne dass das thematisiert oder reflektiert worden wäre, das einzige Kriterium vorenthalten wurde, das es rechtfertigt, dass man sie so bezeichnet: der Renaissance-Staat. Hier besteht noch erheblicher Nachholbedarf, auch um auszuschließen, dass man mit dem Renaissance-Begriff da operiert, wo er – gemessen an der politisch-sozialen Gesamtlage – fehl am Platze ist.

3 Renaissance, Reformation, Gegenreformation

Glaubensspaltung und Ende der Renaissance

Es steht noch eine Frage an, die immer schon einen Prüfstein für die Renaissance-Forschung gebildet hat: die Frage nach dem Verhältnis zu Reformation und Gegenreformation, zur Ära der Glaubensspaltung und der Religionskriege. Mit ihr ist untrennbar verbunden die Frage nach dem Ende der Renaissance. Wird ihr Zeitalter vom konfessionellen Zeitalter abgelöst, lebt es neben oder in ihm weiter, sind beide gar gleichen Ursprungs? Da die Reformation, das Gründungsereignis der neuen Ära, im nächsten Kapitel eine zentrale Rolle spielen wird, können an dieser Stelle wenige allgemeine Bemerkungen genügen.

„Invasion und katholische Reaktion“

Burckhardt führte zwei Gründe für das Ende der „Kultur der Renaissance in Italien“ an: „die Eroberung und die Gegenreformation“, „Invasion und katholische Reaktion“ [33: J. Burckhardt, Kultur, 516]. Die Invasion von 1494 mitsamt ihren bis in die Mitte des 16. Jahrhunderts reichenden Folgen machte der Unabhängigkeit der italienischen Staatenwelt ein Ende und entzog damit der Renaissance die materiale Basis; die Zäsur von 1494 ist seither in der Forschung im ganzen unumstritten geblieben, auch wenn man im Einzelnen manches anders gewichtet hat. Die Gegenreformation vollendete für Burckhardt das Zerstörungswerk, indem sie der politischen Fremdherrschaft, die in der Suprematie Spaniens, des Vorkämpfers der „katholischen Reaktion“ gipfelte, die geistige Unterdrückung folgen ließ; der Zug zur „Weltlichkeit“, der die Renaissance auszeichnete, wich einer neuen „Geistlichkeit“, die sich über das „Weltliche“ erhob. Man hat seitdem den prinzipiellen Gegensatz zwischen der Gegenreformation und der italienischen Renaissance allenfalls abgemildert, aber niemals ernsthaft in Frage gestellt.

Der Neubau der Peterskirche in Rom

Allerdings verharrte Burckhardt keineswegs in der schieren Entgegensetzung. Vielmehr lagen die Dinge für ihn komplizierter, und das wurde ihm sinnfällig am Beispiel der neuen Peterskirche in Rom. Es war der Renaissance-Papst Julius II., der das seit dem 15. Jahrhundert geplante Projekt zu realisieren begann. Mit diesem „Aufbau einer gewaltigen neuen Peterskirche“, so Burckhardt, „stellte sich das Papsttum auf lange Zeit an die Spitze alles Monumentalen im ganzen Abendlande.“ Er fügte hinzu: „Zur Zeit der Gegenreformation hatte dies nicht bloß formale, sondern auch weltgeschichtliche Folgen“ [ebd., 589]. Derselbe Bau, der den Ruhm eines Renaissance-Herrschers verewigen sollte, der sein geistliches Amt als Mittel zum politischen Zweck verstand, wurde zum Monument der neuen religiösen Weltsendung des Papsttums. Die Baugeschichte gab diese Kontinuität zu erkennen. Bramante, der erste Bauleiter, plante einen Zentralbau mit Kuppel nach dem Muster des Pantheons. In den folgenden Jahrzehnten erwogen andere Bauleiter, von Raffael bis zu Sangallo, andere Ideen, die dazu führten, dass der Bau nur teilweise vorankam. Der entscheidende Durchbruch geschah 1547, als Michelangelo die Bauleitung übernahm. Er griff auf den Plan Bramantes zurück und machte sich daran, ihn durch „schönste und wirkungsvollste Vereinfachung" auszuführen. Die Hauptsache war für ihn die Kuppel, die Krönung des Ganzen. Als Michelangelo 1564 starb, war das Projekt gleichwohl so weit ausgearbeitet, dass es von seinen Nachfolgern verwirklicht werden konnte. 1590 war das Werk getan.

Inkorporation der Renaissance

„Die welthistorische Stellung Michelangelo's", so wiederum BURCKHARDT, „beruht auf den verschiedensten Tätigkeiten, sein Größtes aber ist doch wohl, dass er die Sehnsucht der ganzen Renaissance erfüllte durch den Bau dieser vollendet herrlichen Riesenkuppel mit dem lichtströmenden Zylinder" [ebd., 693]. Als sich „die Sehnsucht der ganzen Renaissance erfüllte", ereignete sich das unter einem Papst der Gegenreformation. Anders gewendet: Die neue Peterskirche, die Vollendung der italienischen Renaissance-Architektur und damit Renaissance-Kunst schlechthin, diente schließlich der monumentalen Selbstdarstellung des Oberhaupts der erneuerten katholischen Weltkirche. Es handelte sich um ein instrumentelles Verhältnis, in dem der ursprüngliche autonome Anspruch der Renaissance-Kunst zwar hinfällig wurde, das aber deren konkreter Ausgestaltung weitesten Spielraum ließ. Man kann auch sagen: Das Papsttum der Gegenreformation verleibte sich die Kunst der Renaissance ein. Die gleiche Inkorporation fand auch in anderen Hinsichten statt. Auch der päpstliche Renaissance-Staat selbst trat nunmehr in den Dienst des päpstlich geführten Glaubenskampfes. Die „Idee des modernen Katholicismus" durchdrang alle Bereiche der „Kultur der Renaissance in Italien" [259: L. RANKE, Päpste, Bd. 1, 481].

„Ambivalentes Verhältnis"

Was BURCKHARDT hier exemplarisch zum Verhältnis von Renaissance und Gegenreformation in Italien beobachtete, kann durchaus auf die „europäische Renaissance" im konfessionellen Zeitalter insgesamt „hochgerechnet" werden. Peter BURKE konstatierte, mit Blick auf die bildende Kunst und die Literatur, zusammenfassend ein „ambivalentes Verhältnis" der katholischen wie der protestantischen Reformer „zur Renaissancekultur" [47: P. BURKE, Die europäische Renaissance, 198]. Einerseits setzte es Ablehnung und Kritik, andererseits gab es immer weiter gehende Annäherungen und Anleihen: „Die Kräfte des Ausgleichs oder der Vermischung waren stärker als die des Purismus" [ebd., 197]. Freilich blieb bei alledem jeweils der konfessionell-kirchliche Primat gewahrt. Er bestimmte, was man rezipierte und wo man Grenzen zog; das konnte im Einzelnen zu engen Abhängigkeitsverhältnissen führen. Aber entscheidend war, dass man der Künste wie der Literatur der Renaissance, wie sehr man sie auch einhegen mochte, aus eigenstem

Interesse heraus zu bedürfen glaubte und dass insoweit ihre Fortexistenz gewährleistet war.

Kunst und Bildung

Auf beiden Seiten der Konfessionslinie wurden Kunstwerke im Stil der Renaissance oder in Anlehnung an sie geschaffen. In Uppsala errichtete man das Grabmal Gustav Vasas „mit Liegefiguren des Königs und der Königin und vier riesigen Obelisken an den Ecken" [ebd., 141]; der Escorial verwendete „klassische Formen" [ebd., 199]. Vollends der Humanismus wurde von protestantischer wie von katholischer Seite rezipiert. Das Melanchthon'sche Gymnasium wie das Jesuitengymnasium fußten auf der humanistischen Bildung; sie konnte sich beide Male gewiss nicht vollkommen frei entfalten, behielt aber, trotz aller Abstriche, ihren spezifischen Charakter. Ja, der Humanismus war bei Protestanten und Katholiken derart präsent, dass er zwischen ihnen „Koexistenz und Interaktion" begünstigen konnte [ebd., 136], also eine transkonfessionelle Ebene erreichte und damit wiederum ein gewisses Maß an relativer Eigenständigkeit behauptete oder zurückgewann.

Fortdauer des Renaissance-Staats

Auch der Renaissance-Staat verschwand keineswegs von der Bildfläche, sondern erwies sich in den Kämpfen der Reformations- und Gegenreformationszeit auf beiden Seiten als unschätzbares Werkzeug. Sie verfochten ihre Sache mit dem ganzen Potential moderner oder frühmoderner Politik und Kriegführung, das sie sogar noch zu vermehren wussten. Viele dieser Prozesse der „Harmonisierung" oder der „Synthese" [ebd., 197 u. 200] liefen an den Höfen der Fürsten zusammen; dort wurde die Verbindung der neuen Glaubensrichtungen mit der Renaissance-Kultur augenfällig. Der englische und der spanische Königshof waren Beispiele: beide Zentren der Macht, der Kunst und der Bildung, mit dem einen Ziel der Verteidigung und Ausbreitung des wahren Glaubens.

Aufbruch in die Moderne

Renaissance und Reformation, Renaissance und Gegenreformation koexistierten in diversen Gemengelagen. Man könnte noch einen weiteren Schritt tun und fragen, ob sie sich nicht einem gemeinsamen Oberbegriff zuordnen lassen, der auch erst solche Zusammenhänge verständlich oder plausibel macht. Dafür käme zunächst der Begriff der Modernisierung in Betracht, der sich offenkundig auch auf die neuen Glaubensrichtungen anwenden ließe. Weder Reformation noch Gegenreformation waren Rückfälle ins Mittelalter, sondern moderne Phänomene und daher mit der Renaissance-Kultur kompatibel. Es wäre zu erwägen, ob man nicht den Renaissance-Begriff so ausweiten könnte, dass er auch Reformation und Gegenreformation umfasst. Renaissance stünde dann ganz allgemein für den Aufbruch in die Moderne und hieße deswegen so, weil die Renaissance in Italien diese Wende herbeigeführt hat. Angelegt ist diese Möglichkeit schon bei MICHELET, der Luther und Calvin zu den Führungsfiguren der Renaissance rechnete; im Zuge der allgemeinen „découverte de l'homme" sei zumal ihnen die Entdeckung des „moralischen" Menschen zu verdanken [204: J. MICHELET, Histoire, Bd. 7, 2 f.].

Streben nach Autonomie

HUIZINGA hat später den Horizont erweitert, indem er die Renaissance schlechterdings mit dem „Übergang vom Mittelalter zur Neuzeit" gleichsetzte und ihre „pluralistische Behandlung" forderte: sie biete „nicht das Bild eines einzigen großen Umschwungs, sondern das einer langen Reihe von Wellen, die anrollen auf einen Strand: jede von ihnen bricht sich in einem anderen Abstand und in einem anderen Augenblick"; sie sei „zu erfassen in ihrer Kompliziertheit, in ihrer Heterogenität, in ihrer Gegensätzlichkeit" [138: J. HUIZINGA, Das Problem der Renaissance, 59 u. 64]. Man könnte freilich noch einen letzten Schritt wagen und den Versuch unternehmen, hinter dieser „Heterogenität" und „Gegensätzlichkeit" ein gemeinsames Prinzip oder Motiv aufzudecken und damit die Richtung des Modernisierungsprozesses, den die Renaissance in Italien und Europa in Gang setzte, zu konkretisieren. Einstweilen könnte man sich dabei vielleicht auf den Gedanken der Autonomie verständigen. Renaissance, zunächst in Italien und bis hin zu Reformation und Gegenreformation, hieße dann Ausgliederung und Verselbständigung der einzelnen Kultursphären einschließlich der Religion aus dem „organischen System des Mittelalters" [152: P. JOACHIMSEN, Vom Mittelalter, 22].

III. Deutschland

1 Das Problem einer „deutschen Renaissance"

Fragestellung

Über die Annahme einer „europäischen Renaissance" im Allgemeinen mag Einverständnis zu erzielen sein. Aber gab es auch eine Renaissance in Deutschland? Hier herrscht alles andere als Gewissheit.

1.1 Künstler und Humanisten

Malerei und Graphik

Seit jeher ist unbestritten, dass es deutsche Renaissance-Künstler und deutsche Humanisten gab, die in produktivem Austausch mit italienischen Renaissance-Künstlern und italienischen Humanisten standen. Die Reihe der bekannten deutschen Renaissance-Maler und -Graphiker ist vielseitig untersucht; die Künstler, ihre Biographie, ihre Werke, der jeweilige Kontext ihres Schaffens sind Gegenstand einer sich immer mehr verfeinernden Spezialforschung, die sich vor allem in den großen Ausstellungskatalogen niederschlägt.

Albrecht Dürer

Albrecht Dürer, der vor anderen unser Verständnis von deutscher Renaissance-Malerei bestimmt, stand und steht dabei naturgemäß im Mittelpunkt [63: ALBRECHT DÜRER; 307: UMWELT; 67: DÜRER-CRANACH; 65: DER FRÜHE DÜRER; 66: DÜRER. KUNST-KÜNSTLER; 64: DÜRER. KUNST]. Die Wechselwirkung zwischen italienischer und deutscher Renaissance-Kunst lässt sich an ihm exemplarisch zeigen. Man hat jüngst „die Summe der Gesichtspunkte" herausgearbeitet, die „eine Vorstellung von der Beziehung zwischen Dürers frühem Werk und der Kunst und Kultur der italienischen Renaissance" ergeben: von der traditionellen Vertrautheit der Nürnberger „Eliten" mit Italien über dessen Attraktivität für „den ehrgeizigen jungen Künsler" bis zu „Dürers Reisen und seine[n] Kontakte[n] zu Künstlern aus dem Süden"; ein Vergleich zwischen Kupferstichen von Jacopo de' Barbari und Dürer zeige, „wie schwierig es ist, die Austauschrichtung zu bestimmen" [14: B. BÖCKEM, DÜRER, 63 f.; 64: DÜRER. KUNST, 13]. Dürer selbst sah sich während seines zweiten Venedig-Aufenthalts zwischen 1505 und 1507 von Giovanni Bellini ästimiert, dem später Campagnola, Giorgione und Tizian folgten [211: A. MORRALL, Dürer, 169]; die frühen italienischen Manieristen kannten und schätzten Dürers Porträtkunst [189: MANIERA, 94].

Lucas Cranach d. Ä. und „Donauschule"

Ein ähnlicher Eindruck stellt sich bei Lucas Cranach d. Ä. ein, für den man neuerdings eine Reise nach Bologna und Venedig Anfang 1509 wahrscheinlich gemacht hat [77: M. EVANS, Lucas Cranach, 57]. Von ihm führt ein Weg zur „Donauschule" von Albrecht Altdorfer und Wolf Huber, die jüngst in einer Frankfurter und Wiener Ausstellung ganz neu präsentiert worden ist. Sie erscheint da als Ausdruck einer „‚anderen Renaissance'" [281: J. SANDER, Einleitung, 17], in der sich „italienische Reminiszenzen" [280: J. SANDER u. a., Bilder, 80] mit dem Bestreben verbanden, „auf eine sehr eigenständige, vergleichbar subversive Weise auf künstlerische Hegemonieansprüche des Südens zu reagieren" [199: G. MESSLING, Anarchist, 25]. Die ersichtlich von Tacitus' „Germania" inspirierte Vorliebe für die Darstellung „der dichtbewaldeten deutschen Lande" [280: J. SANDER u. a., Bilder, 47] verwies auf die unter deutschen Humanisten verbreitete „Idee einer eigenständigen, mit Italien ebenbürtigen kulturellen und historischen Identität Deutschlands", für die namentlich das „Germania-illustrata"-Projekt des Konrad Celtis stand [199: G. MESSLING, Anarchist, 24]; darüber wird im Humanismus-Kapitel noch zu sprechen sein (s. u. 209 ff.).

Skulptur und Architektur

Die Bildhauer pflegten noch lange den spätgotischen Stil eines Veit Stoß oder Tilman Riemenschneider; nur wenige wie Peter Fischer d. Ä. und seine Söhne Hermann und Hans, wie Dürer aus Nürnberg, schufen Grabmäler, Medaillen, Plaketten und Brunnenfiguren, die den Einfluss der italienischen Renaissance verrieten. Dagegen setzte sich die Architektur im Stile der Renaissance in Deutschland flächendeckend durch, wobei es zu mancher Synthese mit gotischen Vorgängerbauten kam. Das galt für die Schlösser, bei denen das Spektrum von einzelnen dekorativen Zusätzen über die Anlage neuer Flügelbauten bis zur Errichtung eines völligen Neubaus reichte, der freilich eher selten blieb. Beispiele sind ein neues Hauptportal und ein neuer Ofen in Marburg, der Ottheinrichsbau in Heidelberg und die von Grund auf erneuerte Schlossanlage in Aschaffenburg. Gleiches galt aber auch für Rathäuser und Bürgerhäuser; „sie blieben meist spätgotisch in der Tektonik" und wurden mit einer „Hülle von kunstgewerblichen Dekorationen in klassizistischem Geschmack überzogen". Ein Neubau wie das 1615–1620 errichtete Rathaus von Augsburg war eher die Ausnahme [273: G. Ritter, Neugestaltung, 450 f.].

Humanisten

Schon vor den bildenden Künstlern begannen die Humanisten hervorzutreten; sie sind samt ihren Hauptrichtungen und Netzwerken, ihren Prämissen und Motiven, ihren Gegnern und Förderern, ihren Plänen und Hervorbringungen im einzelnen bestens erforscht; das nächste Kapitel wird von ihnen eine allgemeine Charakteristik geben.

Zeitgenössisches Künstler-und Gelehrtenlob

Es ist bemerkenswert, dass schon frühe Zeitgenossen das Aufkommen der Renaissance-Kunst wie des Humanismus in Deutschland registriert haben. Der Humanist Jakob Wimpfeling listete in seiner 1505 erschienen Deutschen Geschichte, die, gegenüber den ebenso bewunderten wie beneideten Italienern, die großen Ruhmestaten der deutschen Nation, auf welchem Gebiet auch immer, verkünden sollte, gegen Ende die großen Gelehrten und Künstler in neuerer Zeit auf, von denen er meinte, dass sie sich mit den Italienern messen könnten. Am höchsten standen ihm Rudolf Agricola, der – in gleicher Weise in der griechischen, lateinischen und hebräischen Sprache bewandert – von den Italienern selbst gelobt werde, und Albrecht Dürer; dieser gegenwärtig vorzüglichste Maler verfertige die vollkommensten Bilder, die von Kaufleuten nach Italien gebracht und dort von den anerkanntesten Malern so hoch geschätzt würden wie die Gemälde von Parrhasios oder Apelles [322: J. Wimpfeling, Epitome, 365 f. u. 376]. Wimpfeling scheute sogar nicht einmal davor zurück, Petrarca, den „omnium bonarum artium instaurator", unter Verweis auf dessen Treue zum Kaiser zumindest indirekt für die deutsche Nation zu beanspruchen [ebd., 358].

1.2 Zweifel an einer deutschen Renaissance-Kultur

Gängige Vorstellungen von deutscher Renaissance

Sofern in der Forschung schlechthin von deutscher Renaissance die Rede ist, sind gewöhnlich solche Namen gemeint. Dieser Sprachgebrauch begegnet bei Ludwig GEIGER, der Renaissance faktisch mit Humanismus gleichsetzt, mutatis mutandis in der „deutschen Renaissance" Konrad BURDACHS und in der „europäischen Renaissance" von Peter BURKE. Er findet sich auch durchgängig noch in neueren allgemeinen Darstellungen zur deutschen Geschichte der frühen Neuzeit. Bernd MOELLER spricht zwar 1977 einmal ganz allgemein von „deutscher Renaissancekultur", aber unverkennbar mit besonderem Blick auf den Humanismus [207: B. MOELLER, Deutschland, 43 f. u. 76]. Heinrich LUTZ kennt 1983 sogar nur einen „Renaissance-Humanismus in Deutschland" [182: H. LUTZ, Das Ringen, 478]. Heinz SCHILLING versteht 1988 unter deutscher Renaissance Maler wie Hans Baldung Grien und die Humanisten [284: H. SCHILLING, Aufbruch, 31 ff.]. Horst RABE kennzeichnet 1989 den „Humanismus" als „jene Teilerscheinung der Renaissance", die „für die deutsche Geschichte der Jahrzehnte um 1500 eine besonders wichtige Rolle" gespielt habe; Renaissance ist dabei ein anderes Wort für die Gesamtheit „literarischer und künstlerischer Neuansätze" [251: H. RABE, Reich, 107]. Für Wolfgang REINHARD sind 2001 „Renaissance und Renaissance-Humanismus" dasselbe, und zwar in Italien wie in Deutschland [263: W. REINHARD, Probleme, 56].

Eingeschränkter Begriffsgebrauch

Allerdings erfüllt die Anwendung auf Künstler und Humanisten lediglich die schon bei BURCKHARDT topischen Teilbedeutungen des Renaissance-Begriffs. Dagegen wurde es bisher, soweit ich sehe, noch nicht unternommen, die erweiterte Bedeutung des Begriffs auf Deutschland anzuwenden und, nach dem Muster der italienischen Renaissance, von einer Kultur der Renaissance in Deutschland zu sprechen. Es war wohlbedacht, dass Karl BRANDI in seiner zuerst 1927 erschienenen „Deutschen Geschichte im Zeitalter der Reformation und Gegenreformation" den erweiterten Begriff für Italien und Frankreich reservierte [17: K. BRANDI, Deutsche Geschichte, 27, 208, 225 ff., 303 u. 409]. Dieter MERTENS (1940–2014) stellte 1998 fest, dass der „Periodenbegriff ‚Renaissance' [...] in bezug auf die deutsche Geschichte des 15. und 16. Jahrhunderts" unüblich sei [195: D. MERTENS, Renaissance-Humanismus, 187; Gegenbeispiel: 93: W. GOETZ, Ausgang, XXV], und Wolfgang REINHARD schrieb geradezu: „Für die Periodisierung der deutschen Geschichte" scheide Renaissance „von vornherein aus" [263: W. REINHARD, Probleme, 56]. Beide gaben die gleiche Begründung: dass man „die Reformation als dasjenige epochale Ereignis der deutschen Geschichte des 16. Jahrhunderts" angesehen habe, „das eine Zeitenwende herbeiführte und ein ganzes ‚Zeitalter' bestimmte" [195: D. MERTENS, Renaissance-Humanismus, 187]; „die Reformation" gelte „als Wendepunkt der deutschen Geschichte" [263: W. REINHARD, Probleme, 56].

Reformation statt Renaissance

Die „Zeitenwende", der „Wendepunkt", d. h. der Übergang vom Mittelalter zur Neuzeit, der sich in Italien oder Frankreich durch die Renaissance vollzog, wurde in Deutschland, wie man meinte, durch die Reformation herbeigeführt. Man hatte es in der deutschen Geschichte nicht mit einer Renaissance im Sinne des BURCKHARDT'schen Italien-Buches, sondern mit der Reformation zu tun. Beide Phänomene schlossen einander aus, ja, sie wurden als Gegensätze wahrgenommen. Die deutschen Renaissance-Künstler und Humanisten wurden im Zeichen von Reformation und Gegenreformation eingedämmt oder „umfunktioniert"; sie gerieten „rasch unter die Kontrolle der konfessionellen Eliten und wurde[n] für deren Zwecke instrumentalisiert" [ebd., 96].

2 Renaissance und Reformation: Entgegensetzung und Annäherung

2.1 Ein kontrastiver italienisch-deutscher Kulturvergleich

Geistesgeschichtliche Begründungen

Die landläufige Begründung für die Kontrastierung von Reformation und Renaissance lautete, dass sich die „geistliche" Reformation der „weltlichen" Renaissance entgegengesetzt habe; „die Reformation wurde dabei geradezu im grundsätzlichen Widerstreit zur Renaissance gesehen, die ihr als das Prinzip eines säkularen, vernunftorientierten Individualismus entgegengestellt wurde" [195: D. MERTENS, Renaissance-Humanismus, 187]. Das ist sicher nicht ganz falsch, bewegt sich aber derart im Allgemeinen und selbst Vagen, dass es, für sich genommen, keine Erklärungskraft besitzt. Ähnlich unbefriedigend war die umgekehrte Tendenz „der älteren, liberalen Geschichtsschreibung" des 19. Jahrhunderts, „Reformation und Renaissance als Parallelbewegungen, Luther und Machiavelli als ‚unbewußte Bundesgenossen' zu betrachten" [273: G. RITTER, Neugestaltung, 171]; das zielte auf Heinrich VON TREITSCHKE [303: H. v. TREITSCHKE, Politik, Bd. 1, 89; 295: STAATSGEDANKE, XXXVI], der sogar, sosehr er Luther über Machiavelli erhob, diesem konzedierte, er habe „mit der überlieferten Vorstellung des Mittelalters weit rücksichtsloser [gebrochen] als Luther" [302: H. v. TREITSCHKE, Luther, 240]. Auch daran ist gewiss manches richtig, aber doch durch eine abstrakte Personalisierung, die zugleich mit einer Beschränkung auf „geistige" Selbstauslegungen einhergeht, problematisch.

Kulturvergleich

Überhaupt reicht die geistesgeschichtliche Perspektive offenkundig nicht aus, um das Verhältnis von Renaissance und Reformation zu klären; ein von August BUCK herausgegebener Sammelband vom Jahre 1984 [268: RENAISSANCE – REFORMATION] zeigte Chancen und Grenzen dieser Betrachtungsweise, ebenso das 2002 erschienene Werk „Renaissance and Reformation" von Anthony LEVI [180: A. LEVI, Renaissance]. Um in diesen Dingen festen Boden unter den Füßen zu bekommen, ist ein Kulturvergleich vonnöten. Voraussetzung ist, dass man nicht nur die Renaissance, sondern auch die Reformation als ein Kulturganzes auffasst, dass man also die Umgestaltung des Glaubens und der Kirche, um die es sich zunächst handelte, zu der Gesellschaft, in der sie sich ereignet hat, in Beziehung setzt.

Joachimsen

Paul JOACHIMSEN hat einen solchen Kulturvergleich durchgeführt. Er sah die Reformation wie die Renaissance als alle einzelnen Sphären umfassendes Kulturgebilde an. Jede von beiden hatte dabei eine spezifische und damit unverwechselbare Ausprägung: JOACHIMSEN begriff die Renaissance „in dem erweiterten [Sinne] eines einmaligen Kulturphänomens von ganz singulärer Wesenheit" und die Reformation im Sinne „einer einmaligen geschichtlichen Erscheinung mit bestimmten soziologischen und geistesgeschichtlichen Merkmalen" [152: P. JOACHIMSEN, Vom Mittelalter, 20 u. 54]. Beide Kulturen waren nicht nur verschieden, sondern auch unvereinbar: „Renaissance und Reformation sind Gegensätze, sie sind es überall" [155: P. JOACHIMSEN, Renaissance, 144]. Dass Deutschland, anders als Italien, den Ausgang aus dem Mittelalter „nicht durch eine Renaissance, sondern durch eine Reformation" vollführte [152: P. JOACHIMSEN, Vom Mittelalter, 56], lag an den historischen Umständen. „Von all dem", was die Renaissance in Italien ermöglicht hatte, „gibt es nichts in dem Deutschland" des späteren Mittelalters [150: P. JOACHIMSEN, Der Humanismus, 338]. „Eine deutsche Renaissance im Sinne der italienischen [...] gab es nicht und hat es nie gegeben" [295: STAATSGEDANKE, XXX]. Sofern „Ansätze" für eine Renaissance-Kultur in Deutschland existiert hätten, seien sie „von der Reformation überholt" [zit. in: 182: H. LUTZ, Das Ringen, 90] oder „abgeschnitten und ersetzt worden" [153: P. JOACHIMSEN, Zur Psychologie, 558]. Aber JOACHIMSEN fügte sofort hinzu, das sei „nicht so zu verstehen, als ob ohne den Ausbruch der Reformation unsere [...] Entwicklung einen der [italienischen] entsprechenden Gang genommen hätte" [ebd.].

Politisch-soziales Kriterium

Den Maßstab für dieses Urteil lieferte ihm, im Anschluss an Burckhardt, jenes Merkmal, „das allein für die historische Begriffsbestimmung“ dessen „in Betracht kommt“, was – am italienischen Paradigma – unter Renaissance zu verstehen war: ihr „politisch-soziales Kennzeichen“ [150: P. Joachimsen, Der Humanismus, 332]. Die italienische Renaissance-Kultur konstituierte sich, über mehrere Entwicklungsstadien hinweg, im Stadtstaat, in dem der „Staat als Kunstwerk“ als Inbegriff des modernen Staates überhaupt erstmals in Erscheinung trat.

Renaissance-Staat und Reichsverfassung

Das spätmittelalterliche Deutschland war dagegen von diesem „besonderen Typus der politischen und sozialen Struktur“ weit entfernt [295: Staatsgedanke, XXX]; „die staatlichen und gesellschaftlichen Bedingungen“ waren hier vielmehr völlig andere [153: P. Joachimsen, Zur Psychologie, 558]. „Das deutsche Staatswesen des ausgehenden Mittelalters ist so ziemlich das Gegenteil der antiken Polis“, wie sie gleichsam im italienischen Renaissance-Staat wiedererstanden schien [150: P. Joachimsen, Der Humanismus, 338]. Während die italienischen Tyrannenherrschaften und Republiken sich innerhalb der *res publica christiana* verselbständigten, bestand diese in Deutschland in der Gestalt des Heiligen Römischen Reiches fort. Das als „hochgetürmte Lehnspyramide“ organisierte „hierarchische Imperium“ mit transzendenter Zwecksetzung war „durch die neuen herrschaftlichen Bildungen der Territorien, die der Städte und weiterhin der Einungen von Städten, Rittern, Fürsten und Bauern“ durchsetzt [153: P. Joachimsen, Zur Psychologie, 559], denen allen es einen rechtlichen Rahmen bot. Daraus konnte weder eine „rationale Erfassung des Staatsbegriffes“ resultieren [295: Staatsgedanke, XXX] noch ein „Ausgleich der Stände“ [153: P. Joachimsen, Zur Psychologie, 559] oder gar eine „Einschmelzung der Stände“ [150: P. Joachimsen, Der Humanismus, 338]. Die in den Reichsverband integrierten Stände hatten kein Interesse, diesen Zusammenhang zu zerreißen, da in ihm der Grund ihrer legitimen Existenz lag. Auch war keiner von ihnen willens oder imstande, einen partikularen Weg zum „Staat als Kunstwerk“ zu beschreiten.

Böhmen

Eine Ausnahme bildete das Königreich Böhmen in der Zeit Karls IV., das schon in den Renaissance- und Humanismusforschungen von Konrad Burdach eine große Rolle gespielt hatte. Hier erkannte Joachimsen „einen Herrscher und einen Staat, die die auffälligsten Analogien zum italienischen Renaissancestaat und Renaissanceherrscher zeigen“ [ebd.]: ein „in der Geschichte dieses Zeitraums“ wenig vergleichbares „Streben nach Zusammenfassung der staatlichen Kräfte in eine neue Ordnung“, „mit der für die koloniale Entwicklung charakteristischen Verschärfung der einzelnen Züge des Bildes" [152: P. JOACHIMSEN, Vom Mittelalter, 39]. Er sah da auch eine von Petrarca beeinflusste „Parallelerscheinung zum italienischen Humanismus" [ebd., 51], „die auf eine humanistische Formung der Kultur hinzuweisen" schien [150: P. JOACHIMSEN, Der Humanismus, 338]. Aber dieses „Gebilde" war im Deutschland seiner Zeit ein „Fremdkörper" [ebd.], der obendrein „in der hussitischen Revolution" zugrunde ging [152: P. JOACHIMSEN, Vom Mittelalter, 51].

Fürsten

Seitdem hatten die Fürsten des Reiches beim Ausbau ihrer Territorien große Fortschritte gemacht: Sie errichteten „oberste Behörden als Gliederung und Zusammenfassung der Landesverwaltung"; sie sorgten „für Sicherheit, Recht und Ordnung"; sie erlangten eine „Landeshoheit in Kirchensachen". Aber sie führten doch in Vielem nur alte Einrichtungen fort und mussten sich im Innern ihrerseits mit Ständen arrangieren; sie trieben Verwaltung, keine Politik. Insgesamt war der Eindruck „der Dürftigkeit" unabweisbar: „dieser Territorialstaat, selbst unfertig, ohne eigene moralische Rechtfertigung, repräsentiert durch primitive, unpolitische oder unbeherrschte Menschen" [154: P. JOACHIMSEN, Die Reformation, 39 f. u. 278].

Ritter, Bauern und Städte

Mit den anderen Ständen war erst recht kein „Staat als Kunstwerk" zu machen. Die Reichsritterschaft fühlte sich „im Gegensatz zu der gesamten Entwicklung der Zeit": „ein wahrhaft anarchisches Element" [ebd., 43]; auch bei den Bauern handelte es sich um einen „Stand", der – entgegen den auf rechtliche und wirtschaftliche Abschließung ihrer Territorien gerichteten Bestrebungen der Fürsten – „um sein Recht" kämpfte [ebd., 141]. Die Reichsstädte nahmen an Handel und Gewerbe zu; „der neue kaufmännische Geist" brachte sie teilweise auf eine Höhe mit den italienischen. Sie wussten zugleich gegenüber Rittern und Fürsten „ihre politische Selbständigkeit" zu behaupten: freilich „eine Selbständigkeit sehr prekärer Art" [ebd., 43]. Das unterschied sie von den italienischen Stadtstaaten: „Es ist [...] bedeutsam, daß der großartige Aufschwung des deutschen Bürgertums und Städtewesens weder zur politischen noch zur geistigen Verselbständigung des munizipalen Wesens im Sinne der Renaissance geführt hat. Keine der deutschen Städte ist Staat geworden" [152: P. JOACHIMSEN, Vom Mittelalter, 39]. Alles politische Leben stand, im Großen wie im Kleinen, im Zeichen des „Universalismus der res publica christiana des Mittelalters" [295: STAATSGEDANKE, XXX]. Die großen Themen, die das spätmittelalterliche Deutschland beherrschten, waren, in engster Verbindung, „die Fragen der Reichs- und Kirchenreform" [154: P. JOACHIMSEN, Die Reformation, 51].

Humanismus

Allerdings bestritt JOACHIMSEN nicht, dass in diesem Umfeld auch Renaissance-Elemente wirksam wurden. Sie betrafen aber nicht die politisch-soziale Basis, sondern sozusagen den künstlerisch-intellektuellen „Überbau", konnten sich also nicht zu einer eigentlichen Renaissance-Kultur fügen. Als „geschichtliche Kraft" erwies sich vor allem der Humanismus [150: P. JOACHIMSEN, Der Humanismus, 337].

Deutsche Abwandlungen

In Italien entwickelte er sich aus dem Bedürfnis, die Existenz des Renaissance-Staates durch eine ästhetisch und ethisch gedachte „Wiederbelebung des Altertums" zu rechtfertigen; er traf da „auf ihm homogene Bedingungen" [ebd., 325 f. u. 337]. Dagegen traf der Humanismus in Deutschland auf ihm heterogene Bedingungen. Hier fiel ihm die Aufgabe zu, ganz andere politisch-soziale Zustände zu legitimieren: nicht den autonomen „Staat als Kunstwerk", sondern eine Staatenwelt, die im Universalismus des Heiligen Römischen Reiches ihren letzten Vereinigungspunkt hatte, das alles eingeordnet in die Idee einer „restitutio christianismi" [155: P. JOACHIMSEN, Renaissance, 135]. Daraus ergaben sich, verglichen mit Italien, Abwandlungen des Humanismus. Man übernahm von den italienischen Humanisten das ästhetische Ideal einer Formung durch die Antike und trieb Rhetorik und Poesie nach dem Vorbild Ciceros und Vergils. Jedoch „das Reich der sittlichen Werte" verortete man einerseits in der germanisch-deutschen Vergangenheit und andererseits im biblischen Altertum, auf die man jeweils die Erneuerung von Reich und Kirche gründete. Die „Probleme der Formung und der Normierung" fielen also im deutschen Humanismus auseinander [150: P. JOACHIMSEN, Der Humanismus, 349].

Begrenzte Öffentlichkeit

Die Begegnung mit der staatlich-politischen Sphäre fand hauptsächlich in Schulen und Universitäten statt, die „das nächste Wirkungsgebiet des deutschen Humanismus" wurden: Durch „das Fehlen von Staat und Gesellschaft im italienischen Sinn" waren sie einstweilen der einzige „öffentliche" Raum, den die Humanisten zu besetzen vermochten [ebd., 343]. Von den Universitäten, die „Fürstenuniversitäten" waren [ebd.], führte ein Weg an die Fürstenhöfe, der freilich auf strukturell unüberwindbare Hindernisse stieß. Man wusste „Feste und politische Handlungen durch Prunkreden zu verschönen", aber ohne dass doch „von einer Wirkung dieser Rede auf das öffentliche Leben" gesprochen werden konnte [ebd]. Ein Fürst wie der Wormser Bischof Johann von Dalberg war zwar ein „allseitig aufgeschlossener Mensch", „aber im Grunde ein fürstlicher Dilettant" [ebd., 351].

Kaiser Maximilian

Ähnlich widersprüchlich stellte sich der Kaiser Maximilian dar: „Von dem italienischen Renaissancefürstentum" übernahm er „den Begriff des Ruhms, des Andenkens bei der Nachwelt, des

Mäzenatentums“; aber die „Formen seiner Fürstlichkeit sind die ritterlichen“, sein „Lebensinhalt ist das Abenteuer, ganz im Sinne des alten Rittertums“ [ebd., 352]. Seine „Ausschreiben und Reden, die all seine Handlungen begleiten“, haben zwar „ein großes Stück der deutschen öffentlichen Meinung geschaffen“, die die Humanisten, zugleich im Zuge ihrer Selbstorganisation in „Sodalitäten“, nutzen konnten [ebd., 349 u. 352]; aber umso mehr trat hervor, dass beide Seiten dabei keineswegs zur Deckung kamen.

Reformation vs. Renaissance

Statt der Renaissance gab es in Deutschland die Reformation. Sie ließ sich für Joachimsen zwar nicht einfach aus den herrschenden politisch-sozialen Verhältnissen ableiten, hatte aber in ihnen notwendige Voraussetzungen und brachte einen Staat hervor, der die bisherige Entwicklung fortsetzte und radikalisierte. Auf ihm beruhte die Kultur der Reformation, so, wie die Kultur der Renaissance in Italien auf dem „Staat als Kunstwerk“ beruhte. Joachimsen fixierte sich dabei auf den „Territorialstaat, der sich zur neuen Lehre bekannte“ [153: P. Joachimsen, Zur Psychologie, 562] und dabei „Interessen und Ideen“ verband [155: P. Joachimsen, Renaissance, 140]. Losgerissen von der alten *res publica christiana*, ohne den Reichsverband aufzukündigen, bildete er die herkömmliche „Landeshoheit in Kirchensachen“ zur exklusiven Verfügung über „ein neues Kirchenleben“ fort, durch die er mit dem „neuen Begriff der christlichen Obrigkeit“ verschmolz [154: P. Joachimsen, Die Reformation, 180 f.]. Er geriet dadurch in den denkbar schärfsten Gegensatz zum Staat der italienischen Renaissance, wie Joachimsen zusammenfassend bemerkte: „Daher sind die ersten Objekte der Staatsbetätigung im Renaissancestaat Politik und Wirtschaft, die ersten des Territorialstaats der Reformation waren Religion und Justiz“ [295: Staatsgedanke, LXXI]. Die katholischen Territorialstaaten in Deutschland hatten im Gegenzug keine Wahl, als sich in der gleichen Direktion fortzubewegen; sie waren insoweit ebenfalls „ein Erzeugnis der Reformation“ [ebd.]. Der Humanismus, der bis dahin auf den Universalismus der *res publica christiana* hingeordnet war, schwenkte auf die neue Lage ein und setzte damit seine Sonderentwicklung fort.

Erkenntnisinteresse

Joachimsen hat diese These nach 1918 ausgearbeitet, und es ist unverkennbar, wie sehr er dabei unter dem Eindruck der Zeitverhältnisse stand. Nach der deutschen Niederlage im Ersten Weltkrieg und der sich anschließenden Revolution, die er beide – gleich anderen – wie einen Schock erlebte, stellte sich ihm die Frage, wie es grundsätzlich um das Verhältnis der deutschen Nation zu den anderen europäischen Nationen bestellt sei, und er suchte diese Frage zu beantworten, indem er den Anfängen oder Ursprüngen der Nationenbildung in Europa an der Wende vom Mittelalter zur Neuzeit nachging. Renaissance und Reformation wurden ihm dabei zu Erkennungszeichen dieser Differenzierung. Der „Renaissance als einer gemeinsamen Kulturgrundlage der Nationen des westlichen Europa“ stellte sich da die Reformation als „Grundlage unseres deutschen Staatsgedankens“ entgegen [155: P. Joachimsen, Renaissance, 146 f.]: „In ihr und durch sie ist [...] der deutsche Geist [...] als ein selbständiges und eigentümliches Gebilde in dem großen Zusammenhang der abendländischen Kultur hervorgetreten“ [ebd., 142]. Veranlasst von einer aktuellen ethisch-politischen Herausforderung, war das ein logisch-analytischer Befund, der auch jenseits dieser genetischen Umstände ernst genommen werden muss und unbefangen auf seine Evidenz oder Plausibilität hin zu untersuchen ist.

2.2 Deutsche Renaissance-Kultur im Zeichen der Reformation

Renaissance, Humanismus, Reformation

Paul Joachimsen, so Heinrich Lutz, habe geschrieben, dass in Deutschland eine eigene Renaissance-Kultur nicht entstanden sei, da die Ansätze dazu von der Reformation überholt worden seien: „So“, fügte Lutz hinzu, „wird man heute wohl nicht mehr formulieren.“ Stattdessen boten sich ihm „andersgerichtete“ Fragen an: nach der Herkunft der „Reformation Luthers und Zwinglis aus der humanistischen Reformbewegung“, nach der Bedeutung des kirchlichen Umbruchs „für die Aufgaben und Träger des Renaissance-Humanismus“ und nach der „über die konfessionelle Spaltung hinweg“ bewiesenen „humanistischen Kontinuität [...] und Solidarität“ [182: H. Lutz, Das Ringen, 90 f.]. Diese Fragen krankten freilich daran, dass sie „Renaissance-Kultur“ und „Humanismus“ verwechselten. Obendrein waren sie Joachimsen keineswegs fremd. Er wusste durchaus, dass Luther und Zwingli humanistisch beeinflusst waren [150: P. Joachimsen, Der Humanismus, 375 f. u. 377 ff.], dass der Humanismus, zumal in der Gestalt von Melanchthon, der Reformation sein pädagogisch-philologisches Instrumentarium zur Verfügung stellte [ebd., 380 ff. u. 151: Ders., Loci communes] und dass es selbst in der Zeit der verfestigten Glaubensspaltung „den Wunsch nach einem auf Austausch und Erfahrung beruhenden consensus opinionum in der gebildeten Welt“ gab [144: P. Joachimsen, Andreae, 478]. Man geht auch gewiß nicht fehl in der Annahme, dass Lutz seine eigene Darstellung auf grundlegenden Einsichten und Nachrichten dieser Art aufgebaut hat. Joachimsen hätte allerdings auch nur den Anschein vermieden, die Reformation geradezu vom Humanismus herleiten zu wollen; es konnte sich für ihn dabei lediglich um ein Bedingungsverhältnis handeln, aus dem am Ende ein umgekehrtes Abhängigkeitsverhältnis wurde. Es ist nicht zu sehen, dass sich dagegen begründete Einwände erheben ließen.

2.2.1 Der Staat der Reformation als Renaissance-Staat

Die richtige Frage muss anders lauten, und LUTZ hat das Verdienst, sie jedenfalls indirekt aufgeworfen zu haben: Auf den Prüfstand gehört JOACHIMSENS Behauptung, dass in Deutschland Ansätze zu einer eigentlichen Renaissance-Kultur an der Reformation gescheitert seien. Natürlich genügt es nicht, dagegen den Humanismus ins Spiel zu bringen; es kommt vielmehr auf den politisch-sozial fundierten Kulturzusammenhang an, in dem Humanisten jeweils agieren. Aber dass der Humanismus, wie auch die Renaissance-Kunst, in der Reformation nicht einfach untergingen, sondern fortbestanden, hatte offenbar eine, wie auch immer begrenzte, Kongruenz oder Kompatibilität mit der Gesamtlage zur Voraussetzung. Schon ihr Aufkommen in vorreformatorischer Zeit kann als Indiz oder Indikator für ein politisch-soziales Modernisierungspotential gelten, das der Situation in Italien grundsätzlich analog war; in der Reformationszeit wurde diese Koexistenz oder Symbiose fortgesetzt. Möglichkeit einer deutschen Renaissance-Kultur

JOACHIMSEN selbst hat sich gelegentlich in diesem Sinne geäußert. Bemerkenswert ist, wie er das Verhältnis des sich formierenden Humanismus zur Umwelt als Wechselwirkung fasste und dabei den aktiven Part des Humanismus herausstrich: Er habe „die gesellschaftliche Umwelt, die die Italiener vorfinden, [...] erst schaffen" müssen [150: P. JOACHIMSEN, Der Humanismus, 347] und in seiner auf propagandistische Wirkung nach außen berechneten Selbstorganisation vorweggenommen, dabei „sein italienisches Vorbild direkt nachgeahmt und alsbald übertroffen" [153: P. JOACHIMSEN, Zur Psychologie, 560 f.]. Wechselwirkung

Vor allem aber brachte er wiederholt den Durchbruch des modernen Staates in Deutschland mit der Reformation in Verbindung. Zwar war er nicht der Meinung, „dass man den autonomen deutschen Staat [...] ohne weiteres aus der Reformation ableiten könnte"; dem stand einstweilen die Vorherrschaft der Theologie entgegen [295: STAATSGEDANKE, LXXIII]. Es bedurfte „der zweiten Fürstengeneration der Reformation", um hier einen allmählichen Emanzipationsprozess einzuleiten. Da fand JOACHIMSEN „Herrscher", „die mit ähnlicher Bewußtheit und Folgerichtigkeit ihre Herrschaft zum Staat ausgebaut haben" wie seinerzeit Karl IV. in Böhmen [152: P. JOACHIMSEN, Vom Mittelalter, 39], d. h. jener Herrscher, bei dem JOACHIMSEN eine Analogie „zu dem italienischen Renaissancestaat" entdeckt hatte. Einer dieser Fürsten, „ein Politiker der neuen Generation", war Moritz von Sachsen, der in sei- Moderner Staat und Reformation ner Zeit „nicht seinesgleichen“ hatte. Er ordnete in einer im Innern und nach außen komplizierten Situation alles dem einen Zweck unter, „sich in seiner Fürstlichkeit zu behaupten.“ „Religion und Politik waren ihm gleichmäßige instrumenta regni“: Er förderte im Innern das „Interesse der Reformation“ und folgte nach außen „den Forderungen eines neuen staatlichen Egoismus“ [154: P. Joachimsen, Die Reformation, 263 u. 267; dazu 210: Moritz von Sachsen].

Gemeingut der Forschung

Die Zusammenschau der Reformation mit der Bildung des modernen Staates in Deutschland war nicht neu. Joachimsen konnte sich auf klassische Aussagen in Rankes „Deutscher Geschichte im Zeitalter der Reformation“ berufen, die er selbst 1925/26 in einer historisch-kritischen Ausgabe herausbrachte. „Es liegt am Tage“, so hieß es da, „welchen Fortschritt die Unabhängigkeit der weltlichen Macht [...] durch diesen Gang der Dinge machte“, dass „die Religionsveränderung [...] zugleich einen vollkommenen politischen Umschwung“ eingeschlossen habe [256: L. v. Ranke, Deutsche Geschichte, Bd. 2, 358 u. Bd. 4, 115]. Seitdem ist diese Auffassung Gemeingut der Forschung. Jüngst hat man nochmals den „Beitrag“ der Reformation „zum Aufbau des modernen Staates“ prägnant umrissen: „nachdem die evangelische Lehre die Legitimität der privilegierten Sonderexistenz des geistlichen Standes aufgehoben hatte, konnten die werdenden ‚Staaten‘ darangehen, die kirchliche Autonomie zu beseitigen und sich das Kirchenwesen zu unterwerfen, mit der Alleinzuständigkeit des ‚Staates‘ gegenüber den Untertanen und einem beträchtlichen Ressourcenzuwachs durch Enteignung der Kirchengüter als Konsequenzen“, mitsamt einem „erheblichen Zuwachs an [...] mentalen Ressourcen“ [263: W. Reinhard, Probleme, 57 u. 314].

Renaissance-Staat deutschen Typs

Die Parallele oder Analogie zum Renaissance-Staat in Italien ist offensichtlich: Beide Male ging es darum, herkömmliche Bindungen abzustreifen, den Staat auf sich selbst zu stellen, die Macht im Innern zu konsolidieren, nach außen Staatsegoismus zu praktizieren. Staat und Politik wurden dort und hier autonom, folgten jeweils einem eigenen Interesse. Es gab aber noch eine weitere Parallele, und sie rechtfertigt es, den Staat der Reformation geradezu als Renaissance-Staat deutschen Typs zu bezeichnen. Das war die Art seiner Entstehung. Man hat gemeint, bei seiner Errichtung handle es sich „nur um einen Schub in einem langdauernden Prozeß“; sie habe „die längst erstrebte Unterwerfung der autonomen Rivalin ‚Kirche‘ durch die werdende Staatsgewalt endgültig ermöglicht“ [ebd., 57]. Das ist zunächst sicher richtig: Der deutsche Territorialstaat sah es seit dem späten Mittelalter als Kern seiner auf Erweiterung und Konzentration der fürstlichen Herrschaft gerichteten

Bemühungen an, die Kirche in seine Abhängigkeit zu bringen, und er war dabei durchaus erfolgreich; die „Landeshoheit in Kirchensachen", die sich im 15. Jahrhundert durchsetzte, ging dem landesherrlichen Kirchenregiment der Reformation voraus.

„Revolutionärer Neubeginn"

Dennoch war der Übergang vom einen zum anderen Regime alles andere als ein Moment evolutionärer Kontinuität, der sich nach Lage der Dinge sozusagen von selbst verstand; er verlief vielmehr in der Form „eines revolutionären Neubeginns" [ebd., 56]. Die Reformation war, entgegen einem heute wieder weithin grassierenden unhistorischen Kontinuitätsfuror [225: U. Muhlack, Die Renaissance], eine Revolution des Glaubens, und sie führte eine Revolution des Staates und der Politik herbei, die sich ebensowenig wie jene ohne Gewaltsamkeit vollzog. Zwar erklärte Ranke es, in Übereinstimmung mit den offiziellen Verlautbarungen der protestantischen Stände, für „das unbestreitbare Recht der höchsten Gewalt", „die Reform in ihren Gebieten durchzuführen" [256: L. v. Ranke, Deutsche Geschichte, Bd. 2, 346]; die Reformation sollte auf gar keinen Fall wie die Französische Revolution aussehen. Aber, gemessen an der hergebrachten Rechtsordnung, waren die Entmachtung und die Enteignung der alten Kirche in den protestantischen Territorien Akte der Machtanmaßung und der Usurpation, die durch die nachfolgenden Anschläge auf die geistlichen Fürstentümer noch eine weitere Dimension erhielten.

Berührung mit Italien

Es ist augenscheinlich, dass sich die Staaten der Reformation an dieser Stelle am engsten mit den italienischen Renaissance-Staaten berührten. Hier waren damit am ehesten die Voraussetzungen für „eine eigentliche Renaissance-Kultur" gegeben. Das erklärt jedenfalls, dass die Renaissance-Kunst und der Humanismus auch und gerade in diesem Umfeld weiter gedeihen konnten. Die im Handstreich autonom gewordene politische Gewalt war auf Legitimationsmuster angewiesen, wie sie die neue Kunst und die neue Gelehrsamkeit darboten; Schule und Hof bildeten dabei die institutionellen Zentren.

Burckhardt

Es ist nützlich, auch hier auf Jacob Burckhardt zu rekurrieren. Der Verfasser der „Kultur der Renaissance in Italien" hat mit geschultem Blick nicht nur das Problem einer deutschen Renaissance erkannt, sondern auch Wege zu dessen Lösung gewiesen. Er hat dazu zwar keine zusammenfassende Darstellung vorgelegt; wir haben uns lediglich an vereinzelte Bemerkungen, zumeist Vorlesungsnotizen, zu halten. Sie lassen sich aber leicht zu einem Gesamtbild von großer Geschlossenheit vereinigen, das die Überschrift „Kultur der Renaissance in Deutschland" verdient, auch wenn diese Wendung bei Burckhardt so nicht vorkommt.

Differenzen und Gemeinsamkeiten

Burckhardt zog die Singularität der Reformation gegenüber der Renaissance-Kultur in Italien durchaus nicht in Zweifel. Die Reformation als „Weltveränderung“ durch „religiöse Neuerung“ [157: W. Kaegi, Burckhardt, Bd. 5, 118 f.] stand gegen die Renaissance, wo „die Religion fast nur noch Kunst“ ist, wo alles „auf eine Deutung der Lebensräthsel unabhängig von der Religion“ hindrängte [37: J. Burckhardt, Über das Studium, 200 f.]. Allerdings kannte er vereinzelt religiöse Phänomene im Italien der Renaissance, die sich zur Reformation in Relation setzen ließen. Er verglich Savonarola, den exzentrischen Bußprediger, der – in seiner Art selbst eine Renaissanceerscheinung – „den Bildungsenthusiasmus der Florentiner“ sich vor ihm „zu beugen“ lehrte [33: J. Burckhardt, Kultur, 475], mit Luther: Beide empörten sich über „das weihelose Benehmen der Priester“ [ebd., 470 u. 483]. Burckhardt erwähnte auch Gedichte des 15. und beginnenden 16. Jahrhunderts, die „eine unmittelbare Religiosität“ verrieten und „meist auch von Protestanten geschrieben sein“ könnten [ebd., 482]. Dem entsprach, dass später Wirkungen der deutschen Reformation auf Italien ausgingen [ebd., 451]. Ganz allgemein hatten Renaissance und Reformation gemeinsam, dass sie jeweils die mittelalterliche Ordnung zerbrachen; sie führten auf je eigene Art vom Mittelalter zur Neuzeit: zwei „kolossale Ereignisse“ auf dem Weg in die Moderne [ebd., 452].

Spannungen

In Deutschland selbst schienen zunächst Spannungen oder Widersprüche zu überwiegen. Ja, Burckhardt ging gelegentlich so weit, der Reformation die Zerstörung alles dessen anzulasten, was es bis dahin an Renaissance-Elementen in Deutschland gegeben hatte. Er nahm „nach der Reformation eine vorherrschend matte Literatur und Poesie“ wahr [32: J. Burckhardt, Fragmente, 123]. Der „innere Druck“ ließ die „höhere Bildung“ hinter das bereits erreichte Niveau zurückfallen: Die „Humanisten verstummten“ [ebd., 120]. „Die deutsche Kunst ging unter“ [ebd., 121], und das „große Schlachtopfer hatte die Skulptur und Malerei zu bringen“ [ebd., 160]: Sie gingen der großen Themen der alten Kirche verlustig und waren jetzt „auf Porträt, Allegorien, Medaillen, Wappen und dergleichen reduziert“ [ebd., 161]; „die Teilnahme der bedeutendsten Künstler selbst an der Reformation“ leistete dem Vorschub [ebd., 121]. Die deutsche Kunst, die schon „vor der für sie bestimmten Vollendung zu stehen schien“ [ebd., 139], wurde durch die Reformation von diesem Kurs abgedrängt. Das bedeutete, dass die schon begonnene „Aneignung der Renaissance und Verschmelzung mit der großen italienischen Kunst“ am Ende scheiterte [ebd., 140]. Generell beklagte sich Burckhardt über den „Reformationszwang“, der „die sogenannte ‚geistige‘ Freiheit“ verhindert habe [ebd., 126 f.]; er widersprach damit HEGEL, der das „Prinzip der geistigen Freiheit“ mit der Reformation in Verbindung gebracht hatte [116: G. W. FR. HEGEL, Vorlesungen, 877].

Annäherung

Allerdings ergab ein zweiter Durchgang ein wesentlich anderes Bild. Die Poesie stagnierte, aber „durch Luthers Einwirkung war die Sprache veredelt“, außerdem „in der ganzen Literatur überhaupt der Verkehr, der Zusammenhang aller deutschen Lande außerordentlich gesteigert“: „alles, auch die Poesie war jetzt viel weniger provinzial als früher“ [32: J. BURCKHARDT, Fragmente, 160]. Skulptur und Malerei sanken, aber anders stand es um „das Bauwesen und Schmuckwesen der deutschen Renaissance“ [ebd., 141]. Die „jetzt bloß profane Architektur“ erreichte „eine originelle Umbildung der italienischen Renaissance“, und zwar durch die Applikation der von dorther übernommenen Formen „auf noch mittelalterliche Grundgedanken“; BURCKHARDT brachte dafür Beispiele von Heidelberg bis Aschaffenburg, die zugleich den architektonischen Gleichklang von Reformation und Gegenreformation bezeugten. Außerdem „zeigte sich als eine der höchsten Früchte des durch die Reformation noch mehr als durch die Renaissance geweckten Geistes die Wissenschaft“. Noch vor Jurisprudenz, Naturgeschichte, Geschichtsschreibung und Kosmographie nannte er die Philologie; die „große und wichtige Teilnahme“ an diesem Fach signalisierte, dass das humanistische Erbe doch fortlebte [ebd., 161]. Aus alledem ließen sich Mosaiksteine einer spezifisch deutschen Renaissance-Kultur zusammentragen, die sich von der italienischen unterschied, sie dabei teilweise sogar übertraf, jedenfalls anders akzentuiert war.

Politische Voraussetzungen

Den Schlussstein des Ganzen bildete die Entwicklung der deutschen Staatenwelt. Der moderne Staat war für BURCKHARDT die „Hauptschöpfung der neuern Geschichte“. Von den italienischen Tyrannenstaaten her verbreitete er sich über Europa und gelangte auch nach Deutschland. Hier vermochte er sich „nur in kleineren Kreisen“ zu etablieren, „während das Ganze erst recht auseinanderfällt“ [ebd., 87]. Die Entstehung der deutschen Territorialstaaten hatte schon vor der Reformation eingesetzt, erhielt aber durch sie einen so gewaltigen Auftrieb, dass dies mit ihrer eigentlichen Konstituierung identisch wurde; BURCKHARDT erblickte darin überhaupt eine Epoche in der Geschichte des modernen Staates in Europa. Die protestantischen Regierungen wurden nicht nur die „obersten Glaubensbehörden“ [ebd., 137], die „über die Religion und das Gewissen mit absoluter Machtvollkommenheit“ geboten [ebd., 134], sondern erbten auch „die bisherige politische

Macht der Kirche“ [ebd., 87]: „Es ist der größte Schritt zur Allmacht, welchen der Staat in vergangenen Zeiten getan hat“ [ebd., 135].

Reformation, Konfiskation und Renaissance

Der größte „Machtzuwachs“ [ebd., 138] kam von den „Güterkonfiskationen“: „Den Regierungen aber lag an den Kirchengütern und an der Machtsteigerung“ [ebd., 131 f.]. Für Burckhardt waren diese Erwerbungen nichts als „Raub“ [ebd., 132]; die Fürsten, die dazu schritten, waren „Gewalttäter“ [ebd., 118]; die „enorme Macht“, die sie daraus zogen, war „faktisch“ [ebd., 135]. Das waren Zuschreibungen, wie sie Burckhardt bei der Charakteristik der Tyrannenstaaten in Italien gebraucht hatte. Der Staat der Reformation ging wie der Staat der italienischen Renaissance aus „den furchtbarsten Rechtsbrüchen und Gewalttaten“ hervor [ebd., 90], und beide Male waren damit Grundlagen für eine so oder so zu gestaltende Renaissance-Kultur gelegt. Burckhardt gab zu erwägen, „wie die Reformation, und zugleich auf katholischer Seite die Gegenreformation, die Renaissance [verstanden als Inbegriff der neuen Kunst und Literatur] maßregelten und in ihre Dienste nahmen“ [ebd., 124]. Die Literatur, „das Bauwesen und Schmuckwesen der deutschen Renaissance“, die neuen Wissenschaften, die philologische Gelehrsamkeit: das alles konnte auf diesem Boden gedeihen.

2.2.2 Ein Beispiel: Albrecht von Preußen

Die Säkularisation des Ordenslandes Preußen

Einer der Fürsten der Reformation, die Burckhardt beim Namen nannte, war Albrecht von Preußen (1490–1568) [ebd., 132]. In der Tat: Der Zusammenhang von Reformation, Konfiskation und Renaissance, auf den es Burckhardt ankam, ist in diesem Fürsten exemplarisch personifiziert. Der Hochmeister des Deutschen Ordens nahm nicht nur als erster deutscher Fürst förmlich den neuen Glauben an, sondern vollführte auch mit der Umwandlung des Ordenslandes Preußen in ein erbliches Herzogtum im Jahre 1525 die erste Säkularisation eines geistlichen Fürstentums in der Reformationszeit. Dieser Schritt, der die vollständige Protestantisierung und die Einziehung aller im Land befindlichen geistlichen Güter nach sich zog, bedeutete einen spektakulären Affront gegen die „mittelalterliche“ Ordnung. Ein Herrschaftsgebilde, das seit seiner Gründung 1226/34 direkt unter Kaiser und Papst, „den beiden Universalgewalten“ der *res publica christiana*, stand [15: H. Boockmann, Geschichte, 235] und „das eigentümlichste Produkt des hierarchisch-ritterlichen Geistes der letzten Jahrhunderte in der deutschen Nation“ darstellte [256: L. v. Ranke, Deutsche Geschichte, Bd. 2, 372], trat mit Aplomb aus „der theokratischen Universalmonarchie“ aus [152: P. Joachimsen, Vom Mittelalter, 22], um fortan eine autonome Existenz zu führen. Man hat darin mit Recht einen „Staatsstreich", „einen schwerlich überbietbaren Rechtsbruch" einen „Gewaltstreich" gesehen [15: H. Boockmann, Geschichte, 238]; freilich sollte man beim Gebrauch dieser Wendungen jede Form von moralisch-juristischer Bewertung vermeiden, wie sie bei Burckhardt an vergleichbaren Stellen immer wieder durchbrach. Man kann das ganze Verfahren auch als Akt der Usurpation bezeichnen, vergleichbar jenen Akten der Usurpation, mit denen Burckhardt seine „Kultur der Renaissance in Italien" eröffnete.

Grundlegung

Es war allerdings kein Zufall, dass ein solcher Umsturz gerade in Preußen stattfand. Der „Staat des Deutschen Ordens, so mittelalterlich seine Idee war", wirkte durch seine politische Organisation von vornherein „fremdartig in der mittelalterlichen Staatenwelt" [117: H. Heimpel, Deutschland, 126]. Der Gründungsmeister, Hermann von Salza, stammte aus dem Umkreis Kaiser Friedrichs II. und war von dessen Aufbauwerk in Neapel-Sizilien geprägt. Er hatte also dasselbe Vorbild wie die frühen Tyrannen der Renaissance und suchte gleiche Regierungsgrundsätze auf das Ordensland zu übertragen. Die beiden Hauptsäulen des neuen Staates waren eine „zentralisierte Verwaltung" [94: W. Goetz, Deutschland vom 13. bis 16. Jahrhundert, 398], die auf allen Ebenen in den Händen des Ordens lag, und „ein ergiebiges Finanzsystem" [ebd.], das auf Einnahmen aus Handel und Grundbesitz beruhte; es gab keinerlei „ständische Privilegien" [117: H. Heimpel, Deutschland, 130]. Hermann von Salza und seinen Nachfolgern kam dabei zustatten, dass sie auf Kolonialboden agierten und daher fast uneingeschränkte Handlungsfreiheit besaßen: eine Parallele zum Böhmen Karls IV. und damit eine weitere Annäherung an die italienische Renaissance.

Höhepunkt und Abstieg der Ordensmacht

Der Höhepunkt der Ordensmacht war in der zweiten Hälfte des 14. Jahrhunderts erreicht: Der Orden beherrschte ein gewaltiges Territorium; der große auswärtige Gegner Polen war entscheidend geschwächt; im Innern herrschte Stabilität. Das Ordensland erschien damals mehr und mehr wie ein weltlicher Staat, der sich verstärkt auch um seine Schauseite kümmerte: „Die Ausgaben für Repräsentation werden groß"; die Marienburg strahlte fürstlichen Glanz aus [ebd., 130]: eine „gotische" Analogie zum Kunstsinn der italienischen Renaissance-Herrscher. Im Laufe des 15. Jahrhunderts sank das Ordensland von dieser Höhe herab: Das mit Litauen vereinigte Polen entriss ihm große Gebiete und ließ ihm einstweilen nur einen Teil des späteren Ostpreußen; die landsässigen Stände, Ritter und Städte, forderten Beteiligung an der Herrschaft. Wiederholt gingen der äußere Feind und der innere Gegner zusammen.

Die Situation bei Albrechts Amtsantritt

Als Albrecht von Brandenburg-Ansbach im Jahre 1511 das Amt des Hochmeisters übernahm, fand er völlig ungesicherte Verhältnisse vor. Die größte Gefahr ging vom König von Polen aus, der ihm die Oberlehnsherrschaft aufzwingen wollte; aber er musste immer auch mit Diversionen an der inneren Front rechnen. 1519 schlug er noch einmal gegen Polen los, aber ohne Erfolg; der Friedenschluss blieb trügerisch.

Befreiungsschlag

In dieser Situation entschloss sich Albrecht zum Befreiungsschlag der Usurpation. Sie stellte ihn vor dasselbe Problem der Machtbehauptung, vor dem die italienischen Tyrannen gestanden hatten, und er bediente sich der gleichen Mittel.

Der Weg zur Säkularisation

Was Albrecht sich von der Säkularisation des Ordenslandes erhoffte, war zunächst eine Sicherung seiner Herrschaft nach außen. Schon im Vorfeld agierte er ebenso mutig wie klug. Er vollführte nämlich eine kühne Rochade, die ihn mit einem Schlag in die vorteilhafteste Position brachte: Bisher mit Kaiser und Papst gegen Polen verbündet, wechselte er, als er sich zuletzt von beiden im Stich gelassen sah, auf die andere Seite. Gegen die bis dahin verweigerte Anerkennung der polnischen Oberlehnsherrschaft bekam er mit der Erhebung zum erblichen Herzog einen in seiner Existenz unangefochtenen dynastischen Fürstenstaat. Die Lehnsurkunde vom 10. April 1525 brachte dieses polnisch-preußische Arrangement in eine rechtliche Form, die scharf mit der tatsächlichen Illegitimität des Vorgangs kontrastierte [15: H. Boockmann, Geschichte, 236 u. 238].

Glaubenswechsel

Von Albrechts Glaubenswechsel war in der Urkunde keine Rede. Aber der König von Polen, der das Luthertum im eigenen Land unterdrückte, nahm ihn hin. Dass er darüber in einen Gegensatz zu Kaiser und Papst geriet, kam Albrecht sehr gelegen, weil dies seine Stellung gegenüber der polnischen Oberlehnsherrschaft verstärkte: „Eben aus dem Konflikt der katholischen Gewalten erhob sich die neue Kirchenform mit unbedingter Notwendigkeit“ [256: L. v. Ranke, Deutsche Geschichte, Bd. 2, 379], die sich zugleich als Unterpfand seiner faktischen politischen Unabhängigkeit erwies.

Sicherung nach außen

Mit der gleichen Virtuosität, mit der Albrecht zu seiner neuen Machtstellung gelangt war, wusste er sie in der Folge nach außen unangreifbar zu machen. Er pflegte nicht nur weiterhin gute Beziehungen zum König von Polen, sondern auch zu seinen nordischen Nachbarn und zu einzelnen protestantischen Reichsfürsten; er heiratete 1526 eine dänische Prinzessin und schloss im gleichen Jahr mit dem Kurfürsten von Sachsen „eine förmliche Abkunft“ [ebd., 380]. Dieses nach allen

Seiten ausgewogene Verhältnis war die Voraussetzung für eine Jahrzehnte dauernde Friedenszeit, in der Albrecht von außen keine Gefahr drohte.

Konsolidierung im Innern

Diese Konstellation gestattete es dem Herzog zugleich, seine Herrschaft auch im Innern zu befestigen, wie auch umgekehrt die innere Konsolidierung seine äußeren Erfolge bedingte. Er reorganisierte den aus der Ordenszeit überkommenen Verwaltungsapparat, errichtete eine evangelische Landeskirche und straffte das Gerichtswesen. Von größter Bedeutung war, dass er die Konfrontation mit den Ständen überwand oder neutralisierte. Anders als im Italien der Tyrannenzeit war die ständische Gesellschaft fest etabliert; auch behielten die ständischen Korporationen ihre gegen den Orden erkämpften Mitregierungsrechte. Andererseits ließen Säkularisation und Glaubenswechsel eine gemeinsame Staats- und Religionsgesinnung entstehen, auf die der Herzog bauen konnte. Statt weiterhin gegen ihn zu opponieren, gliederten sich die Stände einstweilen dem herzoglichen Herrschaftssystem ein, das damit an Machtvollkommenheit gewann. Die Wechselwirkung zwischen äußerer und innerer Erstarkung war hier besonders augenscheinlich.

Höfische Kultur

Aber Albrecht setzte noch weitere Mittel ein, um seiner Macht Rückhalt zu geben. Nicht anders, als es die italienischen Tyrannen vorgeführt hatten, war er im Grunde bestrebt, alle Sphären der Kultur seinem System einzuverleiben und so auch auf diese Weise den Makel der Illegitimität loszuwerden. Im Zentrum dieser Bemühungen stand der fürstliche Hof. Der „klösterliche Hof der Ordenszeit [wandelte sich] zum frühneuzeitlichen Hof einer neuen Dynastie“; man lebte fortan nach einer „Hofordnung“, die „die Ordensregel ablöste“ [315: W. D. WAGNER, Schloß, Bd. 1, 98]. Der Hof war Sitz des Herrschers und der Landesverwaltung; der Herzog suchte dort aber auch eine „neue Kultur der Prachtentfaltung und Festesfreude“ [90: FR. GAUSE, Geschichte, Bd. 1, 238] zu etablieren, die seine Herrschaft mit ästhetischer Gloriole umgeben sollte.

Das Königsberger Schloß

Den Rahmen bot das „im neuen Stil der Renaissance“ [ebd., 240] um- und ausgebaute Schloss in Königsberg, der Hauptstadt des Landes. Albrecht, der überhaupt „ein reges Interesse an Fragen der Baukunst zeigte“ [315: W. D. WAGNER, Schloß, Bd. 1, 99], engagierte Architekten und Handwerker aus Deutschland, meist aus seiner fränkischen Heimat, konnte aber zunehmend auch einheimisches Personal heranziehen. Das neue Albrechtstor, eingerahmt durch zwei Lisenen, in der oberen Mitte von einem Inschriften-Fries beherrscht, mit einem Segmentbogen überspannt und in ein Torhaus mit beidseitigen Erkern und Satteldach eingelassen, war – in „einfachen“ Formen – „der erste Renaissancebau in Preußen“ [ebd., 102 f.].

Bildende Kunst

Ein Prunkstück höfischer Kultur war die Gemäldesammlung des Herzogs. Er besaß Bilder von Dürer, von den beiden Cranach und von Hans Krell; der ältere Cranach hat ihn zweimal porträtiert. Albrecht stellte auch Hofmaler ein, darunter einen aus der Schule Dürers, und schickte einen jungen Mann in die Werkstatt des jüngeren Cranach, um ihn dort zum Maler ausbilden zu lassen [90: Fr. Gause, Geschichte, Bd. 1, 238 ff.; 315: W. D. Wagner, Schloß, Bd. 1, 99 ff.].

„Pflanzstätte des Humanismus“

Neben der bildenden Kunst hielt er die neue humanistische Richtung für förderungswürdig. Er umgab sich mit humanistischen Gelehrten, um „seinen Hof zu einer Pflanzstätte des Humanismus zu machen“ [90: Fr. Gause, Geschichte, Bd. 1, 268]. Schon 1524 war Crotus Rubeanus, Mitverfasser der Dunkelmännerbriefe, gekommen: Er diente dem Herzog als Privatsekretär, lieh ihm seine lateinische Feder für eine Schrift, „mit der sich Albrecht gegen die Anklagen des Deutschmeisters wegen der Aufhebung des Ordens zur Wehr setzte“, und legte den Grundstock für die Schlossbibliothek; seine wachsende Distanz zur Reformation hatte zur Folge, dass er Königsberg 1530 verließ [ebd., 273; 136: G. Huber-Rebenich, Crotus Rubeanus, 506]. An seine Stelle trat 1540 Georg Sabinus, ein ebenso eleganter wie vielgelesener Poet. Er bereitete im Auftrag des Herzogs die 1544 ins Werk gesetzte Gründung der Königsberger Universität vor, an der er als Rektor und Professor der Poesie wirkte; zu seinen Hauptaufgaben gehörte es, „alle Ereignisse am Hof mit Gelegenheitsgedichten, Festreden, Elegien und Eklogen zu begleiten“ [90: Fr. Gause, Geschichte, Bd. 1, 273, 294 f. u. 297].

Lateinschulen

Mit der Einrichtung der Universität ging die Umwandlung der Königsberger Stadtschulen in moderne Lateinschulen einher, die zu „Stätten humanistischer Gelehrsamkeit und evangelischen Glaubens“ wurden [ebd., 287]. Alle diese Bemühungen und Maßnahmen folgten dem einen Motiv, das Prestige des Herzogs zu steigern und damit seiner illegitim erworbenen Herrschaft auch von dieser Seite her Anerkennung zu verschaffen.

Legitimierung durch die Reformation

Was wir hier vor uns haben, ist eine Renaissance-Kultur reinsten Wassers. Sie genügte allen Kriterien, die Burckhardt für die „Kultur der Renaissance in Italien“ aufgestellt hat. Gewiss, es bleibt dabei, dass die Reformation selbst ein unterscheidendes Merkmal ausmachte. Der Herzog handelte in allem, was er tat, im Namen des neuen Glaubens und akzeptierte insoweit eine religiöse Bindung, von der die italienischen Tyrannen ganz frei waren. Aber gerade diese geistliche Verpflichtung oder Selbstverpflichtung war für die Verfolgung seiner „weltlichen" Ambitionen von größtem Vorteil, ja, das vornehmste Attribut seiner Macht. Der „Rechtsbruch", die je nach Interessenlage kalkulierte Außenpolitik, die Errichtung eines klar gegliederten Staatsapparates, die Durchdringung aller kulturellen Sphären, die Inszenierung seiner Herrschaft überhaupt: Das alles ließ sich von dem neuen Glauben her rechtfertigen und damit umso erfolgreicher praktizieren. Der Aufstieg des Herzogs zu einem Fürsten der Renaissance erhielt durch die Reformation eine höhere Legitimation. Das institutionelle Herzstück dieser Konfiguration bildete die Landeskirche. Sie war im ganzen protestantischen Deutschland „ein Element der Macht" und wurde daher in strikter „Abhängigkeit vom Staate" gehalten [30: J. Burckhardt, Weltgeschichtliche Betrachtungen, 105], der insbesondere auf dogmatische Geschlossenheit pochte, vor allem „auch zur Sicherung [der] Konfiskationen": „Die feste Orthodoxie ist gleich Raubbehauptung" [32: J. Burckhardt, Fragmente, 132]; daher „der entsetzliche Zwang zur protestantischen Predigt und Abendmahl. Man hätte sonst für die Beute fürchten müssen" [ebd., 128]. Albrecht von Preußen, der „persönlich zur Duldsamkeit [neigte]" [15: H. Boockmann, Geschichte, 244], setzte „Todesstrafen auf den Katholizismus" aus, „und dies ganz gewiss nicht aus religiösem Fanatismus" [32: J. Burckhardt, Fragmente, 132].

2.2.3 Nachtrag und Resümee

Neuere Forschungen zu anderen protestantischen Territorien haben Teilergebnisse zutage gefördert, die gut zu der eigentümlichen Verschränkung von Reformation und Renaissance passen, wie sie bisher skizziert worden ist. Manfred Rudersdorf und Thomas Töpfer haben „ Fürstenhof, Universität und Territorialstaat" in Kursachsen, dem Ursprungsland der Reformation, untersucht [278: M. Rudersdorf u. Th. Töpfer, Fürstenhof]. Der Landesherr bediente sich „neuer Formen der fürstlichen Repräsentation" [ebd., 233], die seinem Streben nach „Strukturerneuerung" entsprachen [ebd., 221]: Er war der „Impulsgeber [...] für das neue, vom Geist des Humanismus erfüllte Klima an Hof und Residenz" [ebd., 259], das auch der „Förderung neuer Kunstformen" zugutekam [ebd., 233]; die Universität Wittenberg, die sich dem „evangelischen deutschen Bildungshumanismus" verschrieb [ebd., 260], wurde gleichfalls zum Aushängeschild der „Fürstenobrigkeit" [ebd., 259]. Die beiden wichtigsten Helfer waren dabei Lucas Cranach d. Ä., der durch den „Einsatz neuer, anspruchsvoller künstlerischer Techniken" als „modern" galt und damit das Bedürfnis nach „einer wirkungsvollen fürstlichen Repräsentation"

Kursachsen

erfüllte [ebd., 230 f.], und Philipp Melanchthon, der in Wittenberg „den Aufstieg der evangelischen Musteruniversität [...] zu europäischer Ausstrahlung begründete“ [ebd., 237]. Insgesamt agierte der Kurfürst als „der prominente Förderer einer ‚neuen‘ humanistisch beeinflußten Renaissance-Geistigkeit“ [ebd., 224], die zwar hinter dem „Glanz der italienischen Fürstenhöfe“ zurückstand, aber doch einem mit ihnen gemeinsamen Horizont zugerechnet werden kann [ebd., 232].

Kurpfalz und Württemberg

Dieter MERTENS hat sich mit der Kurpfalz und Württemberg um 1600 befasst [193: D. MERTENS, Hofkultur]. Beide Territorien hatten verschiedene „politische Kulturen“ [ebd., 70]: die Pfalz war calvinistisch, ohne starke Stände und dem „katholischen Kaiser“ [ebd., 69] entgegengesetzt; Württemberg war lutherisch, hatte einen Landtag, in dem auch die vom Landesherrn ernannten „Vorsteher“ der eingezogenen Kirchengüter saßen [ebd., 68], und suchte sich zeitweilig mit dem Kaiser zu arrangieren. Umso bemerkenswerter war, dass sich „die höfische Festkultur erstaunlich einheitlich“ entwickelte: „Höfische Repräsentationskunst ist weitestgehend konfessionsunabhängig“ [ebd., 70 f.]. Die „Renaissance“ trat beim Umbau der Schlösser in Heidelberg und Stuttgart wie bei der „Theatralisierung der Feste“ hervor [ebd., 70 u. 76]. Zur „Blüte des Heidelberger Späthumanismus in Literatur und Philologie“ gab es freilich in Stuttgart kaum ein Äquivalent, wo vielmehr die Theologie dominierte [ebd., 82 f.].

Deutsche Renaissance-Kultur

Alles in allem genommen, darf man resümieren, dass in Deutschland jedenfalls ansatzweise eine Renaissance-Kultur existierte, die der von BURCKHARDT beschriebenen „Kultur der Renaissance in Italien“ in wesentlichen Hinsichten glich, und dass die Reformation dieser Kultur nicht entgegenstand, sondern durchaus mit ihr vereinbar war. Die Kultur der Reformation nahm die Kultur der Renaissance in sich auf und förderte sie. Wenn es nicht dem etablierten Begriffsgebrauch eklatant widerspräche, könnte man die Kultur der Reformation einfach als deutsche Variante oder Ausgabe der „europäischen“ Renaissance bezeichnen.

3 Gegenreformation

Der katholische Territorialstaat

Freilich sollte man diesem Befund auch die deutsche Gegenreformation hinzufügen, die sich in dieser Beziehung nicht grundlegend von der Reformation unterschied. Der Territorialstaat war auch hier der Gewinner. Die katholischen Fürsten stellten sich an die Spitze des Kampfes um „Selbsterhaltung“, den die Reformation der alten Kirche aufgenötigt hatte, und führten ihn ebenso „unbedingt“, wie das die Protestanten vorgemacht hatten [32: J. Burckhardt, Fragmente, 142]. Zu diesem Zweck übernahmen sie, wenn auch im Rahmen der päpstlichen Universalmonarchie, gleichfalls die „Herrschaft über die Kirche", die vor der „Herrschaft über die Seelen" nicht haltmachte [ebd., 126].

Symbiose von Gegenreformation und Renaissance

Diese Wendung zur staatlich-politischen „Allmacht" war ein Renaissance-Phänomen, das nach entsprechender künstlerischer und literarischer Legitimierung verlangte. Man hat den Renaissance-Humanismus insoweit mit Recht „als Erfolgsrezept der Gegenreformation" bezeichnet [323: P. Wolf, Humanismus, 299]. Bayern, das „‚Paradebeispiel' eines konfessionell altgläubigen Territoriums" [ebd., 264], war auch das Paradebeispiel für eine Verbindung von Gegenreformation und Renaissance. In München entwickelte sich während des 16. Jahrhunderts ein Hof „von ausgesprochen humanistischer Prägung", die im „Münchener Späthumanismus" ihren Höhepunkt hatte [212: N. Mout, Späthumanismus, 51]; die 1564 gestifteten Jesuitenkollegien in Ingolstadt und München leiteten die allgemeine Einrichtung von „katholischen humanistischen Gymnasien" ein [323: P. Wolf, Humanismus, 286]. Sehr gut erforscht ist die habsburgische Hof- und Festkultur in dieser Zeit. „Das höfische Fest der Renaissance", das „Gelehrte, Künstler, Handwerker" zu organisieren hatten, war an den habsburgischen Höfen des 16. Jahrhunderts eine feste Einrichtung [279: H. Rudolph, Feste, 179]. Eine bemerkenswerte Konstellation stellte sich dabei am Prager Hof Rudolfs II. ein. Der Versuch des Kaisers, „seine majestätischen Ansprüche der absoluten Autorität" von seinen Humanisten propagieren zu lassen, verschaffte ihm zwar den „Ruf eines hochgebildeten Mäzens und anspruchsvollen Förderers des Humanismus", kontrastierte aber mit der Tatsache, dass er politisch „vollkommen gescheitert war", dass also die von ihm veranlasste „humanistische Offensive" ihren Zweck verfehlte [212: N. Mout, Späthumanismus, 63].

Aschaffenburg

Ein letztes Beispiel für die Symbiose von Gegenreformation und Renaissance sei das kurmainzische Aschaffenburg. Hier ließ der Kurfürst Johann Schweikhard von Kronberg in den Jahren 1604–1618 anstelle der aus dem 13. Jahrhundert stammenden mittelalterlichen Burg das neue Schloss Johannisburg errichten [294: H.-B. Spies, Aschaffenburg]. Die alte Burg war während des Markgräflerkriegs der Jahre 1552–1554 zerstört worden. Das war ein Krieg, den der Markgraf Albrecht Alcibiades von Brandenburg-Kulmbach, ein Neffe des neuen Herzogs von Preußen, entfesselt hatte, und wie diesem war es ihm dabei um Säkularisierung gegangen, aber auf dem Wege der Eroberung: „Bei den ersten Bewegungen sprach man allgemein von einer Eroberung und Austeilung der Bistümer" [256: L. v. Ranke, Deutsche Geschichte,

Bd. 5, 238], von Bamberg über Würzburg bis Mainz. Der Vorstoß nach Aschaffenburg hatte ihn am weitesten nach Westen geführt. Aber der Markgraf, anders als sein preußischer Verwandter kein Virtuose der modernen Politik, war gescheitert; die angegriffenen Bischöfe konnten sich behaupten.

Neubau des Schlosses

Auch Mainz hatte die Bedrohung überstanden und wurde seitdem zu einem Bollwerk der Gegenreformation mit Aschaffenburg als Vorposten. Der Kurfürst, der vornehmste seines Kollegiums, und Erzkanzler verband dies mit dem politischen Selbstbewusstsein eines weltlichen Herrschers. Das neue Schloss in Aschaffenburg sollte ein Zeichen der neuen Lage sein. Seit 1582 musste jeder Kurfürst bei seiner Wahl zum Erzbischof den Neubau versprechen, Johann Schweikard war der dritte. Ein Jahr nach seiner Wahl begannen die Bauarbeiten. Zum Baumeister wurde Georg Ridinger aus Straßburg bestimmt. Er errichtete dem Kurfürsten eine Vierflügelanlage im Stil der Renaissance, die weithin Aufsehen erregte. Das Ganze war ein „konfessionsunabhängiges" Unternehmen: Der Baumeister war und blieb evangelisch; der Kurfürst übernahm die Patenschaft für dessen 1608 geborenen Sohn; der evangelische Landgraf von Hessen-Darmstadt erhielt Einsicht in die Baupläne. An der Dekoration wirkte Hans Juncker mit, „ein Bildhauer zwischen Spätrenaissance und Barock" [177: C. Lange, Bildhauer]. Er schuf nicht nur das große Wappen des Bauherrn an der Terrassenmauer, die die Anlage zum Main hin abstützte [294: H. Spies, Aschaffenburg, 59], sondern vor allem den Hochaltar in der Schlosskapelle, der – eine Apotheose der Gegenreformation, mit „mehr als 30 vollplastischen Figuren und etwa 150 Relieffiguren" [324: Wunderkind, Katalog, 234] – sein eigentliches Zentrum in einer „Ganzfigur" des Bauherrn hatte [177: C. Lange, Bildhauer, 90]. Juncker stellte ihn als Erbauer des Schlosses, d. h. als Renaissancefürsten dar. Alles floss hier ineinander: Renaissance, Reformation, Gegenreformation.

4 Interkonfessionelle Kunst: Das Beispiel des Lucas Cranach d. Ä.

Gemengelagen

Derartige Gemengelagen begegnen seit den Anfängen der Glaubensspaltung gerade auf dem Felde der bildenden Kunst häufig. Dem vielleicht berühmtesten oder spektakulärsten Beispiel war und ist in Thüringen letzthin eine ganze Serie von Ausstellungen gewidmet: Lucas Cranach d. Ä. und seiner Werkstatt; die Kataloge markieren jeweils den neuesten Forschungsstand und liegen daher den folgenden Bemerkungen zugrunde.

Weitgespannter Horizont

Der 1472 im fränkischen Kronach geborene Maler und Graphiker war schon vor der Reformation ein „fertiger" Künstler mit großem Namen. 1505 trat er – nach seiner sehr produktiven Wiener Zeit im Kreis der „Donau-Schule" und noch vor seiner wahrscheinlichen Italien-Reise – in die Dienste von Kurfürst Friedrich dem Weisen von Sachsen, nahm aber auch andere Aufträge an, etwa von dem Mainzer Kurfürsten Albrecht von Brandenburg, später einem der ersten großen Gegenspieler Luthers. Sein Repertoire erstreckte sich auf „sakrale und profane Zwecke": „Altartafeln, Andachtsbilder, Allegorien, mythologische Gemälde, Porträts, Jagd- und Genreszenen entstanden in schier endloser Zahl" [57: Cranach in Weimar, 11]. Auch in der Reformationszeit blieb der Horizont, innerhalb dessen er tätig wurde, weitgespannt. Der ernestinische Hofmaler hatte sich darauf einzustellen, dass seine Kurfürsten dem neuen Glauben zuneigten; er arbeitete aber auch für altgläubige Fürsten. Einerseits prägte er durch theologische Lehrbilder und zumal durch seine Luther-Porträts [56: Cranach, Luther] das Gesicht der Reformation; andererseits schuf er Heiligenzyklen, die „in Gebete, Liturgie und Reliquienkult eingebunden" waren [300: A. Tacke, Kaninchen, 86]. Er porträtierte gleichermaßen neu- und altgläubige Fürsten.

Gründe für Cranachs Bilateralität

Dass Cranach für beide Seiten wirkte oder wirken konnte, hatte mehrere Gründe. Zunächst ist zu bedenken, dass die konfessionelle Differenzierung sich erst in einem längeren Prozess herausbildete; es gab einstweilen zwischen den beiden Lagern noch viele Überschneidungen oder Berührungen, und der in vorreformatorischer Zeit „sozialisierte" Cranach stand dabei sozusagen an der Nahtstelle. Dazu kam, „aus Sicht des Künstlers", ein ökonomisches Interesse, das es ihm verbot, Aufträge, von wem auch immer, auszuschlagen [62: S. Dohe, Aemulatio, 48]. Jedoch der Hauptgrund war schlicht, dass Cranach von Protestanten wie Katholiken geschätzt wurde, dass seine Kunst hier wie dort ein gewaltiges Prestige besaß, dass man ihm die adäquate ästhetische Gestaltung je eigener Erwartungen zutraute.

Neue Formen

Cranach verkörperte damit die hohe Geltung, die der Renaissance-Malerei insgesamt auch und besonders im Deutschland der beginnenden Konfessionalisierung zugebilligt wurde. Dass sie in dem veränderten Kontext durchaus neue Formen entwickelte, verstand sich von selbst. Man hat für Cranach einen „Stilwechsel" der „Bildsprache" vom „sehr malerischen und expressiven Stil" der frühen Werke, der dem „Mimesis-Ideal" der italienischen „Hochrenaissance" entsprochen habe, „zu einem ikonischen Charakter" angenommen, bei dem es um das „Umformen der Natur in ein leicht erkennbares Zeichen", unter Verzicht auf „illusionistische Effekte", gegangen sei, und ihn auf „Luthers Bildverständnis" zurückgeführt, das aber, strukturell gesehen, auch auf altgläubiger Seite Anklang gefunden habe [249: H. K. POULSEN, Cranachs Bildsprache, 63 f. u. 67f.]. Das mag im Einzelnen auf sich beruhen. Hier ist allein festzuhalten, dass Cranach mit derlei Innovationen nicht aus dem Rahmen der Renaissance-Malerei heraustrat, sondern umgekehrt die Flexibilität ihrer Gestaltungsmittel demonstrierte. Gerade das hat seine unverminderte, ja, im Laufe der Zeit immer weiter gesteigerte Anerkennung bei Neu- wie Altgläubigen begründet.

Politische Instrumentalisierung

Das hohe Prestige der Renaissance-Malerei wie der Renaissance-Kunst überhaupt zeigte sich auch darin, dass die fürstlichen Auftraggeber sie – und zwar wiederum unabhängig von ihrer jeweiligen Glaubensrichtung – als politische Waffe einsetzten. Sie alle wetteiferten, auf dem jeweils höchstmöglichen „Anspruchsniveau", um die ästhetische Spitzenposition, von der sie sich in ihrem permanenten Ringen „um Vormachtstellung" und „Überlegenheit" Vorteile versprachen [62: S. DOHE, Aemulatio, 44]. Diese „Aemulatio" war ein niemals abschließbarer Prozess, in dem es um eine fortgesetzte „Leistungssteigerung in der Konkurrenz zu anderen" ging [ebd., 45]; die Anerkennung der Künstler hing an dieser Möglichkeit, die ihnen zugleich vermehrtes Ansehen zu verschaffen vermochte. Zu den Mitteln, die man dabei gebrauchte, gehörte auch der gegenseitige „Austausch von Kunstwerken": Er zielte „für beide Seiten auf die Stabilisierung einer Anerkennungsbeziehung und damit Wechselseitigkeit", die immer auch das Streben nach „Übertreffung" einschloss [ebd., 44]. Besonders „Fürstenporträts" kamen „für den interhöfischen Gabentausch" in Betracht, weil sie einen unmittelbaren Anspruch personifizierten.

Cranach im kursächsischen Dienst

Auch Cranach hat wiederholt für seine Dienstherren solche Aufgaben übernommen. Er verfertigte aus verschiedenen Anlässen serien- und massenweise „sächsische Kurfürstenporträts", die für den „interhöfischen Geschenkeverkehr" bestimmt waren: alle „ob der Standardisierung von Form, Format und Ausführung" gleich, aber doch jedes, für sich genommen, ein Original, auch durch winzige Abweichungen, so dass einerseits sich „keiner im Vergleich zum anderen bevorteilt oder benachteiligt fühlen musste", aber andererseits doch jeder einer je spezifischen Wertschätzung teilhaftig wurde [ebd., 45 f.]. „Die Ubiquität von Cranach-Bildern im deutschen Raum des 16. Jahrhunderts" bewies, dass es Cranach gelungen war, jedenfalls zeitweise den „aemulierten Vorsprung" zu erreichen und „die agonale Potenz des kursächsischen Hofes" zu unterstützen [ebd., 49 f.].

Cranach und Tizian in Augsburg

Zu einer „aemulatio" auf engstem Raum kam es für Cranach in Augsburg in den Jahren 1550–1552. Sein Dienstherr, Johann Friedrich von Sachsen, hatte nach der Niederlage im Schmalkaldischen Krieg Kurwürde und Kurlande verloren und begleitete seitdem als Gefangener Karls V. den kaiserlichen Hof, der sich 1550 zum Reichstag nach Augsburg begab. Dort eingetroffen, hielt er es für dringlich, Cranach zu sich zu rufen, der sich bis dahin mit Erfolg dagegen gesträubt hatte. Sein Hofmaler sollte ihn nicht nur unterhalten, sondern ihm im Angesicht des Kaisers zu einer Reputation verhelfen, die zwar die militärisch-politische Niederlage nicht wettmachen, aber doch bis zu einem gewissen Grad kompensieren konnte. In der Tat ließ sich Cranach in Augsburg auf eine denkwürdige „aemulatio" ein; sein Kontrahent war kein Geringerer als Tizian, der Hofmaler Karls V. Beide Künstler führten damals nebeneinander jeweils eine Fülle von Aufträgen aus: Cranach bearbeitete „religiöse Sujets" und produzierte „eine ganze Reihe von Porträts" [ebd., 47]; in der gleichen Zeit „entstanden [...] 23 Gemälde von Tizians Hand" [57: Cranach in Weimar, 29].

Wettstreit

Das musste Vergleiche herausfordern und war wohl auch zumindest teilweise darauf angelegt. Ein offener Wettstreit ergab sich, als beide, sozusagen über Kreuz, den Dienstherrn des jeweils anderen porträtierten. Cranach kam es in seinem Porträt Karls V. darauf an, den Kaiser anders ins Bild zu setzen, als das in den fast gleichzeitigen „Porträtvarianten" bei Tizian der Fall war; er präsentierte ihn nicht „als zielstrebigen, potenten Regenten", sondern ließ ihn „nachdenklich, fast abwesend", „schlicht und zurückgenommen", „intim" und „persönlich" erscheinen" [ebd., 28]. Tizian, der Johann Friedrich erstmals um 1548 porträtiert und ihn dabei theatralisch in voller Rüstung im Moment der Kapitulation nach der Schlacht bei Mühlberg vorgeführt hatte [ebd., 202], inszenierte ihn demgegenüber im Augsburger Bild auf eine Art, die eher dem Stil von Cranachs Karlsporträt entsprach: ohne „alle Herrschaftsattribute", aber voll innerer „Würde" [ebd., 29]. Die beiden dargestellten Persönlichkeiten begegneten sich insoweit auf gleicher Höhe.

Ästhetisches Duell

Es ist müßig, darüber zu spekulieren, ob oder inwieweit die beiden Auftraggeber, Johann Friedrich und Karl V., ihren Malern politische Vorgaben gemacht haben; die Bilder geben dazu nichts Eindeutiges her. Auch ob es sich um Gabe und Gegengabe gehandelt hat, muss offen bleiben. Was aber förmlich ins Auge springt, ist, dass Cranach und Tizian hier in einem komplexen ästhetischen Duell begriffen waren, in dem keiner von beiden ins Hintertreffen geriet; die Wahl der gleichen Ausdrucksmittel deutet sogar darauf hin, dass sie sich, um sich zu messen, auf einem genau umgrenzten Kampfplatz bewegten. Eine direkte Konfrontation fand statt, als sie beide den Kaisersohn Philipp porträtierten.

Die Königin Maria von England, die spätere zweite Gemahlin Philipps, erhielt das Bild Tizians, weil es sich besser transportieren ließ [62: S. Dohe, Aemulatio, 47], also aus einem äußerlichen Grund, der die Qualität der Arbeit von Cranach nicht in Frage stellte.

Hohe Wertschätzung

Cranach hat jedenfalls die Augsburger „aemulatio" mit Tizian erfolgreich bestanden und damit für seinen Dienstherrn Ehre eingelegt. Wie sehr ihn das in der öffentlichen Wahrnehmung hob, erhellt wiederum ein Bild, das ein unbekannter Künstler nach 1552 angefertigt hat. Thema ist die Verabschiedung Johann Friedrichs durch Karl V. im September 1552. Der Blick fällt auf die kaiserliche Sänfte, in der der Kaiser bereits Platz genommen hat; seitlich vor ihm steht Johann Friedrich „in demütiger Haltung, barhäuptig mit dem gezogenen Barett in der Hand", wie sich das für einen Reichsfürsten gegenüber seinem Lehnsherrn gehört; Karl, der seinen Hut kaum andeutungsweise lüftet, reicht ihm die Hand. Im Hintergrund ist schon die Kutsche vorgefahren, die Johann Friedrich nach Weimar bringen soll. „Am offenen Schlag" wartet Cranach, neben drei rechts von ihm postierten Soldaten; er wird seinen Herrn gleich in Empfang nehmen. Der Hofmaler erscheint da als Teilnehmer des hochpolitischen Geschehens selbst [12: Bild und Botschaft, 330 f.]. Natürlich kann und soll das nicht insinuieren, dass Cranach die Befreiung seines Herrn „bewirkt" hätte. Aber es wird deutlich, welcher enorme Stellenwert dem Künstler in der damaligen politischen Gesamtkonstellation zukam.

Die Cranach-Werkstatt

Die Cranach-Werkstatt hat ihrerseits alles getan, um diese Sicht des Meisters zu verbreiten. Lucas Cranach d. J. hat seinen Vater zweimal in Szene gesetzt: 1550 in einem Porträtbild [57: Cranach in Weimar, 24] und am wirkungsvollsten im Weimarer Triptychon von 1555 [ebd., 14 f.]. Dieses Totalgemälde der Reformation bietet im mittleren Teil die auf den Gekreuzigten zentrierte Erlösungsgeschichte der Menschheit zwischen „Gesetz" und „Gnade" und ist flankiert von Johann Friedrich und seiner Gemahlin einerseits und seinen Söhnen andererseits. Zur Linken des Kreuzes stehen Johannes der Täufer, Luther und, zwischen ihnen, Lucas Cranach d. Ä. Auf ihn fällt der Blutstrahl aus der Seitenwunde Christi; er ist die eigentliche Hauptfigur. Das war eine Hommage an den Künstler. Ohne ihn, so die Botschaft, hätte das „reformationspolitische Programm" [ebd., 14], wie es das Altarbild verkündet, nicht verwirklicht werden können. Das war zugleich eine Hommage an die herausragende Rolle, die die Renaissance-Kunst in der Reformationszeit insgesamt, auch auf altgläubiger Seite, gespielt hat: als ein selbständiger Akteur, der sich zu anderen, selbst untereinander disparaten Akteuren in Beziehung zu setzen wusste.

C. Humanismus

Der Humanismus ist von der Renaissance nicht zu trennen. Es war daher unumgänglich, dass er schon im vorigen Kapitel vorkam und jedenfalls in seinen Grundlinien charakterisiert wurde. Dennoch nimmt er im Ensemble der Renaissance-Elemente, gerade auch im Zuge seiner europäischen „Diffusion“, eine derartige Sonderstellung ein, dass eine eigene Betrachtung am Platze ist. Dieses Kapitel soll bisher Gesagtes knapp zusammenfassen und an wichtigen Punkten ergänzen. Auch hier ist dem Leitfaden der Begriffs- und Forschungsgeschichte zu folgen. Sonderstellung innerhalb der Renaissance

I. Grundbestimmung

1 Definitionen

1.1 Friedrich Immanuel Niethammer

Das Wort „Humanismus“ selbst ist, anders als „Renaissance“, nicht zeitgenössisch, geht aber auf ein zeitgenössisches Wortfeld zurück. Sein Erfinder war der bayerische Schulrefomer Friedrich Immanuel NIETHAMMER (1766–1848) mit einer im Jahre 1808 veröffentlichten Schrift über „Philanthropinismus und Humanismus“ [241: FR. I. NIETHAMMER, Der Streit]. Beide waren, wie der Verfasser ausführte, „die Unterrichtssysteme unserer Zeit“ [ebd., 87]. Der „Philanthropinismus“ bezweckte, im utilitaristischen Sinne der Spätaufklärung, „die Bildung des Menschen für seine künftige Bestimmung in der Welt“ [ebd., 162]; die „Unterrichtsgegenstände“ mussten sich auf den ganzen Umfang des modernen Wissens, „insbesondre der physikalischen und technischen Kenntnisse“, erstrecken und durften keinesfalls „auf das Gebiet des Alterthums“ eingeschränkt werden [ebd., 167]. Der „Humanismus“ hingegen bezweckte „die allgemeine Bildung des Menschen“ [ebd., 162], die der „Vorbereitung des Lehrlings auf sein Berufsgeschäft“ vorausgehen sollte [ebd., 186]; seine „Unterrichtsgegenstände“ waren die Werke der „classischen Nationen des Alterthums“, denen „wahre Classizität in allen Arten der Darstellung des Wahren, Guten und Schönen“ zugesprochen wurde [ebd., 167]. Es handelte sich also um Neuhumanismus

DOI 978348683966-003

zwei konkurrierende pädagogische Konzepte, und was da unter dem Etikett „Humanismus“ daherkam, war nichts anderes als der später so genannte „Neuhumanismus“ Humboldt'scher Prägung, wie ihn NIETHAMMER selbst vertrat. Vom Renaissance-Humanismus war nicht die Rede.

Herkunft aus der Renaissance-Zeit

Gleichwohl hatte der NIETHAMMER'sche Begriff eine historische Dimension, die genau dahin führte. Der Autor setzte nämlich den „Humanismus“ mit dem „ältern Unterrichtssystem“ und der „alten Pädagogik“ gleich; dagegen verkündete der „Philanthropinismus“ ein Konzept des „modernen Unterrichts“ und der „modernen Pädagogik“, das das „ältere“ System überwinden sollte [ebd., 93 f.]. NIETHAMMER ließ dieses System in der „Zeit des Wiederaufblühens der Wissenschaften“ beginnen [ebd., 99], und er bezeichnete es als „Humanismus“, weil es ihm mit dem „Studium der sogenannten Humaniora“, d. h. der klassischen Sprachen und ihrer Literatur, zusammenfiel und damit auf die „Humanität“, d. h. auf die Bildung des Zöglings zum Menschen schlechthin, abzielte [ebd., 94]. Gemeint waren die *studia humaniora*, die *studia humanitatis*, die *humanitas*: Begriffe, die wiederum auf einen antiken Sprachgebrauch verwiesen. Die „Zeit des Wiederaufblühens der Wissenschaften“, in der sie neuerdings aufkamen, entsprach der *renaissance des arts* bei VOLTAIRE, soweit sie die *sciences* betraf. NIETHAMMERS „Humanismus“ war also ursprünglich ein Renaissance-Phänomen.

Differenzierung

NIETHAMMER selbst hat durchaus dessen Eigenart gesehen. Er unterschied zwischen der ursprünglichen Form und der späteren Erstarrung oder Entartung des „ältern Unterrichtssystems“, die dem „Philanthropinismus“ Angriffsflächen geboten habe, und erblickte daher im „Humanismus“ seiner Zeit einen Neubeginn, der über eine bloße Wiederherstellung hinausging [ebd., 99 u.ö.]. Die „Zeit des Wiederaufblühens der Wissenschaften“ erschien damit als in sich abgeschlossene Periode, der andere Perioden in der Entwicklung des „Humanismus“ folgten. Vorausgesetzt war, dass es sich dabei um eine Periode der europäischen Bildungsgeschichte handelte.

Renaissance-Humanismus

Der Humanismus-Begriff hat auch nach NIETHAMMER die Bedeutung eines allgemeinen Bildungsprogramms behalten, das man von der Antike herleitete und dem man Geltung bis in die je eigene Gegenwart zu- oder absprach [29: A. BUCK, Humanismus; 178: E. LEFÈVRE, Humanismus; 50: H. CANCIK, Europa]. Es lag aber nahe, dass man sich schon frühzeitig auf den „Humanismus“ in der „Zeit des Wiederaufblühens der Wissenschaften“ konzentrierte, aus der man die entscheidende Zäsur ersah. In kurzem wurde es sogar üblich, den Begriff des

Humanismus faktisch für diese Zeit zu monopolisieren. Damit war der Weg zum Renaissance-Humanismus endgültig beschritten.

Umfang

Die Eingrenzung auf das frühneuzeitliche Phänomen ging zugleich mit einer Erweiterung des Begriffs einher. NIETHAMMERS „Humanismus" bezog sich allein auf den Schulunterricht, und zwar auf den propädeutischen Unterricht im Umkreis der *artes liberales*. Die Humanismus-Forschung ging von diesem Schulhumanismus aus und hielt an ihm fest; er ist noch heute unserem Verständnis des Renaissance-Humanismus inhärent. Aber man blieb bei ihm nicht stehen, sondern ordnete ihn in einen allgemeinen intellektuell-literarischen Zusammenhang ein. Der Humanismus-Begriff bekam damit einen ganz anderen Umfang. Bildungsgeschichte verband sich mit Geistes- und Literaturgeschichte. Man sprach von Humanismus fortan in diesem komplexen Sinne. Auch daran hat sich, wenn man von wechselnden Akzentuierungen absieht, bis heute nichts geändert.

1.2 Karl Hagen

Generalthema

Einer der ersten Autoren, die mit diesem erweiterten Humanismus-Begriff arbeiteten, war der Heidelberger Historiker Karl HAGEN (1810–1868) in seinem Werk „Deutschlands literarische und religiöse Verhältnisse im Reformationszeitalter", das in den Jahren 1841–1843 herauskam [102: K. HAGEN, Verhältnisse]. Er nahm sich vor, in diesem Werk „die Entwicklung der reformatorischen Ideen von ihrem Ursprunge an bis zu der Zeit darzustellen, wo der ursprüngliche Charakter derselben aufhörte, der allgemeine zu sein": „die Vorbereitung derselben", „ihren endlichen Durchbruch" und „die Entzweiung der reformatorischen Elemente", die von den „ursprünglichen Ideen" weggeführt habe [ebd., Bd. 3, 457 u. 459 f.]. Als Grundidee erkannte er „ein allgemeines Streben nach Freiheit", nach „Freiheit und Humanität", das „der neueren Zeit" überhaupt eigentümlich sei [ebd., 457 f.]. Man konnte aus dieser Aufstiegs- und Entartungsgeschichte lernen, wie die Freiheit siegt und warum sie scheitern kann: „die Kämpfe der Gegenwart sind nur eine Fortsetzung jener großen Entwicklung, welche in den Zeiten der Reformation ihren Anfang genommen"; er „überlasse Jedem den Vergleich sich selbst zu machen" [ebd., 462 f.] und ließ doch an seiner liberal-demokratischen Gesinnung keinen Zweifel, die er 1848 auch als Abgeordneter der Paulskirche kundtat. Dennoch war der Autor alles andere als ein reiner Tendenzhistoriker; sein veritables Interesse an Erkenntnis stand vielmehr außer Frage. Mit seinem Werk begann, nicht nur in Deutschland, die moderne Humanismus-Forschung.

Die „reformatorischen Ideen“

Anzusetzen ist bei den „reformatorischen Ideen“, die Hagen thematisierte. Er verstand darunter nicht die theologischen „Ideen“ Luthers, sondern jene „geistigen Bestrebungen“, die „die öffentliche Meinung“ des Reformationszeitalters beherrschten, bevor sie diese Geltung verloren; Luther „ist nur dadurch groß und einflußreich, dass er sich von ihr tragen lässt, und nur so lange, als er es thut“ [ebd., Bd. 1, VII; Bd. 2, VIII]. Es genügte dabei auch nicht, sich auf die „religiösen Bestrebungen“ zu beschränken, sondern es war auch auf die „literarischen“ einzugehen und überhaupt ein „Bild von dem gesammten geistigen Zustande“ in Deutschland zu vermitteln [ebd., Bd. 1, VI], das alles eingebettet in den Zusammenhang der okzidentalen Geschichte im Übergang vom Mittelalter zur Neuzeit. Eine dieser „Bestrebungen“ die auf die Reformation zuliefen und sie zunächst trugen, war der Humanismus. Hagen gebrauchte das Wort wie selbstverständlich, ebenso wie „humanistische Richtung“ und „Humanisten“ [ebd., 58 f. u.ö.].

Humanismus

Der Autor führte den Humanismus als eine „wissenschaftliche Richtung“ ein [ebd., 279]. Sie setzte dem „Scholasticismus“ des späteren Mittelalters „das neu erwachte Studium der claßischen Literatur“ entgegen, und zwar „in Beziehung auf Form, wie auf Inhalt“ [ebd., 36 ff.]. Die Humanisten strebten einerseits und zunächst nach „Klarheit, Einfachheit, Schönheit der Darstellung“ [ebd., 38], so dass „die Beschäftigung mit der Poesie zum charakteristischen Merkmale ihrer Richtung“ wurde [ebd., 280]. Andererseits erweiterten sie „den wissenschaftlichen Stoff und den Gesichtskreis“ [ebd., 38]; sie wandten sich den „mathematischen“ und den „Naturwissenschaften“ zu [ebd.] und trieben vorzugsweise „Geschichte und Geographie“, daneben – aber auf neue Weise – „auch die Theologie“ [ebd., 280]. Entscheidend blieb, dass der Humanismus in beiden Hinsichten „in einem genauen Zusammenhang mit den classischen Studien“ stand [ebd.], ja, streng genommen, mit ihnen identisch war: „die Alten“ [ebd.] lieferten Muster der klaren, einfachen, schönen Darstellung, und sie stellten den Grundstoff für die neuen Wissenschaften zur Verfügung; die Aneignung, „Verbreitung und Förderung der classischen Literatur“ [ebd., 279] ging daher der eigenen literarischen Produktion voraus.

Humanistik

Der Unterricht an Schulen und Universitäten war ein wesentliches, aber keineswegs das einzige Feld humanistischer Aktivitäten, die vielmehr darüber hinaus allenthalben ins öffentliche Leben drängten; der Schulhumanismus hieß bei Hagen denn auch „Humanistik“ [ebd., 446].

Entstehung und Verbreitung

Der Humanismus trat zuerst im Italien des 14. und 15. Jahrhunderts hervor; Hagen nannte die großen Namen von Dante, Petrarca und Boccaccio [ebd., 37 u. 39 ff.] über Poggio, Filelfo und Lorenzo Valla bis zu

Marsilio Ficino [ebd., 58 f.]. Seit dem 15. Jahrhundert ergoss sich der Humanismus „wie ein reißender Strom über Europa" [ebd., 58]. Das Hauptinteresse HAGENS galt naturgemäß dem deutschen Humanismus. Fast der ganze erste Band war ihm gewidmet: eine wahrhaft umfassende Darstellung, in der kein Name, keine der maßgeblichen Schriften, kein Betätigungsfeld, keine Region fehlte. HAGEN hat dabei eine Fülle primärer und sekundärer Materialien zu einer Synthese verarbeitet, die noch aus heutiger Sicht respektabel ist.

Frühere und spätere „humanistische Richtungen"

HAGEN war unbefangen oder unbekümmert genug, „humanistische Richtungen" auch außerhalb des „Humanismus" wahrzunehmen, legte dabei aber größten Wert auf die jeweilige Differenz, so dass die Besonderheit des „Humanismus" umso schärfer sichtbar wurde. Er sah „die antike Literatur und Bildung" in der Zeit Karls des Großen „glühen" [ebd., 12 u. 37]: das war die später so genannte „karolingische Renaissance". Aber das war für ihn eher ein Ausläufer der Antike selbst, gegen den „die mittelalterliche Richtung" alsbald „das Uebergewicht" bekam [ebd., 12]. In späterer Zeit hieß es ganz in diesem Sinne bei Erwin PANOFSKY, die Karolinger hätten sich der Antike genähert „mit dem Gefühl rechtmäßiger Erben, die ihr Eigentum zeitweise vernachlässigt oder gar vergessen hatten und es nun zu genau dem Gebrauch beanspruchten, für den es gedacht war" [247: E. PANOFSKY, Die Renaissancen, 113], oder bei Bernd MOELLER, Karl der Große sei „eine halbantike Figur" [208: B. MOELLER, Karl der Große im 16. Jahrhundert, 109]. HAGEN bemerkte eine weitere Blüte der klassischen Studien „in den Zeiten der fränkischen Kaiser" [102: K. HAGEN, Verhältnisse, Bd. 1, 37]: ein Vorspiel der später so genannten „Renaissance des 12. Jahrhunderts". Aber sie wich, ebenso wie die vorausgehende „ottonische" [ebd., 12], „vor dem überhand nehmenden Scholasticismus" zurück [ebd., 37]. Andererseits lebte die „humanistische Richtung", die nach der Reformation „fast ganz vernachlässigt" worden war, im Deutschland des 18. Jahrhunderts wieder auf, indem sie zu jenem „gewaltigen Aufschwung in dem Geiste und in der Literatur unseres Volkes" beitrug, „an welchem wir jetzt noch zehren": „Die Bekanntschaft mit den Alten zeigte uns wieder die schöne Form" [ebd., Bd. 3, 461]. Das war der später so genannte „Neuhumanismus", und auch HAGEN war sich darüber im Klaren, dass er es hier mit einem ganz eigenen Phänomen zu tun hatte.

1.3 Georg Voigt

Bedeutung

Eine Zäsur stellte das Humanismus-Buch des damaligen Münchener Historikers Georg VOIGT (1827–1891) dar, das 1859 erschien und für lange Zeit das Standardwerk über seinen Gegenstand war, für Kenner von vergleichbarer Wirkung wie das Renaissance-Buch Jacob Burckhardts: der Autor selbst brachte in den Jahren 1880–1881 eine zweite, im Einzelnen stark überarbeitete Auflage heraus; eine dritte Ausgabe, von Max Lehnerdt, stammt vom Jahre 1893.

Definition des Humanismus

Voigts Humanismus-Definition fasste die seit Niethammer gängigen Bestimmungen mit lapidarer Kürze zusammen. Humanismus, das war für ihn „die sogenannte Wiederherstellung der Wissenschaften, oder sagen wir treffender die Wiederbelebung des classischen Alterthums". Neu war, dass er Humanismus mit „Rinascimento", also mit Renaissance gleichsetzte [312: G. Voigt, Wiederbelebung, 1859, III f.]. Er knüpfte damit im Allgemeinen wiederum an die *renaissance des arts* Voltaires an und im besonderen an die seit geraumer Zeit üblich gewordene Einengung des Renaissance-Begriffs auf die Erneuerung der klassischen Studien, „la rénovation des études de l'antiquité" [204: J. Michelet, Histoire, Bd. 7, I]. Die humanistische „Wiederbelebung des classischen Alterthums" bildete dabei für ihn lediglich „eine Seite" eines „culturgeschichtlichen Processes", der die mittelalterlichen „Gefängnisse des Geistes" sprengte [312: G. Voigt, Wiederbelebung, 1859, III f.]. Zwar war die klassische Literatur auch im Mittelalter bekannt, aber sie blieb „für die Gesammtbildung desselben völlig unfruchtbar" und half „höchstens die Lücken eines theologischen oder philosophischen Systems verstopfen, gleichwie man die Marmorsäulen alter Tempel und Paläste ohne Schaam zu gemeinem bürgerlichem Gebrauche verwendete" [ebd., 6 f.]. Dagegen fasste der Humanismus das Altertum als „eine Welt für sich" [ebd., 6], und es konnte nur dadurch „der Menschheit ein neuer Nahrungs- und Bildungsstoff zugeführt" werden [ebd., IV].

Zeitlicher und räumlicher Rahmen

Im Übrigen verzichtete Voigt auf weitläufige Begriffserläuterungen. Statt „zu erklären, was wir im Wesentlichen unter Humanismus verstehen, und den Begriff in seine positiven Merkmale zu zerlegen", wandte er sich dem konkreten Phänomen selbst zu [ebd., 38]. Er behandelte, wie der Titel des Buchs signalisierte, „das erste Jahrhundert des Humanismus", „das Kindes- und das Jünglingsalter" von der Mitte des 14. bis zur Mitte des 15. Jahrhunderts [ebd., 4], bis zu der Zeit, als „das classische Alterthum, das lange vergessene, wieder ein unverlierbares Gut geworden, welches keine Barbarei der Zeiten ins Grab zurückstoßen konnte" [ebd., 400]. Italien machte dabei nicht nur den Anfang, sondern füllte auch fast das ganze Buch aus; dem „Humanismus jenseits der Alpen" waren nur wenige Seiten gewidmet. In der zweiten Auflage gab es da wie hier Zusätze, so dass sich an der Proportion nichts änderte.

Den Vorsprung Italiens führte Voigt auf „mannigfache Reste" zurück, die es „vom Alterthum barg" [ebd., 1]; auch Hagen hatte „so mannichfache Reminiscenzen an die Zustände des Alterthums" festgestellt, um die Priorität Italiens zu erklären [102: K. Hagen, Verhältnisse, Bd. 1, 37]. Die „Uebersiedelung des Humanismus in die transalpinischen Länder" hatte dessen „weltbürgerliches Element" zur Voraussetzung: „das weltbürgerliche Alterthum", das allen Nationen gehörte und daher „überall ziemlich derselben Aufnahme gewärtig sein konnte" [312: G. Voigt, Wiederbelebung, 1859, 367 ff.].

Gang der Darstellung

Voigt eröffnete seine Darstellung, nach einem knappen Rückblick auf Dante, mit einem großen Artikel über Petrarca, den „Prophet[en]" und „Entdecker der neuen Welt des Humanismus" [ebd., 12], der ersten „Individualität", die den „Bann der Corporation" durchbrach [ebd., 81], handelte sodann vom Frühhumanismus in Florenz, von italienischen und griechischen „Wanderlehrern", die „von Stadt zu Stadt" privaten Unterricht erteilten [ebd., 126], und der Suche nach antiken Autoren und schloss Kapitel über den Humanismus in den Republiken und an den Höfen Italiens sowie an der Kurie an. Der nordalpine Teil beschränkte sich auf England, Deutschland (mit Verweis auf Hagen), Ungarn sowie Polen und wurde in der zweiten Auflage um Frankreich, Spanien und Portugal erweitert. Am Ende stand ein allgemeines Resümee über „Erscheinungsformen und Tendenzen des italienischen Humanismus". Aufs Ganze gesehen beherrschen einzelne Humanisten die Darstellung, aber „nur die Größen ersten oder doch zweiten Ranges" [ebd., 148] und immer bezogen auf ihre jeweiligen politisch-sozialen und literarischen Kontexte. Von jedem Autor suchte Voigt die Gesamtpersönlichkeit zu erfassen: Herkunft, Denkart, Motive, Sprache, Stil, Verbindungen. Jeweilige Schriften wurden nur in solchen Zusammenhängen genannt. Voigt verzichtete fast stets auf längere Inhaltsangaben und gab überhaupt keine Literaturgeschichte. Das wurde 1882 von Ludwig Geiger für Italien und Deutschland nachgeholt [91: L. Geiger, Renaissance].

1.4 Jacob Burckhardt

Übereinstimmung mit Voigt

Inzwischen war Burckhardts Renaissance-Buch erschienen, das zu einer vorentscheidenden Klärung der Grundbegriffe führte. Burckhardt hatte mit Voigt gemeinsam, dass er unter „Renaissance" im engeren Sinne die „Wiederentdeckung des Altertums" verstand und dass er dies mit „Humanismus" in Verbindung brachte. Zwar setzte er beide nicht gleich: die „Wiederentdeckung des Altertums" sah er als eine alle Kultursphären durchdringende Lebensmacht an, während er mit Voigt den „Humanismus“ auf die literarische Sphäre eingrenzte. Aber die Humanisten galten ihm doch als Wortführer der „Wiederentdeckung“; die „Poeten-Philologen“, wie er sie auch nannte, waren es, „welche das hochverehrte Altertum mit der Gegenwart vermittelten“ [33: J. Burckhardt, Kultur, 149 u. 201].

Burckhardts erweiterter Renaissance-Begriff

Die eigentliche Pointe des Buches bestand freilich darin, dass Burckhardt den Renaissance-Begriff, ohne dessen unmittelbare Bedeutung preiszugeben, auf eine ganze Kulturepoche übertrug, wohl wissend, dass „er nur die eine Hälfte der Tatsache betont'“ [ebd., 602]. Der Humanismus wurde damit in der „Kultur der Renaissance in Italien“ zu einem Teilphänomen neben anderen, das nur im Zusammenhang des letztlich politisch-sozial fundierten Ganzen verständlich war.

Voraussetzungen

Eine solche Betrachtungsweise war nicht gänzlich voraussetzungslos: Hagen ordnete den Humanismus „dem aufkommenden Bürgerthum“ zu, das durch „Handel und Gewerbe“ eine neue „Ansicht vom Leben und von der Welt“ gewonnen habe; seine „Bedeutung, Einfluß und Macht“ seien gewachsen und hätten eine „gesunde, verständige, praktische Richtung“ und eine „heitere Ansicht von Welt und Leben“ ermöglicht [102: K. Hagen, Verhältnisse, Bd. 1, 16f. u. 33]. Voigt sah den Humanismus als „Seite“ eines „culturgeschichtlichen Processes“ an und benannte im Hauptteil, der nach Republiken und Höfen gegliedert war, Schnittstellen zwischen politischen Bedürfnissen und humanistischen Aktivitäten. Der „Adel von Florenz“, bestrebt, „seine Würde durch Eifer und Verdienst um das Gemeinwesen, durch höfische Sitte und vor Allem durch eine umfassendere und feinere Weltbildung zu wahren“, ging voran, als der „Humanismus die feine Modebildung wurde“ [312: G. Voigt, Wiederbelebung, 1859, 149]. Gleiches traf aber auch für die meist illegitimen Dynasten zu; sie waren auf ihre literarische Glorifizierung durch die Humanisten angewiesen, wie sie auch genötigt waren, „ihre Schwäche oder Illegitimität durch schaustellerischen Prunk zu übertünchen“ [ebd., 216]. Man glaubt an derartigen Stellen bereits Burckhardt zu hören, der aber hier mit ganz anderer Konsequenz und Systematik vorging. Statt vereinzelter kulturhistorischer Notizen bot er Kulturgeschichte, in der der Humanismus eine im Ganzen veränderte Beleuchtung erfuhr.

1.5 Paul Joachimsen

Verwechslung von Humanismus und Renaissance

Die nähere Geschichte des Humanismus-Begriffs ging weithin mit der des Renaissance-Begriffs zusammen. Eines ihrer Kennzeichen war, dass man, ungeachtet der Burckhardt'schen Differenzierung, aber zugleich im Anschluss an die notorische Lässigkeit Burckhardts in terminologischen Fragen, beide Begriffe so sehr ineinander verschränkte, dass ihre Grenzen undeutlich wurden. Es genügt, dazu BURDACH zu zitieren: „Humanismus und Renaissance – darüber herrscht nirgends ein Zweifel – sind Wechselbegriffe“ [42: K. BURDACH, Sinn, 13]. Es war das erklärte Anliegen Paul JOACHIMSENS, diese Verwechslung aus der Welt zu schaffen und die Spezifik des Humanismus wie der Renaissance zu präzisieren.

Definition des Humanismus

Wie im Falle der Renaissance verfuhr JOACHIMSEN deduktiv, indem er zunächst einen allgemeinen Begriff dessen aufstellte, was „unter Humanismus verstanden werden soll.“ Seine Definition lautete: Humanismus wurzelt „in einem Drang nach Wiederbelebung des Altertums“; Voraussetzung ist, „dass das Altertum einmal tot war, aber einer Wiederbelebung fähig und für die Menschen, die davon reden, bedürftig ist“, dass also „in dem eigenen Leben ein Mangel gesehen wird, für den eben die wiederbelebte Antike Erfüllung bieten soll“; das wiederzubelebende Altertum „muss die Prinzipien der Formung und der Normierung für die eigene Kultur [...] enthalten“, d.h. sie ästhetisch wie ethisch regulieren, „aber so, daß in den ästhetischen Werten die ethischen als beschlossen gedacht werden.“ JOACHIMSEN hat aus dieser Definition zwei Möglichkeiten des Humanismus abgeleitet: die „romantische“, für die „die Wiederbelebung der Antike“ eine unerfüllbare „Sehnsucht“ darstellt, und die „klassische“, für die „die Antike die Rechtfertigung des eigenen, bejahten Daseins unter einem überzeitlichen Aspekt“ bedeutet [150: P. JOACHIMSEN, Der Humanismus, 325 f.]. Beide Möglichkeiten sah er im frühneuzeitlichen Humanismus verwirklicht. Petrarca, mit dem der „Humanismus als kulturgestaltende und wertgebende geschichtliche Bewegung“ begann, beschritt den Weg „des humanistischen Romantikers“ [ebd., 327 u. 331]: das war der Humanismus „als individual-psychologisches Problem“ [ebd., 327]. Der Humanismus wurde „klassisch“, als er sich daran machte, dem italienischen Renaissance-Staat „die endgültige Rechtfertigung zu geben“ [ebd., 334]. Im deutschen Humanismus fielen „die Probleme der Formung und der Normierung auseinander“: Man akzeptierte das griechisch-römische Altertum „als ein ästhetisches Ideal“, verankerte aber die ethischen Werte vorab „in der germanischen Urzeit“, die man der Antike entgegensetzte, antike Klassik stand dagegen „nationale Romantik“ [ebd., 349].

Vergleich mit dem Mittelalter

JOACHIMSEN hat die Konturen seines Humanismus-Begriffs durch den Vergleich mit dem Mittelalter weiter geschärft [dazu auch: 220: U. MUHLACK, Mittelalter, 21]. Für ihn konnte es im Mittelalter „keinen Humanismus“ geben, „keinen karolingischen, ottonischen, normannischen". Zwar hatte sich das Christentum im Laufe seiner Frühgeschichte „antike Elemente" einverleibt, und sie waren auch im Mittelalter mal stärker, mal schwächer präsent [150: P. Joachimsen, Der Humanismus, 326 f.]. Aber das waren lediglich „Werkstücke oder Pfeilerfiguren" für einen „Kulturbau", der auf ganz anderen Grundlagen beruhte. Humanismus hieß, dass man einen „Kulturbau" auf antiker Grundlage errichtete, dass man „die Antike als ein Ganzes von selbständigem Kulturwert der eigenen Welt" entgegensetzte, dass man „aus ihr die Maßstäbe für seine eigene Lebenshaltung gewinnen" wollte [155: P. Joachimsen, Renaissance, 131]. Einen solchen „Humanismus als kulturgestaltende und wertgebende geschichtliche Bewegung" gab es erst seit Petrarca [150: P. Joachimsen, Der Humanismus, 327]. Joachimsen erläuterte diesen Unterschied im Umgang mit der Antike, ähnlich wie Voigt, mit einem kunstgeschichtlichen Vergleich: es sei „derselbe Unterschied wie zwischen den Frangipani und den Colonna, die an den Titusbogen und in das Augustusgrabmal in Rom ihre zinnenbewerten Trutzburgen bauen, und den Florentinern Brunelleschi und Donatello, die 1403 in Rom die antiken Trümmer und Gebäudereste mit dem Eifer von Schatzgräbern durchwühlen und ausmessen um den stilo antico wieder zu entdecken und mit ihm die gotische Barbarei zu erschlagen" [155: P. Joachimsen, Renaissance, 131].

Der hauptsächliche Entstehungsgrund

Die unterschiedliche „Verwertung der Antike" [ebd.] war für Joachimsen zugleich der Hauptgrund, aus dem er den Humanismus entstehen ließ. Man empfand Ungenügen an der bisherigen Zerstückelung der antiken Überlieferung und wollte wiederum den „Zusammenhang" herstellen, der der „Auffassung einer selbständigen Entwicklung" gleichkam; das war der Kern des humanistischen Gegensatzes gegen die „Scholastik", die Joachimsen zuerst am Beispiel Petrarcas herausarbeitete [147: P. Joachimsen, Aus der Entwicklung, 63 f.]. Anders gewendet: Der „Mangel", den der aufkommende Humanismus „in dem eigenen Leben" der Gegenwart empfand, wurde ihm im Gegensatz zu der „scholastischen" Fremdbestimmung der Antike bewusst.

Würdigung

Joachimsens Humanismus-Definition brachte im Einzelnen nichts Neues, sondern setzte sich aus den seit Niethammer gängigen Aufstellungen zusammen. Neu war, dass sie eine Synthese bot, die die bisherigen Elemente in ein stimmiges Verhältnis setzte und damit eine bis dahin noch vermisste terminologische Klärung herbeiführte. Wer sich hinfort mit Problemen des Humanismus befasste, konnte das auf einer gesicherten Grundlage tun. Seitdem ist, wie im Falle der Renaissance, die Einzelforschung weitergegangen, ohne dass jemals eine Veranlassung bestanden hätte, einen grundstürzend neuen Humanismus-Begriff zur Diskussion zu stellen. Allerdings traten, ebenfalls wie im Falle der Renaissance, gelegentlich terminologische Irritationen auf, die aber letztlich – ungeachtet gegenläufiger Ansprüche – an der Grundbestimmung nichts änderten. Am häufigsten kam es zu neuerlichen Verwechslungen oder Grenzüberschreitungen beim Gebrauch der beiden Grundbegriffe; darüber ist im vorigen Kapitel so ausführlich gehandelt worden, dass sich hier eine Wiederholung erübrigt.

1.6 Paul Oskar Kristeller

Streben nach umfassender Dokumentation

Der in unserer Zeit wichtigste und einflussreichste Humanismus-Forscher war Paul Oskar Kristeller (1905–1999). Der deutsch-jüdische Gelehrte, Emigrant wie Baron, seit 1939 an der Columbia University in New York tätig, kam von der antiken Philosophie zu Renaissance und Humanismus. Seine zahlreichen Arbeiten zur Philosophie der Renaissance [resümierend 167: P. O. Kristeller, Acht Philosophen; vgl. dazu 134: Th. S. Hoffmann, Philosophie] fußten auf genauester Bestandsaufnahme des gedruckten wie vor allem des ungedruckten Quellenmaterials. Sein gewaltigstes Werk, das „Iter Italicum" (1965–1992), verzeichnete – nach Ländern und Orten geordnet – bisher nicht oder unvollständig katalogisierte humanistische Handschriften der Renaissance in italienischen und anderen Bibliotheken [166: P. O. Kristeller, Iter]. Kristeller schwebte vor, „eine Landkarte des kulturellen Geschehens dieser Zeit zu entwerfen, die die große Zahl an Informationen berücksichtigt, die sich in den Bibliographien der Frühdrucke, in Handschriften-Sammlungen und -Katalogen und in den Dokumenten der Schulen, Universitäten und anderen Bildungstätten verbergen" [162: P. O. Kristeller, Bewegung, 12;169: Ders., Rolle, 227]. In dieser Welt kam es nicht auf die großen Begriffe, sondern auf die minuziöse Erforschung einzelner konkreter Phänomene an. Angesichts von Kristellers „fugenlos gelehrter Gescheitheit merkt man beinahe nicht, dass das Blickfeld personell und materiell doch recht eng gezogen ist: auf Trägerpersonen sowie auf Handschriften und Drucke" [118: J. Helmrath, Diffusion, 58].

Renaissance und Humanismus

Kristeller hatte freilich keine Bedenken, von „Renaissance" und „Humanismus" zu sprechen. Er verzichtete aber auf trennscharfe Definitionen. Unter „Renaissance" verstand er „jenen Abschnitt westeuropäischer Geschichte", „der etwa den Zeitraum zwischen 1300 und 1600 umfasst, ohne eine vorgefasste Meinung über charakteristische Züge oder Verdienste dieser Periode oder der ihr vorausgehenden oder folgenden Epochen damit zu verbinden" [162: P. O. KRISTELLER, Bewegung, 11 f.]. Eher beiläufig ergab sich, dass sie der Inbegriff eines „kulturellen Lebens" war, das in „geistigen Strömungen und Leistungen" bestand [ebd., 15] und auf „Denken und Philosophie" konzentriert war [ebd., 13]; der politisch-soziale Kontext war wahrscheinlich vorausgesetzt. Als „Humanismus" bezeichnete er „die allgemein in dieser Epoche anzutreffende Tendenz, den klassischen Studien die größte Bedeutung beizumessen und die klassische Antike als gemeinsamen Maßstab und gemeinsames Vorbild zu betrachten, nach dem alle kulturellen Bestrebungen auszurichten sind" [165: P. O. KRISTELLER, Humanismus, 90].

Ausgang von der Quellensprache

Weit entfernt von dem deduktiven Verfahren JOACHIMSENS, brachte er beide Male die Quellensprache ins Spiel. Im Falle der Renaissance schien ihm die wiederholte zeitgenössische Bekundung einer „Wiedergeburt der Künste und der Gelehrsamkeit" die „subjektive Bedeutung" des Begriffs zu bezeugen; er wies allerdings nicht nur BURDACHS Herleitung „aus religiösen und mystischen Traditionen" zurück, sondern führte auch „objektive Gründe" ins Feld, um die „Existenz" und „Bedeutung der Renaissance" zu beweisen [ebd., 87 f.]. Im Falle des Humanismus entdeckte er aber ein zeitgenössisches Wortmaterial, das ihm den Kern der Sache erschloss. Die Renaissance kannte nämlich den *humanista*, der die *studia humanitatis* unterrichtete. Das war ein fest umrissener Fächerkanon, bestehend aus „Grammatik, Rhetorik, Geschichte, Dichtkunst und Moralphilosophie", jeweils gegründet auf „das Lesen und Interpretieren" der einschlägigen antiken Autoren [162: P. O. KRISTELLER, Bewegung, 17]. KRISTELLER hielt es für zweckmäßig, den Humanismus-Begriff auf diesen Fächerkanon zu fixieren. Die Wirkung der Humanisten auf das „kulturelle Leben" der Renaissance insgesamt hatte darin für ihn ihren Ursprung.

Leistungen und Grenzen

Man kann nicht sagen, dass KRISTELLER von den wesentlichen Humanismus-Bestimmungen von NIETHAMMER bis zu JOACHIMSEN grundsätzlich abgewichen wäre. Er veranstaltete überhaupt kein Scherbengericht über die ältere Literatur. Seine Anerkennung für die „mustergültige Darstellung der Renaissance" von Jacob BURCKHARDT [168: P. O. KRISTELLER, Renaissanceforschung, 196], für „dessen wahrhaft klassisches Buch" [163: P. O. KRISTELLER, Der italienische Humanismus, 244; s. auch 169: DERS., Rolle, 224] war ehrlich. Auch sein Rückgang auf die *studia humanitatis* war nicht neu. Der „Humanismus" war im Zeichen des Schulhumanismus ins Leben getreten und hat ihn immer bewahrt: Die NIETHAMMER'sche „Darstellung des Wahren, Guten und Schönen" umschrieb den Fächerkanon von KRISTELLER;

HAGENS „Form" und „Inhalt", JOACHIMSENS „Formung und Normierung" stellten dessen Verallgemeinerung dar. Dennoch ist es nicht ohne Verdienst, dass KRISTELLER diesen pädagogischen Komplex nochmals eigens ausgearbeitet hat. Allerdings legte er darauf so großen Wert, dass durchaus das Missverständnis entstehen konnte, Humanismus erschöpfe sich darin. Das war natürlich nicht der Fall. Der Humanismus ließ sich nicht in Schulen und Universitäten bannen, und wo, wie in Deutschland, seine pädagogische Institutionalisierung überwog, war das eine erklärungsbedürftige Besonderheit. Der humanistische Bildungsgedanke lief auf eine Lebenshaltung und Weltanschauung hinaus. Die Humanisten formulierten alle Probleme des individuellen und gesellschaftlichen Lebens in Bildungsprobleme um; sie erwarteten von einer Erneuerung der Bildung eine Erneuerung der Welt.

2 *Humanismus und Geschichte*

Normatives Interesse an der Antike

Die humanistische „Wiederbelebung des Altertums" verfolgte ein normatives Ziel. Die Werke der griechischen und römischen Autoren besaßen „wahre Classizität" [241: FR. I. NIETHAMMER, Der Streit, 167]; sie „waren überall Vorbild und Muster" [102: K. HAGEN, Verhältnisse, Bd. 1, 279]; sie lösten den „Trieb der Nachahmung" aus [312: G. VOIGT, Wiederbelebung, 1859, 406]. Man hielt sie „für Quellen aller Erkenntnis im absolutesten Sinne" [33: J. BURCKHARDT, Kultur, 191] und entnahm ihnen „die Prinzipien der Formung und der Normierung für die eigene Kultur" [150: P. JOACHIMSEN, Der Humanismus, 325]; sie dienten als „Maßstab" und „Vorbild", „nach dem alle kulturellen Bestrebungen auszurichten sind" [165: P. O. KRISTELLER; Humanismus, 90].

Verbindung mit einem historischen Interesse

Aber man hat immer auch gesehen, dass dieses normative Interesse mit einem historischen einherging, ja, das eine ohne das andere nicht zu denken war. Die „Classizität" war eins mit der Singularität der Antike. VOIGT nannte das Altertum „eine Welt für sich" [312: G. VOIGT, Wiederbelebung, 1859, 6]; sie war ein historisches Gebilde, das man als solches studiert haben musste, sollte es eine bildende Wirkung auf die Gegenwart haben. BURCKHARDT ging noch einen Schritt weiter: Die italienischen Humanisten hätten sich durch ihr „Bündnis" mit der Antike als einer weit zurückliegenden und in sich selbständigen Kulturepoche „zuerst an objektives historisches Interesse gewöhnt" [33: J. BURCKHARDT, Kultur, 175 u. 243].

Joachimsen

JOACHIMSEN hat diesen Gedanken nach seiner Weise ausgeführt. Die „Wiederbelebung des klassischen Altertums" hatte bei ihm zur

Prämisse, „dass das Altertum einmal tot war". Man empfand daher „zwischen sich und dem Altertum einen Abstand, besser gesagt eine Kluft"; man stand dem Altertum als einer geschlossenen „Einheit" gegenüber, die „als solche einmalig und nicht wiederholbar war"; die normative erforderte also zunächst eine historische Aneignung [150: P. JOACHIMSEN, Der Humanismus, 325]. Zu Petrarca hieß es ergänzend und zuspitzend: „Die seelische Distanz, die Petrarca als Knabe zwischen sich und dem Altertum empfunden hatte, wird geschichtlicher Abstand. Mit Petrarca beginnt die kritische und die geschichtliche Betrachtung des Altertums, man könnte sagen, das geschichtliche Denken überhaupt" [ebd., 331].

Anschlüsse

Diese Auffassung ist seitdem häufig wiederholt worden. August BUCK sah den modernen Charakter des Geschichtsdenkens der Renaissance darin begründet, dass „sich die Humanisten des historischen Abstandes von der Antike" bewusst wurden und „diese als eine in sich abgeschlossene Epoche" betrachteten, „aus deren Studium sich überzeitlich gültige Normen für eine Neuordnung des individuellen wie des gesellschaftlichen Daseins gewinnen lassen" [28: A. BUCK, Geschichtsdenken, 6 u. 8 f.]. Man konnte „geradezu von einem humanistischen Historismus sprechen" [217: U. MUHLACK, Historiographie, 133].

Abgrenzung vom Mittelalter

Offenkundig war dadurch ein weiteres Kriterium gewonnen, um die Abgrenzung des Humanismus vom Mittelalter zu präzisieren. Im Mittelalter war die Antike „selbstverständlicher Besitz" [28: A. BUCK, Geschichtsdenken, 9]; ihm fehlten „das Bewußtsein des historischen Abstandes von der Antike", so dass man diese „auch nie als eine in sich geschlossene kulturelle Einheit" sah, sondern ihr „je nach Bedarf einzelne Elemente" entnahm, „die dann in das in seinen Grundzügen feststehende [mittelalterliche] Weltbild eingebaut" wurden [29: A. BUCK, Humanismus, 80]. Den Humanisten selbst musste dieser Gegensatz bewusst sein; ihre Kritik an der „scholastischen" Zerstückelung der antiken Überlieferung war auch Kritik an der „Ungeschichtlichkeit des mittelalterlichen Denkens" im Umgang mit der Antike [ebd.] oder enthielt jedenfalls die Möglichkeit dazu.

Fundamentale Bedeutung

Das „geschichtliche Denken" des Humanismus war nicht einfach ein Attribut neben anderen, sondern hatte fundamentale Bedeutung mit weitreichenden Folgen. Der Stand der Forschung erlaubt es, davon eine ebenso zusammenfassende wie im Einzelnen ergänzende oder fortführende Charakteristik zu geben.

2.1 Historisches Selbstverständnis

Standortsbestimmung

Zunächst handelte es sich darum, dass das Selbstverständnis, die „geistige“ Haltung der Humanisten selbst geschichtlich wurde. Man sah sich von der Antike durch eine „Kluft“ getrennt, die es in der Gegenwart zu überbrücken galt; es wurde bald üblich, die Zwischenzeit zwischen der Antike und der Gegenwart als bloßes „Mittelalter“ und die Gegenwart als Anbruch der „Neuzeit“ zu bezeichnen. Das war nicht nur „ein dreigliederiges Schema des Geschichtsablaufs“, das „die uns geläufige Einteilung der abendländischen Geschichte in Altertum, Mittelalter und Neuzeit begründet“ [28: A. Buck, Geschichtsdenken, 12]. Dieser Gemeinplatz der Forschung verkennt vielmehr, dass das „Schema“, bevor es, eher spät, in die Historiographie Eingang fand [216: U. Muhlack, Geschichtswissenschaft, 164 ff], eine geschichtliche Selbstauslegung oder Selbsteinordnung des Humanismus bedeutete: eine Standortbestimmung in der innerweltlichen Abfolge der Zeiten. Er positionierte sich in der Gegenwart und rechtfertigte sich aus einer bestimmten historischen Epoche, die durch eine andere von der Gegenwart getrennt erschien. Er definierte sich also durch den historischen Moment, dem er zugehörte; er dachte in historischen Zeitreihen oder Zeitrhythmen und verstand sich, ganz immanent, aus der Zeit und aus der Geschichte [230: U. Muhlack, Zukunftsvorstellungen, 75]. Die historische Standortbestimmung ließ es auch nicht zu, dass die „Wiederbelebung des Altertums“ als dessen Wiederauferstehung ablief. Die Humanisten lebten in einer eigenen Zeit, die sich vom Altertum wie vom Mittelalter unterschied; Sinn der „Wiederbelebung“ konnte also nur eine produktive Aneignung oder Neuaneignung sein; die Hinwendung zur Antike selbst in der Form, in der sie sich vollzog, war ein Spezifikum der Gegenwart. Das wurde noch dadurch verschärft, dass man immer mehr in einen Vergleich oder Selbstvergleich mit der Antike eintrat und so die *querelle des anciens et des modernes* einleitete: „Bewußtsein von sich selbst zu gewinnen, gegen die mittelalterliche Barbarei zu polemisieren, die Antike zu definieren und sich selber gegenüber der Antike“: „das ist der Geschichtssinn, mit dem der Humanismus so reich und lebendig ausgestattet war“ [88: E. Garin, Begriff, 256].

2.2 Philologie

Ausgangslage

Dieser „Geschichtssinn“ verharrte aber nicht im Umkreis des humanistischen Selbstverständnisses oder Selbstbewustseins, sondern wirkte sich auch in den Hervorbringungen der Humanisten aus; das Subjektive setzte sich im Objektiven fort. Kristeller hat aufgelistet, was die

Humanisten an Schriften verfasst haben: „Briefe und Reden, Dramen und Dialoge, epische, didaktische und lyrische Gedichte und vor allem Epigramme“, dazu „Biographien und Geschichtswerke“ [163: P. O. KRISTELLER, Der italienische Humanismus, 250]. Sie alle sollten die „Prinzipien der Formung und der Normierung“, wie sie zuerst die *studia humanitatis* zu vermitteln hatten, im Publikum verbreiten: ein Medium der ästhetischen und ethischen Bildung, die der Humanismus in seiner Zeit proklamierte.

Mangelhafte Überlieferung

Aber bevor solche Produktionen in Angriff genommen werden konnten, mussten die einschlägigen antiken Autoren studiert werden, denen man die Prinzipien dieser Bildung entnahm: Redner, Briefschreiber, Dichter, Biographen, Geschichtsschreiber. Sie waren freilich nicht ohne weiteres zugänglich. Man vermisste bestimmte Texte und war darauf gefasst, neue zu entdecken; man empörte sich über den vielfach schlechten Zustand der handschriftlichen Überlieferung; man stieß sich am mangelhaften oder unzureichenden Verständnis, das inzwischen eingerissen war.

Historisch-kritische Philologie

Man machte der „Scholastik“ nicht zuletzt diese Gebrechen zum Vorwurf. Sie waren nur zu beheben, wenn man dreierlei unternahm: die systematische Sammlung und Sichtung aller erreichbaren Schriften; die Herstellung eines jeweils zuverlässigen Textes; ein authentisches Verständnis. Kurzum, es bedurfte einer umfassenden historischen Rekonstruktionsleistung, wenn die antiken Autoren in die Lage versetzt werden sollten, zur Gegenwart zu sprechen. Aus diesem Bedürfnis entstand die historisch-kritische Philologie, die die Grundlage für die moderne Entwicklung des Faches gelegt hat [222: U. MUHLACK, Philologie, 94 ff.]. Sie war der eigentliche und exklusive Beitrag des Humanismus zur Wissenschaftsgeschichte. Der Erfolg konnte sich sehen lassen. Man versammelte, was es an Handschriften über römische und bald auch griechische Autoren gab; von diesen fertigte man einstweilen lateinische Übersetzungen an, obwohl die Kenntnis des Griechischen stetig zunahm. Man trieb Textkritik, um aus verschiedenen Handschriften oder Handschriftengruppen die archetypische Version zu restituieren. Man verfasste Kommentare, die Sprache und Inhalt der Texte erläuterten und dabei alles auf die spezifische historische Situation des jeweiligen Autors bezogen. Die Fülle der in diesen Kommentaren steckenden Notizen und Informationen war auf Dauer gewaltig. Aus ihnen erwuchs allmählich ein zeitlich vielfältig differenziertes Gesamtbild des klassischen Altertums.

Universale Zuständigkeit

Die Philologie hielt sich aber nicht in den Grenzen der ästhetisch-ethischen Literatur, sondern gewann bald eine universale Zuständigkeit.

Das lag daran, dass der Humanismus insgesamt sich über weitere Sphären kulturellen Lebens erstreckte, und zwar nicht nur, weil er durch sich selbst attraktiv wirkte, sondern auch, weil er allenthalben ein jeweils eigenes Interesse an einer „Wiederbelebung des Altertums" weckte oder begünstigte. Jedenfalls rekurrierte man durchgängig auf antike Gründungsautoren. Die Architekten hatten ihren Vitruv; die Juristen hatten es mit dem römischen Recht zu tun; die Mediziner lasen Galen; die mathematisch-naturwissenschaftlichen Disziplinen holten Euklid und Ptolemaios hervor; die Philosophen erschlossen neben Aristoteles auch Platon, Epikur und die Stoa; die Theologen wandten sich den Kirchenvätern und Kirchenschriftstellern sowie vor allem der Bibel zu, diesem Grunddokument der christlichen Antike schlechthin.

Grundlagendisziplin

Alle diese Autoren und Texte waren auf die gleiche Weise philologisch zu reinigen und aufzubereiten wie Cicero, Vergil, Livius oder Plutarch. Dieses Geschäft wurde nicht nur von humanistisch gebildeten Fachleuten, sondern oft auch von humanistischen Gelehrten selbst besorgt. Sie sahen es immer mehr als ihre Aufgabe an, antike Autoren jeglicher fachlicher Provenienz oder Zuordnung zu sammeln, nach textkritischer Methode zu edieren und historisch zu kommentieren. Die Philologie entwickelte sich zu einer Grundlagendisziplin für alle Wissenschaften [2: Antike-Rezeption]; die „Zeit des Wiederaufblühens der Wissenschaften", die man seit Niethammer mit dem Humanismus-Begriff assoziiert hatte, verdiente dieses Epitheton, weil sie im Zeichen der Philologie stand.

Historische Altertumswissenschaft

Es sei noch erwähnt, dass die Philologie zwar vorab mit Schriften und Autoren befasst war, aber von vornherein auch eigentliche Überreste des antiken Lebens sammelte und sichtete oder doch entscheidend dazu beitrug. Man suchte nach Resten der bildenden Kunst, gab Inschriften heraus und trug Münzen zusammen. Alle diese Dinge hatten einen unmittelbaren ästhetischen Reiz und waren in jedem Fall primäre Dokumente des Altertums, ein Stück Altertum selbst. Auch sie waren nicht einfach so, wie man sie fand, hinzunehmen, sondern historisch-kritisch zu prüfen; dabei war sinngemäß die gleiche Methode anzuwenden, die man im Umgang mit den schriftlichen Quellen praktizierte. Im Laufe der Zeit wurden die besonderen Kenntnisse, die dabei erforderlich waren, zu den historischen Hilfswissenschaften der Archäologie, Epigraphik und Numismatik fortgebildet, die bald ein hohes Maß an Professionalität erreichten. Die Philologie erweiterte sich zu einer Art historischer Altertumswissenschaft.

2.3 Geschichtsschreibung

Literarischer Rang

Der „Geschichtssinn" der Humanisten manifestierte sich noch besonders darin, dass sie in ihren eigenen literarischen Hervorbringungen bei Weitem der Geschichtsschreibung den Vorzug gaben: „die neue Wertschätzung der Geschichte", die ihr „wieder Würde" gab, brachte eine „neue Form der Historiographie" hervor, die der spezifischen „historischen Intelligenz" der Humanisten entsprach [59: B. Croce, Theorie, 183 f. u. 219]. Die „humanistische Geschichtsschreibung" erschien „als Funktion eines neuen Bewußtseins des Menschen von seiner Geschichte" [161: E. Kessler, Petrarca, 17].

Normatives Konzept

Die Historie nahm in dem humanistischen Konzept ästhetisch-ethischer Bildung einen Spitzenplatz ein. Sie war eine Gattung der schönen Literatur und zugleich *historia magistra vitae*, Lehrmeisterin des Lebens [176: R. Landfester, Historia]; sie erzeugte Sprachkunstwerke, die die Regeln gelungener Rede vermittelten, und sie illustrierte an konkreten Beispielen, was wir im Leben zu tun und zu lassen haben; sie war insoweit vornehmste Hilfsdisziplin der Rhetorik und der Ethik: eines der Fächer, die zum Kanon der *studia humanitatis* gehörten. Man studierte sie zunächst in den Werken der griechischen und römischen Geschichtsschreiber, die in beiden Hinsichten, der ästhetisch-rhetorischen und der ethisch-praktischen, als musterhaft angesehen wurden; der Geschichtsunterricht an Schulen und Universitäten drehte sich um ihre Lektüre [201: E. Meuthen, Humanismus]. Als man dazu überging, eigene Geschichten zu schreiben, folgte man den antiken Vorbildern. Die Reverenz vor ihnen war so groß, dass man gewöhnlich davon absah oder gar nicht erst erwog, griechische oder römische Geschichte darzustellen, das hatten bereits die antiken Geschichtsschreiber getan, und es wäre aus humanistischer Sicht widersinnig gewesen, mit ihnen hier konkurrieren zu wollen; man hielt sich allerdings für berechtigt, Lücken in der Überlieferung zu füllen. Man wandte sich vielmehr anderen Themen zu, um an ihnen die Geltung der ästhetisch-ethischen Regeln der antiken Historiographie zu demonstrieren: der Stadtgeschichte, der Universalhistorie, der nationalen Geschichte, die ihren Schwerpunkt jeweils in mittleren und neueren Zeiten hatten [217: U. Muhlack, Historiographie, 127 ff.].

Historische Dimension

Dennoch ging auch in der humanistischen Geschichtsschreibung das Normative mit dem Historischen zusammen. Zunächst war auch sie auf die Philologie angewiesen, und zwar in doppelter Weise. Die Historiker benötigten einmal ihrerseits authentische Ausgaben der antiken Musterautoren, und sie übertrugen zum andern die historisch-kritische

Methode der Philologen auf die Behandlung ihrer Quellen. Die Hauptsache aber war, dass die normative Bildung selbst, um derentwillen man Geschichte schrieb, eine historische Dimension erhielt. Die Historie sollte allgemeine Regeln durch konkrete Beispiele illustrieren. Voraussetzung war die Annahme, es sei möglich, von der Vergangenheit auf die Gegenwart zu schließen, also die Gleichheit menschlicher Lebensverhältnisse. Man kann nicht sagen, dass die humanistischen Geschichtsschreiber diese Annahme in Frage gestellt hätten; aber sie haben sie doch, geleitet durch ihren genuin humanistischen „Geschichtssinn", entscheidend relativiert oder modifiziert. Nachdem man einmal die Einsicht in den Unterschied der Zeiten gewonnen hatte, schied eine unmittelbare Anwendung geschichtlichen Regelwissens auf die Gegenwart aus, kam vielmehr lediglich eine sinngemäße Applikation in Betracht. Das Beispiel selbst erhielt gegenüber der Regel, die es illustrieren sollte, ein solches Eigengewicht, dass es mehr durch sich selbst belehrte als durch den abstrakten Bezug, in dem es stand. Man lernte aus der Geschichte, dass es zwar allgemeine Regeln gab, dass man sich aber bei ihrer Befolgung nach der jeweiligen Situation zu richten hatte. Das war die Quintessenz jenes „Historismus", der dem humanistischen Denken von vornherein immanent war, und das erklärt die besondere Vorliebe der Humanisten für die Geschichtsschreibung.

II. Die Humanisten

Wer waren die Humanisten? Man wird an dieser Stelle keine Aufzählung von Namen, kein biographisches Diktionär erwarten. An dergleichen fehlt es in der Literatur nicht. Im Falle des deutschen Humanismus ist jetzt das von Franz Josef Worstbrock herausgegebene „Verfasserlexikon" maßgeblich, das 2008–2015 in drei Bänden erschienen ist [140: Deutscher Humanismus]. Erfasst sind in alphabetischer Reihenfolge, von Bernhard Adelmann von Adelsmannfelden bis zu Ulrich Zasius, alle Autoren im Umkreis der Jahre 1480–1520, also in der Gründungs- und Hochzeit des deutschen Humanismus. Einer Lebensbeschreibung schließt sich jeweils eine vollständige Übersicht über das Werk an mit Angaben zur Entstehungs- und Überlieferungsgeschichte und Bemerkungen zum Inhalt, gefolgt von reichen Literaturhinweisen; manche Artikel wachsen sich zu förmlichen Abhandlungen aus. Hier wird nicht nur der Forschungsstand rekapituliert, sondern weithin eigene Forschung geboten, an der sich künftige Forschungen werden messen lassen müssen. Das alles kann im Weiteren vorausgesetzt werden.

Personen

Hier soll vielmehr, entsprechend dem Zuschnitt dieses Buches, eine allgemeine Charakteristik gegeben werden.

„Res publica litteraria"

Um es in einem Satz zu sagen: Die Humanisten waren Gelehrte, Schriftsteller, Literaten, Intellektuelle, die allesamt das Ziel einer „Wiedererweckung des Altertums" verfolgten. Sie bildeten zusammen mit ihren Lesern, mit ihrem ganzen Publikum eine autonome Genossenschaft, eine *res publica litteraria*, die ihre Einheit in dieser gemeinsamen Zielsetzung und den daraus fließenden Prinzipien hatte. Das war der *consensus opinionum*, auf den Joachimsen den Humanismus sich gründen sah: die in freier Vereinbarung bewirkte „Übereinstimmung über die Formen des Lebens" [150: P. Joachimsen, Der Humanismus, 335]. Wer diesen *consensus* teilte, gehörte der humanistischen *res publica litteraria* an, ganz gleich, welchen Standes oder welcher Profession er war oder aus welchem Land er stammte. Die Humanisten kamen denn auch aus den verschiedensten sozialen Verhältnissen; ihre Väter waren, wie Burke für Italien nachgewiesen hat, Adelige, Kaufleute, Handwerker, Bauern und Angehörige freier Berufe [46: P. Burke, Die Renaissance in Italien, 47 u. 45: Ders., Italian Renaissance, 51]; auch außerhalb Italiens erstreckte sich ihre Provenienz über das gesamte gesellschaftliche Spektrum. Umgekehrt heißt das, dass die Humanisten sich nicht auf eine bestimmte soziale Schicht oder gar auf deren materielles Interesse reduzieren lassen. Sie stellten vielmehr innerhalb der herrschenden gesellschaftlichen Ordnung ein eigenes soziales Gebilde dar, das nicht „auf naturgegebenem Zusammenhang" beruhte, nicht durch „von aussen auferlegte Verpflichtungen" konstituiert war, sondern allein die Gemeinsamkeit einer geistigen Haltung ausprägte: „die erste moderne Gesellschaft" [150: P. Joachimsen, Der Humanismus, 335 u. 153: Ders., Zur Psychologie, 553].

Spezifischer sozialer Status

Beatus Rhenanus

Wie sehr den Humanisten bewusst war, dass sie über ganz Europa hin an einer einzigen großen Gemeinschaft teilnahmen, lässt sich beispielhaft aus einem Brief des Beatus Rhenanus vom März 1512 ablesen. Der Humanist aus Schlettstadt dedizierte darin seinem Pariser Lehrer Jacques Lefèvre d'Etaples, einem der Protagonisten des frühen französischen Humanismus, die von Johannes Cuno und ihm selbst besorgte Ausgabe eines fälschlich dem Gregor von Nyssa und tatsächlich von Nemesios von Emesa stammenden Werkes und verband den Lobpreis des Adressaten mit einem Überblick über die humanistische Gelehrtenrepublik, wie sie sich ihm damals präsentierte. Lefèvre habe allen genützt: „Gallis, Italis, Germanis, Britannis et Hispanis" [72: Epistulae, 258]. Als gemeinsames Merkmal stellte Rhenanus die Hinwendung zu den antikisch fundierten „liberalibus disciplinis" heraus, die er mit der Abkehr von der bisherigen „barbaries" gleichsetzte [ebd., 258 u. 260]; das war das klassische Selbstverständnis der Humanisten, das sie zu einer *res publica litteraria* vereinte.

Niederdeutschland

Auf diesem Hintergrund entrollte Rhenanus sodann ein Panorama deutscher Humanisten, um zu dokumentieren: „Germaniam omnem ad politiores literas sese belle accingere" [ebd., 266]. Er beschränkte sich dabei auf Namen aus Niederdeutschland, aus Mainz, aus dem Elsass, aus Basel, Schwaben, Österreich und Thüringen, die er als „ducum instar" bezeichnete [ebd.] und die obendrein dem Adressaten besonders nahezuliegen schienen; ein Hauptkriterium war auch ihr europäischer Rang. An der Spitze stand Erasmus von Rotterdam, der im Lateinischen wie im Griechischen unübertroffen sei, gefolgt von Iodocus Badius Ascensius aus Belgien, der als Buchdrucker und Philologe in Paris wirkte, und Hermann von dem Busche aus Münster in Westfalen, nach langen Wanderjahren Professor der Beredsamkeit und Poesie in Köln.

Rheinland und Schwaben

Ihnen schlossen sich an der Mainzer Dietrich Gresemund, der wegen seiner Sammlung römischer Altertümer geschätzt war, und die Elsässer Jakob Wimpfeling, Pädagoge, Historiker und Publizist, Jost Hahn, Konrad Pellikan (beide theologische Schriftsteller) und Sebastian Brant, der Verfasser des „Narrenschiffs". Aus Basel kamen Wilhelm Kopp, in Paris ansässiger Kenner der medizinischen Literatur der Antike, und die Verlegerfamilie der Amerbachs, aus Schwaben Johannes Reuchlin, „totius Europae decus" [ebd., 264], Konrad Peutinger, der römische Inschriften herausgab und eine römisch-deutsche Kaisergeschichte vorbereitete, Engelbert Funk, der politische, moralische und erotische Epigramme nach dem Vorbild Martials schrieb, Georg Simler, der sich mit der griechischen Sprache und Grammatik befasste, Ulrich Zasius, der Vertreter einer humanistischen Lehre des römischen Rechts, Heinrich Bebel, der sich besonders als lateinischer Stilist hervortat, Jakob Locher, der zuerst Horaz drucken ließ und Brants „Narrenschiff" durch seine lateinische Übersetzung außerhalb Deutschlands bekannt machte, Johannes Brassicanus, Verfasser einer weitverbreiteten lateinischen Grammatik, und der Gräzist Michael Hummelberg.

Österreich und Thüringen

Zuletzt kamen Humanisten aus Österreich und Thüringen an die Reihe: einerseits Girolamo Alcandro aus Motta bei Treviso, der in Paris die alten Sprachen lehrte, und Johannes Spießhaymer (Cuspinianus), Poet und Historiker, andererseits Konrad Mut (Mutianus Rufus) und Peter Eberbach, die für den Erfurter Humanistenkreis standen. Ein Hinweis auf den Wiener Humanisten Johannes Stabius leitete zu „Gregor von Nyssa" über. Diese gewaltige Heerschau sollte dem

Adressaten vorführen, dass Deutschland ein Teil der humanistischen Gelehrtenrepublik geworden war [biographische Kommentierung in: 271: RHENANUS. ANTHOLOGIE, 123–127 u. 72: EPISTULAE, 257 ff.].

Briefwechsel

Die Humanisten wussten nicht nur voneinander, sondern standen auch in permanenter Verbindung. Das wichtigste Mittel ihrer europaweiten Kommunikation waren nach allen Seiten hin mit großer Sorgfalt geführte Briefwechsel; die Korrespondenz des Beatus Rhenanus ist da nur ein, freilich sehr aussagekräftiges, Beispiel [neue Ausgabe v. J. HIRSTEIN: 72]. Man tauschte sich über literarische Pläne und Ereignisse und überhaupt über den Stand der *bonae litterae* aus. Ein unablässiges Mitteilungs- und Erkundungsbedürfnis durchdrang sich dabei mit epistolographischen Ansprüchen, die wohl mit unterschiedlicher Intensität geltend gemacht wurden, aber nie ganz fehlten. Petrarca, der erste humanistische Briefschreiber, war zugleich der Begründer der humanistischen Briefkunst als einer eigenen literarischen Gattung. Das Muster lieferte auch hier die Antike: Der „Liber rerum familiarium" hatte sein Vorbild in Ciceros „Epistulae ad familiares", die Petrarca selbst wiederentdeckt hatte; das letzte Buch der Sammlung, in dem er mit berühmten Alten korrespondierte, brachte anfangs Briefe an Cicero, den der Absender zuerst auf „Epystolas tuas diu multumque perquisitas adque ubi minime rebar inventas" ansprach [248: Fr. PETRARCA, Epistolae, 52]. Da Briefe zur Literatur gehörten, waren sie grundsätzlich für die Öffentlichkeit bestimmt. Seit Petrarca ließen viele Humanisten ihre Briefe zirkulieren oder, nachdem die *ars impressoria* erfunden war, in Druck gehen, und auch wenn das nicht geschah, schrieb man gewöhnlich so, als sei eine Publikation geplant. Die Briefe des Erasmus waren so begehrt, dass mancher Empfänger sie ohne Wissen des Absenders veröffentlichte, bis dieser die Sache „selbst in die Hand" nahm: „Es gab kaum einen so gesuchten Artikel auf dem Buchmarkt" [137: J. HUIZINGA, Erasmus, 88]. Die humanistische Korrespondenz sollte die literarische Kompetenz jedes einzelnen Verfassers dokumentieren, und sie kam damit einer Selbstdarstellung der humanistischen *res publica litteraria* insgesamt gleich.

Gelehrte Gesellschaften

Neben dem Briefwechsel existierten andere, dichtere Formen der Kommunikation. Von vornherein bestanden von Ort zu Ort Gesprächskreise, die sich zu gelehrten Gesellschaften fortbilden und dabei sogar zu einer Art Institutionalisierung gelangen konnten. Im Florenz des ausgehenden 14. Jahrhunderts war Luigi Marsiglio, „Chorherr von Santo Spirito", „geistiger Mittelpunkt eines Freundeskreises" [20: K. BRANDI, Die Renaissance, 196]; ein Jahrhundert später gab es in Florenz die platonisch-neuplatonische Akademie von Marsilio Ficino und in Rom die ganz dem Kultus der Antike gewidmete Akademie des Pomponio Leto; ähnliche Vereine entstanden in Mailand oder Neapel.

Sodalitäten

Deutschland war um 1500 von einem Netz von *sodalidates litterariae* durchzogen. Die entscheidende treibende oder koordinierende Kraft war Konrad Celtis, der im Laufe eines langen Wanderlebens viel herumgekommen war und überall Verbindungsleute sitzen hatte; er schuf „eine erste Organisation des humanistischen Gemeinschaftsgefühls, wie sie nirgendwo sonst bestand, auch in Italien nicht" [154: P. Joachimsen, Die Reformation, 54]. Von selbständiger Bedeutung waren die Vereinigungen in Straßburg und Schlettstadt, die sich um Jakob Wimpfeling scharten und Erasmus von Rotterdam verehrten.

Propaganda und Agitation

Diese Sodalitäten beschränkten sich keinesfalls auf interne Veranstaltungen, auch wenn das der Normalfall sein mochte. Es handelte sich bei ihnen um „Propaganda-Organisationen für die neue ‚Humanitas' als Bildungs- und Lebensform und vor allem für die neuen Bildungsinhalte" [150: P. Joachimsen, Der Humanismus, 348], und das hieß, dass man nach öffentlicher Präsenz und Geltung strebte. Das konnte sich dann bis zur aggressiven Agitation steigern, wenn man den Eindruck hatte, sich gegenüber Anfeindungen von außen zur Wehr setzen zu müssen. Das bekannteste Beispiel war der Reuchlin-Streit der Jahre 1510–1520, der so gut wie alle deutschen Humanisten in Stellung gegen ihren vermeintlichen scholastischen Gegner brachte: einerseits durch die „clarorum virorum epistolae", in denen Autoren aus ganz Europa für den der Ketzerei verdächtigten Reuchlin Partei ergriffen, andererseits durch die „Epistolae obscurorum virorum", die sich mit satirischer Bosheit auf Reuchlins Widersacher stürzten, um sie gnadenlos der Lächerlichkeit preiszugeben; Mutianus Rufus und Ulrich von Hutten hatten dabei die Feder geführt. „Die Sodalitäten des Celtis werden die Cadres einer geschlossenen Kampftruppe, wie sie damals in keinem andern Lande hätte entstehen können" [ebd., 367].

Verwurzelung in der ständischen Gesellschaft

Die Humanisten, die „eine völlig neue Klasse der Gesellschaft bildeten", waren gleichwohl in der Regel keineswegs „freischaffende Schriftsteller" in dem Sinne, dass sie von ihren literarischen Hervorbringungen hätten leben können [165: P. O. Kristeller, Humanismus, 96]. Aus allen Ständen stammend, waren sie vielmehr in der ständischen Gesellschaft verwurzelt, in der sie ihr Auskommen fanden. Kristeller hat die beiden Berufsgruppen angeführt, in denen sie hauptsächlich tätig waren: „Sekretäre von Fürsten oder Städten" und „Lehrer der Grammatik und Rhetorik an Universitäten oder an höheren Schulen", beide Male als „die professionellen Nachfolger der mittelalterlichen

Rhetoriker“ [ebd.]. Viele waren Kleriker unterschiedlichen Grades und lebten von kirchlichen Pfründen; andere erhielten Pensionen.

Eigener sozialer Status

Es war unvermeidlich, dass das nicht ohne Einfluss auf ihre literarische Produktion blieb. Manches, was sie zu liefern hatten, war Auftragsarbeit. Dennoch hat KRISTELLER Unrecht, wenn er deswegen den eigenen sozialen Status der Humanisten bestreitet [ebd.]. Er verweist selbst auf „Ausnahmen“ von der Regel auf „Humanisten, wie Petrarca, Boccaccio und Erasmus“ [ebd.]. Sofern sie Zuwendungen erhielten, verdankten sie das ihrem literarischen Prestige, das auch ihren Geldgebern zur Ehre gereichen sollte. Aber auch im Regelfall galt, dass die Humanisten zunächst einmal nichts anderes als Humanisten waren, die, ungeachtet ihrer jeweiligen Profession, demselben Bildungsprogramm verpflichtet waren. Sie mochten ihre literarische Produktion auf die Verhältnisse berechnen, in denen sie lebten; umgekehrt lieferten sie damit den Verhältnissen eine Rechtfertigung, die ihr exklusives Markenzeichen war. Auch die Auftragsarbeit hatte zur Voraussetzung, dass der Auftragsgeber ihrer zu bedürfen glaubte.

III. Funktionen des Humanismus

1 Humanismus und Renaissance

Wechselwirkungen

Das zuletzt erörterte Problem lässt sich erweitern oder verallgemeinern zu der Frage nach den „Funktionen des Humanismus“, die kürzlich Gegenstand eines wegweisenden Sammelbandes war [85: FUNKTIONEN]. Die Frage zielt, so dessen Untertitel, auf den „Nutzen“, den der Humanismus in seiner Lebenswelt stiftete, man kann auch sagen: auf die Rolle, die er darin spielte, und die Bedeutung, die ihm dabei zuwuchs. Nach Beiträgen über die Kernbereiche humanistischer Tätigkeit, ohne die nichts „funktionierte“, nämlich Rhetorik (Johannes HELMRATH), Dichtung (Gerlinde HUBER-REBENICH) und Philologie (Elisabeth STEIN), werden in dem Band vor allem die Höfe als Hauptschauplätze, auf denen Humanisten auftraten, thematisiert (Dieter MERTENS, Gábor ALMÁSI, Harriet RUDOLPH) sowie die Möglichkeiten und Formen kirchlicher Instrumentalisierung humanistischer Bildung erörtert, sei es im Kloster (Harald MÜLLER), sei es im Zeichen von Reformation (Manfred RUDERSDORF und Thomas TÖPFER) und Gegenreformation

(Peter Wolf) bzw. Katholischer Reform (Arne Karsten). Von den folgenden Artikeln ist der von Caspar Hirschi über „Funktionen des humanistischen Nationalismus in Deutschland" einschlägig. Das gemeinsame Ergebnis ist, dass sich von Funktionen des Humanismus nur reden lässt, wenn man den Humanismus als eigenständige Potenz in Ansatz bringt, die, bevor sie zu anderen Potenzen in Beziehung trat, durch und für sich selbst „fungierte". Der Humanismus stand seiner Lebenswelt nicht gegenüber, sondern gehörte ihr selbst an; er war ein soziales Phänomen, das mit anderen sozialen Phänomenen kommunizierte; seine „Funktionalisierung" fand in Wechselwirkungen statt.

Bestandteil der Renaissance-Kultur

Um diese Gesamtsituation zu erklären, stellt Thomas Maissen im Schlusswort die Verbindung zur „Renaissancegesellschaft" her: In ihr „entstand die Nachfrage nach neuen Deutungsmustern, welche die Lücken füllen sollten, die das herkömmliche, christlich-mittelalterliche Orientierungswissen offen ließ" [187: Th. Maissen, Schlußwort, 399]. In der Tat: Die „Funktionen des Humanismus" lassen sich nicht zureichend bestimmen, ohne dass wiederum auf die Renaissance zurückgegangen wird. Der Humanismus war, zunächst in Italien, eine „Form" oder „ein Teilphänomen" der Renaissance-Kultur [218: U. Muhlack, Humanismus, 18 f.; 230: Ders., Zukunftsvorstellungen, 66 ff.] und ist uns in diesem Zusammenhang so oft begegnet, dass hier ein knappes Resümee genügt. Zweierlei ist festzuhalten: dass der Humanismus in ein Kulturganzes eingelassen war und dass er gleichwohl Autonomie besaß. Er bildete die Legitimationsinstanz der Renaissance-Kultur; das verschaffte ihm soziale Akzeptanz und sicherte seine soziale Existenz. Andererseits ging er in dieser Funktion nicht auf, sondern war von originärer Herkunft und insoweit eine Erscheinung sui generis. Die Möglichkeit seiner Funktionalisierung selbst ergab sich daraus, dass er ein Legitimationswissen zur Verfügung stellte, das anders nicht zu haben war. Er gedieh im Renaissance-Italien, weil er ihm eine ideelle Grundlage schuf und weil nur er dazu in der Lage war. Mehr noch: Er war kraft seines universalen Bildungsglaubens auf diese allgemeine kulturelle Funktion hin angelegt. Wie er an Schulen und Universitäten den propädeutischen Unterricht der *artes liberales* betrieb, so verstand er sich überhaupt als Vorbereitung auf das Leben in allen Sphären oder Gestaltungen, in denen es sich darbot. Wer die Welt erneuern wollte, musste auf die Welt wirken, musste in ihr seinen Platz finden.

2 Der Humanismus und die politische Welt

2.1 Italien

Legitimierungsbedarf des Renaissance-Staates

Zur Verdeutlichung eignet sich besonders die Einstellung der Humanisten gegenüber der politischen Welt. Im Italien der Renaissance waren das die neuen Herrschaftsgebilde. Sie boten den Humanisten direkte Anknüpfungspunkte. Der Renaissance-Staat, der aus dem bis dahin alles überwölbenden sakralen System der kaiserlich-päpstlichen Weltmonarchie gewaltsam ausgeschieden war und nur durch Macht oder als Macht bestand, erstrebte eine neue Form der Rechtfertigung, die seinem ganz diesseitig oder innerweltlich gewordenen Dasein Halt gab. Nichts war illegitimer, nichts aber auch prekärer als die bloße Macht; es galt demgegenüber, die Macht „zu formen und zu normieren" [150: P. Joachimsen, Der Humanismus, 334], ohne ihr tatsächlich Grenzen zu setzen.

Indienstnahme der Humanisten

In dieser Situation erwies sich der Humanismus als nützlich. Die Humanisten stellten mit der „Wiedererweckung des Altertums" ein Bildungswissen bereit, das das Bedürfnis der Machthaber nach Legitimierung ihrer Herrschaft zu befriedigen vermochte. Man konnte aus der Antike lernen, dass der Besitz der Macht nicht verwerflich, sondern schätzenswert war: „Die Ruhmbegier ist schön, denn Horaz und Vergil haben sie besungen, der Genuss des Lebens nicht sündlich, denn Ovid und Epikur haben ihn empfohlen" [ebd.]. Es lag also im ureigensten Interesse von Fürsten und Republiken, die Humanisten in Dienst zu nehmen, und es ist offensichtlich, dass die Humanisten von dieser Indienstnahme ungeheuer profitierten. Sie dienten den Herrschern überall da, wo ihr Bildungswissen gefragt war: als Bibliothekare und Lehrer, als Sekretäre und Diplomaten, als Prunk- und Festredner. Manche bestritten aus solchen Aktivitäten ihren Lebensunterhalt; die humanistische Bewegung in Italien entwickelte sich wesentlich in diesem von den Bedürfnissen des Renaissance-Staats her vorgegebenen Rahmen.

Eigenständigkeit

Gleichwohl kann der Humanismus keineswegs von dort abgeleitet werden. Er war kein Erzeugnis des Renaissance-Staats, wie er sich überhaupt auf kein anderes, außerhalb seiner selbst liegendes Phänomen zurückführen ließ. Aus sich selbst entstanden, hatte er jedenfalls zunächst gar nichts mit dem Renaissance-Staat zu tun, im Gegenteil: Er wurde für diesen gerade deswegen interessant, weil er schon da war, weil er schon Aufsehen erregt hatte, weil ihn eine eigentümliche Gloriole umgab.

Petrarca

Gleich der erste Autor, der seit jeher und bis heute zu Recht als eine Art Inaugurator oder Initiator des Humanismus angesehen wurde, nämlich Petrarca, kann dafür zum Exempel dienen. Er kam zum Humanismus aus persönlichen Motiven. Eine im scholastischen Lehrbetrieb seiner Zeit unbefriedigte Sehnsucht nach Sprachschönheit, die er als Schlüssel zu einem wohlgeordneten Menschsein verstand, ließ ihn die *nobilissima lingua* der klassischen lateinischen Autoren entdecken, die er gleichermaßen aktualisierte wie historisierte; das war der Humanismus „in seiner ersten, individualpsychologischen Form“ [ebd., 330].

Aufstieg zum Modeautor

Gewiss trat Petrarca in seiner Zeit nicht voraussetzungslos oder isoliert auf den Plan, aber sofern er aufgriff, was vielleicht in der Luft lag, drang er aus persönlichem Erleben zu einer intellektuellen Haltung von völlig neuer Qualität vor, die ihn grundsätzlich von früheren Ansätzen unterschied und mit einem Schlag berühmt machte. Er gehörte zu den Ausnahmeerscheinungen, die schon zu Lebzeiten jene Geltung erlangten, die sie noch heute besitzen. Er stieg zu einem Modeautor auf, der bald auch in der politischen Welt eine Rolle spielte. Man kennt seine Verbindung mit Cola di Rienzo und seine Mahnschreiben an Kaiser Karl IV.; hier ist wichtiger, dass er an den Tyrannenhöfen der italienischen Renaissance sehr geschätzt war. Er lieferte, was man von ihm erwartete oder begehrte: beispielsweise Francesco da Carrara in Padua seine „Viri illustres“, die, in Verbindung mit den entsprechenden Fresken in der Sala virorum illustrium des fürstlichen Palastes, hauptsächlich Lebensbeschreibungen großer Römer von Romulus bis Titus und damit reiches Material für die Selbstinszenierung eines italienischen Renaissance-Fürsten enthielten [161: E. KESSLER, Petrarca, 34].

Unentbehrlichkeit

Entscheidend war, dass es nicht die Fürsten waren, die Petrarca groß machten, sondern dass es Petrarca war, der die Fürsten so für sich einnahm, dass sie ihm gewissermaßen ihr Prestige anvertrauten. Diese Konstellation hatte auch Bestand, als die humanistische Bewegung in der Nachfolge Petrarcas Fahrt aufnahm. Man riss sich an den italienischen Höfen um humanistische Literaten, weil man ihnen eine nur ihnen eigene Kompetenz zuschrieb, auf die offenbar nicht verzichtet werden konnte. Selbst der kleinste Lohnschreiber strahlte noch etwas von diesem Glanz aus. Hoch im Kurs standen italienische Humanisten auch an Fürstenhöfen außerhalb Italiens. Die Könige von Ungarn, Frankreich und England holten Italiener ins Land, um von ihnen in humanistischer Manier die Geschichte ihrer Reiche schreiben zu lassen und damit ihren eigenen Ruhm zu mehren.

Politischer Humanismus

Mit alledem ist zugleich die Unmöglichkeit gegeben, den Humanismus mit einer bestimmten politischen Position zu identifizieren. Es war der Kern der „Baron Thesis“, eine solche Zuordnung zu behaupten. Zwar ließ auch Baron den Humanismus mit Petrarca beginnen. Aber er sah in dessen Beschränkung auf das Persönliche und Private einen Mangel, der erst durch den Florentiner „Bürgerhumanismus“ um und nach 1400 behoben worden sei. Das Engagement für die Republik im Kampf gegen die tyrannischen Gelüste der Mailänder Visconti wurde ihm zur eigentlichen Geburtsstunde für den italienischen Humanismus.

Republik und Monarchie

Man hat freilich längst die Einseitigkeit dieser Betrachtungsweise bemerkt: „Gewiß haben Salutati und Bruni Florenz und seine republikanische Freiheit verteidigt [...]. Aber gleichzeitig haben Loschi und Decembrio Mailand und seinen Herrscher gepriesen, und sie waren [...] nicht weniger humanistisch“ [163: P. O. Kristeller, Der italienische Humanismus, 252]. Beide Seiten mobilisierten das gleiche Bildungswissen, um ihre je verschiedenen politischen Zwecke zu propagieren: ein Bildungswissen, das diesen Zwecken vorauslag und sie damit zugleich relativierte. Beide Male, in republikanischer wie in monarchischer Perspektive, erging die Mahnung an die herrschenden Eliten, ihr Regime auf die universalen Werte der humanistischen Bildung zu gründen: „by exposing them to ‚good letters‘, to the arts worthy of a free man, the literal arts, the arts which make man noble, wise and good“ [108: J. Hankins, ‚Baron Thesis‘, 81]. Der Humanismus erschien als Allheilmittel für die Gebrechen aller Regierungsformen. Die humanistische *res publica litteraria* stellte sich da als eigenes Reich gegenüber der politischen Welt auf. Joachimsen sprach von einem „Nebeneinander von Staat und Gesellschaft der italienischen Renaissance“; die „Einwirkung dieser Gesellschaft auf den Staat“ habe sich vor allem in der Form der Fürstenerziehung“ vollzogen, also ohne die eigentliche Politik zu berühren [153: P. Joachimsen, Zur Psychologie, 545]. Es sei noch hinzugesetzt, dass schon Petrarca die gleiche Haltung gegenüber dem Reich der Politik eingenommen hat. Der Streit zwischen „republikanischen“ und „monarchischen“ Humanisten verdichtete sich zeitweise zu einer Kontroverse um Gaius Iulius Caesar. Die einen verdammten ihn als Zerstörer der Freiheit, die anderen priesen ihn als Wiederhersteller der Ordnung; beide waren sich darin einig, dass sie aus den gleichen antiken Wissensbeständen schöpften; die Kontroverse wirkte mitunter wie ein rhetorischer Schaukampf, in dem beide Seiten jeweils auch entgegengesetzte Standpunkte hätten vertreten können [214: U. Muhlack, Die Deutung, 70 ff.]

Ästhetisch-literarischer Republikanismus

Der Gegensatz zwischen „republikanischen" und „monarchischen" Humanisten lässt sich noch weiter verringern. Der humanistische Republikanismus war im Grunde ein Sekundärphänomen, das sich aus der Art der Aneignung der antiken Literatur ergab. Als Petrarca daran ging, die römischen Klassiker wieder ins Leben zu rufen, hielt er sich vor allem an Cicero; das Ciceronische Latein war ihm Inbegriff von Sprachschönheit schlechthin und damit Maßstab für eine Erneuerung der lateinischen Sprache wie des menschlichen Sprachvermögens überhaupt. Wer aber Ciceros Sprache erneuern wollte, setzte sich unausweichlich auch „ihrer eigenen Atmosphäre" aus, nämlich der republikanischen Welt, aus der heraus und für die ihr Autor schrieb. Die Rezeption des Literaten zog die Rezeption des Politikers Cicero und seines Umfeldes nach sich. Das Aufkommen des humanistischen Republikanismus hing auch damit zusammen. Er resultierte weniger „aus einem ursprünglich politischen Widerwillen des modernen Stadtrepublikaners gegen die Tyrannis" als „aus ursprünglichem Cicero-dienst und Cicero-glauben": „Dieser Hang ist ästhetisch und literarisch, nicht moralisch und politisch" [101: Fr. Gundolf, Caesar, 122]. Er war es so wenig, dass er auch unter einer monarchischen Regierungsform kultiviert werden konnte, ohne diese in Frage zu stellen: „Daher die Lösung oder besser die Neutralisierung der moralischen Probleme durch die Kunst, daher auch gerade hier die Konservierung des Freiheitsbegriffs, den der Tyrannenstaat vernichtet hat, aber nicht das geringste Gefühl eines Gegensatzes zu diesem Staate" [153: P. Joachimsen, Zur Psychologie, 554].

Humanismus als Staatszweck

Letztlich schrumpfte die humanistische Debatte um Republik und Monarchie auf die Frage, welche Regierungsform der Entfaltung der *bonae artes* günstiger sei, d. h. unter welcher Regierungsform der Humanismus am besten gedeihen könne. Hier ging es nicht mehr um die humanistische Rechtfertigung von Republik oder Monarchie, sondern darum, dass der Humanismus selbst sich zum Ziel des Staats erklärte und daran die staatlichen Verhältnisse maß; der im Kern unpolitische Habitus der Humanisten kam hier gewissermaßen zu sich selbst.

Pragmatisches Verhalten

Die Antworten waren entgegengesetzt: Bruni behauptete einen Zusammenhang von politischer Freiheit und literarischer Blüte [46: P. Burke, Die Renaissance in Italien, 234] und sah die *praeclara illa ingenia* vor Caesar das Land verlassen [214: U. Muhlack, Die Deutung, 78]; andere sprachen dem regierenden Volk mit dessen Gier nach Geld jeglichen Sinn für die Förderung literarischer Talente ab [46: P. Burke, Die Renaissance in Italien, 234] und verwiesen auf die vielen *viri doctissimi et eloquentissimi*, die unter Caesar geblüht hätten [214: U. Muhlack, Die Deutung, 76]. Diese Antworten waren freilich alles andere als feststehend; sie spiegelten die Umstände wider, in denen sich der eine oder andere humanistische Autor befand; sie waren daher durchaus von Mal zu Mal austauschbar. In der Praxis trat dieses pragmatische Verhalten noch deutlicher zutage. Burke bemerkt, „dass es für einen Künstler oder Schriftsteller günstiger war, in einer Republik und nicht in einem Fürstentum zur Welt zu kommen", da er „in einer Republik [...] seine Talente eher" habe „entwickeln" können, aber „dass es eine ganze Reihe" derer, „die in Republiken zur Welt gekommen und ausgebildet worden waren, an die Fürstenhöfe zog", die ihnen bessere Aufstiegschancen ermöglicht hätten [46: P. Burke, Die Renaissance in Italien, 235]. In demselben Maße, in dem die Republiken von der politischen Landkarte Renaissance-Italiens verschwanden, wurde diese Alternative gegenstandslos; außerhalb Italiens war ohnehin „die monarchische Staatsform die Regel" [44: P. Burke, Die Renaissance, 76].

Blick auf die bildende Kunst

Die Haltung der Humanisten kehrte wieder in der Haltung der bildenden Künstler. Es ist offenbar aussichtslos, die Architekten, Bildhauer und Maler dieser Zeit in „Republikaner" oder „Monarchisten" einzuteilen oder überhaupt nach politischen Kategorien zu bewerten. Sie dienten den verschiedensten Auftraggebern und Interessen. Was sie verband, war ein gleiches Verständnis von Kunst als autonomer Hervorbringung und war die Gewissheit, dass kein Machthaber auf deren legitimierende Funktion verzichten wollte oder konnte. Jacobo Pontormo hat um 1529/30 das „Martyrium der Zehntausend", eine Legende über ein Ereignis aus der römischen Kaiserzeit, gemalt; man hat das mit der damaligen Belagerung des seit 1527 wiederum republikanischen Florenz zusammengebracht [69: B, Eclercy, Exempla, 38]. Das mag zutreffen, auch wenn man sich hier vor anachronistischen Projektionen hüten muss. Andererseits hat derselbe Maler wenige Jahre später ein Bildnis des Herzogs Alessandro de' Medici geschaffen: „Eben noch für republikanisch gesinnte Auftraggeber tätig, porträtierte er nun den unbeliebten neuen Herrscher" [189: Maniera, 64 ff.]. Die politischen Umstände wechselten; aber der Künstler blieb sich treu.

2.2 Deutschland

Politisch-staatliches Umfeld

Als der Humanismus sich in Deutschland ausbreitete, hatte er sich auf ein ganz anderes politisch-staatliches Umfeld einzustellen als in Italien: auf eine in ihren Hauptzügen fortexistierende *res publica christiana*, innerhalb derer allenfalls Rudimente einer Staatlichkeit im Sinne der italienischen Renaissance erkennbar waren. Das beherrschende Problem war hier nicht, was nach der faktischen Sprengung der aus dem Mittelalter überkommenen Ordnung zu tun sei, sondern die Reformbedürftigkeit dieser Ordnung selbst: „Die allgemeine Reformationstendenz, die aus den Konzilien von Konstanz und Basel übrig geblieben war, erscheint in Deutschland in besonderer Stärke und besonderer Art. Die Absichten einer Reformation der Kirche verbinden sich [...] den Plänen einer Reformation des Reiches" [150: P. Joachimsen, Der Humanismus, 344]. Sofern diese Tendenz einer „Verweltlichung" der politischen Verhältnisse Vorschub leistete, sei es auf der Ebene des Reichs oder innerhalb der werdenden Territorialstaaten, musste das der Modernisierung der bestehenden Ordnung zugutekommen, die sich allerdings erst im Zeichen von Reformation und Gegenreformation Bahn brechen sollte.

Forderung nach Kirchen- und Reichsreform

Auf alle Fälle ist es bemerkenswert, dass der Humanismus in diesem, verglichen mit Italien, weithin heterogenen Kontext eine analoge Funktion übernahm: nämlich die einer Rechtfertigung dessen, was im politisch-öffentlichen Raum in Bewegung geraten war. Die Humanisten stellten sich auf die Seite der Reformer. Es gab kaum eine der damals vertretenen Forderungen, die die Humanisten sich nicht zu eigen gemacht hätten: sie unterstützten die „gravamina der deutschen Nation" gegenüber der Kurie, machten gegen die äußeren Gegner des Reiches Front und riefen zur Überwindung der Zwietracht zwischen Kaiser und Reich und innerhalb der Reichsstände auf. Sie wussten sich dabei mit König Maximilian im Bunde; auf ihn projizierten sie ihre Erwartungen, und er wiederum vermochte sie für seine kirchen- und reichspolitischen Ziele einzuspannen.

Kirchenreform als Bildungsreform

Der spezifische Beitrag der Humanisten ging aber über ein bloßes tagespolitisches Engagement hinaus. Er bestand darin, dass sie auch hier ihr Bildungskonzept in Anschlag brachten. Kirchenreform war für sie Bildungsreform: Reform der geistlichen Bildung, von der Klostergeistlichkeit bis zum Weltklerus, Erneuerung des Glaubens, der auf die ethisch verstandene „Lehre Christi" zu gründen war, Reform der Theologie mit dem Neuen Testament als Mittelpunkt, das im Umkreis der antiken Literatur und durch die im Umgang mit ihr erprobten philologischen Verfahren erschlossen werden sollte.

Erasmus von Rotterdam

Alle diese Bestrebungen liefen bei Erasmus von Rotterdam zusammen. Was ihm vorschwebte, war der durch die Schule der antiken Literatur gegangene Gläubige, der sein ästhetisch-historisches Wissen auf das Verständnis der Bibel anwendete und auf diesem Wege der „philosophia Christi" teilhaftig wurde, der „gebildeten Religiosität" eines ganz menschlich gewordenen Christentums: „Die Humanitas wird als Bildungs- und Lebensbegriff auf das von verfälschenden Zusätzen befreite Christentum bezogen, sie soll humanitas christiana werden" [155: P. Joachimsen, Renaissance, 135; 150: Ders., Der Humanismus, 356 f.;103: L. E. Halkin, Erasmus, 319 ff.].

Konrad Celtis über die Reichsreform

Aber auch die geforderte Reichsreform konnte nach humanistischer Überzeugung nur dann erfolgreich ins Werk gesetzt werden, wenn ihr eine geistige Umkehr vorausgegangen war. Als Konrad Celtis im Jahre 1492 seine Professur für Rhetorik und Poetik an der Universität zu Ingolstadt antrat, hielt er eine Rede, in der er sein humanistisches Lehrprogramm vorstellte: die „optimarum artium studia", zentriert auf die „eloquentia", das „unicum felicitatis humanae ornamentum", zu ersehen aus den „priscorum philosophorum, poetarum et oratorum scriptis" [52: K. Celtis, Oratio, 227 f.]. In derselben Rede beklagte er die äußere Schwäche und innere Zerrissenheit des Reiches: er verwies auf die „limites [...] laceros et distractos" und sprach von der „civili inter nos dissensione", von den „vitiis, nostris et domesticis factionibus" [ebd., 230 u. 234]. Die Pointe war, dass erst humanistische Bildung die Kräfte freisetzen könne, um diese äußere und innere Krise zu meistern. Celtis führte die „Graeci Romanique imperii auctores" als Beispiel an; sie hätten erkannt, „linguae viribus sapientiaeque partibus hominum coetus, urbes, religiones, deorum cultum et sanctissimos mores amplissimaque imperia conservari et gubernari posse"; er vergaß auch nicht hinzuzufügen, dass sie daher die „earum rerum praeceptores" in höchsten Ehren gehalten hätten [ebd., 237].

Humanistisches Politikverständnis

Was andere deutsche Humanisten zur Reichspolitik oder zur Politik ganz allgemein zu sagen hatten, ergab eine Summe von Variationen über dieses Thema. Auch hier trieb Erasmus die Dinge auf die Spitze. Er empfahl dem künftigen Kaiser Karl V., den Platonischen Grundsatz zu befolgen, dass, um das Glück der *res publica* zu gewährleisten, entweder die Fürsten philosophieren oder die Philosophen herrschen müssten [74: Erasmus, Institutio, 134]; statt die Türken zu bekriegen, solle man mit ihnen Gelehrtenkongresse veranstalten [75: Erasmus, Querela, 426].

Grenzen humanistischer Entfaltungsmöglichkeiten

Allerdings stießen die Entfaltungsmöglichkeiten für Humanisten in allen diesen Kontexten an Grenzen. Funktionalisierung bedeutete immer auch, dass die Humanisten nach Maßgabe dessen „fungierten", der sie in seinen Dienst nahm. Das spezifische Prestige, dem sie ihre Indienstnahme verdankten, hinderte nicht, dass sie sich auf Bedingungen und Zielvorgaben einzustellen hatten, die ihrem Einfluss entzogen waren. Man instrumentalisierte sie so weit, wie man das für richtig hielt, und es hing von den Umständen ab, in welchem Radius sich die Humanisten dabei bewegen konnten. Im „homogenen"

Italien war dieser Radius größer als im „heterogenen“ Deutschland. Der italienische Renaissance-Staat und der italienische Humanismus verfolgten die gleiche innerweltliche Grundrichtung; das Ausmaß der gegenseitigen Begrenzung war lediglich pragmatischer Natur. Im Land der Reichsreform und Kirchenreform lagen die Dinge anders. Hier war es den Humanisten aufgegeben, Bestrebungen zu rechtfertigen, die über den Binnenraum innerweltlicher Verhältnisse hinausreichten. Die Reform des Reiches galt einem „heiligen römischen“, d. h. gleichermaßen sakralen wie universalen Gebilde, die Reform der Kirche der Anstalt des ewigen Heils. Dem Humanismus kam da prinzipiell nur eine untergeordnete Rolle zu. Die Institutionen selbst setzten allen Ansätzen einer „Humanisierung“ strukturelle Schranken entgegen.

Klosterhumanismus

Harald MÜLLER hat das für das Phänomen des sogenannten „Klosterhumanismus“ aufgezeigt [232: Harald MÜLLER, Nutzen]. Er bestreitet nicht, dass es humanistische Interessen und Aktivitäten im Kloster gegeben habe, aber sie seien trotz möglicher „funktionaler Indienstnahme“ wie vor allem der „Dienstbarmachung sprachlicher Fähigkeiten“ im Grunde mit der „Normierung des Klosterlebens“ unvereinbar gewesen und hätten daher unter „Generalverdacht“ gestanden: „Die durch die Regeln vorgegebenen Lebensmaximen und Verhaltensweisen erzeugen einen erhöhten Konformitätsdruck, der ein freies Experimentieren mit neuen Ausdrucksformen nur in geringem Maße zuläßt und Rollenkonflikte heraufbeschwört“. Ja, MÜLLER konstatiert, „dass humanistisches Interesse im Kloster gänzlich ohne funktionalen Nutzen für das Kloster auskommen kann“: „In diesem Sinne kann Humanismus im Kloster geradezu dysfunktionale Züge annehmen, denn letztendlich führt er den Interessierten aus dem umfassenden sozialen System des regulierten Ordenslebens mental hinaus in eine andere Lebens- und Interessenwelt“ [ebd., 212 f.].

Humanismus im Zeichen der Konfessionalisierung

Man wird sagen können, dass Analoges für das Verhältnis der Humanisten zur Kirche überhaupt zutraf. Auch die „gebildete Religiosität“ des Erasmus war letztlich mit dem Kirchenwesen, das er zu reformieren gedachte, grundsätzlich inkompatibel. Im aufkommenden Zeitalter der Glaubensspaltung geriet er zwischen beide Fronten. Luther, der von einer religiösen Urerfahrung getriebene Reformator, dem der Mensch vor Gott nichts galt, verwarf das ethisch-ästhetische Frömmigkeitskonzept des Erasmus ebenso wie die Kirche der Gegenreformation, die ihn auf den Index der verbotenen Bücher setzte. Sofern die sich bildenden Konfessionsparteien an den Humanismus anknüpften, schmiedeten sie ihn in eine Waffe im Glaubenskampf um. Peter WOLF spricht im Hinblick auf alle Konfessionen „von einem funktionalisierten Humanismus, funktionalisiert im Sinne der jeweiligen Konfession"; „der Grad dieser Instrumentalisierung" bezeugte die „Ferne des eigentlichen Zwecks von der ursprünglichen übergreifenden Idee" [323: P. Wolf, Humanismus, 301]. Auf den Hauptschauplatz dieser konfessionellen Funktionalisierung, die Schulen der Reformation und Gegenreformation, ist hier wiederholt hingewiesen worden. Sie gewährleisteten gewiss eine Fortdauer humanistischer Bildungsinhalte und Bildungsmethoden, aber verrieten zumindest „zeitweise eine gewisse Schwächung der humanistischen Denkkultur und humanistischen Disziplinen" [278: M. Rudersdorf u. Th. Töpfer, Fürstenhof, 249].

Gestaltwandel

Im Ganzen ist festzuhalten, dass der Humanismus im Zeitalter der Glaubenskämpfe zwar nicht aufhörte zu existieren, aber in eine neue Qualität umschlug, die die Kontinuität des Begriffs und des Phänomens zunehmend in Frage stellte. Die konfessionelle Instrumentalisierung wurde so übermächtig, dass vom Humanismus als einer selbständigen historischen Potenz immer weniger gesprochen werden konnte. Er schien am Ende im doppelten Sinne aufgehoben: gleichermaßen in neue Denkmuster inkorporiert und „amalgamiert" wie damit in seiner ursprünglichen Gestalt überholt. Jedenfalls „kommt man in Schwierigkeiten, wenn man versucht, eindeutige Grenzen zu ziehen" [323: P. Wolf, Humanismus, 298]. Wir werden am Schluss dieses Kapitels im Zusammenhang mit dem sogenannten „Späthumanismus" diese Problematik nochmals zu erörtern haben.

IV. Der humanistische „Nationendiskurs" und die „Diffusion" des Humanismus

Humanistischer Nationalismus

In dem Sammelband „Funktionen des Humanismus" nimmt der Beitrag von Caspar Hirschi über „Funktionen des humanistischen Nationalismus in Deutschland", eine Art Auszug aus der Dissertation des Verfassers [132: C. Hirschi, Wettkampf], eine besondere Stellung ein. Der „humanistische Nationalismus in Deutschland" verdient in der Tat eine eigene Betrachtung. In früheren Zeiten, als die Nation oberster Wert oder Bezugspunkt war, ein viel erforschter Gegenstand, der später, als die Nation an Kredit verlor, aus dem Blick der Historiker geriet, hat er, auf dem Hintergrund aktueller Erfahrungen im Zuge der Wende von 1989/90, wieder neues Interesse auf sich gezogen.

Neben den Studien von HIRSCHI ist dabei die große Darstellung von Herfried MÜNKLER und seinen Mitarbeitern zu nennen [236: H. MÜNKLER u. a., Nationenbildung]. Wie auch bei HIRSCHI und teilweise auch schon in der älteren Forschung geht dabei der Horizont über Deutschland hinaus. Denn der „humanistische Nationalismus“ war kein deutsches, sondern ein europäisches Phänomen. Das lag daran, dass die „Nationalisierung Europas“ [ebd., Untertitel] aufs Engste mit der Entstehungs- und Wirkungsgeschichte des Humanismus verknüpft war. Sie fiel, ausgehend von Italien, mit der Ausbreitung des Humanismus über Europa zusammen. Sie kann daher nur in diesem Zusammenhang recht verstanden werden, auch um moderne oder modernistische Kurzschlüsse zu vermeiden. Es hat mithin seine Richtigkeit, dass ein jüngst erschienener Sammelband über die „Diffusion des Humanismus“ an der nationalen Differenzierung ansetzte [61: DIFFUSION].

„Nationalisierung“ und „Diffusion“

1 Die „Diffusion“

Einer der Herausgeber dieses Bandes, Johannes HELMRATH, begründet einleitend, warum der Begriff der „Diffusion“ besser als andere geeignet sei, das gemeinte Phänomen zu bezeichnen. Er halte die Mitte zwischen den Begriffen „Transfer“ und „Rezeption“, stehe für „die Vorstellung eines in seiner Gesamtheit nicht mehr allein intentional zu begreifenden Prozesses“, „der im Rückblick fast autonom zu verlaufen schien“ und dem „neutralen Finalbild eines anonymen Prozesses“ gleichkomme, schließe dabei aber zugleich die ganze „Fülle einzelner, personaler, gruppengeprägter, regionaler oder nationaler Transfervorgänge“ ein [118: J. HELMRATH, Diffusion, 62]. Das ist eine Auseinandersetzung mit Peter BURKE, der das Modell der Rezeption in den Vordergrund stellt, ohne andere Begriffe oder Metaphern gänzlich abzuweisen [47: P. BURKE, Die europäische Renaissance, 18 ff.]. Sie bedeutet den ersten umfassenden Versuch einer terminologischen Klärung. In der bisherigen Forschung kursierten die verschiedensten Ausdrücke: Bei HAGEN „breitete [...] sich“ der in Italien entstandene Humanismus „wie ein reißender Strom über Europa aus“ [102: K. HAGEN, Verhältnisse, Bd. 1, 58]; VOIGT ließ den Humanismus, nachdem er seine „Leuchtkraft“ zunächst in Italien konzentriert habe, „über die christliche Welt ausstrahlen“ [312: G. VOIGT, Wiederbelebung, 1859, 367], aber auch „übersiedeln“, „hinübergleiten“ oder „übergehen“ [ebd., 369]; BURCKHARDT sprach von dem „großen, aus Italien kommenden Antrieb“ [33: J. BURCKHARDT, Kultur, 175]; BURDACH bevorzugte die „Einwirkung“ [43: K. BURDACH, Ursprung, 176], JOACHIMSEN die „Übernahme“ [150:

Begriff der Diffusion

P. Joachimsen, Der Humanismus, 342]; spätere Autoren gebrauchten gleiche oder andere Wendungen; jeder dachte sich etwas bei seiner Ausdrucksweise, aber keiner hielt es für nötig, darüber methodische Betrachtungen anzustellen.

Praxistest

Allerdings will auch Helmrath seine Begriffsbildung [dazu auch 119: J. Helmrath, Diffusion, Antikerezeption, 116 ff.] keineswegs als „komplexe neue Theorie" verstehen [118: J. Helmrath, Diffusion, 62]; vor allem aber macht er „Interpretamente" dieser Art von ihrer „Tragfähigkeit", d. h. von ihrer Bewährung in der konkreten Forschung abhängig [ebd., 68].

Grundtatsache der Humanismus-Forschung

Wie auch immer man hier terminologisch verfahren mag: Das so oder so zu benennende Phänomen selbst ist seit jeher eine Grundtatsache der Humanismus-Forschung, die bisher noch niemals ernsthaft bestritten worden ist. Dass der Humanismus nicht nur eine europäische Erscheinung war, sondern „in Italien entstand und sich von dort [...] in das übrige Europa verbreitete" [317: G. Walther, Nation, 437], kann als unumstößlich vorausgesetzt werden. Es gab kein anderes Element der „Kultur der Renaissance in Italien" das sich so umstandslos europäisieren ließ. Der Humanismus fand allenthalben Anklang, auch dort, wo die Gesamtkonstellation einstweilen weithin von der italienischen abwich. Er bot ein Konzept, das eine gleichsam elementare Anziehungskraft besaß und daher zur unvermittelten Nachfolge motivierte.

„Lateinisches Mittelalter"

Der ebenso einfache wie wohlbekannte Grund für diese im Gesamtrahmen der Renaissance exzeptionelle Wirkung war, dass der Humanismus außerhalb Italiens, ungeachtet der jeweiligen allgemeinen Lage, in seinem eigensten Bereich von vornherein auf ein relativ homogenes Umfeld traf: „Hier sprangen die Funken wie von selbst herüber, der Zündstoff lag in den Geistern bereit" [312: G. Voigt, Wiederbelebung, 1859, 368]. Die Bildungswelt des okzidentalen Mittelalters lebte davon, „dass die antike Kultursubstanz nie untergegangen ist"; sie war „lateinisches Mittelalter", die „Römerstraße von der antiken zur modernen Welt" [60: E. R. Curtius, Literatur, 29 f.], die dem Humanismus überall Anschlussstellen oder Zugangsmöglichkeiten eröffnete: „Das Altclassische gehörte eben seiner Natur nach keiner Nation insbesondre an, seine wesentlichsten Reliquien waren leicht transportabel, für seine Schönheit war der Norden und Westen kaum weniger empfänglich als der Süden und Osten, auf dem es einst emporgewachsen" [312: G. Voigt, Wiederbelebung, 1859, 368]. Man nehme nur die „Auswahl der mittelalterlichen Schulautoren" und die Bemerkungen zur mittelalterlichen „Kanonbildung" bei Ernst Robert Curtius [60: E. R. Curtius,

Literatur, 58 ff. u. 265 ff.], um eine Vorstellung davon zu erhalten, wie präsent, ja, allgegenwärtig die Antike im Mittelalter war und wie sehr dies den Siegeszug des Humanismus beförderte. Das ist allerdings nicht so zu verstehen, als sei der Humanismus nun doch wiederum bruchlos aus der mittelalterlichen Bildungswelt hervorgegangen, als habe er die schon gebahnte „Römerstraße“ lediglich fortgesetzt. Die humanistische „Wiedererweckung des Altertums“ blieb vom mittelalterlichen Umgang mit der Antike grundverschieden. Aber beide gehörten demselben Horizont an, und der europaweite Erfolg der neuen Bewegung hatte darin eine notwendige Bedingung. Auch da, wo vorerst „Humanismusferne“ herrschte [126: J. HELMRATH, Vestigia, 110] oder „Humanismus als lebensweltliche Grundlage“, als „Lebensstil“ sich zunächst nicht durchsetzte [233: Heribert MÜLLER, Frühhumanismus, 337], erwies sich die traditionelle „Bildungsnähe“ im einzelnen durchaus als „humanismusoffen“ [126: J. HELMRATH, Vestigia, 110 f.]; man konnte die *studia humanitatis* betreiben, „ohne sich [...] existentiell als Humanisten zu fühlen und zu gerieren“ [233: Heribert MÜLLER, Frühhumanismus, 337].

Anschlussfähigkeit humanistischer Interessen

Man mag solche Erscheinungen aus dem Begriff des Humanismus ausscheiden, und zwar mit Recht; aber sie zeigten auf ihre Weise die – wie auch immer begrenzte – Anschlussfähigkeit humanistischer Interessen oder, anders gewendet, die aus dem „lateinischen Mittelalter“ überkommene Disposition, sich Innovationen im Umgang mit der antikischen Bildungswelt, der man seit jeher angehörte, zu öffnen.

Anziehungskraft des humanistischen „Lebensstils“

Aufs Ganze gesehen, verliefen die Dinge freilich in einer solchen „Halbheiten“ entgegengesetzten Richtung. Der Anziehungskraft des von den Italienern kreierten neuen „Lebensstils“ war auf Dauer kaum zu widerstehen. Nichts kann das sinnfälliger demonstrieren als der große Reichtum an Handschriften aus der Frühzeit des italienischen Humanismus in nordalpinen Archiven und Bibliotheken: „Das literarische Erbe des italienischen Humanismus ist bis zu dem Grad ausgewandert, dass man es fern vom Mutterland fruchtbar studieren kann, ohne den heimischen Besitz zu Hilfe zu nehmen, und derart durcheinandergewürfelt, dass der auswärtige Bestand nicht selten den heimischen beleuchtet“ [11: L. BERTALOT, Studien, Bd. 2, 427].

Präzisierung des Diffusionsbegriffs

In neuester Zeit hat Johannes HELMRATH das Meiste getan, um, über eine lediglich faktographisch-positivistische Inventarisierung hinaus [ein Beispiel: 266: RENAISSANCE HUMANISM] die „Wege des Humanismus von Italien durch Europa“ zu verfolgen [127: J. HELMRATH, Wege: Einleitung, 5]. Seine wichtigsten Beiträge zu diesem Thema aus den Jahren 2000–2007 liegen jetzt in einem Sammelband vor [128: J. HELMRATH, Wege]. Die Einleitung stellt nochmals heraus, wie sehr der Verfasser auf terminologische Klarheit und überhaupt auf theoretische Strukturierung dringt. Er hält darin am Begriff der „Diffusion“ fest, will ihn aber durch den Begriff der „Transformation“ ergänzt wissen, mit dem der von ihm mitgestaltete Berliner Sonderforschungsbereich „Transformationen der Antike“ arbeitet. Er führt dazu einige Stichworte an: „komplexe Wandlungsprozesse, die sich zwischen einem Referenz- und einem Aufnahmebereich vollziehen“; „Allelopoiese“; „projektive, introjizierende, adaptive, verschmelzende Identifikation“ [127: J. HELMRATH, Wege: Einleitung, 5]. „Inwieweit es sich um neue tragfähige Interpretamente oder nur um Umetikettierungen älterer handelt, wird man sehen“ [118: J. HELMRATH, Diffusion, 68].

Forschungspraxis

Auch hier gilt, dass die Darstellung der Sache durch sich selbst spricht. HELMRATH geht sein Thema von verschiedenen Ausgangspunkten heran und vermittelt ein nuancenreiches Bild von den Vorgängen, die hier abliefen. Die Ergebnisse der überreichen Einzelforschung werden in größtmöglichem Umfang berücksichtigt und systematisch eingeordnet; Lücken sind kenntlich gemacht, mögliche Hypothesen, um sie zu schließen, werden erwogen. Die dicht aufeinanderfolgenden Anmerkungen lassen sich zu einer gewaltigen Bibliographie über ihren Gegenstand summieren. Einen Schwerpunkt bildet die Beziehungsgeschichte zwischen italienischem und deutschem Humanismus; an ihm vermag HELMRATH zugleich fundamentale Aspekte des Diffusionsproblems überhaupt zu exemplifizieren.

„Literarische Aktionskomplexe“

Neben den „in beide Richtungen“ verlaufenden Diffusionsprozessen [121: J. HELMRATH, Der Humanismus, 28] und den Begegnungsorten, wie vor allem Höfen und Universitäten, kommt HELMRATH besonders auf die „literarischen Aktionskomplexe“ zu sprechen, die die Humanisten verbanden und die damit auch das Substrat der Diffusion abgaben [126: J. HELMRATH, Vestigia, 90 ff.]: die amtliche und private Korrespondenz; die „öffentlich etablierte ciceronische Oratorik“; „Handschriftenjagd und -austausch“; Prinzenerziehung; „Spracherziehung“ durch den „Korrektor und arbiter litterarum“; die „Humanistica“ als Handschrift der Humanisten. Zur Illustration dient ihm Enea Silvio Piccolomini, vor seiner steilen Karriere an der Kurie langjähriger „Rat, Kanzler, Diplomat“ im Dienste Friedrichs III. und seitdem außer Petrarca die „Stifterfigur“ des deutschen Humanismus schlechthin [121: J. HELMRATH, Der Humanismus, 28 f.].

Enea Silvio Piccolomini

Diese hohe Wertschätzung war seit den Anfängen der Humanismus-Forschung ein *locus communis*: HAGEN widmete den „Bemühungen des

Aeneas um die Verbreitung der humanistischen Studien in Deutschland“ ein großes Kapitel [102: K. HAGEN, Verhältnisse, Bd. 1, 81 ff.; das Zitat 89]; für VOIGT, der gleichzeitig mit seinem Humanismus-Werk eine Biographie von Enea Silvio herausbrachte [311: G. VOIGT, Enea Silvio de' Piccolomini], war „dieser [...] unter den Deutschen der eigentliche Apostel des Humanismus“ [312: G. VOIGT, Wiederbelebung, 1859, 377]; GEIGER und JOACHIMSEN wiederholten diese Zuschreibung [91: L. GEIGER, Renaissance, 323; 150: P. JOACHIMSEN, Der Humanismus, 341].

„Transferleistungen“

HELMRATH sieht Enea Silvio Piccolomini in jedem der von ihm benannten „Aktionskomplexe“ bedeutende „Transferleistungen“ erbringen [126: J. HELMRATH, Vestigia, 90 ff.]: Der Briefschreiber „wirkte [...] als Multiplikator von Latinität“; der Redner schuf in seinen „Türkenreden“ vor den Reichsversammlungen von 1454/55, die HELMRATH seit seiner Habilitationsschrift von 1994 [124: J. HELMRATH, Reichstagsreden] breit erforschte, eine „bis weit in die Neuzeit lebendige Form politischer Oratorik“: die berühmteste, die Frankfurter „Clades“-Rede von 1454, bildet „das Herzstück“ des einschlägigen Bandes der „Deutschen Reichstagsakten“, den HELMRATH jüngst vorgelegt hat, aufgebaut auf einer „Grundstruktur“, die dem Muster der Rede Ciceros „De imperio Cn. Pompei“ folgte und der „Reichsversammlung des 15. Jahrhunderts“ zugleich ein „imaginatives Kostüm“ republikanischer römischer Senatssitzungen oder Volksversammlungen überstreifte, versetzt mit mittelalterlichen Elementen, so dass „eine typisch humanistische Synthese“ entstand [262: REICHSTAGSAKTEN, 54 u. 474 f.]; der Handschriftenjäger entdeckte Jordanes und Otto von Freising und suchte nach Texten von Aristoteles, Ovid, Terenz, Hieronymus und Arrian; der Erzieher zweier Habsburger Prinzen verfasste einschlägige Traktate, die „ein Kompendium humanistischer Bildungsinhalte“ bildeten und die zwar ihre unmittelbaren Adressaten allenfalls indirekt erreichten, deren „literarische Wirkung“ aber „überragend“ war, was übrigens schon BURCKHARDT einmal beiläufig bemerkte [33. J. BURCKHARDT, Kultur, 212 f.], der Sprachlehrer sah lateinische Texte deutscher Autoren auf grammatische, stilistische, aber auch inhaltliche Fehler durch; der Schreibende förderte die Verbreitung der „Humanistica“ als Inbegriff „der wohl geformten Handschrift, des schön gestalteten Manuskripts“.

„Aneignungsmodi“

Es versteht sich, dass man die Diffusion des Humanismus niemals als unmittelbare Verpflanzung oder Nachahmung des italienischen Vorbilds aufgefasst hat, sondern dabei immer der je spezifischen Rezeptionsbedingungen und „Aneignungsmodi“ [127: J. HELMRATH, Wege: Einleitung, 5] bewusst gewesen ist. HAGEN führte die „besondere

Richtung der classischen Studien" in Deutschland auf die Verbindung mit der Theologie zurück: „Wie unendlich verschieden von Italien, wo der Humanismus gegen die Theologie und das Christentum indifferent geworden war!" [102: K. HAGEN, Verhältnisse, Bd. 1, 132 u. 139]. Bei VOIGT gab es in Deutschland „Anstöße und Zusammenstöße" [312: G. VOIGT, Wiederbelebung, 1859, 375], „Berührungen und Reibungen" [ebd., 392]: „Nur des ersten Anstoßes hatte es von Italien aus bedurft, die Entwicklung war dann eine andre und selbstständige"; er hob gleichfalls die deutsche „Regsamkeit auf den Gebieten der Theologie und des kirchlichen Lebens" vom „religiösen Indifferentismus" der Italiener ab [ebd., 394 f.]. Auch GEIGER sah einerseits „die deutsche Geistesbewegung jener Jahre von Italien abhängig", wandte sich aber andererseits dagegen, „den deutschen Humanismus als eine blos importierte, gänzlich unselbständige Bildung [zu] bezeichnen" [91: L. GEIGER, Renaissance, 325]; dabei bemängelte er an den Deutschen, im Vergleich zu den Italienern, den „wenig entwickelten Sinn für Formschönheit" und die lediglich geringfügigen philologischen „Leistungen" [ebd., 453 u. 481]. JOACHIMSEN wiederum ließ die deutschen Humanisten gerade die rhetorisch-poetischen „Ideale" der Italiener übernehmen, die er mit der ästhetischen „Formung" durch die Antike gleichsetzte [150: P. JOACHIMSEN, Der Humanismus, 342 u. 349]; die Abweichungen vom italienischen Humanismus waren für ihn materialer, pädagogischer und ethischer Art und schienen ihm wesentlich mit der ganz anderen politisch-sozialen Lage zusammenzuhängen, in der die „Absichten einer Reformation der Kirche" wie „einer Reformation des Reiches" prävalierten [ebd., 343 ff].

„Brikolage" und „Transformation"

Im gleichen Sinne ging es, wenn auch von Mal zu Mal mit wechselnder Akzentuierung, weiter bis zu BURKE, der die Einwirkung Italiens auf andere Länder im „Bild der Brikolage", „der Herstellung von etwas Neuem aus den Bruchstücken älterer Gebilde" fasst [47: P. BURKE, Die europäische Renaissance, 20], und HELMRATH, der dasselbe theoretisch anspruchsvoller formuliert: „Alles, was übermittelt wird, verändert sich im neuen Kontext, wird zunächst de- und dann rekontextualisiert, wenn auch die Art und Weise dieser Veränderung nicht immer leicht zu definieren ist" [118: J. HELMRATH, Diffusion, 62 f.]; in der hochabstrakten Sprache des Berliner Sonderforschungsbereichs 644 heißt das: „Die Transformation ist als wechselseitige schöpferische Produktion anzusehen, die allerdings nicht notwendig symmetrisch ist" [120: J. HELMRATH u. a., Einleitung, in: Medien, 1].

2 Der „Nationendiskurs“

Nationaler Humanismus

Die Eigenständigkeit des deutschen Humanismus wie anderer europäischer Humanismen gegenüber dem italienischen erwies sich vor allem in einer Erscheinung, die gleichfalls seit den Anfängen der Humanismus-Forschung wohlvertraut ist: nämlich in der Tatsache, dass sich der Humanismus überall als nationaler Humanismus verstand. Die Diffusion des Humanismus geschah unter diesem Vorzeichen, und zwar auf Seiten der „Referenzkultur“ wie der jeweiligen „Aufnahmekultur“ [127: J. Helmrath, Wege: Einleitung, 5]. Es handelte sich um einen nationalen Impuls, der nationale Reaktionen auslöste. Ja, die Diffusion hat die nationale Differenzierung, streng genommen, überhaupt erst ermöglicht oder doch entscheidend vorangetrieben.

2.1 Nationalismus und Kosmopolitismus

Humanistisches Weltbürgertum

Ein Problem stellt sich freilich offenkundig dadurch, dass der Humanismus zunächst einmal von „allgemeinem, weltbürgerlichem Charakter“ war [312: G. Voigt, Wiederbelebung, 1859, 374]. Der humanistische Bildungsgedanke war universal gemeint; er zielte auf den Menschen oder den zu bildenden Menschen schlechthin; sein konkretes Betätigungsfeld waren die Länder im Umkreis der *res publica christiana*. Die Antike, auf die er sich gründete, war gemeinsames okzidentales Erbe: „das weltbürgerliche Alterthum“ [ebd., 369]; sie bildete eine Epoche der Weltgeschichte, deren „Wiedererweckung“ einer neuen weltgeschichtlichen Epoche zum Durchbruch verhalf. Die Humanisten traten daher zu einer Genossenschaft zusammen, die innere und äußere Grenzen sprengte oder überwand; ihre *res publica litteraria* stand allen offen, die sich zu den Prinzipien der neuen Bildung bekannten. Kurzum, der Humanismus war „nach seiner ganzen Zielsetzung wie nach seinem sozialen Erscheinungsbild kosmopolitisch geprägt“; ja, er stellte „das Urbild des neuzeitlichen Kosmopolitismus überhaupt“ dar [219: U. Muhlack, Kosmopolitismus, 21].

Burckhardt

Wie verhielt sich dieser humanistische Kosmopolitismus zum humanistischen Nationalismus? In der älteren Forschung ist man auf dieses Problem eher beiläufig oder indirekt eingegangen. Burckhardt räumte den nationalen Stimmungen der frühen italienischen Humanisten nur geringe Bedeutung ein [33: J. Burckhardt, Kultur, 135 f.]; zum „Kosmopolitismus“ des „neutralen geistigen Genusses, der von keiner Örtlichkeit abhängt“, äußerte er sich im Zusammenhang mit „den geistvollsten Verbannten“ der Tyrannenzeit wie Dante [ebd., 141 f.].

Abgrenzungen von „Nation" und „Weltbürgertum"

Im Falle des deutschen Humanismus überwogen Argumente, die auf eine Abgrenzung von „Nation" und „Weltbürgertum" hinausliefen. HAGEN erkannte in Deutschland die Absicht, „einen deutschen Nationalsinn zu erwecken", der gegenüber den „Ueberlieferungen der Römer und Griechen", d. h. gegenüber dem allgemeinen humanistischen Wertekanon eigene Geltung beanspruchte: „So sehr man die Alten schätzte, so viel man ihnen zu verdanken anerkannte, so ließ man doch das patriotische Gefühl vor ihnen nicht untergehen" [102: K. HAGEN, Verhältnisse, Bd. 1, 292 f.]. GEIGER sagte von dem Tübinger Humanisten Heinrich Bebel, dass er „nichts Höheres kannte, als sein Deutschland", und von Konrad Celtis: „Deutschland und den Deutschen ist sein Herz geweiht" [91: L. GEIGER, Renaissance, 424 u. 460). Am schärfsten war die Trennungslinie bei JOACHIMSEN gezogen, der „für den deutschen Humanismus die Probleme der Formung und der Normierung auseinanderfallen" ließ: Die „Antike" erschien „als ein ästhetisches Ideal", während „das Reich der sittlichen Werte in dem Kreis des eigenen nationalen Lebens beschlossen war" [150: P. JOACHIMSEN, Der Humanismus, 349].

Universalität des Humanismus

Bei alledem galt freilich der universale, ganz Europa umspannende Charakter des Humanismus als selbstverständliche Prämisse; das Nationale war ein sekundärer Aspekt, der dem Gesamtbild zugefügt wurde, ohne es prinzipiell in Frage zu stellen. Auch da, wo man Spannungen oder Kontraste konstatierte, änderte sich an dieser additiven Betrachtungsweise nichts. Ein Interesse, darüber hinauszugehen, bestand nicht.

Nationalisierung des Humanismus

Erst in neuester Zeit ist das bis dahin nur ansatzweise oder partiell erörterte Problem in seiner ganzen Tragweite systematisch zur Debatte gestellt worden. Eröffnet wurde sie von Herfried MÜNKLER in seinem gemeinsam mit Hans GRÜNBERGER und Kathrin MAYER verfassten Werk über die „Nationalisierung Europas im Diskurs humanistischer Intellektueller" [236: H. MÜNKLER u. a., Nationenbildung, Untertitel], und zwar mit einer These, die im schroffsten Widerspruch zur bisherigen Sicht der Dinge steht. MÜNKLER bestreitet rundheraus die herkömmliche „Vorstellung", der Humanismus „sei überwiegend kosmopolitisch gewesen" [ebd., 17], und erklärt demgegenüber „die Nation zum entscheidenden Bezugspunkt des Denkens" der Humanisten [ebd., 155]. Der „humanistische Nationendiskurs" habe die „christlichen Einheitsvorstellungen" der christlichen Welt zerstört, ohne neue „Einheitsvorstellungen" hervorzubringen. Die *nationes*, in denen man im Mittelalter, sei es an Handelshöfen, in Ritterorden, auf Konzilien oder an Universitäten, „nur binnendifferenzierende Größen der abendländischen Christenheit sah", seien jetzt gleichsam absolut gesetzt worden. Das sei nicht auf einen Schlag geschehen, sondern in einem Prozess, der sich aber als unumkehrbar erwiesen habe [ebd.].

„Autonomisierung“ der Nation

Münklers „Nationendiskurs“ kehrt wieder in HIRSCHIS „Wettkampf der Nationen“: Die durch die humanistische „Autonomisierung“ der Nationen in Gang gesetzte „Konkurrenz erhält mit der Zeit eine Eigendynamik, die den übergeordneten Rahmen der christlichen Glaubensgemeinschaft sprengt“ und künftig keinerlei „universalistische“ Ordnungsvorstellungen aufkommen ließ [132: C. HIRSCHI, Wettkampf, 21]; die Aufkündigung „der höheren Einheit der Christenheit“ führte allenthalben zur „Verselbständigung“ [131: C. HIRSCHI, Vergangenheiten, 376 f.].

Kosmopolitischer „Gegendiskurs“

Sofern MÜNKLER im Humanismus einen kosmopolitischen „Gegendiskurs“ [236: H. MÜNKLER u. a., Nationenbildung, 157] wahrnimmt, erkennt er darin „eher die Ausnahme als die Regel humanistischer Argumentation, die ansonsten weder kosmopolitisch noch ‚europäisch‘“ sei [ebd., 219]; eine solche Haltung „mag für Erasmus von Rotterdam und einige andere zutreffen, gilt aber kaum für den Humanismus in seiner Gesamtheit“ [ebd., 17].

Erasmus von Rotterdam

Was Erasmus betrifft, so ist in der Tat unbestreitbar, dass er von nationalen Motiven frei war, dass er die nationalen Gegensätze für verkehrt hielt, dass er jedenfalls allen Nationen unparteiisch begegnete, in der Erwartung, sie Schritt für Schritt in die große Weltgemeinschaft der humanistischen *res publica litteraria* eintreten zu sehen. Insoweit nahm er wirklich eine exzeptionelle Stellung ein. Selbst ein Humanist wie der in diesem Zusammenhang von MÜNKLER genannte Beatus Rhenanus, der Erasmus in allem sehr nahestand [ebd., 219], war von nationalen Gesinnungen erfüllt, sosehr er dabei auch vor allzu schrillen Tönen zurückschreckte. Andererseits wurde Erasmus bekanntlich in seiner Zeit von allen Humanisten, gleich welcher Herkunft, als Wortführer jener Bestrebungen verehrt, die ihnen gemeinsam waren; er verkörperte in seiner Person und in seinem Werk die Universalität des Humanismus, ja, er bewies oder bekräftigte durch die Anerkennung, die er europaweit fand, dass es eine die Ländergrenzen übergreifende humanistische Bewegung tatsächlich gab. Insoweit war der Erasmische Kosmopolitismus „keine Ausnahme, die die Regel bestätigt, sondern die Regel selbst“ [219: U. MUHLACK, Kosmopolitismus, 320].

Spannungsverhältnis

Anders als MÜNKLER oder HIRSCHI sucht HELMRATH, im Anschluss an die ältere Forschung, aber auf einem anderen Reflexionsniveau, beiden Aspekten des Problems gerecht zu werden. Er lässt sie beide gelten, belässt es aber nicht bei ihrer Addition, sondern versetzt sie in ein durchgängiges Spannungsverhältnis: Es gehöre „zu den wesentlichen Antagonismen des Humanismus, dass er einerseits kosmopolitische und andererseits massiv nationale Ursprungs- und Identitätsideen propagierte. Ohne erstere wäre [die] übernationale und überkonfessionelle res publica litteraria, ohne letztere der frühmoderne Patriotismus und Nationalismus nicht denkbar gewesen" [121: J. HELMRATH, Der Humanismus, 43]. Es fragt sich freilich, ob diese „antagonistische" Deutung das letzte Wort sein muss. Der Verfasser dieses Buches ist jedenfalls der Meinung, dass es sich lohnt, Ansätze zur Vermittlung zu erproben, und knüpft in der Folge an eigene Vorstudien an [219: U. MUHLACK, Kosmopolitismus].

2.2 Humanistische und moderne Nation

Kontinuitätsthese

Viele Ungereimtheiten in der bisherigen Forschung rühren daher, dass nicht hinreichend klar wird, mit welchem Begriff von Nation wir es im Humanismus zu tun haben. Misslich ist zunächst, dass die humanistische Nation immer wieder ziemlich umstandslos mit dem Nationalismus der Moderne in Verbindung gebracht wird. Was bei den früheren Autoren eher naiv geschah, ist heutzutage förmliches Programm. MÜNKLER nimmt seinen Ausgangspunkt von der „Widersprüchlichkeit und Gegensätzlichkeit der gegenwärtigen Entwicklung der Nationalstaaten in Europa" [236: H. MÜNKLER u. a., Nationenbildung, 13] und sucht „ im Nationendiskurs des späten Mittelalters und der Frühen Neuzeit" jene Motive, die den „Nationalismus" des 19. und 20. Jahrhunderts geprägt hätten [ebd., 26]; seine Beschränkung auf Italien und Deutschland hat in erster Linie pragmatische oder forschungstechnische Gründe. HIRSCHI verfolgt „motivische Kontinuitäten", die „bis zum Nationalsozialismus reichen"; er will daraus zwar „keine kausalen Zusammenhänge" ableiten, aber doch Prämissen aufzeigen, ohne die „der moderne Nationalismus [...] nicht zu verstehen" sei: „Der Erfolg des modernen Nationalismus beruht maßgeblich darauf, dass die Nationskonstruktion schon in der Vormoderne stabile Wahrnehmungsmuster geschaffen hat" [132: C. HIRSCHI, Wettkampf, 497 u. 501].

Französische Revolution

Gegenüber solchen Verallgemeinerungen und damit Ausdünnungen des Nationsbegriffs spricht weiterhin viel dafür, Nation im strikten Sinne als Erzeugnis der Französischen Revolution aufzufassen und sich dessen bei der Verwendung des Wortes in früheren Zeiten bewusst zu bleiben. MÜNKLER relativiert diese Zäsur, indem er den revolutionären Nationalismus lediglich quantitativ von früheren Formen unterscheidet: er habe erstmals „breite Massen der Bevölkerung ergriffen", nachdem die „Nationsidee" bis dahin nur „kleine intellektuelle Zirkel" oder

„kleine Zirkel von Politakteuren“ erfasst habe [236: H. Münkler u. a., Nationenbildung, 27]. Der revolutionäre Nationalismus hat aber nicht nur die Massen ergriffen, sondern auch eine völlig neue Form der politischen Vergemeinschaftung hervorgebracht, die das „Massenphänomen“ [ebd.] überhaupt erst erklärt: die politische Willensgemeinschaft, den Staat als Selbstbestimmung seiner Bürger, die moderne Demokratie. Der humanistische „Nationendiskurs“ oder Nationalismus mag im weitesten Sinne zur Vorgeschichte dieses Durchbruchs beigetragen haben, von dem er aber nicht nur quantitativ, sondern auch qualitativ getrennt ist.

2.3 Politischer und kultureller Nationalgedanke

Politische Inhalte des humanistischen Nationalgedankens

Zu den Unstimmigkeiten gerade der neuesten Forschung gehört auch, dass nicht immer klar zwischen den verschiedenen Seiten des humanistischen Nationsbegriffes unterschieden wird. Auf der einen Seite handelte es sich jeweils, von Land zu Land mit je eigener Tendenz, um politische Inhalte; sie sind in der Literatur gewöhnlich gemeint oder ziehen doch faktisch das meiste Interesse auf sich, etwa auch bei Münkler und Hirschi. Diese Inhalte verweisen auf einen Kern, den die Humanisten nicht geschaffen haben, sondern den sie vorfanden, auf den sie reflektierten, den sie mit ihren Mitteln rechtfertigten: „nationale“ Stimmungen oder Meinungen, die aber erst jetzt durch sie in einen Nationalgedanken oder ein nationales Bewusstsein verwandelt wurden.

Italien

Münkler hat, teilweise im Anschluss an Baron, die politischen Herausforderungen benannt, auf die der nationale „Diskurs“ der italienischen Humanisten reagiert hat: die frühe Erfahrung „der Uneinigkeit der Italiener“, mit der das „Eindringen“ nordalpiner Völker einherging [ebd., 93]; die Kämpfe zwischen Florenz und Mailand um 1400, in denen die italienische Staatenwelt vor der Entscheidung zu stehen schien, ob sie künftig unter einer monarchischen Hegemonie oder in einem System autonomer Stadtstaaten existieren sollte [ebd., 120]; neue auswärtige Gefahren [ebd., 127 ff.].

Deutschland

Auch in Deutschland gab es eine ganze Reihe „nationaler“ oder der Nationalisierung fähiger Motive oder Affekte, die in einem anderen Zusammenhang schon angeklungen sind: vorab die allgemeine Empörung über die Geldforderungen der Kurie, die man als Ausbeutung oder Ausplünderung empfand; die Sorge um die Bedrängnis des Reiches angesichts der wachsenden osmanischen Bedrohung im Südosten und der Fortschritte der burgundisch-französischen Macht im Westen, die man besonders im Elsass, einer Kernlandschaft des Reiches, spürte; die unaufhörlichen Bemühungen um eine Reichsreform, die Einigkeit im Innern und Stärke nach außen gewährleisten sollte. Das alles lief in einer Art Reichsgesinnung oder Reichspatriotismus zusammen. Es existierte auch bereits ein Begriff von deutscher Nation, der damit in Verbindung gebracht werden konnte. Man sprach seit der Mitte des 15. Jahrhunderts vom „Heiligen Römischen Reich deutscher Nation" und meinte damit, dass das Reich sich auf die Länder deutscher „Zunge" erstreckte oder beschränkte; die „politische" Nation bestand dabei aus dem „Adel" als Inbegriff der im Reich Herrschenden oder Regierenden. In Kundgebungen wie den „gravamina der deutschen Nation", den Beschwerden der deutschen Fürsten über das Finanzgebaren der Kurie, bekam der Begriff durchaus schon einen emphatischen Klang.

Humanistische Formung und Rechtfertigung

Die Humanisten brachten solche von ihnen schon angetroffenen Inhalte jeweils in Form. Die von ihnen erfundene oder neukonzipierte Nation sollte die jeweiligen politischen Forderungen oder Ansprüche aus einem gemeinsamen Prinzip herleiten und ihnen damit eine vorher nicht gekannte Legitimation verschaffen. Die Argumente, derer man sich dabei bediente, stammten aus dem ganzen Arsenal des humanistischen Bildungswissens. Man wandte die Regeln der erneuerten Rhetorik an, um die eigene Sache überzeugend zu propagieren, und man griff auf ethische Postulate zurück, um sie über die rein politische Ebene hinaus zu erhöhen.

Nationales Altertum

Man war vor allem bestrebt, der Nation, für die man eintrat, ein ehrwürdiges Altertum zuzueignen, aus dem sich ihre dauernde Bestimmung ableiten ließ; das gegenwärtige Dasein der Nation sollte aus der fernsten Vergangenheit gerechtfertigt werden. Die italienischen Humanisten erklärten die römische Antike zur ursprünglichen Ausprägung ihrer Nation. Die Humanisten anderer Länder suchten nach eigenen Vor- oder Frühzeiten. Die deutschen Humanisten glaubten im antiken Germanien das alte Deutschland entdecken zu können, um aus ihm die Maßstäbe für das jetzige Dasein der deutschen Nation zu gewinnen; diese „Anknüpfung der deutschen Geschichte überhaupt an die des Germanentums" [150: P. Joachimsen, Der Humanismus, 349] hat das deutsche Geschichtsbild bis weit ins 20. Jahrhundert hinein bestimmt.

Klassische Zeugnisse

Schließlich berief man sich bei allem auf die Autorität der klassischen Schriftsteller. Sie enthielten die allgemeinen ästhetischen und ethischen Grundsätze, nach denen man das Bild der eigenen Nation gestaltete. Auch das erstrebte nationale Altertum wurde mit klassischen Zeugnissen fundiert. Das geschah in Italien durch unmittelbare Identifizierung mit dem alten Rom, in Deutschland oder Frankreich durch antike Autoren, denen man einschlägige Nachrichten über das alte Deutschland oder Frankreich entnahm.

Die „Germania“ des Tacitus

Unter den deutschen Humanisten avancierte die im 15. Jahrhundert wiederentdeckte „Germania“ des Tacitus zum nationalen Schlüsseldokument schlechthin. Man setzte ihn „a priori als Autorität“ ein, „um bestimmte Auffassungen von Ursprung, Alter, Einheit, Wesensmerkmalen und Tugenden [der Deutschen] zu fundieren und auszubauen“ [194: D. Mertens, Instrumentalisierung, 101]; man bedurfte dieser Beglaubigung; Tacitus war für die deutschen Humanisten insoweit der eigentliche „conditor Germaniae“ [215: U. Muhlack, Die „Germania“, 282; 194: D. Mertens, Instrumentalisierung, 78].

Gegensatz und Konflikt

Diese humanistischen „Nationalismen“ waren keineswegs auf friedliche Verständigung, sondern auf Gegensatz und Konflikt angelegt. Das ergab sich aus den politischen Forderungen, auf die sie reflektierten. Sie resultierten aus Spannungen, die von den Humanisten sozusagen ins Grundsätzliche gesteigert wurden. Die italienischen Humanisten, beständig mit der Gefahr auswärtiger Invasionen konfrontiert, riefen seit Petrarca dazu auf, den von Rom ererbten Kampf gegen die Barbaren fortzusetzen. Die deutschen Humanisten liehen den „gravamina der deutschen Nation“ dadurch ihre Stimme, dass sie die gesamte germanisch-deutsche Geschichte im Lichte eines Gegensatzes zu Rom und den Römern sahen und aus der Erinnerung an vergangene Siege Ermutigung für die Gegenwart schöpften; die Karriere des Arminius als „liberator Germaniae“, die Ulrich von Hutten auf ihren Höhepunkt geführt hat, nahm hier ihren Anfang [219: U. Muhlack, Kosmopolitismus, 27f.; 194: D. Mertens, Instrumentalisierung, 96ff.]. Der französischen Bedrohung des Elsass trat man, von Wimpfeling über Konrad Peutinger bis zu Beatus Rhenanus, mit dem Nachweis entgegen, dass das ganze linke Rheinufer niemals zu Frankreich gehört habe. Die humanistischen „Nationalismen“ erzeugten oder beförderten, so gesehen, in der Tat „exkludierende Vorstellungen“, „vor denen die universalen Institutionen ihre bindende Kraft verlieren“ [236: H. Münkler, u. a., Nationenbildung, 129]; in ihrem „Autonomieanspruch“ spiegelte sich „die staatliche Verselbständigung der abendländischen Monarchien“ [131: C. Hirschi, Vergangenheiten, 377].

Gemeinsame Vorgehensweise

Andererseits wies dieser humanistische „Nationendiskurs“ eine bemerkenswerte Einheitlichkeit oder Geschlossenheit auf. Die humanistischen „Nationalismen“ mochten inhaltlich noch so sehr differieren: Ihre gemeinsame Vorgehensweise verband sie. Wer sie vertrat oder verfocht, operierte mit den gleichen Argumenten, fühlte sich zumal der klassischen Literatur verpflichtet, gab sich also als Humanist und damit als Angehöriger der *res publica litteraria*, als Genosse einer universalen Genossenschaft zu erkennen. Sein nationales Denken selbst hatte die Existenz und die Anerkennung dieser Gemeinschaft zur Voraussetzung. Der humanistische „Nationendiskurs" hat also zwar hergebrachte „Einheitsvorstellungen" zerstört, aber sich innerhalb jener „Einheitsvorstellungen" entwickelt, die mit dem länderübergreifenden Bildungsprogramm des Humanismus gegeben waren. Nationalismus und Kosmopolitismus waren hier mithin zwei Seiten derselben Medaille.

Italien als Vorbild

An dieser Stelle kam auch erstmals die „Diffusion des Humanismus" ins Spiel. Denn die verschiedenen humanistischen „Nationalismen" waren, abgesehen von ihren je eigenen politischen Prämissen, keine autochthonen Phänomene, die allenfalls äußerlich miteinander in Verbindung gestanden hätten, sondern Momente eines durchgängigen Prozesses. Auch hier machte Italien den Anfang. Der humanistische „Nationendiskurs" hatte dort seinen Ursprung und wurde für das nordalpine Europa zum Vorbild. Die italienischen Humanisten führten nicht nur ein Muster auf, an dem sich auswärtige Humanisten in einem formalen Sinne orientieren konnten, sondern sie leisteten mitunter sogar unmittelbare Schützenhilfe. Die Wendung der deutschen Humanisten zum germanischen Altertum als Quelle ihrer Nation wurde von italienischen Autoren gefördert, wenn nicht überhaupt initiiert.

Entdeckung und Verbreitung der „Germania"

Die „Germania" des Tacitus trat zuerst in Italien ans Licht. Ein päpstlicher Kommissar hatte die „Urhandschrift" [130: H. Heubner, Überlieferung, 16], von der man an der Kurie dank der Beziehungen von Poggio Bracciolini, des „classico scopritore" des Humanismus [156: P. Joachimsen, Tacitus, 277], seit 1428 wusste, 1455 aus dem Kloster Hersfeld entwendet und nach Rom verbracht; zwei Jahre später kam der damalige Kardinal Enea Silvio Piccolomini in ihren Besitz; ihre Kenntnis verbreitete sich rasch über „die scientific community der italienischen Humanisten", die sich den Text „schreibend und kritisch konjizierend" aneignete [194: D. Mertens, Instrumentalisierung, 59]. Der erste Druck kam 1472 in Bologna heraus, die erste deutsche Ausgabe ein Jahr später in Nürnberg.

Italienische „Germania"-Interpretationen

Die italienischen Humanisten lieferten den deutschen obendrein magistrale Interpretationen. Enea Silvio Piccolomini setzte die „Germania" 1458 als Waffe zur Widerlegung der „gravamina der deutschen Nation" ein: die Taciteischen Germanen erschienen da als ein scheußliches, widerwärtiges, wildes, barbarisches, ja, tierisches Volk, das erst durch die Wohltaten der Kirche emporgekommen sei [215: U. Muhlack, Die „Germania", 286]. Einen anderen Ton schlug der päpstliche Legat Giovanantonio Campano in einer für den Regensburger Christentag von 1471 bestimmten Rede an, mit der die Reichsstände auf einen Türkenkrieg eingestimmt werden sollten: die Taciteischen Germanen erschienen da als ein naturwüchsiges Kriegervolk, an dem sich die heutigen Deutschen ein Beispiel nehmen könnten [ebd., 287]; ähnlich hatte Enea Silvio als Vertreter des Kaisers in der Frankfurter „Clades“-Rede von 1454, allerdings noch ohne Kenntnis der „Germania“, argumentiert: „vos bellicosi“, „tanta in bello virtus“ [262: REICHSTAGSAKTEN, 540 f.].

Deutsche Reaktion

Die deutschen Humanisten durchschauten jeweils die gegen ihre Nation gerichteten Hintergedanken der beiden italienischen Autoren; noch 1515 verfasste Wimpfeling, im Einklang mit der damaligen kaiserlichen Politik, „Responsa et replice ad Eneam Silvium“. Aber man konnte nicht umhin, die eine wie die andere Ausdeutung der „Germania“ zur Kenntnis zu nehmen. Sie bildeten das Koordinatensystem, in dem sich die Auseinandersetzung der deutschen Humanisten mit dem Taciteischen Text vollzog.

Kulturnation

Das Politische stellte aber nur eine Seite des humanistischen Nationsbegriffs dar. Es gab vielmehr noch eine andere Seite, und sie unterschied sich von der ersten dadurch, dass die Humanisten es hier nicht mit vorgegebenen Inhalten zu tun hatten, die es im Nachhinein zu formen galt, sondern in Beziehung zu sich selbst standen. Der Humanismus erzeugte nämlich aus sich heraus, aus seinem universalen Anspruch heraus einen spezifischen Nationalgedanken, der den politischen „Nationalismen“ vorauslag und auf den diese gewissermaßen aufgepfropft wurden. Es handelte sich um die Tatsache, dass unter den Humanisten aus verschiedenen Ländern ein Wettstreit darüber entbrannte, wer es am besten vermöge, den gemeinsamen Bildungsgedanken mit möglichster Vollkommenheit zu verwirklichen. Dieser Wettstreit ging von vornherein als nationale Konkurrenz oder Rivalität vor sich und führte dazu, dass die Humanisten sich als Angehörige einer ihnen je eigenen Kulturnation ansahen. Der humanistische Bildungsgedanke wurde national; die humanistische *res publica litteraria* differenzierte sich in Kulturnationen.

Konkurrenz und Kooperation

Auch diese „Nationalisierung“ beschwor Spannungen und Gegensätze herauf; man verglich sich, war gleichermaßen von Arroganz und Neid erfüllt, setzte andere herab. Dennoch konnte das die Universalität des eigenen Wollens und damit die länderübergreifende Einheit der humanistischen *res publica litteraria* nicht aufheben, im Gegenteil: Man konkurrierte oder rivalisierte um die Verwirklichung gemeinsamer Ziele; man wollte sich innerhalb der universalen Genossenschaft auszeichnen. Ob man mit diesen Bestrebungen Erfolg hatte, hing auch und vor allem von der Reputation ab, die man bei anderen genoss.

Der Streit hatte also Koexistenz, Kooperation, Korrespondenz zur Voraussetzung; der früher zitierte Brief des Beatus Rhenanus vom März 1512, der den deutschen Beitrag zur humanistischen Gelehrtenrepublik herausstrich, mag das exemplifizieren. Das Nationale wurde da in allen Hinsichten zum Vehikel des Universalen. Kosmopolitismus und Nationalismus standen in direkter Verbindung, ja, sie bildeten im Grunde eine Gleichung.

Diffusion als kulturnationaler Wettstreit

Die Entstehung und die Ausbreitung des Humanismus geschahen im Zeichen dieses nationalen Wettstreits, dieser kulturnationalen Differenzierung. Anders gewendet: Die Nation oder Kulturnation war die Form, in der der Humanismus von Land zu Land in Erscheinung trat. Der Humanismus in Italien setzte mit seinem nationalen Selbstverständnis den Maßstab. Die „Diffusion des Humanismus" vollzog sich als je nationale Anstrengung, mit den Italienern um die perfekte Realisierung des humanistischen Bildungsgedankens zu konkurrieren. Das war jeweils ein ebenso von Anziehung wie von Abstoßung geprägtes Verhältnis: man ging bei den Italienern in die Lehre, war dabei lange Zeit von Minderwertigkeitsgefühlen geplagt, suchte sich zu behaupten und am Ende aufzutrumpfen.

Überlegenheitsgefühl der Italiener

Die Italiener machten es allerdings ihren nordalpinen Nacheiferern nicht leicht. Sie bildeten nun einmal die humanistische Kulturnation par excellence. Die Forderung nach „Wiederbelebung des Altertums" bedeutete für sie „die Erinnerung an die eigene alte Größe" [33: J. Burckhardt, Kultur, 177]. Man sah sich in der unmittelbaren Nachfolge der Römer; das klassische Altertum war nationales Erbteil. Die humanistisch gebildete „Gesellschaft der Renaissance stellt die neue kulturelle Einheit Italiens dar [...]. Sie überdauert den Sturz der politischen Selbständigkeit Italiens" [150: P. Joachimsen, Der Humanismus, 335 f.], bis sie sich im 19. Jahrhundert zum Nationalstaat fortbildete.

Barbarenvorwurf an die anderen Völker

Für alle anderen Völker galt aus italienischer Sicht der aus der Antike übernommene Sammelname der Barbaren. Sie stammten aus einem Altertum ohne Bildung und Kultur und hatten gegenwärtig kein wesentlich anderes Aussehen; sie standen tief unter dem römisch-italienischen Niveau. Die volle Verachtung traf insbesondere die Deutschen; die Taciteische „Germania" bezeugte den italienischen Autoren die vollkommene Ungebildetheit, ja, Illiteratheit der alten Germanen, von der sich die Nation im Grunde bis heute nicht entfernt habe. Die humanistischen Handschriftenjäger in deutschen Bibliotheken handelten in der festen Überzeugung, „dass die gefangenen Alten aus den Kerkern der Barbaren befreit werden müssten" [156: P. Joachimsen, Tacitus, 277]. Aber schon Petrarca wetterte auch gegen die „ignorantia" der Franzosen [219: U. Muhlack, Kosmopolitismus, 30].

Sendungsbewusstsein

Andererseits schmeichelte es wiederum dem nationalen Selbstgefühl der italienischen Humanisten, dass sie dazu berufen seien, alle diese Barbaren zu kultivieren und so eine Weltkultur heraufzuführen. Petrarca wollte ein Lehrmeister Europas sein wie Livius, der Besucher aus den entlegensten Orten Spaniens und Galliens nach Rom gelockt habe. Enea Silvio Piccolomini war auch insoweit ein „Apostel des Humanismus": Er wollte andere „nationes" wie Polen, Deutsche und Ungarn belehren; er verteilte „Komplimente zur erstaunlichen Akkulturation"; er verglich die „migratio der Artes von Griechenland nach Rom" mit „derjenigen von Italien nach Deutschland"; er wertete die lateinische Literatur des deutschen Mittelalters auf [126: J. Helmrath, Vestigia, 133–135].

Deutsche Minderwertigkeitsgefühle

Die Deutschen hatten freilich besondere Schwierigkeiten, den italienischen Barbarenvorwurf zu parieren und sich sozusagen als zum Humanismus fähig zu erweisen. Den deutschen Humanisten war bewusst, dass sie an kein bildungsgesättigtes Altertum anknüpfen konnten, dass sie vielmehr von dunklen Anfängen herkamen; die „Germania" des Tacitus, ihr klassischer Referenztext, war in diesem Punkt eindeutig. Sie wussten auch, dass in der Gegenwart keineswegs alles zum Besten stand. Die – gemessen an den Standards der italienischen Humanisten – allgemeine Unbildung in Deutschland war ihnen eine Tatsache; sie trat ihnen vor allem in der, wie sie diagnostizierten, ästhetischen Formlosigkeit und ethischen Irrelevanz der an den deutschen Universitäten gelehrten scholastischen Philosophie entgegen. Die programmatischen Texte der deutschen Autoren setzten lange Zeit voraus, dass in Deutschland ein völlig defizitärer Zustand gegeben sei, der erst noch überwunden werden müsse.

Konrad Celtis

Die Ingolstädter Antrittsvorlesung von Konrad Celtis, ein Aufruf an Professoren und Studenten, sich den „optimarum artium studia" zuzuwenden [52: K. Celtis, Oratio, 227], legte all diese Dinge schonungslos offen: der Redner benannte die „infamia" der alten Germanen, die ein tierisches Leben geführt hätten [ebd., 229]; er beklagte die Fortdauer der „foeda barbaries" [ebd.]; er prangerte den Niedergang der lateinischen Sprache an [ebd., 235]. Celtis war klar, dass es da nur einen Ausweg aus dieser Misere geben konnte: die Deutschen mussten sich zu „Romanarum artium affectatores" fortbilden [ebd., 229], die neuerdings dank des Vortritts der „semper florentis Italiae" wiederhergestellt worden seien; die Italiener seien den Deutschen „litterarum amore et earum studio" voraus [ebd., 233 f.]. Das hieß zugleich, dass den deutschen Humanisten vorab daran gelegen war, mit ihren Hervorbringungen vor dem Urteil der italienischen Autoritäten zu bestehen [223: U. MUHLACK, Das Projekt, 151].

Antiitalienische Ressentiments

Das hinderte nicht, dass die deutschen Humanisten antiitalienische Ressentiments pflegten, die ihr kulturnationales Bewusstsein aggressiv aufluden. Sie akzeptierten den Barbarenvorwurf der Italiener, aber sie empörten sich über den mitunter arroganten Ton, in dem er vorgetragen wurde. Jedenfalls präsentierten sie ihnen eine Art Gegenrechnung, die sie als durchaus ebenbürtig, wenn nicht „besser" erscheinen ließ. Zuvörderst pochten sie auf das von ihnen selbst Erreichte. Ihre Vorfahren mochten in barbarischen Verhältnissen gelebt haben, und auch die Gegenwart mochte noch sehr von dieser Herkunft geprägt sein; umso mehr war die Entwicklung zu würdigen, die sich offenbar inzwischen durch sie vollzogen hatte.

Konstruktion eines germanisch-deutschen Nationalcharakters

Aber auch das germanisch-deutsche Altertum bot Anhaltspunkte, die sich wenigstens indirekt auf diese Entwicklung beziehen ließen. Zunächst war evident, dass die Taciteische „Germania" zwar die Unkultur der älteren Deutschen ausmalte, aber doch auch viel Positives enthielt. Sie zeichnete ein freiheitsliebendes Kriegervolk, das die Römer zu fürchten gelernt hatten und das sich ihnen auch später als immer wieder überlegen erwies. Die deutschen Humanisten bekamen damit nicht nur ein politisch nutzbares Argument an die Hand; sie konnten vielmehr auch und vor allem die Siege der alten Germanen gegen die altrömische Kultur ausspielen und damit die kulturelle Inferiorität der deutschen Vorzeit kompensieren. Tacitus lieferte ihnen aber noch mehr, nämlich ein Charakterbild der Germanen, das aus lauter günstigen Eigenschaften wie Treue, Redlichkeit, Hochgemutheit, Standhaftigkeit, Wahrheitsliebe, Tapferkeit, edler Art, Freigebigkeit, Freimut zusammengesetzt war [215: U. MUHLACK, Die „Germania", 288]. Die deutschen Humanisten übertrugen diese Attribute umstandslos auf die gegenwärtigen Deutschen, von denen die angebliche Sittenlosigkeit der gegenwärtigen Italiener abstechen sollte. Von größter Bedeutung war aber, dass ihnen die Annahme eines ewigen germanisch-deutschen Nationalcharakters zugleich auch die Möglichkeit verschaffte oder suggerierte, den Wandel von der Barbarei zur Kultur, den sie sich selbst zuschrieben, letztlich aus dieser Wurzel zu erklären. Celtis führte dazu, ausgehend von der Fruchtbarkeit des Landes, die Vorstellung einer unbegrenzten germanisch-deutschen Schöpferkraft ein, die sich auch hier auswirkte [223: U. MUHLACK, Das Projekt, 157].

Außerdem waren die deutschen Humanisten sehr darauf aus, den kulturellen Abstand zwischen Altertum und Gegenwart zu verringern. Ein kommentarlos vorgetragener Bericht des Tacitus über angebliche griechische Spuren in Germanien [299: Tacitus, Germania, c. 3, 6 u. 8] konnte so gelesen werden, als sei die griechische Kultur ohne römische Vermittlung nach Deutschland vorgedrungen und habe dort einen eigenen Kultivierungsprozess in Gang gesetzt, der geradewegs in der Gegenwart münde; Celtis hat sich daraus eine förmliche Theorie zurechtgelegt. Man entdeckte weiterhin im deutschen Mittelalter literarische Werke, die sich an humanistischen Kriterien messen lassen konnten. Die Palette reichte von Paulus Diaconus und Einhard über Widukind von Corvey, Roswitha von Gandersheim, Lambert von Hersfeld bis zu Ligurinus und Otto von Freising; das höchste Lob für solche Autoren war, dass sie „non ineleganter“ geschrieben hätten [129: J. Hervagius, Epistola nuncupatoria, a2^{v}], also den Normen der klassischen Redekunst verpflichtet gewesen seien. Vom Taciteischen Germanien bis zur Gegenwart fand mithin ein kontinuierlicher Aufstieg aus eigener Kraft statt, der die deutschen Humanisten in die Lage versetzte, den Italienern von einer selbständigen Position aus entgegenzutreten.

Kontinuierlicher Kultivierungsprozess

Gleichwohl verblieb der deutsche Kulturnationalismus im Banne des italienischen. Alles Bemühen um ein eigenes Altertum, um eine eigene kulturelle Tradition, um eine eigene Legitimation stand nicht für sich, sondern diente allein dem Nachweis, dass man fähig sei, an der Verwirklichung des zuerst von den Italienern aufgestellten großen Bildungsideals mitzuwirken und jedenfalls mit ihnen gleichzuziehen. Man löste sich aus den römisch-italienischen Zusammenhängen, um in ihnen desto effektiver zu reüssieren. Aber selbst dieser Emanzipationsprozess wurde wesentlich von Italienern gesteuert und kommentiert. Die deutschen Humanisten gebrauchten dabei im Einzelnen kaum ein Argument, das ihnen Autoren wie Enea Silvio Piccolomini oder Campano nicht offeriert oder serviert hätten: angefangen von der Bekanntmachung der „Germania“ des Tacitus über den Vergleich zwischen Altertum und Gegenwart und die Naturwüchsigkeit des germanisch-deutschen Nationalcharakters bis zur Aufwertung mittelalterlicher deutscher Autoren. Die ganze Konfrontation bekam dadurch etwas Irreales, umso mehr, als man sich unverändert auf Beifall und Anerkennung von italienischer Seite angewiesen sah: „Es war aber ein imaginärer paradoxrhetorischer Diskurs [...]. Denn man pflegte ja mit den italienischen Kollegen persönlich weiter gute und respektvolle [...] Verbindungen“ [121: J. Helmrath, Der Humanismus, 44].

Fortdauernde Fixierung auf Italien

3 Nationale Geschichtsschreibung

Einsatz

Der kulturnationale Wetteifer der europäischen Humanismen um die Krone der neuen Bildung, in dem das „Problem der Diffusion des Humanismus" beschlossen lag [125: J. HELMRATH, Umprägung, 200], wurde vornehmlich auf einem literarischen Feld ausgetragen: dem der nationalen Geschichtsschreibung. Der Sammelband „Diffusion des Humanismus" ist dieser Thematik gewidmet; HELMRATH hat die Ergebnisse zusammenfassend bilanziert und hie und da ergänzt [125: J. HELMRATH, Umprägung, 123: DERS., Probleme].

Humanistische Geschichtsschreibung

Der allgemeine „Geschichtssinn" der Humanisten, hervorgegangen aus ihrem besonderen Verhältnis zur Antike, brachte es mit sich, dass die Geschichtsschreibung überhaupt bei ihnen hochgeschätzt war. Sie folgte in allen ihren Hervorbringungen einem Konzept, das das ästhetisch-ethische Ziel der *historia magistra vitae* mit dem Postulat historisch-kritischer Quellenforschung verband: „kein Paradox, sondern die beiden Seiten einer Medaille", „jene besondere Ambivalenz", von der man freilich nicht umstandslos behaupten kann, dass sie „jegliche Historie konstituiert" [125: J. HELMRATH, Umprägung, 194]. Sie hielt sich dabei zunächst durchaus an herkömmliche historiographische Gattungen oder Themen wie die Welt- und Stadtchronistik und gab ihnen ein neues Aussehen.

Nationale Geschichtsschreibung

Aber die nationale Geschichtsschreibung war ein genuin humanistisches Projekt. HELMRATH referiert freilich zustimmend die „These" von Norbert KERSKEN [160: N. KERSKEN, Geschichtsschreibung], „dass bereits [...] im ersten Viertel des 12. und in den ersten drei Vierteln des 13. Jahrhunderts in den meisten europäischen Ländern mit durchgehender dynastischer und politischer Identität eine Nationalgeschichtsschreibung entstanden war"; Italien und Deutschland, „in das supranationale Reich gespannt", sowie „Randländer" wie Schweden, Irland und die Schweiz seien demgegenüber zurückgeblieben und hätten diesen „Rückstand" erst in humanistischer Zeit aufgeholt [123: J. HELMRATH, Probleme, 234]. Das suggeriert eine Kontinuität zwischen mittelalterlicher und humanistischer „Nationalgeschichtsschreibung", gegen die die spezifische Herkunft des humanistischen Nationsbegriffs steht. Er stammte aus der Mitte des Humanismus selbst und bot damit ein völlig neues historiographisches Motiv, das auch in den „europäischen Ländern mit durchgehender dynastischer und politischer Identität" neue Federn in Bewegung setzte. Die nationale Geschichtsschreibung der Humanisten entstand aus kulturnationaler Wurzel und war als Instrument zur kulturnationalen Selbstdarstellung im Wettstreit der europäischen „Humanismen“ gedacht; die „nationale Kompetition der Humanisten“ ließ die Verfasser zu „Motoren eines Nationendiskurses“ werden [123: J. HELMRATH, Probleme, 267; 125: DERS., Umprägung, 212].

Da in diesem „Nationendiskurs“, wie gesehen, der geschichtlichen Ableitung und Rechtfertigung höchste Bedeutung zukam, musste eine Historiographie her, die das von Nation zu Nation leistete. Ziel war eine Art „Totalgeschichte“, die die Ruhmestaten der eigenen Nation, quer durch alle Lebensbereiche, von den Ursprüngen bis zur Gegenwart darstellte. Das Politische nahm darin einen prominenten Platz ein; der politisch motivierte Nationalismus der Humanisten, der oben zur Sprache gekommen ist, fand hier ein historiographisches Betätigungsfeld.

„Total-geschichte“

Andererseits war die Darstellung insgesamt auf die Kulturnation ausgerichtet: sie verdankte sich nicht nur einem kulturnationalen Motiv, sondern strebte auch dem Lobpreis der humanistisch heraufgeführten oder heraufzuführenden Gegenwartskultur zu. Was es auf dem Wege dahin an literarischen, wissenschaftlichen und künstlerischen Errungenschaften zu vermelden gab, galt es sorgfältig aufzuzeichnen. Der Nachweis der Kulturfähigkeit der eigenen Nation erschöpfte sich aber nicht in solchen gleichsam „objektiven“ Befunden. Entscheidend war vielmehr zuletzt die „subjektive“ Leistung des Geschichtsschreibers selbst. Er hatte mit seinem Werk den Nachweis zu erbringen, dass er imstande war, nationale Geschichte nach allen Regeln der historiographischen Kunst zu schreiben. Wenn ihm das gelang, war das eine kulturnationale Tat par excellence und damit eine einzige Demonstration kulturnationaler Potenz. Die Geltung der Kulturnation manifestierte sich in ihrer Befähigung zur nationalen Geschichtsschreibung.

Ausrichtung auf die Kulturnation

3.1 Ungarn, Frankreich, England

Wenn irgendwo, dann war aber gerade auf diesem Gebiet die Vorherrschaft der italienischen Humanisten kaum zu brechen oder doch eine immerwährende Herausforderung. Ja, in vielen nordalpinen Ländern waren es überhaupt italienische Autoren, die eine nationale Geschichtsschreibung in dem neuen Sinne begründeten. Es handelte sich gewöhnlich um „Hofhistoriker“, die „als Spezialisten engagiert“ wurden, zu denen es einstweilen keine einheimische Alternative gab [ebd., 211]. Ihr primäres Geschäft ging dahin, die Politik ihres jeweiligen Auftraggebers historisch zu rechtfertigen, aber im größeren Zusammenhang der nationalen Geschichte, in dem der Gedanke einer fortgesetzten Kultivierung immer mitschwang. Der Sammelband „Diffusion des Humanismus“ präsentiert dazu eine Reihe von Teilstudien.

Italienische „Hofhistoriker“ in auswärtigen Diensten

Antonio Bonfini

László Havas und Sebestyén Kiss stellen die 1489 begonnenen „Rerum Ungaricarum decades" von Antonio Bonfini vor. König Matthias Corvinus, ein „kompletter" Renaissancefürst, wies den aus Italien herbeigeholten Autor an, „die ungarische Geschichte im Geiste der Renaissance, in Humanistenmanier, mit modernsten Methoden und in einem entsprechenden Umfang zu verfassen" [113: L. Havas u. S. Kiss, Geschichtskonzeption, 284]. Bonfini legitimierte die „expansive Politik" des Königs aus uralten Rechtsansprüchen; zur Begründung diente ein Konstrukt, das die Ungarn auf die Hunnen und diese wiederum auf „die skythischen Völker" der Antike zurückführte, denen er eine gegenüber den alten Weltmonarchien eigenständige Existenz zusprach [ebd., 292]; ein besonderer Ruhmestitel des Königs sei, „dass er [...] versucht habe, aus Ungarn ein zweites Italien zu machen und das Bäuerische der Skythen, ihre unzivilisierte Lebensweise und ihren barbarischen Geschmack in Vergessenheit geraten zu lassen" [ebd., 302].

Paulus Aemilius und Polydor Vergil

Franck Collard und Frank Rexroth widmen sich in ihren Artikeln über Paulus Aemilius und Polydor Vergil, die im Auftrag Karls VIII. und Heinrichs VII. ein Werk „De rebus gestis Francorum" und eine „Anglica Historia" abfassten, besonders den Widerständen, die sie in Frankreich und England fanden, um schließlich doch anerkannt zu werden. Beide verwarfen unter Berufung auf eine quellenkritisch gestützte Erkenntnismethode umlaufende Ursprungsfabeln: Paulus Aemilius „die trojanischen Ursprünge des Volkes der Franken", das er vielmehr auf „gallische Wurzeln" verwies [54: Fr. Collard, De rebus, 381], und Polydor Vergil „die Authentizität von König Artus" [269: Fr. Rexroth, Polydor Vergil, 424]; französischen wie englischen Gelehrten fiel es schwer, auf die bisherigen Versionen zu verzichten. Was allen diesen Autoren, ungeachtet möglicher inhaltlicher Kritik, in ihren „Gastländern" von vornherein uneingeschränkt zuteil wurde, war die Akzeptanz ihrer literarischen Leistung: Sie führten ein „makelloses Latein in funkelnder Kühle" vor, das ihnen anhaltende Klassizität sicherte [125: J. Helmrath, Umprägung, 212].

3.2 Deutschland

3.2.1 Jakob Wimpfeling

Die „erste deutsche Geschichte"

Verglichen mit Ungarn, Frankreich oder England, handelte es sich in Deutschland bei der Inaugurierung einer nationalen Geschichtsschreibung um ein Eigengewächs [149: P. Joachimsen, Geschichtsauffassung, 66ff]. Die „erste deutsche Geschichte, die nur dieses sein will" [ebd.,

66], gab der Schlettstädter Jakob Wimpfeling 1505 nach Vorstudien des Kolmarers Sebastian Murrho heraus: kein Auftragswerk, sondern ein aus freiem Impuls entstandenes Werk aus der Mitte der humanistischen Kulturnation, vielleicht veranlasst durch den bayerisch-pfälzischen Erbfolgekrieg von 1504, der ein neues Beispiel unseliger deutscher Zwietracht lieferte [196: D. Mertens, Wimpfeling, 733].

Intention und Thema

Jedenfalls vereinigte die „Epitome Germanorum" alle Facetten oder Motive des politischen wie des kulturellen Nationalismus der deutschen Humanisten. Die Hauptintention war in der Widmungsepistel an Thomas Wolf d. J. ausgesprochen: den ausländischen, vorab den italienischen Nationalgeschichten, für die Wimpfeling auf die „Historiae ab inclinatione Romanorum imperii" des Flavio Biondo und die „Res Venetae" des Marcus Antonius Sabellicus verwies, eine deutsche an die Seite zu stellen und damit, „ad gloriam Germanorum sempiternam", die Anerkennung der italienischen Gelehrten zu erlangen. [321: J. Wimpfeling, Briefwechsel, Teil-Bd. 1, 466 u. 468]. Thema waren die „laudes Germanorum", die sich auf „egregia facinora" auf allen Gebieten erstreckten: auf „bella" und „triumphos" ebenso wie auf „ingenium" und „artium inventionem" [ebd., 466 f.].

Deutscher Nationalcharakter

Der Autor zentrierte diese Ruhmesgeschichte auf einen deutschen Nationalcharakter, den er in der „Germania" des Tacitus ausgeprägt fand [149: P. Joachimsen, Geschichtsauffassung, 67]. Er verlegte die Anfänge der germanisch-deutschen Nation in unvordenkliche Zeiten. Die „antiquitates Germaniae" [321: J. Wimpfeling, Briefwechsel, Teil-Bd. 1, 467] begannen „mit den fünf aus Plinius bekannten Germanenvölkern" [196: D. Mertens, Wimpfeling, 733]. Eines ihrer Teilvölker, die Cimbern, durchzog lange Zeit vor der Gründung Roms siegreich den ganzen mittelmeerischen Raum und unterlag später den Römern erst nach hartnäckigem Kampf: „tantum roboris in Germanis fuit" [322: J. Wimpfeling, Epitome, 319]. Auch danach blieben die Germanen für die Römer ein kaum bezwingbarer Gegner; Wimpfeling zitierte dazu Caesar und Tacitus, also Stimmen der Gegenseite, die er für umso gewichtiger hielt [ebd., 319 f.].

„Res gestae"

Die ältere germanisch-deutsche Geschichte schloss ab mit der Übernahme des römischen Kaisertums durch Karl den Großen „propter praeclaras belli sacerdotiique defensi uirtutes", also aus eigener Kraft, nicht durch päpstliche Gnade; Wimpfeling hob dabei, entgegen französischen Ansprüchen, die germanische Herkunft Karls hervor [ebd., 323 f.]. Von da an führte der Autor die Reihe der römisch-deutschen Kaiser hinab bis zu Maximilian, der – ein zweiter Karl der Große [ebd., 327] – seine Gegner in Ost und West geschlagen und das

Reich im Innern zunehmend befriedet habe; Wimpfeling erhoffte von ihm einen Feldzug gegen die Osmanen und rief die deutschen Fürsten auf, sich „unitis iam uiribus“ um den Kaiser zu scharen [ebd., 373].

Kulturelle Ruhmestaten

In die Darstellung der „res gestae“ waren von Mal zu Mal Bemerkungen über kulturelle Ruhmestaten eingeschoben. Es begann damit, dass Wimpfeling Hieronymus und Lactanz für die germanisch-deutsche Nation reklamierte [227: U. MUHLACK, Beatus Rhenanus, 198]. Es folgte Karl der Große, der sich an den „studiis literarum“ erfreut habe; Wimpfeling nannte, angefangen mit Alkuin, die großen Dichter und Gelehrten im Umkreis des Karlshofs [322: J. WIMPFELING, Epitome, 324]. Später, bei der Charakteristik Karls IV., zitierte er einen Brief Petrarcas, „eius aetatis uiri disertissimi omniumque bonarum artium instauratoris“ [ebd., 358]: ein Ansporn für die Zukunft. Ein nächster Haltepunkt war Kaiser Siegmund: ein lateinisch „gebildeter Fürst, den selbst der große Johannes Gerson gelobt hat“ [149: P. JOACHIMSEN, Geschichtsauffassung, 67]. Unter Friedrich III. verdichteten sich die Namen der Gelehrten zu einer förmlichen Galerie großer Männer, von Nikolaus von Kues über Georg von Peuerbach und Johannes Regiomontanus bis zu Rudolf Agricola; der höchste Ruhmestitel, den WIMPFELING zu vergeben hatte, war ein Lob der „doctissimi Italorum“ wie Pico della Mirandola und Ermolao Barbaro [322: J. Wimpfeling, Epitome, 366].

Technik und bildende Kunst

Kurz danach rühmte er zwei technische Erfindungen: die Belagerungsmaschine der Bombarde, durch die sich die Deutschen auch auf diesem Gebiet als „inuentores subtilissimi“ hervorgetan hätten [ebd., 374], und vor allem die Buchdruckerkunst, „hoc diuinum et immortale munus“ [ebd., 376]; auch hier zitierte Wimpfeling italienisches Lob. Es schlossen sich Kapitel über Architektur, Malerei und Plastik an, in denen neben den zeitgenössischen Italienern die Antike zur Referenzgröße wurde: Laut Enea Silvio Piccolomini überträfen die Deutschen in der Architektur alle Völker: „hoc homo Italus de germanis“ [ebd.]; das Straßburger Münster sei „in uniuerso orbe“ einzigartig und stelle den Diana-Tempel in Ephesos und die ägyptischen Pyramiden in den Schatten [ebd.]; Martin Schongauer und Albrecht Dürer stünden in Italien in höchstem Ansehen, der Letztere sogar in höherem als Parrhasios und Apelles; die Töpferware sei der attischen ebenbürtig.

Elsass

Mit besonderer Aufmerksamkeit verfolgte Wimpfeling die Schicksale seiner elsässischen Heimat, und zwar mit Blick auf die von Westen her drohende Gefahr. Gleich in der Widmungsepistel bewies er mit vielen Zeugnissen aus alter und neuer Zeit die seit Augustus ununterbrochene Zugehörigkeit des ganzen linken Rheinufers zu Deutschland

[321: J. WIMPFELING, Briefwechsel, Teil-Bd. 1, 467 f.]; entsprechend feierte er den auch durch ein Schlettstädter Bürgeraufgebot herbeigeführten Abzug der Armagnaken, „ubi satis saeuitum est in nostros“ [322: J. WIMPFELING, Epitome, 364], sowie die Katastrophe Karls des Kühnen, der auch die Elsässer habe unterdrücken wollen. Das Schlusskapitel der Epitome“ handelte „de fertilitate Alsatiae“, die hier ersichtlich stellvertretend für ganz Deutschland stand; gemeint war nicht nur der Reichtum an Getreide und Wein, sondern auch die „divina ingenia“, die dieser Boden hervorgebracht habe: „Sunt in medicina, sunt in mathematica, oratoria, Poetica, qui nec spernendi sunt, nec abijciendi“ [ebd., 379].

Allgemeiner Vorrang Deutschlands

Ein Epilog resümierte, dass Deutschland den übrigen Nationen auf der ganzen Welt in allen Hinsichten voranstehe: klimatisch, charakterlich, politisch, wirtschaftlich, religiös, geistig, künstlerisch; hier war nochmals der sachliche Umfang der nationalen Geschichte ausgemessen. Wimpfeling hätte hinzusetzen können, dass er dabei sich selbst als den für einen solchen Gegenstand geeignetsten Autor ansah. Jedenfalls sollte dem Leser nicht verborgen bleiben, dass er der „laudator“ war, der die „laudes Germanorum“ beglaubigte.

Abhängigkeitsverhältnisse

Freilich war diese „erste deutsche Geschichte“ alles andere als eine durchweg selbständige Leistung des Autors, der für sie verantwortlich zeichnete. Paul JOACHIMSEN hat minuziös die Abhängigkeitsverhältnisse aufgezeigt, die hier bestanden [148: P. JOACHIMSEN, Epitome]. Sie führten über Murrho zu italienischen Geschichtsschreibern, nämlich Platina, Biondo und Enea Silvio Piccolomini; dazu kamen noch Reden von Filippo Beroaldo und Campano. Die „Epitome“ war großenteils aus diesen Texten kompiliert. Auch die Hinweise auf Quellenschriftsteller wie Plinius und Tacitus waren ihnen entlehnt. Man kommt insoweit nicht umhin, „Wimpfeling als Plagiator“ zu bezeichnen [ebd., 623]. Durch ihn sprach der italienische Humanismus. Wimpfeling kam damit Antonio Bonfini, Paulus Aemilius und Polydor Vergil doch wiederum sehr nahe.

3.2.2 Germania illustrata

Kollektives Projekt des deutschen Humanismus

Das ambitionierteste und im Zusammenhang mit der Diffusion des Humanismus besterforschte Projekt einer nationalen Geschichtsschreibung im humanistischen Deutschland war die von Konrad Celtis initiierte „Germania illustrata“, die zwar anders als das italienische Vorbild, die „Italia illustrata“ des Flavio Biondo, über „Gedanken, Versprechungen, Ansätze“ nicht hinausgekommen ist [149: P. JOACHIMSEN, Geschichtsauffassung, 155], die aber doch wiederum „eine Art kollektiver Hervorbringung von spezifischer Qualität" ergaben [223: U. MUHLACK, Das Projekt, 143].

Flavio Biondos „Italia illustrata"

Flavio Biondos „Italia illustrata", 1448–1453 entstanden und 1474 erschienen, wollte ein gleichermaßen „erläutertes" wie „verherrlichtes" Italien sein; die beiden Bedeutungen des Wortes „illustrare" fielen hier in eine. Angelegt war das Ganze als geographisch-historische Landeskunde, gegliedert nach Provinzen und darin wiederum nach Flüssen, Bergen und Städten, jeweils mit geschichtlichen Rückblicken, ergänzt durch einen Katalog „virorum illustrium" und einen zusammenhängenden Abriss der „historiarum Italiae". Die Leitfrage galt der Wandlung vom römischen zum gegenwärtigen Italien; der Begriff der „mutatio" wurde damit gattungsspezifisch. Biondo wollte zeigen, dass Italien, in römischer Zeit „provinciarum orbis primaria" [216: U. MUHLACK, Geschichtswissenschaft, 201], in der Folgezeit von dieser Höhe herabgesunken sei und unter „Fremdherrschaft" und „Zersplitterung" gelitten habe [53: O. CLAVUOT, Italia, 57 u. 59], aber seine antike Substanz bewahrt habe und gegenwärtig in einem Wiederaufstieg zur alten Größe begriffen sei.

„Denkmal" der humanistischen Kulturnation

Die Träger dieser „Erneuerung" [ebd., 59] waren die Humanisten, die unter den „viri illustres" der neueren Zeit in der Mehrheit waren [ebd., 64 f.]. Mit der „Wiedergewinnung und -verbreitung" der klassischen lateinischen Sprache taten sie den entscheidenden Schritt [ebd., 59 ff.]. Diese „humanistische Elite" war es, „die Italien repräsentiert und wieder zum Leben erwecken wird" [ebd., 75]; die „politisch-militärische Elite" [ebd., 70] wurde hauptsächlich daran gemessen, inwieweit sie „als Förderer der Kultur" in Erscheinung trat, wie das beispielhaft bei Cosimo de Medici der Fall war [ebd., 72]. Die „Entwicklung der humanistischen Elite Italiens" bedeutete für Biondo zugleich, dass „der Anspruch auf kulturelle Überlegenheit gegenüber dem übrigen Europa erneuert" wurde [ebd., 61]. Die „Italia illustrata" sollte der von den Humanisten repräsentierten Nation ein „Denkmal" setzen und wurde damit ein „Modell nationaler Selbstvergewisserung" [ebd., 76]. Genau genommen war sie es, durch die sich diese humanistische Nation konstituierte oder doch ihrer selbst bewusst wurde: eine spezifische „Trias von Humanismus, Kulturnation und Geschichtsschreibung" [223: U. MUHLACK, Das Projekt, 156], die „auch außerhalb Italiens" höchste „Attraktivität" besaß [53: O. CLAVUOT, Italia, 76].

Celtis' Forderung nach einer „Germania illustrata"

Als Konrad Celtis in der Ingolstädter Antrittsrede von 1492 erstmals das Projekt einer „Germania illustrata" umriss, ging es ihm genau um diesen Zusammenhang. Sein Aufruf, die in Deutschland herrschende Barbarei zu überwinden und nach dem Vorgang Italiens und im

Wettstreit mit ihm zur Bildungswelt der „priscorum, philosophorum, poetarum et oratorum" zurückzukehren [52: K. CELTIS, Oratio, 228], mündete in der Forderung, den dazu nötigen Befähigungsnachweis in einer nationalen Geschichtsschreibung nach dem Muster der „Italia illustrata" zu erbringen. Sie sollte dartun, wie sich die ursprünglich weithin unkultivierten Germanen kraft eines ihnen von vornherein inhärenten Potentials zu der von den Humanisten dargestellten Nation entwickelt hätten: gleichermaßen Gegenstück und Entsprechung zu jener „mutatio", wie sie Biondo für Italien verfolgt hatte. Ziel war es, das italienische Vorbild nicht nur zu imitieren, sondern zugleich zu überbieten. Ob das gelang, hing wiederum wesentlich von der italienischen Reaktion ab. Manchmal verzweifelte Celtis geradezu an der Urteilsfähigkeit der Deutschen und traute überhaupt nur den „externis tamen et doctis hominibus", also den Italienern, eine kompetente Bewertung zu [219: U. MUHLACK, Kosmopolitismus, 34].

Celtis' Beiträge

Der Ingolstädter Appell richtete sich im Grunde an die deutschen Humanisten insgesamt. Celtis, der sich damals anschickte, die humanistische Kulturnation in Sodalitäten zu organisieren, verstand die „Germania illustrata" als deren gemeinschaftliche Selbstdarstellung. Er hat offenkundig für seine Person keine Gesamtdarstellung geplant; wenn er gelegentlich den gegenteiligen Eindruck erweckte, wirkte das eher wie eine rhetorische Spielerei, die allerdings auch heute noch von manchem für bare Münze genommen wird [275: J. ROBERT, Celtis, 350 ff. u. 274: Celtis, 394 ff.]. Was er lieferte, waren Vorarbeiten, die andere stimulieren sollten: eine Beschreibung Nürnbergs mitsamt einem Anhang über die „Hercynia silva" (1495); eine zusammen mit der Taciteischen „Germania" herausgegebene hexametrische „Germania generalis" (1500) [neue Ausgabe: 231: G. M. MÜLLER, „Germania generalis"]; das Elegienwerk „Amores", das Liebesdichtung mit Landeskunde verknüpfte und dem die beiden früheren Texte nochmals angehängt waren (1502).

Konzeptualisierung

Diesem Konvolut ist eine Dedikationsepistel an Kaiser Maximilian vorangestellt, die den wesentlichen Ertrag alles bis dahin Niedergeschriebenen resümierte und damit der förmlichen Konzeptualisierung einer „Germania illustrata" gleichkam [216: U. MUHLACK, Geschichtswissenschaft, 215]. Sie stimmte, inhaltlich wie methodisch, in allen Hinsichten mit dem Muster der „Italia illustrata" überein: eine geographisch-historische Landeskunde, die den Wandel vom alten zum neuen Deutschland vor Augen führen und außer den „facta et gesta" der deutschen Könige, Kaiser, Fürsten die „docti viri" in Vergangenheit und Gegenwart aufzählen sollte, also in der Herausbildung der humanistischen Kulturnation ihr eigentliches Ziel hatte. Die Hoffnung von Celtis hat nicht getrogen: Die „Germania illustrata“ hat die deutschen Humanisten noch geraume Zeit in Atem gehalten und sich in einer Reihe einzelner Werke oder Teilwerke, von allgemeinen Beschreibungen Deutschlands bis in landesgeschichtliche Darstellungen hinein, manifestiert; sie erwies sich „als Impulsgeber für den nationalen, aber auch für den regionalen Diskurs“ [123: J. Helmrath, Probleme, 215; 175: Landesgeschichtsschreibung].

„Donauschule“

Auch die „Donauschule“ deutscher Renaissance-Maler wirkte auf ihre Weise an der Realisierung des von Celtis inaugurierten Motivs mit; hier gab es die gleiche Dialektik von Kosmopolitismus und Nationalismus: die Einordnung „in einen europäischen Kontext“ und den „Wunsch nach nationaler Abgrenzung“ [281: J. Sander, Einleitung, 16 f.], beides aufeinander bezogen. Dass die kunstgeschichtliche Forschung, je nach Erkenntnisinteresse, die eine oder andere Seite hervorgehoben hat, sollte man ohne nachträgliche Zensur zur Kenntnis nehmen; beide Akzentuierungen hatten und haben ihr relatives Recht [ebd., 17].

3.2.3 Beatus Rhenanus

„Res Germanicae“

Eine eigentümliche Stellung nahmen in der nationalen Geschichtsschreibung deutscher Humanisten die „Rerum Germanicarum libri tres“ des Beatus Rhenanus [226: U. Muhlack, Rhenanus, Beatus] ein, die, erstmals 1531 erschienen, seit kurzem in einer kritischen Ausgabe mit deutscher Übersetzung und ergänzenden Studien vorliegen [234: F. Mundt, Beatus Rhenanus; dazu die Rezension v. U. Muhlack, in: Zeitschrift für deutsches Altertum und deutsche Literatur, Bd. 139, 2010, 522–529]. Der Autor kam von vertrauten Positionen her. Er war reichspatriotisch und kulturnational gesinnt und schätzte Wimpfelings „Epitome“ so sehr, dass er sie 1532, nach dessen Tod, neu herausbrachte [227: U. Muhlack, Beatus Rhenanus]. Seine „Res Germanicae“ standen im Zusammenhang mit dem Projekt der „Germania illustrata“: „Illustrauit res Germanicas, iuuit patriam libris tribus“, hieß es in der Biographie des Rhenanus von Johannes Sturm, die der Neuauflage von 1551 vorangestellt war [234: F. Mundt, Beatus Rhenanus, 22]. Im Werk fehlte keines der typischen humanistischen Motive. Rhenanus führte gleichfalls die Deutschen auf die Germanen zurück. Der lateinische Name war ihm ein anderes Wort für den deutschen; die „res Germanicae“, die der Titel des Werkes verhieß, bedeuteten „deutsche Geschichte“; die Übersetzung „Histoire des pays germanophones“ oder „Histoire du domaine germanophone“, die James Hirstein im Eröffnungsband seiner sehr löblichen Neuausgabe der Rhenanus-Korrespondenz gebraucht [72: Epistulae, VII, XXXIV, XL f. u.ö.], trifft das Gemeinte nicht.

Gang der Darstellung

Rhenanus setzte in der Zeit der Taciteischen „Germania“ ein, die er selbst wiederholt edierte, und verfolgte den Fortgang der Dinge bis zur Zeit der Ottonen. Strukturierendes Prinzip war für ihn der auch in der „Germania illustrata“ zentrale Gedanke der „mutatio“. Er konstatierte zwischen dem alten und dem neueren Deutschland Wandlungsprozesse, die nicht nur die Grenzen, Sitze und Namen der deutschen Völker betrafen, sondern auch die kulturellen Verhältnisse. Die Ottonen beschlossen seine Darstellung, weil sie politisch wie kulturell die nächste Grundlage für die weitere Entwicklung bis zur Gegenwart schufen: politisch durch die Konsolidierung des „regnum Germanicum“ [234: F. Mundt, Beatus Rhenanus, 230 u. 236], kulturell, indem nunmehr „ciuilitatis et literarum ornamenta accesserunt“ [ebd., 232], die den Weg zum Humanismus ebneten. Auch hier handelte es sich also letztlich um die historiographische Legitimierung der humanistischen Kulturnation, in deren Namen der Verfasser sprach.

Erasmische Prägung

Andererseits fiel Rhenanus wiederum aus dem Rahmen der nationalen Geschichtsschreibung in Deutschland heraus. Er stand dem Erasmischen Kosmopolitismus nahe, der nationale Affekte verabscheute. Der kulturnationale Wettstreit der europäischen Humanismen war für ihn friedliches Konkurrenzverhältnis, in dem jeder von jedem profitierte. Er konnte nur stattfinden, wenn die europäischen Völker möglichst in Frieden lebten [149: P. Joachimsen, Geschichtsauffassung, 142; 282: B. v. Scarpatetti, Beatus Rhenanus]. Höher als der Ruhm der germanisch-deutschen Kriegstaten, auf die Wimpfeling und Celtis so großen Wert legten und die auch er durchaus anerkannte, standen ihm die kulturellen Kosten, die sie verursachten. Man mochte sich mit den Triumphen der Goten, Vandalen und Franken identifizieren, aber durfte dabei nicht die Verwüstungen vergessen, ohne die derartige Siege nicht errungen werden könnten: „quis enim cordatus huiusmodi insanias non detestatur?“ [25: Briefwechsel, 402].

Historiographische Methode

Der Hauptunterschied aber ergab sich durch seine historiographische Methode. Sie bestand in der konsequenten Anwendung der historisch-kritischen Arbeitsweise, die Rhenanus im beständigen Umgang mit den antiken Autoren erlernt hatte, auf die Rekonstruktion geschichtlicher Tatbestände. Manche Lieblingsvorstellung deutscher Humanisten wurde dadurch hinfällig und mancher nationale Überschwang zurechtgestutzt. Sosehr Rhenanus Germanen und Deutsche zusammensah, so wenig hielt er an der Figur eines von Ewigkeit zu Ewigkeit bestehenden germanisch-deutschen Nationalcharakters fest.

Die alten Deutschen waren anders als die jetzigen, und es lag Rhenanus fern, Wünsche der Gegenwart ins Altertum zurück zu projizieren. Der Gedanke der „mutatio", den er mit der „Germania illustrata" gemeinsam hatte, bekam mithin eine durch keinerlei Vorannahmen eingeengte Offenheit. Zuverlässige Aussagen waren nur durch quellenkritisch gestützte Erhebungen möglich. Gewiss hatte man in der humanistischen Geschichtsschreibung das Postulat historisch-kritischer Quellenforschung immer schon erhoben, aber niemals mit einer solchen Tragweite. Sofern Rhenanus mit den „Res Germanicae" zur „Germania illustrata" beitragen wollte, vollführte er sozusagen eine Akzentverschiebung vom „verherrlichten" zum „erläuterten" Deutschland, von der Geschichte deutscher Ruhmestaten zu einer gelehrten Abhandlung über die deutsche Vergangenheit. Ja, er stand nicht an, die „Verherrlichung" auf die „Erläuterung" zu gründen, wenn nicht überhaupt in ihr aufgehen zu lassen: „Hoc uerè esset illustrare Germaniam" [234: F. Mundt, Beatus Rhenanus, 144].

Verhältnis zur bisherigen nationalen Geschichtsschreibung

Rhenanus sah sich damit keineswegs in einem prinzipiellen Gegensatz zur bisherigen nationalen Geschichtsschreibung in Deutschland. Ja, er wollte im Grunde noch nicht einmal mit ihr oder ihresgleichen in Wettstreit treten. Die „Res Germanicae" sollten kein historiographisches Sprachkunstwerk sein, sondern quellenkritisch durchleuchtetes Material zusammenstellen, das künftig einem veritablen Geschichtsschreiber als Basis dienen konnte. Was er den bisherigen Historikern vorwarf, war, dass sie eine solche Vorarbeit nicht geleistet hätten. Seine Neuausgabe der Wimpfeling'schen „Epitome" vom Jahre 1532 zeigte, worauf er hinauswollte. Er versah den wiederabgedruckten Text, ohne ihn von Grund auf zu revidieren, mit korrigierenden oder erläuternden Marginalnoten, die aus seinem neuen Kenntnisstand flossen. Manches, etwa Wimpfelings Beweisführung über die Zugehörigkeit des linken Rheinufers zu Deutschland und die germanisch-deutsche Abstammung des Hieronymus, fiel stillschweigend weg; gelegentlich ließ Rhenanus die eine oder andere Unstimmigkeit, aus allgemeinem Respekt vor dem Autor, stehen. Am meisten schien ihm das Projekt der „Germania illustrata" der quellenkritischen Untermauerung zu bedürfen. An einem der jüngsten Realisierungsversuche, der 1518 erschienenen „Germaniae exegesis" des Franciscus Irenicus, vermisste er jegliches „iudicium" [25: Briefwechsel, 340].

Singuläre Position

Zeitweise setzte er große Hoffnungen in Johannes Aventin, mit dem er, im Vorfeld der „Res Germanicae", über das Projekt korrespondierte. Als dessen „Deutsche Chronik" posthum 1541 herauskam, musste ihn das freilich ernüchtern. Schon in den „Res Germanicae" hatte er das „uulgus historicorum" angeprangert, das eine römische mit einer fränkischen Inschrift verwechsle [234: F. MUNDT, Beatus Rhenanus, 292 u. 294]. Nach 1541 wurde sein Ton schärfer. Rhenanus nahm allenthalben „absurdas opiniones et meras fabulas" wahr: „Fabulis et ineptiis mundus delectatur" [25: BRIEFWECHSEL, 502]. Schließlich erging ein vernichtendes Urteil über „Celtis et alii": sie hätten sich um die „antiquitas illustranda" bemüht, „sed infoeliciter et absque iudicio" [ebd., 564]. Er war sich der tiefen Kluft bewusst geworden, die ihn mittlerweile von dieser Geschichtsschreibung trennte. Allerdings lag das auch daran, dass er sich selbst durch die innere Logik seiner Quellenstudien, die er nach 1531 mit dem freilich unerreicht gebliebenen Ziel einer Überarbeitung und Fortsetzung der „Res Germanicae" vorantrieb, immer weiter von ihr entfernte. Je mehr er sich, geleitet von seinem philologisch-antiquarischen Interesse, in die deutsche Geschichte vertiefte und der Komplexität der Ereignisse und Zusammenhänge inne wurde, desto mehr verbot sich ein direkter Rapport zur Gegenwart. Die nationalen Ideale, von denen auch er ausgegangen war, wurden zwar nicht förmlich aufgekündigt, spielten aber am Ende faktisch kaum noch eine Rolle: „Was Rhenanus anstrebte, die leidenschaftslose Betrachtung der deutschen Vergangenheit als eines toten und gelehrten Objekts historischer Forschung [...] das konnte und wollte der deutsche Humanismus nicht. Das vor allem hat ihn von dem Plan der Germania illustrata im Sinne der Celtisschule abgetrieben" [149: P. JOACHIMSEN, Geschichtsauffassung, 145].

Auseinandersetzung mit italienischen Humanisten

Auch die „Diffusion des Humanismus" nahm bei Rhenanus eine andere Wendung. Er erkannte die italienischen Humanisten im Allgemeinen als Vorbild an; seine eigene literarische Produktion begann mit der Neuausgabe oder dem Neudruck italienischer Autoren [226: U. MUHLACK, Rhenanus, Beatus, 667–674]. Er nahm auch an dem deutschen Wettstreit mit den Italienern teil, die es gleichermaßen nachzuahmen und zu distanzieren galt.

Biondo

Der Autor der „Res Germanicae" konnte vor allem im Werk des Flavio Biondo, das außer den „Historiae ab inclinatione Romani imperii" und der „Italia illustrata" auch Bücher zur römischen Altertumskunde umfasste, ein Muster jener philologisch-antiquarischen Gelehrsamkeit finden, die er selbst erstrebte. Biondos Schriften waren ihm bestimmt schon vor der Baseler Gesamtausgabe von 1531 bekannt, die er besaß [234: F. MUNDT, Beatus Rhenanus, 493]. Rhenanus hat in seinem Exemplar [316: J. WALTER, Catalogue, Nr. 497] den Text der „Italia illustrata" und der „Historiae" vereinzelt mit Anstreichungen und Marginalien versehen, die sich meist auf Orts-

und Personennamen, Grenzverläufe und Ereignisse aus dem Umkreis der germanisch-deutschen Geschichte von der Völkerwanderungszeit bis zum 14. Jahrhundert bezogen und offenbar zur Vorbereitung der zunächst geplanten Neuausgabe und Fortsetzung der „Res Germanicae" dienen sollten. Er hob dabei hervor, was er für richtig, und korrigierte, was er für ungenau oder falsch hielt; einmal schrieb er, nicht ohne Stolz, das Wort „Error" an den Rand. Es handelte sich um eine Art Dialog zwischen Kollegen, die sich jeweils in nichts nachstanden.

Ermolao Barbaro

Eine öffentliche Auseinandersetzung trug Rhenanus mit einem anderen italienischen Gelehrten aus: nämlich mit dem Philologen Ermolao Barbaro aus Venedig. Es ging um kontroverse Methoden bei der Emendierung der „Historia naturalis" des Plinius, an der Rhenanus bei der Vorbereitung der „Res Germanicae" ein spezielles Interesse hatte. Barbaro bevorzugte in seinen „Castigationes Plinianae" (1492) Parallelstellen und stilistische Argumente, um offenkundige Korruptelen zu heilen; Rhenanus hielt sich zunächst an die Überlieferung und suchte aus den Fehlern selbst die richtige Version zu ergründen. Er führte diesen Gegensatz in einer eigenen Monographie „In C. Plinium" (1526: 270) an ausgewählten Beispielen vor. Sofern er darin auf Germanisches bei Plinius zu sprechen kam, spielte er außerdem seine Kenntnis der historischen Geographie Altgermaniens und seine deutsche Sprachkompetenz aus, die ihm zur korrekten Lesung verderbter oder strittiger Namen verhelfen konnte [133: J. Hirstein, Ermolao Barbaro, 198]. In den „Res Germanicae" kehrte diese Argumentation wieder, sei es, dass er gegen Barbaro den Unterschied zwischen der „Germania magna" und den römischen Provinzen gleichen Namens geltend machte [234: F. Mundt, Beatus Rhenanus, 30] oder einen verderbt überlieferten Ortsnamen wie „Lisboum" als „Erlenbrunn" identifizierte [ebd., 268]. Rhenanus hatte von Ermolao Barbaro grundsätzlich eine hohe Meinung: Er war für ihn „non Venetiae modo, uerum Italiae totius, imò, Christiani orbis eximium in literis decus"; seinem Beispiel war zu folgen [133: J. Hirstein, Ermolao Barbaro, 194]. Aber diese Nachfolge lief darauf hinaus, dass Rhenanus seinem „Vorbild" nicht nur selbständig entgegentrat, sondern sich ihm schließlich überlegen dünkte.

V. „Späthumanismus"

Neu-altes Problem

Ein letztes Phänomen, das hier noch zur Debatte ansteht, ist der sogenannte „Späthumanismus": ein offenbar erstmals von Erich Trunz 1931 benutzter Begriff, der, einstweilen kaum beachtet, um so mehr in jüngerer Zeit zum Problem geworden ist [104: N. Hammerstein, Einleitung]. Mit dem „Problem des Späthumanismus“ [197: D. Mertens, Zincgref] verband und verbindet sich andererseits die ältere Frage nach dem Ende des Humanismus. Die bisher einzige breitgefächerte Problemanalyse leisten die Autoren eines Tagungsbandes vom Jahre 2000 [292: Späthumanismus]. Der folgende knappe Abriss kann manches in diesem und in dem Renaissance-Kapitel bereits Erörterte oder Mitgeteilte aufgreifen.

Differenz zu früheren Erscheinungsformen des Humanismus

Sofern man heute von „Späthumanismus“ spricht, platziert man das so benannte Phänomen in einem einigermaßen genau datierbaren Zeitraum: nämlich in der Zeit um 1600, also im weitesten Sinne in dem Jahrhundert von 1550 bis 1650. Dabei soll der Begriff nicht einfach eine formale Zeitbestimmung ausdrücken, dergestalt, dass auf den „Hoch oder Frühhumanismus“ [104: N. Hammerstein, Einleitung, 9] ein chronologisch „später“ Humanismus folgt. Vielmehr soll zum Ausdruck gebracht werden, dass der Humanismus damals in ein neues, sein letztes Stadium eingetreten sei, das ihn von seinen früheren Erscheinungsformen unterscheide. Die entscheidende Frage lautet, worin diese Differenz besteht. Die Skala der möglichen Antworten reicht von der Behauptung einer weitgehenden Kontinuität bis zur Konstatierung einer scharfen Zäsur, die im äußersten Fall das „Humanistische“ am „Späthumanismus“ minimiert, wenn nicht bestreitet und damit das Phänomen selbst in Zweifel zieht [121: J. Helmrath, Der Humanismus, 51]. Die Forschung ist allerdings weithin einen mittleren Weg gegangen. Es hat sich gezeigt, dass verschiedene Positionen durchaus vereinbar oder kompatibel sind und damit ein gleichermaßen differenziertes wie einheitliches Gesamtbild gezeichnet werden kann.

Einschnitt durch die Reformation

Völlig unbestritten ist die Grundtatsache, die bei der Beurteilung dieser ganzen Problematik in Ansatz zu bringen ist: dass sich nämlich der Humanismus seit 1550 und im Grunde – jedenfalls in Deutschland – seit Beginn der Reformation „in einer au fond anderen, nämlich in einer religiösen Welt einrichten [musste]“ [200: E. Meuthen, Charakter, 224]. „Es handelt sich um ein insgesamt ausgesprochen religiöses und von theologischen Fragen bestimmtes Jahrhundert“ [ebd., 226], um eine Epoche, in der das Religiöse und Theologische über seine immer schon große Bedeutung in früheren Jahrhunderten weit hinaus intensiviert und radikalisiert wurde und alsbald mit einer vorher nie dagewesenen Konsequenz alle gesellschaftlichen Sphären dominierte. Die Kultur, im Burckhardt'schen Sinne einer Totalansicht menschlichen Zusammenlebens, trat ins Zeichen von Reformation und Gegenreformation, von Konfessionalisierung und Glaubenskampf, mit den Staaten als

Hauptakteuren, bis schließlich, zunächst im Frankreich Heinrichs IV., ein neues Verständnis von überkonfessioneller Politik aufkam, das einer neuen Epoche den Weg bereitete. Dem Humanismus erging es dabei genauso wie der „Kultur der Renaissance“ insgesamt: Er fügte sich in die neuen Zusammenhänge ein; sein Existenzrecht bemaß sich an seiner Fähigkeit, in ihnen eine Rolle zu spielen.

Gestaltwandel des Humanismus

Die liberale Geschichtsschreibung des 19. Jahrhunderts hat diese Möglichkeit in Frage gestellt. Karl HAGEN, der die Reformation ursprünglich auch vom Humanismus getragen sah, bemerkte in demselben Maße, in dem „die schroffen Dogmen der neuen Orthodoxie“ herrschend wurden, einen „Verfall des Humanismus“ [102: K. HAGEN, Verhältnisse, Bd. 3, 196 u. 199]. Ludwig GEIGER schrieb kurzab: „ Mit dem Tode Huttens ist die Geschichte des deutschen Humanismus zu Ende“ [91: L. GEIGER, Renaissance, 562]. Gerhard RITTER, der die Reformation als Erfüllung einer in Deutschland „über alles andere entscheidenden Zeittendenz“ zur religiös-kirchlichen Erneuerung ansah, drehte den Spieß um, indem er die Reformation sozusagen als Rettung des deutschen Humanismus hinstellte, der vorher außerstande gewesen sei, sein Bildungsideal zu verwirklichen; die deutschen Humanisten hätten erst jetzt gefunden, „was ihnen bisher gefehlt hatte: den starken Antrieb einer neuen religiösen Bewegung“ [272: G. RITTER, Bedeutung, 22 u. 59]. Erich MEUTHEN wiederum, der besonderen Wert darauf legte, „den deutschen Humanismus [...] in seinen europäischen Entwicklungen zu sehen“ [200: E. MEUTHEN, Charakter, 231], meinte, dass „die völlige Integration des Humanismus in das christliche Europa sicher nicht geglückt“ sei; hier sei „substantiell Unvereinbares“ zu bedenken [ebd., 227]. Diese These fasst gewissermaßen alle bisherigen Deutungen zusammen und stellt eine Art Kräfteparallelogramm dar. Sie besagt, dass der Humanismus zwar nach der Reformation und in dem von ihr herbeigeführten konfessionellen Zeitalter weiterbestand, aber einen veränderten innerkulturellen Stellenwert oder Rang erhielt. Der Status des Humanismus erfuhr eine Transformation, die einem grundsätzlichen Gestaltwandel gleichkam.

Die „humanistische Bewegung“

Paul JOACHIMSEN hat diesen Gestaltwandel mit Blick auf Deutschland, der freilich immer auch Europa umschloss, mit einem Satz beschrieben: „Um 1550 ist die humanistische Bewegung zu Ende“ [150: P. JOACHIMSEN, Der Humanismus, 382]. Vom Humanismus als „Bewegung“ war schon früher und auch später die Rede. HAGEN sah den vorreformatorischen Humanismus als Teil einer „oppositionellen Bewegung“, die sich gegen „das alte System“ erhob [102: K. HAGEN, Verhältnisse, Bd. 3, 105]. VOIGT nannte gleich im ersten Satz seines

Buches den Humanismus eine „mächtige Bewegung“ mit der „Tendenz der Ausdehnung, der Erweiterung“ [312: G. Voigt, Wiederbelebung, 1859, III]. Für Ritter wie für Kristeller war die „humanistische Bewegung“ längst technischer Ausdruck, den sie ohne weitere Erklärung gebrauchten [272: G. Ritter, Bedeutung, 7 u. 10; 162: P. O. Kristeller, Bewegung, 15 u. 28]. So ist es bis heute geblieben [121: J. Helmrath, Der Humanismus, 27].

Kriterien

In der Auffassung des Humanismus als „Bewegung“ lassen sich mehrere Vorstellungen bündeln: dass der Humanismus keine Institution war, sondern sich programmatisch wie sozial in einem außerinstitutionellen Raum formierte; dass er auf kein System fixiert war, sondern einer Tendenz oder „Richtung“ [102: K. Hagen, Verhältnisse, Bd. 1, 37] folgte; dass er keinen Stillstand kannte, sondern auf Expansion angelegt war; dass ihn bei alledem „Dynamik“ und „jener selbstbewußte Elan“ antrieben [200: E. Meuthen, Charakter, 223]. Was diese „Bewegung“ insgesamt auszeichnete und was jedenfalls Joachimsen in dem angeführten Zitat primär darunter verstand, war die Tatsache, dass es sich dabei um ein Phänomen von originärer Provenienz handelte, das eine eigene Entwicklungslogik besaß.

Selbständiger Status in der Renaissance

Der Humanismus als „selbständige Bewegung“ [229: U. Muhlack, Tacitismus, 177]: das war der Status des Humanismus innerhalb der „Kultur der Renaissance“. Er bildete darin eine autonome Potenz, die mit anderen autonomen Potenzen in permanenter Wechselwirkung stand. Er verfügte mit der Wiederbelebung des griechisch-römischen Altertums über eine exklusive Kompetenz, die ihm eine gesamtgesellschaftliche Aufgabe verschaffte: nämlich die der Legitimierung des neuen Kulturganzen aus dem Geist der Antike. Sofern sich daraus Abhängigkeitsverhältnisse ergaben, hatten sie die aus dieser Kompetenz erwachsene Autorität zur Voraussetzung, die die Humanisten gleichsam vor sich her trugen. Im Italien der Renaissance, wo alles zu allem passte, stellte sich diese Konstellation geradezu idealtypisch ein. Aber auch in Deutschland, wo nicht alles zueinander passte, entwickelte sich eine „humanistische Bewegung“, die ihrer Umwelt mit einem nur ihr gehörenden Geltungsanspruch entgegentrat. Die mehrfach zitierte Ingolstädter Rede von Konrad Celtis war eine der Gründungsproklamationen dieser Bewegung, und Celtis war es auch, der sie in eine Form zu bringen suchte, „wie sie damals in keinem andern Lande hätte entstehen können“ [150. P. Joachimsen, Der Humanismus, 367].

Instrumentalisierung seit der Reformation

Für diese selbständige Bewegung gab es im Europa der Reformation und der Konfessionalisierung keinen Platz mehr. Die exklusive Kompetenz zur Legitimierung der neuen Kultur ging von den Humanisten auf die Theologen über. Zwar glaubte man weiterhin des humanistischen Bildungswissens zu bedürfen, aber in dem neuen, ganz auf die Theologie bezogenen Kontext. Der Humanismus wurde mitsamt der Antike, die er wiederbelebt hatte, zu einer abgeleiteten oder nachgeordneten Größe; die Wechselwirkung verschwand vor einer strukturellen Instrumentalisierung, die sich von früheren Formen der Funktionalisierung grundsätzlich unterschied. Als sich seit der Wende vom 16. zum 17. Jahrhundert der überkonfessionelle Staat aus den Exzessen der Religionskriege, nicht ohne schwerste Rückschläge, herauszukämpfen begann, wurde die Theologie zwar nach und nach von ihrer dominierenden Position verdrängt, aber an ihre Stelle traten neue Vorstellungen von Vernunft und Naturrecht, die den Humanismus, bei aller ihm auch weiterhin zugebilligten Bedeutung, gleichfalls als prinzipiell nachrangig erscheinen ließen.

Neue Entfaltungsmöglichkeiten

Andererseits ist bemerkenswert, wie groß diese Bedeutung in dem ganzen Zeitraum von der Mitte des 16. bis zur Mitte des 17. Jahrhunderts tatsächlich war. Das ist in der Literatur letzthin so oft beschrieben worden, dass es als Allgemeingut der Forschung gelten kann. Die neuen Mächte stellten die Humanisten nicht nur in ihren Dienst, sondern eröffneten ihnen dabei Entfaltungsmöglichkeiten, die vorher nicht bestanden hatten, ja, die sogar dazu führten, dass manche der ursprünglichen Ziele des Humanismus erst jetzt erreicht wurden. Die Theologen beider Konfessionen waren beim Umgang mit den Quellen ihres Glaubens dringend auf jene philologische Expertise angewiesen, wie sie nur die Humanisten bieten konnten: Textkritik, authentisches Textverständnis, historische Einordnung, Verfügung über die antike Literatur. Die Philologie, die humanistische Leitdisziplin schlechthin, erfuhr dadurch einen gewaltigen Professionalisierungsschub, der das wissenschaftliche Niveau insgesamt erhöhte.

Neostoizismus und Tacitismus

Wo man sich vom konfessionellen Denken abwandte, kam es zur förmlichen Wiederentdeckung von Autoren wie Seneca und Tacitus, die Argumente für „einen die Konfessionen überschreitenden Standpunkt“ [243: G. Oestreich, Lipsius, 333] liefern sollten. Der eine lehrte, angesichts der Erschütterungen des konfessionellen Zeitalters, die stoische „constantia“ als Inbegriff der „Selbstbehauptung“ gegenüber „der Unbeständigkeit des Glücks und der Vergänglichkeit alles Seins“ [244: G. Oestreich, Stoizismus, 14]; der andere konnte im „Ringen um die rechte Form der Fürstenmacht“, das das damalige Europa erfüllte, Orientierungshilfe geben [229: U. Muhlack, Tacitismus, 166]. Beide wurden „die Hauptzeugen für Philosophie und Politik des Barock-Jahrhunderts“ [243: G. Oestreich, Lipsius, 79]; Neostoizismus und Tacitismus beherrschten zeitweilig das Feld. Die humanistische Auslegungskunst, die man, von der philologisch- historischen bis zur normativen Aneignung, auf diese Autoren anwandte, gelangte hier auf einen neuen Höchststand.

„Verschulung“ des Humanismus

Das Fundament von alledem bildete „die intensive Verschulung des Humanismus“ [200: E. MEUTHEN, Charakter, 225]. Protestantische und katholische Landesherren richteten flächendeckend Gymnasien ein, die auf dem humanistischen Bildungsprogramm beruhten; sie erachteten das als notwendig, um die kommenden Führungsschichten für die Übernahme höherer Aufgaben im Dienste des konfessionellen Staates zu qualifizieren. Von Konfession zu Konfession gab es „einen konkurrenzbedingten Bildungszwang“, der diesen „Schulhumanismus“ fortgesetzt förderte: „Um so mehr wurde der Gymnasialhumanismus zu einer den gebildeten Europäer gleich welcher Konfession allgemein prägenden Formung“ [ebd., 226 f.]. Die „schulische Veralltäglichung“ des Humanismus [121: J. HELMRATH, Der Humanismus, 50] dauerte auch jenseits des konfessionellen Denkens fort; sie war fest verankert. Eine solche schulmäßige Einrichtung war dem Humanismus früher nicht gelungen. Er hatte seit jeher die *studia humanitatis* als propädeutische Bildung propagiert und eine dementsprechende Reform des Schulwesens gefordert, aber allenfalls ansatzweise verwirklicht gesehen. Jetzt war diese Reform in der umfassendsten Weise durchgeführt.

Dauernde Abhängigkeit

So groß freilich der Anteil des Humanismus an der neuen Kultur des konfessionellen Zeitalters sein mochte: an der Grundkonstellation, wie sie sich mit dessen Anbruch eingestellt hatte, änderte sich dadurch nichts. Der Humanismus verharrte in Strukturen, die ihn in dauernder Abhängigkeit hielten. Die protestantische und katholische Bibelphilologie, Neostoizismus und Tacitismus, der „Schulhumanismus“: sie waren durch Ziele oder Wertvorstellungen nichthumanistischen Ursprungs mediatisiert. Die „schulische Veralltäglichung“ bedeutete zugleich, dass der Humanismus an Dynamik einbüßte; in einem außerinstitutionellen Raum entstanden, wurde er jetzt in einen festen institutionellen Rahmen gebannt. Allerdings existierte nach wie vor eine *res publica litteraria*, in der sich die Humanisten, ganz gleich, welcher Konfession sie waren oder welchem Herrn sie dienten, als ihresgleichen erkennen konnten. Jeder brachte an seiner Stelle das gleiche Bildungswissen zum Einsatz; das verband und das schuf Solidarität. Aber das war eine Solidarität der abhängig Dienenden, die den Sinn ihres Tuns von oben oder außen empfingen. Was sie verband, war ein Instrumentarium, das zu den verschiedensten Zwecken gebraucht werden konnte, also an sich gleichsam wertfrei war.

Justus Lipsius

Was diese Wertfreiheit bedeutete, mag das Beispiel des Justus Lipsius zeigen, des berühmtesten humanistischen Gelehrten dieser Zeit. Er wurde gleichermaßen von Moritz von Oranien, von Philipp II. und von Heinrich IV. geschätzt, die an der Spitze der drei ideologischen Hauptlager des Zeitalters standen [229: U. Muhlack, Tacitismus, 179]; er personifizierte damit, dass der Humanismus, anders als zu Zeiten eines Petrarca oder Erasmus, aufgehört hatte, eine eigenständige Rolle zu spielen. Jedenfalls fällt es schwer, aus dieser religiös wie politisch indifferenten Haltung auf eine Gesinnung zu schließen, die einen eigenen Weg aus dem konfessionellen Zeitalter gewiesen hätte [243: G. Oestreich, Lipsius, 333]. Man hat Lipsius, der, „je nachdem wo er Professor war, dreimal sein Bekenntnis“ gewechselt haben soll, als Beweis für die These genommen, dass der „Humanismus des 16. Jahrhunderts“ nicht „ausschließlich von seinem Verhältnis zum Christentum her“ zu sehen sei und ihm zumindest eine „eigenständige wissenschaftliche Kraft“ zugebilligt werden müsse [200: E. Meuthen, Charakter, 228 f.]. Entscheidend scheint aber doch zu sein, dass Lipsius und der „Humanismus des 16. Jahrhunderts“ insgesamt sich für jede Konfession zur Verfügung hielten; ein Glaubenswechsel verriet da weniger eine prinzipielle Distanz gegenüber der Religion als die Bereitschaft, sich auf wechselnde Auftraggeber einzustellen.

Ende des Humanismus

„Späthumanismus“ als strukturelle Instrumentalisierung oder Mediatisierung einer zuvor selbständigen Bewegung: das ist offenbar die einzige plausible Definition, wenn man diesen Begriff gebrauchen will. Allerdings ist das nur die halbe Wahrheit. Sie muss durch die Frage nach dem Ende des „Späthumanismus“ und damit des Humanismus überhaupt ergänzt werden. Die Antwort ist schwerer, als man zunächst denken möchte. Denn es zeigt sich, dass sich das Epochenjahr 1650 nicht recht halten lässt. Alle wesentlichen Kennzeichen des „Späthumanismus“ traten nämlich auch nach diesem Zeitpunkt auf, und zwar spätestens bis zum Ende des 18. Jahrhunderts, als mit der Französischen Revolution eine grundstürzend andere Lage entstand, aus der dann der Humboldt‘sche und Niethammer‘sche „Neuhumanismus“ hervorging. Meuthen stellte fest, dass „der Humanismus der europäischen und damit gleicherweise der deutschen Bildung eine erst im Zeitalter der Technisierung allmählich verblassende literarisch-klassische Färbung gegeben“ habe: „Man pflegt geschichtliche Darstellungen des Humanismus in der Regel zeitlich zu früh abzubrechen“ [ebd., 230]. Die Antike stand weiterhin hoch im Kurs; die Philologen bewegten sich in den bisherigen Bahnen fort; der „Schulhumanismus“ oder „Gymnasialhumanismus“ blieb als Inbegriff höherer Bildung konkurrenzlos. Alle Denker der Aufklärung hatten ein „humanistisches“ Gymnasium durchlaufen und waren in der antiken Literatur bewandert.

Transzendierung

Und dennoch: Alles sträubt sich dagegen, einen Voltaire als Humanisten zu bezeichnen. Er war humanistisch gebildet, aber er brachte das in ein Lebenswerk ein, das sich ganz neue Ziele setzte. Von „Wiederbelebung“ des Altertums konnte da keine Rede sein; die Antike lieferte nur noch einzelne Bausteine für ein eigenes Gebäude. Freilich findet man solche Personen schon in der Zeit selbst, die man dem „Späthumanismus“ zugewiesen hat. Descartes, Galilei, Kepler kamen von antikisch-humanistischen Grundlagen her; aber was sie „an Neuem erdachten“, ließ sich damit nicht mehr verrechnen [121: J. Helmrath, Der Humanismus, 50 f.]. Aber etwa auch Jean Bodin gehört hierher. Er begann als Humanist und erwartete, als Frankreich in die Krise der Glaubenskämpfe geriet, zunächst von einer humanistischen Bildungsreform die Wende zum Besseren, bis ihm klar wurde, dass alles auf die Errichtung des souveränen Machtstaats ankam, dem fortan sein ganzes Sinnen und Trachten galt; sein humanistisches Bildungswissen ging in diese neuen Zusammenhänge ein. Eine demnächst vorliegende Arbeit von Andreas Karg wird darüber Aufschluss geben. Es würde alle Proportionen verzerren, wollte man solche Autoren Humanisten nennen. Sie standen freilich in ihrer Zeit nicht allein. Im Grunde traf für alle „Späthumanisten“ das Gleiche zu. Das „Humanistische“ war für jeden von ihnen ein Vehikel, um Neues zu erreichen, das jenseits des Humanismus lag. Man braucht deshalb den Begriff des „Späthumanismus“ nicht aufzugeben. Was das darunter befasste Phänomen immer noch auszeichnete, war eine gegenüber früher sogar noch gesteigerte Intensität im Umgang mit der Antike, die sich nach 1650 abschwächte. Der Unterschied aber war nur quantitativer, nicht qualitativer Art. Als qualitativen Einschnitt in der Geschichte des Humanismus wird man allein den Beginn des konfessionellen Zeitalters anzusehen haben. Von da an verwandelte sich der Humanismus in ein Erbe, das die Nachwelt annahm, um darüber nach eigenem Bedürfnis und Belieben zu verfügen.

Alternativer Begriffsgebrauch

Es ist allerdings erwägenswert, den Begriff des „Späthumanismus“ in Deutschland noch ganz anders anzuwenden, und zwar in einem Sinne, der dem Wortsinn viel angemessener wäre. Das führt nochmals auf das Verhältnis von Humanismus und Reformation zurück. Die deutschen Humanisten haben bekanntlich Luthers Auftreten zunächst begrüßt und unterstützt, weil sie in ihm einen Bundesgenossen in eigener Sache sahen. Es ist ebenso bekannt, dass sich diese Hoffnung als

Illusion zu erweisen schien. Bereits Hagen hat die Bildungsfeindlichkeit, die sich in der Frühzeit der reformatorischen Bewegung bemerkbar machte, ausgemalt: jene „radicalen Tendenzen der neuen Propheten", die „die Nutzlosigkeit der Gelehrsamkeit offen" aussprachen: „man brauche nicht zu studieren, dieß sei unnützes Zeug" [102: K. Hagen, Verhältnisse, Bd. 3, 52]. Dazu kam das Gewaltsame und Tumultuarische der Bewegung, das sich besonders in den Exzessen des Bauernkrieges und der Wiedertäufer austobte. Das war eine Entwicklung, die von den humanistischen Zielvorstellungen geradezu wegführte. Fast „alle Humanisten der älteren Generation wie Erasmus, Peutinger, Pirckheimer, Reuchlin, Wimpfeling, Beatus Rhenanus, Mutian" [121: J. Helmrath, Der Humanismus, 48] wurden durch diese Erfahrungen nicht nur von der Reformation abgeschreckt, sondern sahen alles, wofür sie sich eingesetzt hatten, tödlich bedroht, wenn nicht am Ende. Wenn sie bei der alten Kirche blieben, so hieß das andererseits nicht, dass sie von ihrer früheren Kritik abgerückt wären. Von teilweise apokalyptischen Stimmungen erfüllt, sahen sie sich wirklich in einer Spätzeit, in der ihnen nur noch eine Art innerer Emigration blieb. Als die Reformation sich stabilisierte und ihren Bedarf an humanistischer Bildung entdeckte, war das für sie, anders als für die Humanisten der jüngeren Generation, keine Option. Sie waren der Überzeugung, eine Epochenscheide zu erleben, an der der Humanismus, wie sie ihn gekannt hatten, versank. Wo wäre der Begriff des „Späthumanismus" eher am Platz als hier?

Resümee

Freilich soll damit der etablierte Begriff nicht in Frage gestellt werden. Er ist nun einmal da und kann sinnvoll eingesetzt werden. Man benötigt nur eine klare Definition, um ihn ohne die Gefahr von Missverständnissen zu handhaben. Damit ist ein letztes Mal das terminologische Grundproblem bezeichnet, von dem her diese Problemgeschichte der Renaissance und des Humanismus konzipiert ist.

VI. Nachbetrachtung

Fragestellung

Veranlasst sind die folgenden Bemerkungen durch das von Manfred Landfester herausgegebene „Lexikon zur Antikerezeption" im „Renaissance-Humanismus", das 2014 als Band 9 der „Supplemente" zum „Neuen Pauly" erschienen ist [267: Renaissance-Humanismus]. Die 131 alphabetisch angeordneten Artikel behandeln „Sachthemen" (von „Akademie" bis „Wirtschaftskunde"), aber auch „Personen" (von „Agricola, Georg" bis „Wimpfeling, Jakob") und „Orte" (von „Augsburg" bis „Wien") und beziehen außer Italien vor allem Deutschland,

Frankreich und England ein. Die Aufgabe ist jedes Mal, die Einwirkung der Antike zu bestimmen. In unserem Zusammenhang interessiert naturgemäß nicht der unmittelbare faktische Ertrag der einzelnen Artikel, sondern lediglich die Frage, was dieses Lexikon, über die Bereitstellung konkreten Detailwissens hinaus, zur Problematik des Humanismus insgesamt beiträgt. Die Antwort muss uneinheitlich ausfallen und entspricht damit ziemlich genau dem gegenwärtigen Stand der Diskussion.

„Renaissance-Humanismus" und „mittelalterlicher Humanismus"

Eingesetzt werden soll bei dem titelgebenden Doppelbegriff „Renaissance-Humanismus". Er dient offensichtlich zunächst zur Unterscheidung von anderen „Humanismen". Der Herausgeber hebt die so bezeichnete „neue Bewegung" eingangs „von dem [...] mittelalterlichen [...] Humanismus" ab [ebd., IX] und lässt keinen Zweifel daran, dass zwischen beiden eine qualitative Differenz bestand. Andererseits muss es dabei bleiben, dass die Verwendung eines übergreifenden Humanismus-Begriffs doch wiederum leicht zu einer Verwischung der Grenzen führen kann. Auch dieses Lexikon ist davon im Einzelnen nicht ganz frei. Man nehme etwa den Artikel „Philologie" von Nikolaus Thurn, der eine lediglich quantitativ abgestufte Kontinuitätsgeschichte vom Hochmittelalter bis zum 19. Jahrhundert erzählt; der leitende Gedanke ist die fortgesetzte Vermehrung und Publizierung des antiken Textbestandes, der mit einer stetigen Perfektionierung der Editionspraxis einherging; großer Wert wird dabei auf technische Gegebenheiten wie den Buchdruck und den Zustand des „Postweges" gelegt, von dem die „Kollationierung von Mss." abhing [ebd., 744]. Das Ganze wirkt wie eine Abbreviatur positivistischer Darstellungen aus früheren Zeiten, etwa von Conrad Bursian [48: C. Bursian, Geschichte] oder von Alfred Gudeman [100: A. Gudeman, Grundriss]: nützliches Datenmaterial ohne rechte historische Einordnung. Der spezifische Status der humanistischen Philologie ist einer solchen Betrachtungsweise allenfalls sehr indirekt zugänglich.

Unterscheidung von Renaissance und Humanismus

Der Doppelbegriff „Renaissance-Humanismus" hat aber noch eine andere Bedeutung, die für die Anlage dieses Lexikons, insgesamt gesehen, viel mehr ins Gewicht fällt. Er setzt nämlich voraus, dass Renaissance und Humanismus zwar zusammengehören, aber nicht dasselbe sind: eine keineswegs neue Erkenntnis, die aber immer wieder, teilweise auch in diesem Band, in Vergessenheit gerät oder überhaupt nicht ins Bewusstsein dringt. Der Herausgeber versteht einleitend unter „Renaissance" eine bestimmte Epoche der okzidentalen Geschichte. Ihr Kennzeichen ist für ihn nicht, entgegen einer früheren und immer noch verbreiteten Auffassung, die „Wiedergeburt" der Antike, sondern der politische Prozess, der sich in dieser Zeit vollzieht: „von der Mitte des 14. Jh.s (mit der Entstehung einer pluralen politischen Ordnung im Zuge der Auflösung der mittelalterlichen Universalmonarchie) bis zur ersten Hälfte des 17. Jh.s (mit der Entstehung des Absolutismus)" [267: RENAISSANCE-HUMANISMUS, IX]. Dieser „politischen Epoche" steht der „Humanismus" gegenüber: eine „Kulturbewegung", die in allem auf die „Rezeption der Antike, primär der paganen Antike" gerichtet war. Er heißt „Renaissance-Humanismus", weil er „weitgehend" mit der Renaissance-Epoche zusammenfiel. Mit diesen Bestimmungen knüpft LANDFESTER an ebenso vertraute wie bewährte Ansätze an; die Definition der Renaissance als einer „politischen Epoche" erinnert direkt an JOACHIMSEN.

Mangelnde Vermittlung

Andererseits lassen sich, gemessen an den bisherigen Standards, wiederum gewisse Defizite nicht übersehen. Anstößig ist zunächst, dass mit der Separierung des „politischen" und des „kulturellen" Bereichs das BURCKHARDT'sche Modell einer auch die politische Sphäre umschließenden „Kultur der Renaissance" verlorengeht. Jedenfalls mangelt es an einem Begriff, um die Einheit des Ganzen zu bezeichnen, die BURCKHARDT und seine „Schüler" so schlüssig konzipiert und ausgearbeitet haben. Zur terminologischen Separierung kommt die Trennung in der Sache. Die „politische Epoche" und die „Kulturbewegung" treten nämlich im Fortgang der Einleitung kaum in Beziehung, außer dass sie zeitlich koinzidieren. Ein Hinweis, dass sich „die ital. Städte" zu „den ersten Hochburgen des Humanismus" entwickelt hätten, bleibt ganz äußerlich; warum Florenz den Anfang gemacht habe, das „Potential" der Antike „für die Gegenwart" zu entdecken, wird auch nicht andeutungsweise erläutert [ebd. X]. Umso bemerkenswerter scheint es dem Autor, „dass die in Italien ausgefochtenen franz.-span. Hegemonialkämpfe [...] die Entwicklung des Humanismus nicht nachhaltig" beeinträchtigt hätten [ebd., XI]. Danach fällt über die politischen Zustände kein Wort mehr. Dem Humanismus ist damit die Basis weggebrochen.

Gegenbeispiele

Zu dieser einleitend vorgetragenen Sichtweise gibt es freilich unter den Artikeln durchaus Gegenbeispiele. LANDFESTER selbst bringt in seinem „Rom"-Artikel die „große Verstrickung des Papsttums in die weltl.-polit. Geschichte und seine innere Verweltlichung durch den Hum." zusammen [ebd., 847]; andere Städte-Artikel stellen gleiche Zusammenhänge her. Der Artikel „Politischer Humanismus" von Thomas MAISSEN, einer der lesenswertesten des ganzen Bandes, behandelt sein spezielles Thema im Rahmen „der umfassenden hum. Bildungsbewegung", die wiederum auf „Herausforderungen durch ethisch-pol. Praxis" reagierte [ebd., 778]. Der Autor lässt den Humanismus im

„Umfeld" der italienischen „Renaissance" entstehen, die er ganz im Sinne BURCKHARDTS zunächst mit der faktischen Verselbständigung italienischer „Kommunen" und „signori" identifiziert: „Dieser Konflikt war konfliktträchtig und legitimationsbedürftig", und es wurde Sache der Humanisten, dieses Bedürfnis zu befriedigen [ebd.], sei es im republikanischen oder im fürstlichen Sinne; in Florenz lösten sich, je nach Machtlage, beide Positionen ab [ebd., 781 f.]. Im 16. Jahrhundert sah sich der Humanismus mit der „Erfahrung der relig. Bürgerkriege" und mit „einem monarchischen, entpersönlichten Machtapparat" konfrontiert, der eine „auf Selbsterhalt und das Überleben der Untertanen sichernde Gestaltungsmacht" beanspruchte [ebd., 786]. Der „politische Humanismus" war in allem nur die Speerspitze der von der ganzen Bewegung getragenen Reaktion.

Gesamteindruck

Die Regel ist, dass man die Renaissance im einleitend skizzierten Sinne zwar wohl als allgemeinen Rahmen für das je eigene Stichwort akzeptiert, aber ohne daraus weitergehende Schlüsse zu ziehen; das ist gewiss, wenigstens teilweise, auch dem offensichtlichen Zwang zuzuschreiben, die einzelnen Lemmata in relativer Kürze abzuhandeln und dabei das anscheinend für selbstverständlich Gehaltene wegzulassen, kann aber auch einer faktischen Verengung der Perspektive Vorschub leisten.

Grundbestimmung des Humanismus

Als ähnlich zwiespältig erweist sich aber auch der Humanismus-Begriff, der diesem Lexikon zugrundeliegt. LANDFESTER gibt auch hier in der Einleitung die Richtung vor und fasst dabei, beginnend mit der Grundbestimmung als „Rezeption der Antike", in vielem sehr treffend das in der bisherigen Forschung Wissenswerte zusammen. Scharf gesehen sind vor allem die Unterschiede zwischen dem „Humanismus der Früh-und Hochrenaissance (um 1340/1400 bis um 1550)" und dem „Humanismus der Spätrenaissance (um 1550–1600/1630)" [ebd., X ff.]: „Diese Periode des Humanismus war v. a. durch die Konfessionalisierung bestimmt, dann – gegenläufig zur Konfessionalisierung – durch die einsetzende Emanzipation der Wissenschaften von dem Buchwissen der Antike im Namen von Empirie und Vernunft" [ebd., XI]; allenfalls wäre zu bemerken, dass diese „Emanzipation" noch lange vom „Buchwissen der Antike" begleitet war und insoweit die „Perspektive des Geltungsverlustes des antiken Wissens" [ebd., X] sich im allgemeinen Bewusstsein der Zeitgenossen erst verhältnismäßig spät einstellte.

Entgrenzung des Begriffs

Zu kritisieren ist aber eine bisher eher unübliche Entgrenzung des Begriffs. Die „humanistische Kulturbewegung" soll laut LANDFESTER „alle Bereiche der Kultur" erfassen, „die durch die Rezeption der Antike [...] bestimmt waren", „beschränkt sich also nicht auf die Bildungsbewegung“ [ebd., IX], sondern erstreckt sich gleichermaßen auf alle Abteilungen der Literatur und der bildenden Kunst, d. h. auf die Gesamtheit im engeren Sinne „kultureller“ Hervorbringungen. Die Lemmata, sei es zu „Sachthemen“ oder „Personen“ und „Orten“, tragen dem Rechnung. Neben Artikeln zur „Altertumskunde“ oder „Bildung“, die sich dem traditionellen Humanismus-Verständnis zuordnen lassen, gibt es Beiträge zum „Drama“ oder zum „Roman“. Mit großer Breite sind Stichworte zur bildenden Kunst erfasst: von der „Architektur“ über den „Kirchenbau“ bis zur „Skulptur und Plastik“. Unter den behandelten Literaten finden sich nicht nur Autoren wie Petrarca oder Erasmus, sondern auch Machiavelli und Shakespeare. Die Palette der bildenden Künstler lässt, von Botticelli und Bramante über Dürer und Leonardo da Vinci bis zu Michelangelo und Palladio, keinen berühmten Namen aus. Einzelne Orte wie Florenz erscheinen jeweils als Vereinigungspunkt verschiedenster literarischer und künstlerischer Bestrebungen und damit als eine Art „Gesamtkunstwerk“, in dem sich der Humanismus als Ganzes zur Darstellung bringt.

Gründe und Gegengründe

Gewiss lassen sich für diese universale Sicht auch Gründe anführen. Es besteht durchaus immer noch Anlass, eine allzu enge Fassung des Humanismus-Begriffs zu verwerfen. Bestes Beispiel ist die Reduzierung auf Pädagogik und Schule, die von NIETHAMMER bis zu KRISTELLER im Schwange war. Sofern LANDFESTER mit seiner Transzendierung des Humanismus als „Bildungsbewegung“ dagegen angeht, ist ihm zuzustimmen. Es ist weiterhin unleugbar, dass die „Rezeption der Antike“ in der Renaissance alle Bereiche von Literatur und Kunst (wie übrigens auch den staatlich-politischen Bereich) durchdrungen hat und dass es dabei zwischen den einzelnen Bereichen eine Fülle von Wechselbeziehungen gegeben hat. Es ist aber ebenso unleugbar, dass sie primär Aufgabe jener „Poeten-Philologen“ war, „welche das hochverehrte Altertum mit der Gegenwart vermittelten“ [33: J. BURCKHARDT, Kultur, 149 u. 201]. Sie versahen, indem sie die Überreste, vorab die erreichbaren Texte der Antike eruierten, reinigten, kommentierten und nachahmten, eine Schlüsselfunktion für die gesamte literarische, künstlerische und politisch-soziale Welt ihrer Zeit, die jeweils an dieser „Vorarbeit“ Bedarf hatte oder vielmehr erst durch das ihr zugewachsene Prestige dazu motiviert worden war. Der Humanismus-Begriff mitsamt seinen Konnotationen sollte für diese Gruppe und ihre Aktivitäten reserviert bleiben. Die weitere „Rezeption der Antike“ war in einem doppelten Sinne sekundär: einmal, weil sie sich im Nachhinein des von den Humanisten vermittelten Wissens bediente, und zum andern, weil sie sich dabei auf ästhetische und praktische Ziele oder Bedürfnisse bezog, die unmittelbar der Gegenwart angehörten. Sie förderte oder entband jeweils eigene produktive Energien. Natürlich darf man hier keine starren Grenzen ziehen. Mancher war beides oder erfuhr den Übergang von der einen zur anderen Sphäre an sich selbst. Das ändert aber nichts daran, dass es zwischen ihnen eine prinzipielle Differenz gab. Sie sollte terminologisch nicht verwischt werden. Sofern es hier eines Oberbegriffs bedarf, steht er mit der Burckhardt'schen „Kultur der Renaissance" zur Verfügung.

Machiavelli

Zur Verdeutlichung sei Machiavelli angeführt, dem, wie gesagt, in diesem Lexikon ein Artikel gewidmet ist. Er stammt von Dirk Hoeges, der dabei aus eigener Forschung schöpft; sie umfasst kommentierte Ausgaben einzelner Schriften, des „Castruccio Castracani" und zumal des dichterischen Werkes, sowie eine Reihe einschlägiger Abhandlungen [Nachweise: 267: Renaissance-Humanismus, 591]. Für Hoeges ist Machiavelli, gemäß der Konzeption des Lexikons, ein Humanist. „Seine Laufbahn [gleicht] den Biographien großer ital. Humanisten im Quattro-und Cinquecento" wie z. B. von Marsilio Ficino, die ihren „Karriereweg" einer an der Antike geschulten „Beherrschung der Sprache in Wort und Schrift" verdankt hätten. Hoeges sucht diese „schöpferische Rezeption von griech. und röm. Literatur" im Gesamtwerk von Machiavelli nachzuweisen. Der Dichter „adaptierte" Plautus, Terenz, Tibull und Ovid, der politische Schriftsteller Xenophon, Aristoteles, Cicero und Livius. Der „Principe", auf den der Artikel zuläuft, war „in Komposition, Stil und Sprache ein Meisterwerk an der röm. Antike geschulter Rhetorik und Dialektik"; auch „inhaltlich" sei für ihn „der Antike-Bezug konstitutiv": „die Hälfte der Fallbeispiele ist antiker Herkunft". Zusammenfassend heißt es: „Rhetorik, Literatur und Geschichte, die studia humanitatis, prägten M.s Schriften wie generell die Literatur des Ren.-Hum." [ebd., 590 f.].

Die Antike als Arsenal

Aber humanistische Schulung, „Adaptierung" klassischer Autoren, gewandter Umgang mit den „studia humanitatis" machten aus Machiavelli noch keinen Humanisten; das alles stand bei ihm vielmehr im Dienst von Bestrebungen, die jenseits des Humanismus lagen. Machiavelli war ein „homo politicus" im eminentesten Sinne; sein Handeln und Denken kreiste unablässig um den Staat, den er aus der Anschauung des italienischen Renaissance-Staates heraus als Machtstaat verstand; er wurde so zum Entdecker der „Autonomie der Politik, die ihre eigenen zwingenden Gesetze hat", und damit „des Nützlichen" im menschlichen Leben überhaupt: „ein tief philosophischer Gedanke, ja die eigentliche Begründung einer Philosophie der Politik" [58: B. Croce, Grundlagen, 6 u. 34 f., 224; U. Muhlack, Recht, 34 u. 36].

Das von den Humanisten Erlernte benutzte er als Arsenal, dem er entnahm, was er zur Begründung oder Illustrierung dieser „Philosophie“ verwenden konnte. Wie er dabei verfuhr, zeigen beispielhaft die „Discorsi“ über Livius; der römische Autor lieferte lediglich Stichworte für völlig eigenständige Reflexionen, die zugleich immer wieder auch auf zeitgenössische Erfahrungen rekurrierten [184: N. Machiavelli, Betrachtungen]. Auch im „Principe“ war die Antike weder in formaler noch in inhaltlicher Hinsicht „konstitutiv“, sondern der neuen „Philosophie der Politik“ nachgeordnet. Von Gleichheit mit einem genuin humanistischen Autor wie Ficino kann mithin keine Rede sein; man braucht nur den Ficino-Artikel von Maria-Christine Leitgeb zu lesen, um den grundlegenden Unterschied zwischen dem Erneuerer der Platonischen Philosophie und dem Begründer des modernen politischen Denkens zu ermessen. Zu verweisen ist auch auf Thomas Maissen, der in seinem schon erwähnten Artikel „Politischer Humanismus“ Machiavelli immerhin von den „früheren Humanisten“ abhebt, und zwar mit Argumenten, die ihn tatsächlich aus dem Humanismus herausfallen lassen [267: Renaissance-Humanismus, 782 ff.]. Der Bodin-Artikel desselben Verfassers hat die gleiche Tendenz; freilich hat Bodin seine Laufbahn durchaus als veritabler Humanist begonnen und erst unter dem fortgesetzten Eindruck der französischen Religionskriege sein neues Konzept der Souveränität entwickelt.

Die bildende Kunst

Eine gleichsam aparte Stellung nimmt in diesem Lexikon die bildende Kunst ein. Es ist kennzeichnend, dass der Herausgeber sie einleitend, bevor er sich dem Humanismus, wie er ihn versteht, im allgemeinen zuwendet, als eigenen Bereich mit spezifischer „Binnengliederung“ einführt, auf den er übrigens umstandslos und in Übereinstimmung mit der ältesten Tradition den vorher von ihm doch politisch verstandenen Renaissance-Begriff anwendet [ebd., X]. In der Tat: Die augenscheinliche Eigenständigkeit von Architekten, Bildhauern und Malern steht einer Gleichschaltung mit den „Poeten-Philologen“ unter dem gemeinsamen Dach des Humanismus entgegen. Michelangelo war so wenig Humanist wie Machiavelli; der instruktive Artikel von Maria-Christina Leitgeb mag das bestätigen. Generell versteht sich, dass der außerordentliche Informationswert der kunstgeschichtlichen Artikel von der terminologischen Problematik, die hier im Vordergrund steht, unberührt bleibt. Andererseits wirkt es disproportional, wenn in dem Florenz-Artikel von Andrea M. Galdy der „eigentliche“ Humanismus gegenüber der bildenden Kunst kaum noch zur Geltung kommt.

Gravierend ist schließlich, dass das Lexikon die vielleicht größte „Errungenschaft“ des Humanismus fast vollständig ausblendet: die „Erfindung“ des historischen Denkens, die sich aus der Erfahrung des zeitlichen Abstands zur Antike ergab. LANDFESTER führt einleitend die „Rückwendung zur Antike im Sinne eines Ad fontes!“ als eines der Leitmotive des ganzen Bandes an. Aber sie interessiert ihn lediglich „als Wahrheitskriterium aus Misstrauen und Abneigung gegen alles Mittelalterliche“ [ebd., XII], und diese normative Sicht dominiert auch in der Folge. Die historische Dimension der „Rückwendung“ wird nirgends systematisch reflektiert, geschweige denn, dass ihre Tragweite bewusst gemacht worden wäre. Ein Artikel „Geschichte“, der die Möglichkeit dazu hätte bieten können, fehlt. Die Artikel „Philologie“ und „Historiographie“ geben dazu nichts her. Der Artikel „Historienmalerei“ handelt immerhin vom „Geschichtsverständnis“ der Historienmaler mit einem Seitenblick auf Leonardo Brunis „Florentinische Geschichte“ [ebd., 429 ff.]. In seinem eigenen Artikel (von Frank BEZNER) fungiert Bruni mit diesem Werk als Beispiel für die „Rekonstruktion der ant. Welt und die dafür konstitutive philol.-hum. Mentalität“, verfolgt dabei aber lediglich „ideologische“ Ziele; die aus seinem „Wahrheitsanspruch“ resultierenden umfassenden Quellenstudien sind in diesen Rahmen gebannt [ebd., 202]. Wohlgemerkt: Die „ideologische“ Zielsetzung Brunis, wie immer man sie im Einzelnen bestimmen mag, steht hier nicht in Frage; was vermisst wird, ist die „historische“ Seite der Medaille.

Ausblendung des humanistischen „Geschichtssinns“

Alles in allem genommen, zeigt sich bei der Durchsicht dieses Lexikons einmal mehr, dass es auch in den Forschungen zu Renaissance und Humanismus keine lineare Fortschrittsgeschichte gibt und dass das nicht allein an den unendlich variablen Erkenntnisinteressen liegt, sondern auch daran, dass schon errungenes und gesichertes Wissen im Laufe der Zeit verblassen oder sogar ganz verlorengehen kann. Erneut wird damit deutlich, dass es manchmal dringend geboten sein kann, einer solchen Tendenz entgegenzuwirken.

Verschlungene Wege der Forschung

Bibliographie

1. G. Almási, Humanisten bei Hof. Öffentliche Selbstdarstellung und Karrieremuster, in: Funktionen des Humanismus, 155–165.
2. Die Antike-Rezeption in den Wissenschaften während der Renaissance, hrsg. v. A. Buck u. Kl. Heitmann (DFG. Mitteilungen der Kommission für Humanismusforschung, Bd. 10), Weinheim 1983.
3. H. Baron, Bürgersinn und Humanismus im Florenz der Renaissance (Kleine Kulturwissenschaftliche Bibliothek, Bd., 38), Berlin 1992.
4. H. Baron, Fifteenth-Century Civilisation and the Renaissance, in: The New Cambridge Modern History, Bd. 1, Cambridge 1971, 50–75.
5. H. Baron, The Crisis of the Early Italian Renaissance. Civic Humanism and Republican Liberty in an age of Classicism and Tyranny, 2 Bde., Princeton 1955; 2. Aufl. Princeton 1966.
6. H. Baron, Politische Einheit und Mannigfaltigkeit in der italienischen Renaissance und in der Geschichte der Neuzeit, in: Zu Begriff und Problem der Renaissance, 180–211; zuerst: Articulation and Unity in the Italian Renaissance and in the Modern West, in: Annual Report oft the American Historical Association for 1942, Bd. 3, 123–138.
7. H. Baron, Das Erwachen des historischen Denkens im Humanismus des Quattrocento, in: Ders., Bürgersinn, 27–40; zuerst in: Historische Zeitschrift, Bd. 147, 1933, 5–20.
8. H. Baron, Der Hintergrund der Frührenaissance in Florenz, in: Ders., Bürgersinn, 11–26; zuerst: The Historical Background of the Florentine Renaissance, in: History, Bd. 22, 1938, 315–327.
9. Zu Begriff und Problem der Renaissance, hrsg. v. A. Buck (Wege der Forschung, Bd. 204), Darmstadt 1969.
10. Beiträge zum Verständnis der Germania des Tacitus, Bd. 1, hrsg. v. H. Jankuhn u. D. Timpe (Abhandlungen der Akademie der Wissenschaften in Göttingen. Philologisch-Historische Klasse, Dritte Folge, Bd. 175), Göttingen 1989.
11. L. Bertalot, Studien zum italienischen und deutschen Huma-

nismus, hrsg. v. P. O. KRISTELLER, 2 Bde. (Storia e Letteratura, Bd. 129/30), Rom 1975.

12. Bild und Botschaft. Cranach im Dienst von Hof und Reformation, hrsg. v. d. Stiftung Schloss Friedenstein Gotha u. d. Museumslandschaft Hessen Kassel, Heidelberg 2015.
13. G. BLUM, Giorgio Vasari. Der Erfinder der Renaissance. Eine Biographie, München 2011.
14. B. BÖCKEM, Der frühe Dürer und Italien. Italienerfahrung und Mobilitätsprozesse um 1500, in: Der frühe Dürer, 52–64.
15. H. BOOCKMANN, Deutsche Geschichte im Osten Europas: Ost-und Westpreußen, Berlin 1992.
16. K. BRANDI, Ausgewählte Aufsätze. Als Festgabe zum 70. Geburtstag am 20. Mai 1938. Dargebracht von seinen Schülern und Freunden, Oldenburg i. O. u. Berlin 1938.
17. K. BRANDI, Deutsche Geschichte im Zeitalter der Reformation und Gegenreformation, München 1960.
18. K. BRANDI, Vom Mittelalter zur Reformation, in: DERS. Ausgewählte Aufsätze, 305–317; zuerst in: Göttingische Gelehrte Anzeigen, Bd. 185, 1923, 187–198.
19. K. BRANDI, Renaissance, in: Ullsteins Weltgeschichte, hrsg. v. J. v. PFLUGK-HARTTUNG, Bd. 4, Berlin 1907, 117–187.
20. K. BRANDI, Die Renaissance, in: W. GOETZ u. a., Das Zeitalter, 155–276.
21. K. BRANDI, Die Renaissance in Florenz und Rom. Acht Vorträge, 7. Aufl. Leipzig 1927.
22. K. BRANDI, Renaissance und Reformation, in: DERS., Ausgewählte Aufsätze, 348–354; zuerst in: Menschen, die Geschichte machten, 2. Aufl., hrsg. v. P. R. ROHDEN, Bd. 2, Wien 1932, 1–8.
23. K. BRANDI, Das Werden der Renaisance, in: DERS., Ausgewählte Aufsätze, 279–304; zuerst: 2. Aufl. Göttingen 1910.
24. H. BREDEKAMP, Herrscher und Künstler in der Renaissance Ostmitteleuropas, in: Diffusion des Humanismus, 250–280.
25. Briefwechsel des BEATUS RHENANUS, hrsg. v. A. HORAWITZ u. K. HARTFELDER, Leipzig 1886 (ND Hildesheim 1966).
26. L. BRUNI ARETINO, Humanistisch-philosophische Schriften. Mit einer Chronologie seiner Werke und Briefe, hrsg. v. H. BARON (Quellen zur Geistesgeschichte des Mittelalters und der Renaissance, Bd. 1), Leipzig u. Berlin 1928 (ND Wiesbaden 1969).
27. A. BUCK, Zu Begriff und Problem der Renaissance. Eine Einleitung, in: Zu Begriff und Problem der Renaissance, 1–36.
28. A. BUCK, Das Geschichtsdenken der Renaissance (Schriften und

Vorträge des Petrarca-Instituts Köln, Bd. 9), Krefeld 1957.

29. A. Buck, Humanismus. Seine europäische Entwicklung in Dokumenten und Darstellungen (Orbis academicus, Bd. 1.16), Freiburg u. München 1987.
30. J. Burckhardt, Weltgeschichtliche Betrachtungen. Über geschichtliches Studium (dtv, Bd. 680), München 1978.
31. J. Burckhardt, Die Cultur der Renaissance in Italien. Ein Versuch, 3. Aufl. v. L. Geiger, 2 Bde., Leipzig 1877/78.
32. J. Burckhardt, Historische Fragmente, hrsg. v. E. Dürr, Stuttgart 1957.
33. J. Burckhardt, Die Kultur der Renaissance in Italien, hrsg. v. H. Günther (Bibliothek der Geschichte und Politik, Bd. 8), Frankfurt am Main 1989.
34. J. Burckhardt, Die Kultur der Renaissance in Italien. Ein Versuch, hrsg. v. W. Goetz (Kröners Taschenausgabe, Bd. 53), Stuttgart 1966.
35. J. Burckhardt, Neuere Kunst um 1550, hrsg. v. E. Mongi-Vollmer u. W. Schlink (Ders., Werke. Kritische Gesamtausgabe, Bd. 18), München 2006.
36. J. Burckhardt, Die Kunst der Renaissance, Bd. 1, hrsg. v. M. Ghelardi u. a. (Ders., Werke. Kritische Gesamtausgabe, Bd. 11), München 2006.
37. J. Burckhardt, Über das Studium der Geschichte. Der Text der „Weltgeschichtlichen Betrachtungen“ auf Grund der Vorarbeiten v. E. Ziegler nach den Handschriften hrsg. v. P. Ganz, München 1982.
38. K. Burdach, Dante und das Problem der Renaissance, in: Deutsche Rundschau, Bd. 50, 1924, 129–154 u. 260–277.
39. K. Burdach, Die seelischen und geistigen Quellen der Renaissancebewegung, in: Historische Zeitschrift, Bd. 149, 1934, 477–521.
40. K. Burdach, Reformation. Renaissance. Humanismus. Zwei Abhandlungen über die Grundlage moderner Bildung und Sprachkunst, 3. Aufl. Darmstadt 1963.
41. K. Burdach, Deutsche Renaissance. Betrachtungen über unsere künftige Bildung, 2. Aufl. Berlin 1917 (ND Berlin 1920).
42. K. Burdach, Sinn und Ursprung der Worte Renaissance und Reformation, in: Ders., Reformation, 1–84; zuerst in: Sitzungsberichte der Berliner Akademie. Philologisch-Historische Klasse, 1910, 594–646.
43. K. Burdach, Über den Ursprung des Humanismus, in: Ders., Re-

formation, 85–207; zuerst in: Deutsche Rundschau, Bd. 40, 1914, Heft 5, 191–213, Heft 6, 369–385 u. Heft 7, 66–83.

44. P. BURKE, Die Renaissance, 5. Aufl. Berlin 2009.
45. P. BURKE, The Italian Renaissance. Culture and Society in Italy, 3. Aufl. Cambridge 2014.
46. P. BURKE, Die Renaissance in Italien. Sozialgeschichte einer Kultur zwischen Tradition und Erfindung, Berlin 1996.
47. P. BURKE, Die europäische Renaissance. Zentren und Peripherien (Beck'sche Reihe, Bd. 1626), 2. Aufl. München 2012.
48. C. BURSIAN, Geschichte der classischen Philologie in Deutschland von den Anfängen bis zur Gegenwart (Geschichte der Wissenschaften in Deutschland. Neuere Zeit, Bd. 19), München u. Leipzig 1883 (ND New York u. London 1965).
49. G. BUZÁS, The Hercules Fountain of Giovanni Dalmata in the Royal Palace of Visegrád, Budapest u. Visegrád 2001.
50. H. CANCIK, Europa-Antike-Humanismus. Humanistische Versuche und Vorarbeiten, hrsg. v. H. CANCIK-LINDEMAIER (Der Mensch im Netz der Kulturen. Humanismus in der Epoche der Globalisierung, Bd., 7), Bielefeld 2011.
51. E. CASSIRER, Einige Bemerkungen zur Frage der Eigenständigkeit der Renaissance, in: Zu Begriff und Problem der Renaissance, 212–221; zuerst: Some remarks on the question of the originality of the Renaissance, in: Journal of the History of Ideas, Bd. 4, 1943, 49–56.
52. K. CELTIS, Oratio in Gymnasio in Ingelstadio publice recitata, in: Humanismus und Renaissance in den deutschen Städten, 226–238.
53. O. CLAVUOT, Flavio Biondos Italia illustrata. Porträt und historisch-geographische Legitimation der humanistischen Elite Italiens, in: Diffusion des Humanismus, 55–76.
54. FR. COLLARD, Paulus Aemilius' De rebus gestis Francorum. Diffusion und Rezeption eines humanistischen Geschichtswerks in Frankreich, in: Diffusion des Humanismus, 377–397.
55. Cranach der Ältere, hrsg. v. B. BRINKMANN, Frankfurt am Main 2007.
56. Cranach, Luther und die Bildnisse, hrsg. v. G. SCHUCKARDT, Regensburg 2015.
57. Cranach in Weimar, hrsg. v. W. HOLLER u. K. KOLB, Dresden u. Weimar 2015.
58. B. CROCE, Grundlagen der Politik, München 1924.
59. B. CROCE, Zur Theorie und Geschichte der Historiographie, Tübingen 1915.

60. E. R. CURTIUS, Europäische Literatur und lateinisches Mittelalter, 6. Aufl. Bern u. München 1967.
61. Diffusion des Humanismus. Studien zur nationalen Geschichtsschreibung europäischer Humanisten, hrsg. v. J. HELMRATH u. a, Göttingen 2002.
62. S. DOHE, Aemulatio, Anspruch und Austausch. Cranachs Kunst im höfischen Dienst, in: Bild und Botschaft, 43–50.
63. Albrecht Dürer. 1471. 1971, München 1971.
64. Albrecht Dürer. Kunst im Übergang, hrsg. v. M. MAAS, Darmstadt 2016.
65. Der frühe Dürer, hrsg. v. D. HESS u. TH. ESER, Nürnberg 2012.
66. Dürer. Kunst-Künstler-Kontext, hrsg. v. J. SANDER, München-London-New York 2013.
67. Dürer-Cranach-Holbein. Die Entdeckung des Menschen: Das deutsche Porträt um 1500, hrsg. v. S. HAAG u. a., München 2011.
68. G. A. EAKIN-THIMME, Geschichte im Exil. Deutschsprachige Historiker nach 1933 (Forum Deutsche Geschichte, Bd., 8), München 2005.
69. B. ECLERCY, Exempla der maniera. Perino, Pontormo und das Martyrium der Zehntausend, in: Maniera, 32–41.
70. Edition GIORGIO VASARI. Die Lebensbeschreibungen der berühmtesten Maler, Bildhauer und Architekten, hrsg. v. A. NOVA, 45 Bde., Berlin 2004–2015.
71. J. ENGEL, Von der spätmittelalterlichen respublica christiana zum Mächte-Europa der Neuzeit, in: Handbuch der europäischen Geschichte, hrsg. v. Th. SCHIEDER, Bd. 3, Stuttgart 1971, 1–443.
72. Epistulae BEATI RHENANI. La Correspondance latine et grecque de Beatus Rhenanus de Sélestat. Edition critique raisonné avec traduction et commentaire, Bd. 1 (1506–1517), hrsg. v. J. HIRSTEIN (Studia humanitatis Rhenana, Bd. 3), Turnhout 2013.
73. H. W. EPPELSHEIMER, Das Renaissance-Problem, in: Zu Begriff und Problem der Renaissance, 96–121, zuerst in: Deutsche Vierteljahrsschrift für Literaturwissenschaft und Geistesgeschichte, Bd. 11, 1933, 477–500.
74. ERASMUS VON ROTTERDAM, Institutio Principis Christiani, in: DERS., Schriften, Bd. 5, 111–357.
75. ERASMUS VON ROTTERDAM, Querela Pacis, in: DERS., Schriften, Bd. 5, 359–451.
76. ERASMUS VON ROTTERDAM, Ausgewählte Schriften, hrsg, v. W. WELZIG, 8 Bde., Darmstadt 1967–1980.
77. M. EVANS, „Die Italiener, sonst so ruhmsüchtig, bieten Dir die

Hand". Lucas Cranach und die Kunst des Humanismus, in: Cranach de Ältere, 49–60.

78. W. K. FERGUSON, The Interpretation of Italian Humanism: The Contribution of Hans Baron, in: DERS., Renaissance Studies, 111–121; zuerst in: Journal of the History of Ideas, Bd. 19, 1958, 14–25.
79. W. K. FERGUSON, The Interpretation of the Renaissance. Suggestions for a synthesis, in: DERS., Renaissance Studies, 125–135; zuerst in: Journal of the History of Ideas, Bd. 12, 1951, 483–495.
80. W. K. FERGUSON, The Renaissance in Historical Thought. Five Centuries of Interpretation, Boston 1948 (ND New York 1981).
81. W. K. FERGUSON, Renaissance Studies, New York 1963.
82. W. K. FERGUSON, Toward the Modern State, in: DERS., Renaissance Studies, 137–153; zuerst in: The Renaissance: A Symposium, New York 1953.
83. S. FESER, Giorgio Vasari: Maler, Architekt, Kunstschriftsteller und Hofmann, in: G. VASARI, Kunstgeschichte, 11–21.
84. E. FÜGEDI, Das Königreich Ungarn (1458–1541), in: Schallaburg '82, 17–32.
85. Funktionen des Humanismus. Studien zum Nutzen des Neuen in der humanistischen Kultur, hrsg. v. Th. MAISSEN u. G. WALTHER, Göttingen 2006.
86. J. GADOL, Die Einheit der Renaissance: Humanismus, Naturwissenschaft und Kunst, in: Zu Begriff und Problem der Renaissance, 395–426; zuerst: Humanism, Natural Science and Art, in: From the Renaissance to the Counter-Reformation. Essays in Honor of G. Mattingly, hrsg. v. Ch. H. CARTER, New York 1965, 29–55.
87. Kl. GARBER, Versunkene Monumentalität. Das Werk Konrad Burdachs, in: Kulturwissenschaftler des 20. Jahrhunderts, 109–157.
88. E. GARIN, Der Begriff der Geschichte in der Philosophie der Renaissance, in: Zu Begriff und Problem der Renaissance, 245–262; zuerst: Il concetto della storia nel pensiero del Rinascimento, in: Rivista critica della storia della filosofia, Bd. 6, 1951, 108–118.
89. E. GARIN, Die Kultur der Renaissance, in: G. MANN u. a., Weltkulturen, 429–534.
90. Fr. GAUSE, Die Geschichte der Stadt Königsberg in Preußen, 3 Bde. (Ostmitteleuropa in Vergangenheit und Gegenwart, Bd. 10/1–3), Köln u. Graz 1965–1971.
91. L. GEIGER, Renaissance und Humanismus in Italien und Deutschland (Allgemeine Geschichte in Einzeldarstellungen, Bd. II 8),

Berlin 1882.
92. U. GOERLITZ, Literarische Konstruktion (vor-)nationaler Identität seit dem Annolied. Analyse und Interpretationen zur deutschen Literatur des Mittelalters (11.–16. Jahrhundert) (Quellen und Forschungen zur Literatur- und Kulturgeschichte, Bd. 45), Berlin u. New York 2007.
93. W. GOETZ, Der Ausgang des Mittelalters, in: DERS. u. a., Das Zeitalter, XIX–XXVIII.
94. W. GOETZ, Deutschland vom 13. bis 16. Jahrhundert, in: DERS. u. a., Das Zeitalter, 393–454.
95. W. GOETZ, Italien im Mittelalter, 2 Bde., Leipzig 1942.
96. W. GOETZ, Mittelalter und Renaissance, in: DERS., Italien, Bd. 2, 146–173; zuerst in: Historische Zeitschrift, Bd. 98, 1907, 30–54.
97. W. GOETZ, Renaissance und Antike, in: DERS., Italien, Bd. 2, 174–204; zuerst in: Historische Zeitschrift, Bd. 113, 1914, 237–259.
98. W. GOETZ u. a., Das Zeitalter der Gotik und Renaissance 1250–1500 (Propyläen-Weltgeschichte, hrsg. v. DEMS., Bd. 4), Berlin 1932.
99. Fr. W. GRAF, Tagtraum vom Bürgerhumanismus. Aus Liebe zum Vaterland: Die Geschichtsbilder des deutschen Juden Hans Baron, in: Frankfurter Allgemeine Zeitung, 24. Juni 2000, Nr. 144, IV.
100. A. GUDEMAN, Grundriß der Geschichte der klassischen Philologie, 2. Aufl. Leipzig u. Berlin 1909 (ND Darmstadt 1967).
101. Fr. GUNDOLF, Caesar. Geschichte seines Ruhms, 2. Aufl. Berlin 1925.
102. K. HAGEN, Deutschlands literarische und religiöse Verhältnisse im Reformationszeitalter, 3 Bde., Erlangen 1841–1844.
103. L. E. HALKIN, Erasmus von Rotterdam. Eine Biographie, 2. Aufl. Zürich 1992.
104. N. HAMMERSTEIN, Einleitung, in: Späthumanismus, 9–18.
105. N. HAMMERSTEIN, Paul Joachimsen, in: Kulturwissenschaftler des 20. Jahrhunderts, 159–173.
106. N. HAMMERSTEIN, Leopold von Ranke und die Renaissance, in: Die Renaissance im 19. Jahrhundert in Italien und Deutschland, hrsg. v. A. BUCK u. C. VASOLI, Berlin 1989, 45–64.
107. N. HAMMERSTEIN, Vorrede des Herausgebers, in: P. JOACHIMSEN, Gesammelte Aufsätze, Bd. 1, 5–9.
108. J. HANKINS, The ‚Baron Thesis‘, in: The Renaissance, 66–87; zuerst: The „Baron Thesis“ after Forty Years and some Recent studies of Leonardo Bruni, in: Journal ot the History of Ideas, Bd. 56, 1995, 309–338.

109. W. Hardtwig, Jacob Burckhardt (1818–97). Die Kultur der Renaissance in Italien, in: Hauptwerke, 74–78.
110. W. Hardtwig, Jacob Burckhardt. Trieb und Geist – die neue Konzeption von Kultur, in: Deutsche Geschichtswissenschaft um 1900, hrsg. v. N. Hammerstein, Stuttgart 1988, 97–112.
111. Hauptwerke der Geschichtsschreibung, hrsg. v. V. Reinhardt (Kröners Taschenausgabe, Bd. 435), Stuttgart 1997.
112. Fr.-R. Hausmann, Humanismus und Renaissance in Italien und Frankreich, in: Humanismus in Europa, 89–109.
113. L. Havas u. S. Kiss, Die Geschichtskonzeption Antonio Bonfinis, in: Diffusion des Humanismus, 281–307.
114. D. Hay, Geschichte Italiens in der Renaissance (Urban-Bücher, Bd. 62), Stuttgart 1962; zuerst: The Italian Renaissance in its Historical Background, London 1961 (2. Aufl. Cambridge 1977).
115. D. Hay, Introduction, in: The New Cambridge Modern History, Bd. 1, Cambridge 1971, 1–19.
116. G. W. Fr. Hegel, Vorlesungen über die Philosophie der Weltgeschichte, Bd. 4: Die germanische Welt, hrsg. v. G. Lasson (Philosophische Bibliothek, Bd. 171 d), Hamburg 1968.
117. H. Heimpel, Deutschland im späteren Mittelalter (Handbuch der Deutschen Geschichte, Bd. I 5), Konstanz o. J.
118. J. Helmrath, Diffusion des Humanismus, in: Ders., Wege des Humanismus, 53–71; zuerst in: Diffusion des Humanismus, 9–29.
119. J. Helmrath, Diffusion des Humanismus und Antikerezeption auf den Konzilien von Konstanz, Basel und Ferrara/Florenz, in: Ders., Wege, 115–158; zuerst in: Die Präsenz der Antike, 9–54.
120. J. Helmrath u. a., Einleitung, in: Medien, 1–3.
121. J. Helmrath, Der Humanismus in Deutschland, in: Ders., Wege, 17–51.
122. J. Helmrath, Der europäische Humanismus und die Funktionen der Rhetorik, in: Funktionen des Humanismus, 18–48.
123. J. Helmrath, Probleme und Formen nationaler und regionaler Historiographie des deutschen und europäischen Humanismus, in: Ders., Wege, 213–278; zuerst in: Spätmittelalterliches Landesbewußtsein in Deutschland, hrsg. v. M. Werner (Vorträge und Forschungen, Bd. 61), Stuttgart 2005, 333–392.
124. J. Helmrath, Die Reichstagsreden des Enea Silvio Piccolomini 1454/55. Studien zu Reichstag und Rhetorik, 2 Bde., Habil.schrift (masch.) Köln 1994.
125. J. Helmrath, Die Umprägung von Geschichtsbildern in der Historiographie des europäischen Humanismus, in: Ders., Wege,

189–212; zuerst in: Von Fakten und Fiktionen. Mittelalterliche Geschichtsdarstellungen und ihre kritische Aufarbeitung, hrsg. v. J. Laudage (Europäische Geschichtsdarstellungen, Bd. 1), Köln/ Weimar/Wien 2003, 323–352.

126. J. Helmrath, Vestigia Aeneae imitari. Enea Silvio Piccolomini als „Apostel" des Humanismus. Formen und Wege seiner Diffusion, in: Ders., Wege, 73–113; zuerst in: Diffusion des Humanismus, 99–141.

127. J. Helmrath, Wege des Humanismus: Einleitung, in: Ders., Wege, 1–15.

128. J. Helmrath, Wege des Humanismus. Studien zu Praxis und Diffusion der Antikeleidenschaft im 15. Jahrhundert. Ausgewählte Aufsätze, Bd. 1 (Spätmittelalter, Humanismus, Reformation, Bd. 72), Tübingen 2013.

129. J. Hervagius, Epistola nuncupatoria, in: Witichindi Saxonis rerum ab Henrico et Ottone I impp. gestarum Libri III etc., Basel 1532, a 2r-3v.

130. H. Heubner, Die Überlieferung der Germania des Tacitus, in: Beiträge, 16–26.

131. C. Hirschi, Vorwärts in neue Vergangenheiten. Funktionen des humanistischen Nationalismus in Deutschland, in: Funktionen des Humanismus, 362–395.

132. C. Hirschi, Wettkampf der Nationen. Konstruktionen einer deutschen Ehrgemeinschaft an der Wende vom Mittelalter zur Neuzeit, Göttingen 2005.

133. J. Hirstein, Ermolao Barbaro als Vorbild. Der Einfluß seiner Plinius-Kommentare auf die „Geschichtsschreibung" des Beatus Rhenanus im dritten Buch seiner Rerum Germanicarum libri III, in: Diffusion des Humanismus, 186–209.

134. Th. S. Hoffmann, Philosophie in Italien. Eine Einführung in zwanzig Porträts, Wiesbaden 2007.

135. G. Huber-Rebenich, Neue Funktionen der Dichtung im Humanismus?, in: Funktionen des Humanismus, 49–75.

136. G. Huber-Rebenich, Crotus Rubeanus, in: Deutscher Humanismus. Verfasserlexikon, Bd. 1.

137. J. Huizinga, Europäischer Humanismus: Erasmus (rowohlts deutsche enzyklopädie, Bd. 78), Hamburg 1958.

138. J. Huizinga, Das Problem der Renaissance, in: Ders., Das Problem. Renaissance, 17–67; zuerst in: Italien, Bd. 1, 1928, 337–349, 391–404 u. 444–459.

139. J. Huizinga, Das Problem der Renaissance. Renaissance und Hu-

manismus, hrsg. v. W. E. Krul, Berlin 1991.
140. Deutscher Humanismus 1480–1520. Verfasserlexikon, hrsg. v. Fr. J. Worstbrock, 3 Bde., Berlin u. New York 2008–2015.
141. Humanismus in Europa, hrsg. v. d. Stiftung „Humanismus heute“ des Landes Baden-Württemberg (Bibliothek der klassischen Altertumswissenschaften. N.F., Reihe 2, Bd. 103), Heidelberg 1998.
142. Humanismus und Historiographie, hrsg. v. A. Buck, Weinheim 1991.
143. Humanismus und Renaissance in den deutschen Städten und an den Universitäten, hrsg. v. H. Rupprich (Deutsche Literatur. Reihe Humanismus und Renaissance, Bd. 2), Leipzig 1935.
144. P. Joachimsen, Johann Valentin Andreae und die evangelische Utopie, in: Ders., Gesammelte Aufsätze, Bd. 1, 443–479; zuerst in: Zeitwende, Bd. 2, 1926, 485–503 u. 623–642.
145. P. Joachimsen, Gesammelte Aufsätze. Beiträge zu Renaissance, Humanismus und Reformation; zur Historiographie und zum deutschen Staatsgedanken, hrsg. v. N. Hammerstein, 2 Bde., Aalen 1970/83.
146. P. Joachimsen, Die Bedeutung des antiken Elements für die Staatsauffassung der Renaissance, in: Ders. Gesammelte Aufsätze, Bd. 1, 105–123; zuerst in: Blätter für das Gymnasial-Schulwesen, Bd. 49, 1913, 280–298.
147. P. Joachimsen, Aus der Entwicklung des italienischen Humanismus, in: Ders., Gesammelte Aufsätze, Bd. 1, 59–103; zuerst in: Historische Zeitschrift, Bd. 121, 1920, 189–233.
148. P. Joachimsen, Jakob Wimpfelings Epitome rerum Germanicarum, in: Ders. Gesammelte Aufsätze, Bd. 2, 613–623; zuerst in: Festgabe zum 7. 9. 1910. Hermann Grauert zur Vollendung des 60. Lebensjahres gewidmet von seinen Schülern, hrsg. v. M. Janssen, Freiburg 1910, 171–181.
149. P. Joachimsen, Geschichtsauffassung und Geschichtschreibung in Deutschland unter dem Einfluß des Humanismus (Beiträge zur Kulturgeschichte des Mittelalters und der Renaissance, Bd. 6), Leipzig 1910 (ND Aalen 1968).
150. P. Joachimsen, Der Humanismus und die Entwicklung des deutschen Geistes, in: Ders., Gesammelte Aufsätze, Bd. 1, 325–386; zuerst in: Deutsche Vierteljahrsschrift für Literaturwissenschaft und Geistesgeschichte, Bd. 8, 1930, 419–480.
151. P. Joachimsen, Loci communes. Eine Untersuchung zur Geistesgeschichte des Humanismus und der Reformation, in: Ders., Gesammelte Aufsätze, Bd. 1, 387–442; zuerst in: Luther-

Jahrbuch, Bd. 8, 1926, 27–87.

152. P. Joachimsen, Vom Mittelalter zur Reformation, in: Ders., Gesammelte Aufsätze, Bd. 1, 13–57; zuerst in: Historische Vierteljahrsschrift, Bd. 20/21, 1922, 426–470.

153. P. Joachimsen, Zur historischen Psychologie des deutschen Staatsgedankens, in: Ders., Gesammelte Aufsätze, Bd. 1, 549–620; zuerst in: Dioskuren, Bd. 1, 1922, 106–177.

154. P. Joachimsen, Die Reformation als Epoche der deutschen Geschichte, hrsg. v. O. Schottenloher, München 1951 (ND Aalen 1970)

155. P. Joachimsen, Renaissance, Humanismus und Reformation, in: Ders. Gesammelte Aufsätze, Bd. 1, 125–147; zuerst in: Zeitwende, Bd. 1, 1925, 402–425.

156. P. Joachimsen, Tacitus im deutschen Humanismus, in: Ders., Gesammelte Aufsätze, Bd. 1, 275–295; zuerst in: Neue Jahrbücher für das klassische Altertum, Geschichte und deutsche Literatur, Bd. 14, 1911, 697–717.

157. W. Kaegi, Jacob Burckhardt. Eine Biographie, Bd. 5, Basel u. Stuttgart 1973.

158. A. Karsten, Gräber für Gelehrte? Anmerkungen zu den römischen Papst- und Kardinalsgrabmälern im Zeitalter der Katholischen Reform, in: Funktionen des Humanismus, 303–324.

159. Katalog, in: Wunderland, 192–322.

160. N. Kersken, Geschichtsschreibung im Europa der „nationes“. Nationalgeschichtliche Gesamtdarstellungen im Mittelalter (Münstersche Historische Forschungen, Bd. 8), Köln/Weimar/Wien 1995.

161. E. Kessler, Petrarca und die Geschichte. Geschichtsschreibung, Rhetorik, Philosophie im Übergang vom Mittelalter zur Neuzeit (Humanistische Bibliothek. Reihe I, Bd. 25), München 1978.

162. P. O. Kristeller, Die humanistische Bewegung, in: Ders., Humanismus und Renaissance, Bd. 1, 11–29; zuerst: The Humanist Movement, in: Ders., The Classics and Renaissance Thought, Harvard 1955 u. in: Ders., Renaissance Thought: The Classic, Scholastic, and Humanist Strains, New York 1961.

163. P. O. Kristeller, Der italienische Humanismus und seine Bedeutung, in: Ders. Humanismus und Renaissance, Bd. 2, 244–264; zuerst in: Vorträge der Aeneas-Silvius-Stiftung an der Universität Basel, Bd. 10, 1969.

164. P. O. Kristeller, Humanismus und Renaissance, hrsg. v. E. Kessler, 2 Bde. (Uni-Taschenbücher, Bde. 914 u. 915), München o. J.

165. P. O. KRISTELLER, Humanismus und Scholastik in der italienischen Renaissance, in: DERS., Humanismus und Renaissance, Bd. 1, 87–111; zuerst: Humanism and Scholasticism in the Italian Renaissance, in: Byzantion, Bd. 17, 1944/45, 346–374 u. in: Ders., Studies, 553–583.

166. P. O. KRISTELLER, Iter Italicum. A Finding List of Uncatalogued or Incompletely Catalogued Manuscripts of the Renaissance in Italian and Other Libraries, 6 Bde., Leiden 1965–1992.

167. P. O. KRISTELLER, Acht Philosophen der italienischen Renaissance. Petrarca, Valla, Ficino, Pico, Pomponazzi, Telesio, Patrizi, Bruno, Weinheim 1986; zuerst: Eight Philosophers oft the Italian Renaissance, Stanford 1964.

168. P. O. KRISTELLER, Renaissanceforschung und Altertumswissenschaft, in: DERS., Humanismus und Renaissance, Bd. 1, 195–209; zuerst in: Forschungen und Fortschritte, Bd. 33, 1959, 363–369.

169. P. O. KRISTELLER, Die Rolle des klassischen Humanismus in der Wissenschaft der Renaissance, in: Zu Begriff und Problem der Renaissance, 222–227; zuerst: The Place of Classical Humanism in Renaissance Thought, in: Journal of the History of Ideas, Bd. 4, 1943, 59–63.

170. P. O. KRISTELLER, Studies in Renaissance Thought and Letters, 3. Aufl. Rom 1956 (ND Rom 1969).

171. Th. S. KUHN, Die Struktur wissenschaftlicher Revolutionen, Frankfurt am Main 1967.

172. P. KULCSÁR, Der Humanismus in Ungarn, in: Schallaburg '82, 55–65.

173. Kulturwissenschaftler des 20. Jahrhunderts. Ihr Werk im Blick auf das Europa der Frühen Neuzeit, hrsg. v. Kl. GARBER, München 2002.

174. K. LAMPRECHT, Charakter und Bedeutung der deutschen Renaissance, in: DERS., Ausgewählte Schriften zur Wirtschafts- und Kulturgeschichte und zur Theorie der Geschichtswissenschaft, hrsg, v. H. SCHÖNEBAUM, Aalen 1974, 623–632; zuerst in: Deutsche Gedenkhalle, hrsg. v. J. PFLUGK-HARTTUNG, 2. Aufl. Berlin u. München 1923, 132–139.

175. Deutsche Landesgeschichtsschreibung im Zeichen des Humanismus, hrsg. v. Fr. BRENDLE u. a. (Contubernium, Bd. 56), Stuttgart 2001.

176. R. LANDFESTER, Historia magistra vitae. Untersuchungen zur humanistischen Geschichtstheorie des 14. bis 16. Jahrhunderts (Travaux d'humanism et renaissance, Bd. 123), Genf 1972.

177. C. LANGE, Bildhauer zwischen Spätrenaissance und Barock. Hans Junckers Herkommen, Leben und Werk, in: Wunderkind, 67–103.
178. E. LEFÈVRE, Humanismus und humanistische Bildung, in: Humanismus in Europa, 1–43.
179. H. LEO, Geschichte der italienischen Staaten, 5 Bde., Hamburg 1829–1832.
180. A. LEVI, Renaissance and Reformation: the intellectual genesis, New Haven u. London 2002.
181. R. LILL, Das Italien der Hoch- und Spätrenaissance. Vom Frieden von Lodi zum Frieden von Cateau-Cambrésis (1454–1559), in: W. ALTGELD u. a., Kleine italienische Geschichte, Stuttgart 2004, 123–174.
182. H. LUTZ, Das Ringen um deutsche Einheit und kirchliche Erneuerung. Von Maximilian I. bis zum Westfälischen Frieden. 1490 bis 1648 (Propyläen Geschichte Deutschlands, Bd. 4), Berlin 1983.
183. N. MAAK, Dieser ungeheure Moment, in: Frankfurter Allgemeine Zeitung, 20. 04. 2015, Nr. 91, 13.
184. N. MACHIAVELLI, Politische Betrachtungen über die alte und die italienische Geschichte, 2. Aufl., hrsg. v. E. FAUL (Klassiker der Politik. N.F., Bd. 2), Köln u. Opladen 1965.
185. N. MACHIAVELLI, Geschichte von Florenz. Mit einem Nachwort v. K. KLUXEN, 3. Aufl. Zürich 1993.
186. N. MACHIAVELLI, Il Principe. Der Fürst. Italienisch/deutsch, hrsg. v. Ph. RIPPEL (Reclams Universalbibliothek, Bd. 1219), Stuttgart 1986.
187. Th. MAISSEN, Schlußwort. Überlegungen zu Funktionen und Inhalt des Humanismus, in: Funktionen des Humanismus, 396–402.
188. E. MÁLYUSZ, Matthias Corvinus, König von Ungarn. Klausenburg, 23. 2. 1443–Wien, 6. 4. 1490, in: Schallaburg '82, 1–5.
189. Maniera. Pontormo, Bronzino und das Florenz der Medici, hrsg. v. B. ECLERCY, München/London/New York 2016.
190. G. MANN u. a., Weltkulturen. Renaissance in Europa (Propyläen Weltgeschichte, hrsg. v. DEMS., Bd. 6.1.2) (Ullstein Buch, Bde. 4731–4732), Frankfurt am Main/Berlin/Wien 1976.
191. J. J. MARTIN, Introduction. The Renaissance: between myth and history, in: The Renaissance, 1–23.
192. Medien und Sprachen humanistischer Geschichtsschreibung, hrsg. v. J. HELMRATH (Transformationen der Antike, Bd. 11), Berlin und New York 2009.
193. D. MERTENS, Hofkultur in Heidelberg und Stuttgart um 1600, in: Späthumanismus, 65–83.

194. D. Mertens, Die Instrumentalisierung der „Germania" des Tacitus durch die deutschen Humanisten, in: Zur Geschichte der Gleichung „germanisch-deutsch". Sprache und Namen, Geschichte und Institutionen, hrsg. v. H. Beck u. a. (Reallexikon der Germanischen Altertumskunde, Erg.-Bd. 34), 37–101.

195. D. Mertens, Deutscher Renaissance-Humanismus, in: Humanismus in Europa, 187–210.

196. D. Mertens, Jakob Wimpfeling (1450–1528). Epitome rerum Germanicarum, in: Hauptwerke, 732–735.

197. D. Mertens, Julius Wilhelm Zincgref und das Problem des Späthumanismus, in: Zeitschrift für Geschichte des Oberrheins, Bd. 150, 2002, 185–207.

198. Fr. Merzbacher, Europa im 15. Jahrhundert, in: G. Mann u. a., Weltkulturen, 373–428.

199. G. Messling, Anarchist und Apelles? Altdorfer und der deutsche Humanismus, in: Fantastische Welten, 21–25.

200. E. Meuthen, Charakter und Tendenzen des deutschen Humanismus, in: Säkulare Aspekte der Reformationszeit, hrsg. v. H. Angermeier (Schriften des Historischen Kollegs. Kolloquien, Bd. 5), München u. Wien 1983, 217–266.

201. E. Meuthen, Humanismus und Geschichtsunterricht, in: Humanismus und Historiographie, 5–50.

202. J. Michelet, Geschichte der Französischen Revolution, 5 Bde., Frankfurt am Main 1988.

203. J. Michelet, Histoire de France, Bd. 1, 2. Aufl. Paris 1835.

204. J. Michelet, Histoire de France au seizième siècle. Renaissance (Ders., Histoire de France, Bd. 7), Paris 1855.

205. J. Michelet, Histoire de France au seizième siècle. Reforme (Ders., Histoire de France, Bd. 8), Paris 1855.

206. J. Michelet, Histoire de France au seizième siècle. La ligue et Henri IV (Ders., Histoire de France, Bd. 10), Paris 1856.

207. B. Moeller, Deutschland im Zeitalter der Reformation (Deutsche Geschichte, Bd. 4) (Kleine Vandenhoeck-Reihe, Bd. 1432), Göttingen 1977.

208. B. Moeller, Karl der Große im 16. Jahrhundert, in: Die Präsenz der Antike, 109–124.

209. Th. E. Mommsen, Der Begriff des „finsteren Zeitalters" bei Petrarca, in: Zu Begriff und Problem der Renaissance, 151–179; zuerst: Petrarch's Conception of the „Dark Ages", in: Speculum, Bd. 17, 1942, 226–242.

210. Moritz von Sachsen – Ein Fürst der Reformationszeit zwischen

Territorium und Reich. Internationales wissenschaftliches Kolloquium vom 26. bis 28. Juni 2003 in Freiberg (Sachsen), hrsg. v. K. Blaschke (Quellen und Forschungen zur sächsischen Geschichte, Bd. 29), Leipzig u. Stuttgart 2007.

211. A. Morrall, Dürer und die Rezeption seiner Kunst im Venedig der Renaissance, in: Dürer. Kunst – Künstler, 168–172.

212. N. Mout, „Dieser einzige Wiener Hof von Dir hat mehr Gelehrte als ganze Reiche anderer“: Späthumanismus am Kaiserhof in der Zeit Maximilians II. und Rudolfs II. (1564–1612), in: Späthumanismus, 46–64.

213. U. Muhlack, Jacob Burckhardt als Kunsthistoriker (Rezension), in: sehepunkte 9, 2009, Nr. 6.

214. U. Muhlack, Die Deutung Caesars in der politisch-historischen Literatur italienischer und deutscher Humanisten vom 14. bis zum beginnenden 16. Jahrhundert, in: Die Präsenz der Antike, 55–85.

215. U. Muhlack, Die „Germania“ im deutschen Nationalbewußtsein vor dem 19. Jahrhundert, in: Ders., Staatensystem, 274–299; zuerst in: Beiträge, 128–154.

216. U. Muhlack, Geschichtswissenschaft im Humanismus und in der Aufklärung. Die Vorgeschichte des Historismus, München 1991.

217. U. Muhlack, Die humanistische Historiographie. Umfang, Bedeutung, Probleme, in: Ders., Staatensystem, 124–141; zuerst in: Landesgeschichtsschreibung, 3–18.

218. U. Muhlack, Der Humanismus als kulturhistorische Epoche, Münster 2004.

219. U. Muhlack, Kosmopolitismus und Nationalismus im deutschen Humanismus, in: Menschen und Strukturen in der Geschichte Alteuropas. Festschrift für Johannes Kunisch zur Vollendung seines 65. Lebensjahres, dargebracht von Schülern, Freunden und Kollegen, hrsg. v. H. Neuhaus u. B. Stollberg-Rilinger (Historische Forschungen, Bd. 73), Berlin 2002, 19–36.

220. U. Muhlack, Mittelalter und Humanismus – Eine Epochengrenze?, in: Ders., Staatensystem, 9–27; zuerst in: Geschichtsbilder im George-Kreis. Wege zur Wissenschaft, hrsg. v. B. Schlieben u. a., Göttingen 2004, 51–74.

221. U. Muhlack, „Deutsche Neuzeit“. Zur Historiographie Paul Joachimsens, in: Zeitschrift für Historische Forschung, Bd. 1, 1974, 88–115.

222. U. Muhlack, Klassische Philologie zwischen Humanismus und Neuhumanismus, in: Wissenschaften im Zeitalter der Aufklärung. Aus Anlaß des 250jährigen Bestehens des Verlages Vandenhoeck

u. Ruprecht, hrsg. v. R. Vierhaus, Göttingen 1985, 93–119 (Sonderausgabe 1987).

223. U. Muhlack, Das Projekt der Germania illustrata. Ein Paradigma der Diffusion des Humanismus?, in: Diffusion des Humanismus, 142–158.

224. U. Muhlack, Recht und Gewalt bei Machiavelli, in: Augustinus – Recht und Gewalt. Beiträge des V. Würzburger Augustinus-Studientages am 15./16. Juni 2007, hrsg. v. C. Mayer (Res et Signa, Bd. 7), Würzburg 2010, 29–47.

225. U. Muhlack, Die Renaissance als Beginn der Neuzeit. Mit einem Seitenblick auf die Reformation, in: Die Reformation und ihr Mittelalter, hrsg. v. G. Frank u. V. Leppin (Melanchthon-Schriften der Stadt Bretten, Bd. 14), Stuttgart-Bad Cannstatt 2016, 407–440.

226. U. Muhlack, Rhenanus, Beatus, in: Deutscher Humanismus. Verfasserlexikon, Bd. 2.

227. U. Muhlack, Beatus Rhenanus, Jakob Wimpfeling und die humanistische Geschichtsschreibung in Deutschland, in: Annuaire des amis de la bibliothèque humaniste de Sélestat, Bd. 35, 1985, 193–208.

228. U. Muhlack, Staatensystem und Geschichtsschreibung. Ausgewählte Aufsätze zu Humanismus und Historismus, Absolutismus und Aufklärung, hrsg. v. N. Hammerstein u. G. Walther (Historische Forschungen, Bd. 83), Berlin 2006.

229. U. Muhlack, Der Tacitismus – ein späthumanistisches Phänomen?, in: Späthumanismus, 160–182.

230. U. Muhlack, Zukunftsvorstellungen bei humanistischen Geschichtsschreibern des 15. und 16. Jahrhunderts, in: Zukunftsvoraussagen in der Renaissance, hrsg. v. Kl. Bergdolt u. W. Ludwig (Wolfenbütteler Abhandlungen zur Renaissanceforschung, Bd. 23), Wiesbaden 2005, 65–88.

231. G. Müller, Die „Germania generalis“ des Conrad Celtis. Studien mit Edition, Übersetzung und Kommentar (Frühe Neuzeit, Bd. 67), Tübingen 2001.

232. Harald Müller, Nutzen und Nachteil humanistischer Bildung im Kloster, in: Funktionen des Humanismus, 191–213.

233. Heribert Müller, Der französische Frühhumanismus um 1400. Patriotismus, Propaganda und Historiographie, in: Diffusion des Humanismus, 319–376.

234. F. Mundt, Beatus Rhenanus. Rerum Germanicarum libri tres (1531). Ausgabe, Übersetzung, Studien (Frühe Neuzeit, Bd. 127), Tübingen 2008.

235. Ch. MUNIER, Beatus Rhenanus et Ianus Pannonius, in: Annuaire des amis de la bibliothèque humaniste de Sélestat, Bd. 59, 2009, 7–18, Bd. 60, 2010, 35–49 u. Bd. 61, 2011, 49–58.
236. H. MÜNKLER u. a., Nationenbildung. Die Nationalisierung Europas im Diskurs humanistischer Intellektueller. Italien und Deutschland (Politische Ideen, Bd. 8), Berlin 1998.
237. L. v. MURALT u. a., Das Zeitalter der Entdeckungen, der Renaissance und der Glaubenskämpfe (Die Neue Propyläen-Weltgeschichte, hrsg. v. W. ANDREAS, Bd. 3), Berlin 1941.
238. L. v. MURALT, Das Zeitalter der Renaissance, in: DERS. u. a., Entdeckungen, 1–70.
239. K. NEHRING, Ungarn in Europa im Zeitalter von Matthias Corvinus, in: Schallaburg '82, 33–38.
240. C. NEUMANN, Byzantinische Kultur und Renaissancekultur, in: Historische Zeitschrift, Bd. 91, 1903, 215–232.
241. Fr. I. NIETHAMMER, Der Streit des Philanthropinismus und Humanismus in der Theorie des Erziehungs-Unterrichts unserer Zeit, in: DERS., Philanthropinismus – Humanismus. Texte zur Schulreform, hrsg. v. W. HILLEBRECHT (Kleine Pädagogische Texte, Bd. 29), Weinheim/Berlin/Basel 1968, 79–445.
242. G. OESTREICH, Geist und Gestalt des frühmodernen Staates. Ausgewählte Aufsätze, Berlin 1969.
243. G. OESTREICH, Justus Lipsius als Universalgelehrter zwischen Renaissance und Barock, in: DERS., Strukturprobleme, 318–357; zuerst in: Leiden University in The Seventeenth Century. An Exchange of Learning, hrsg. v. Th. H. LUNSINGH SCHEURLEER u. H. M. POSTHUMUS MEYJES, Leiden 1975, 177–201.
244. G. OESTREICH, Der römische Stoizismus und die oranische Heeresreform, in: DERS., Geist, 11–34; zuerst in: Historische Zeitschrift, Bd. 176, 1953, 17–43.
245. G. OESTREICH, Strukturprobleme der frühen Neuzeit. Ausgewählte Aufsätze, hrsg. v. Br. OESTREICH, Berlin 1980.
246. H. ONCKEN, Aus Rankes Frühzeit. Mit den Briefen Rankes an seinen Verleger Friedrich Perthes und anderen unbekannten Stücken seines Briefwechsels, Gotha 1922.
247. E. PANOFSKY, Die Renaissancen der europäischen Kunst (suhrkamp taschenbuch wissenschaft, Bd. 883), Frankfurt am Main 1990.
248. Fr. PETRARCA, Epistolae familiares XXIV. Vertrauliche Briefe, hrsg. v. Fl. NEUMANN (excerpta classica, Bd. 18), Mainz 1999.
249. H. K. POULSEN, Cranachs Bildsprache und der neue lutherische

Glaube, in: Bild und Botschaft, 63–71.
250. Die Präsenz der Antike im Übergang vom Mittelalter zur Frühen Neuzeit. Bericht über Kolloquien der Kommission zur Erforschung der Kultur des Spätmittelalters 1999 bis 2002, hrsg. v. L. GRENZMANN u. a. (Abhandlungen der Akademie der Wissenschaften zu Göttingen. Philologisch-Historische Klasse. Dritte Folge, Bd. 263), Göttingen 2004.
251. H. RABE, Reich und Glaubensspaltung. Deutschland 1500–1600 (Die Neue Deutsche Geschichte, Bd. 4), Frankfurt am Main u. Wien 1989.
252. L. v. RANKE, Zwölf Bücher Preußischer Geschichte, hrsg. v. G. KÜNTZEL (DERS., Gesamtausgabe. Erste Reihe, Neuntes Werk), 3 Bde., München 1930.
253. L. v. RANKE, Über die Epochen der neueren Geschichte. Historisch-kritische Ausgabe, hrsg. v. Th. SCHIEDER u. H. BERDING (DERS., Aus Werk und Nachlaß, Bd. 2), München u. Wien 1971.
254. L. v. RANKE, Zur Geschichte der italienischen Kunst, in: DERS., Abhandlungen und Versuche. Neue Sammlung, hrsg. v. A. DOVE u. Th. WIEDEMANN (DERS., Sämmtliche Werke, Bd. 51/52), Leipzig 1888, 245–328.
255. L. RANKE, Zur Geschichte der italienischen Poesie. Gelesen in der Königlichen Akademie der Wissenschaften, Berlin 1837.
256. L. v. RANKE, Deutsche Geschichte im Zeitalter der Reformation, hrsg. v. P. JOACHIMSEN, 6 Bde. (Ders., Gesamt-Ausgabe. Erste Reihe, Siebentes Werk), München 1925/26.
257. L. RANKE, Geschichten der romanischen und germanischen Völker von 1494 bis 1535. Erster Band, Leipzig u. Berlin 1824.
258. L. v. RANKE, Zur eigenen Lebensgeschichte, hrsg. v. A. DOVE (DERS., Sämmtliche Werke, Bd. 53/54), Leipzig 1890.
259. L. RANKE, Die römischen Päpste, ihre Kirche und ihr Staat im sechszehnten und siebzehnten Jahrhundert, 3 Bde. (DERS., Fürsten und Völker von Süd-Europa im sechszehnten und siebzehnten Jahrhundert, Bd. 2–4), Berlin 1834–1836.
260. L. v. RANKE, Savonarola und die florentinische Republik gegen Ende des fünfzehnten Jahrhunderts, in: DERS., Historisch-biographische Studien (DERS., Sämmtliche Werke, Bd. 40/41), Leipzig 1877, 181–357.
261. L. v. RANKE, Venedig im sechszehnten Jahrhundert und im Anfang des siebzehnten, in: DERS., Zur Venezianischen Geschichte (DERS., Sämmtliche Werke, Bd. 42), Leipzig 1878, 1–133.

262. Deutsche Reichstagsakten unter Kaiser Friedrich III., Bd. V 2, bearb. v. J. HELMRATH unter Mitarb. v. G. ANNAS (Deutsche Reichstagsakten. Ältere Reihe, Bd. XIX 2), München 2013.
263. W. REINHARD, Probleme deutscher Geschichte 1495–1806. Reichsreform und Reformation (Gebhardt. Handbuch der Deutschen Geschichte, 10. Aufl., Bd. 9), Stuttgart 2001.
264. V. REINHARDT, Die Renaissance in Italien. Geschichte und Kultur (Beck'sche Reihe, Bd. 2191), München 2002.
265. The Renaissance. Italy and Abroad, hrsg. v. J. J. MARTIN, London u. New York 2003.
266. Renaissance Humanism, hrsg. v. A. RABIL JR., 3 Bde., Philadelphia 1988.
267. Renaissance-Humanismus. Lexikon zur Antikerezeption, hrsg. v. M. LANDFESTER (Der Neue Pauly. Supplemente, Bd. 9), Stuttgart u. Weimar 2014.
268. Renaissance – Reformation. Gegensätze und Gemeinsamkeiten. Vorträge, hrsg. v. A. BUCK (Wolfenbütteler Abhandlungen zur Renaissanceforschung, Bd. 5), Wiesbaden 1984.
269. Fr. REXROTH, Polydor Vergil als Geschichtsscheiber und der englische Beitrag zum europäischen Humanismus, in: Diffusion des Humanismus, 415–435.
270. B. RHENANUS, In C. Plinium, Basel 1526.
271. Un grand humaniste alsacien et son époque: Beatus Rhenanus. Citoyen de Sélestat. Ami d'Erasme (1485–1547). Anthologie de sa correspondance, hrsg. v. R. WALTER (Société savante d'Alsace et des régions de l'Est. Collection „Grandes Publications", Bd. 27), Straßburg 1986.
272. G. RITTER, Die geschichtliche Bedeutung des deutschen Humanismus, in: Historische Zeitschrift, Bd. 127, 1923, 393–453; 2. Aufl.: Libelli, Bd. 107, Darmstadt 1963.
273. G. RITTER, Die kirchliche und staatliche Neugestaltung Europas im Jahrhundert der Reformation und der Glaubenskämpfe, in: L. v. MURALT u. a., Entdeckungen, 167–472.
274. J. ROBERT, Celtis (Bückel, Pickel), Konrad (Conradus Celtis Protucius), in: Deutscher Humanismus. Verfasserlexikon, Bd. 1.
275. J. ROBERT, Konrad Celtis und das Projekt der deutschen Dichtung. Studien zur humanistischen Konstruktion von Poetik, Philosophie, Nation und Ich (Frühe Neuzeit, Bd., 76), Tübingen 2003.
276. Chr. ROHWETTER, Zur Typologie des Herrschers im französischen Humanismus. Le Livre de l'Institution du Prince von Guillaume Budé (Dialoghi/Dialogues, Bd. 7), Frankfurt am Main 2002.

277. R. Romano u. A. Tenenti, Die Grundlegung der modernen Welt. Spätmittelalter, Renaissance, Reformation (Fischer Weltgeschichte, Bd., 12), Frankfurt am Main 1967.
278. M. Rudersdorf u. Th. Töpfer, Fürstenhof, Universität und Territorialstaat. Der Wittenberger Humanismus, seine Wirkungsräume und Funktionsfelder im Zeichen der Reformation, in: Funktionen des Humanismus, 214–261.
279. H. Rudolph, Humanistische Feste? Habsburgische Festkultur in der zweiten Hälfte des 16. Jahrhunderts, in: Funktionen des Humanismus, 166–190.
280. J. Sander u. a., Bilder des Menschen, in: Fantastische Welten, 41–83.
281. J. Sander, Einleitung, in: Fantastische Welten, 15–19.
282. B. v. Scarpatetti, Beatus Rhenanus, historien de la paix, in: Annuaire des amis de la bibliothèque humaniste de Sélestat, Bd. 35, 1985, 253–260.
283. Schallaburg '82. Matthias Corvinus und die Renaissance in Ungarn 1458–1541. 8. Mai -1. November 1982, hrsg. v. J. Gründler (Katalog des Niederösterreichischen Landesmuseums. N. F., Bd. 118), Wien 1982.
284. H. Schilling, Aufbruch und Krise. Deutschland 1517–1648, Berlin 1988.
285. A. Schirrmeister, Renaissance-Humanismus? Neue Forschungen zur Kulturgeschichte des 16. Jahrhunderts, in: Zeitschrift für Historische Forschung, Bd. 36, 2009, 259–298.
286. P. E. Schramm u H. W. Klewitz, Geleitwort, in: K. Brandi, Ausgewählte Aufsätze, V–VII.
287. M. Seidlmayer, Die Entwicklung der italienischen Früh-Renaissance. Politische Anlässe und geistige Elemente (Zu den Forschungen von Hans Baron), in: Ders., Wege, 47–74; zuerst in: Göttingische Gelehrte Anzeigen, Bd. 210, 1956, 35–63.
288. M. Seidlmayer, Geschichte Italiens (Kröners Taschenausgabe, Bd. 341), 2. Aufl. Stuttgart 1989.
289. M. Seidlmayer, Wege und Wandlungen des Humanismus. Studien zu seinen poltischen, ethischen, religiösen Problemen. Mit einem Geleitwort v. H. Barion, Göttingen 1965.
290. J. Ch. L. Simonde de Sismondi, Histoire des républiques italiennes du moyen age, Bd. 1, Zürich 1807.
291. Fr. Simone, Das Mittelalter, die Renaissance und die moderne Forschung, in: Zu Begriff und Problem der Renaissance, 122–150; zuerst: Le moyen âge, la Renaissance et la critique moderne, in:

Revue de litterature comparée, Bd. 18, 1938, 411–435.
292. Späthumanismus. Studien über das Ende einer kulturhistorischen Epoche, hrsg. v. N. HAMMERSTEIN u. G. WALTHER, Göttingen 2000.
293. E. SPEKNER, Die Geschichte des Königlichen Sitzes und Palastes in der Burg von Buda vom Mittelalter bis Ende der Türkenzeit, in: G. ALFÖLDY u. a., Die Jahrhunderte des Königlichen Palastes in der Burg von Buda, Budapest 2000, 3–18.
294. H.-B. SPIES, Aschaffenburg. Mainzische Residenz zwischen Teilzerstörung der mittelalterlichen Burg (1552) und Fertigstellung des Renaissanceschlosses (1618), in: Wunderkind, 53–65.
295. Der deutsche Staatsgedanke von seinen Anfängen bis auf Leibniz und Friedrich den Großen. Dokumente und Entwicklung, hrsg. v. P. JOACHIMSEN (Deutscher Staatsgedanke. Erste Reihe: Führer und Denker, Bd. 1), München 1921 (ND Darmstadt 1967).
296. P. STADLER, Geschichtschreibung und historisches Denken in Frankreich 1789–1871, Zürich 1958.
297. E. STEIN, Auf der Suche nach der verlorenen Antike. Humanisten als Philologen, in: Funktionen des Humanismus, 76–102.
298. J. STRIEDER, Werden und Wachsen des europäischen Frühkapitalismus, in: W. GOETZ u. a., Das Zeitalter, 1–26.
299. TACITUS, Germania. Lateinisch und Deutsch, hrsg. v. M. FUHRMANN (Universal-Bibliothek, Bd. 9391), Stuttgart 1997.
300. A. TACKE, Gleich dem Kaninchen vor der Schlange? Altgläubige und die Wittenberger Bildpropaganda, in: Bild und Botschaft, 82–87.
301. H. THODE, Franz von Assisi und die Anfänge der Kunst der Renaissance in Italien, Berlin 1885.
302. H. v. TREITSCHKE, Luther und die deutsche Nation [1883], in: DERS., Aufsätze, Reden und Briefe, hrsg. v. K. M. SCHILLER, Bd. 1, Meersburg 1929, 233–249.
303. H. v. TREITSCHKE, Politik. Vorlesungen gehalten an der Universität zu Berlin, hrsg. v. M. CORNICELIUS, 2 Bde., 5. Aufl. Leipzig 1922.
304. E. TROELTSCH, Aufsätze zur Geistesgeschichte und Religionssoziologie, hrsg. v. H. BARON (DERS., Gesammelte Schriften, Bd. 4), Tübingen 1925 (ND Aalen 1966).
305. E. TROELTSCH, Renaissance und Reformation, in: DERS., Aufsätze, 261–296; zuerst in: Historische Zeitschrift, Bd., 110, 1913, 519–556.
306. B. L. ULLMAN, Renaissance – das Wort und der ihm zugrunde liegende Begriff, in: Zu Begriff und Problem der Renaissance,

263–279; zuerst: Renaissance – The Word and the Underlying Concept, in: Studies in Philologie, Bd., 49, 1952, 105–118.

307. Albrecht Dürers Umwelt. Festschrift zum 500. Geburtstag Albrecht Dürers am 21. Mai 1971, hrsg. v. Verein für Geschichte der Stadt Nürnberg u. v. d. Senatskommission für Humanismus-Forschung der DFG, Nürnberg 1971.

308. G. Vasari, Das Leben des Michelangelo, hrsg. v. C. Gabbert, Berlin 2009, in: Edition Giorgio Vasari.

309. G. Vasari, Kunstgeschichte und Kunsttheorie. Eine Einführung in die Lebensbeschreibungen berühmter Künstler anhand der Proemien, hrsg. v. M. Buroni u. S. Feser, Berlin 2004, in: Edition Giorgio Vasari.

310. Vespasiano da Bisticci, Große Männer und Frauen der Renaissance. Achtunddreißig biographische Porträts, hrsg. v. B. Roeck, München 1995.

311. G. Voigt, Enea Silvio de' Piccolomini als Papst Pius der Zweite, und sein Zeitalter, 3 Bde., Berlin 1856–1863 (ND Berlin 1967).

312. G. Voigt, Die Wiederbelebung des classischen Alterthums oder das erste Jahrhundert des Humanismus, Berlin 1859; 2. Aufl., 2 Bde., Berlin 1880/81; 3. Aufl., 2 Bde., hrsg. v. M. Lehnerdt, Berlin 1893 (ND Berlin 1960).

313. Voltaire, Essai sur les moeurs et l'esprit des nations et sur les principaux faits de l'histoire depuis Charlemagne jusqu'à Louis XIII, hrsg. v. R. Pomeau, 2 Bde., Paris 1963.

314. Voltaire, Le siècle de Louis XIV, in: Ders., Oeuvres historiques, hrsg. v. R. Pomeau, Paris 1954.

315. W. D. Wagner, Das Königsberger Schloß. Eine Bau- und Kulturgeschichte, hrsg. v. d. Stadtgemeinschaft Königsberg (Pr), 2 Bde. (Bd. 2 zus. mit H. Lange), Regensburg 2008/11.

316. J. Walter, Ville de Sélestat. Catalogue général de la bibliothèque municipale, Bd. I 3, Colmar 1929.

317. G. Walther, Nation als Exportgut. Mögliche Antworten auf die Frage: Was heißt „Diffusion des Humanismus"?, in: Diffusion des Humanismus, 436–446.

318. G. Weise, Der Humanismus und das Prinzip der klassischen Geisteshaltung, in: Zu Begriff und Problem der Renaissance, 280–325; zuerst in. Bibliothèque d'Humanisme et de Renaissance, Bd. 16, 1954, 153–171 u. 284–297.

319. H. Weisinger, Die Erneuerung der Bildung in Selbstzeugnissen der Renaissance, in: Zu Begriff und Problem der Renaissance, 228–244; zuerst: Renaissance Accounts of the Revival of Lear-

ning, in: Studies in Philologie, Bd. 45, 1948, 105–118.

320. Fantastische Welten. Albrecht Altdorfer und das Expressive in der Kunst um 1500, hrsg. v. St. Roller u. J. Sander, München 2014.

321. J. Wimpfeling, Briefwechsel, hrsg. v. O. Herding u. D. Mertens, 2 Teil-Bde. (Jacobi Wimpfelingi Opera selecta III/1–2), München 1990.

322. J. Wimpfeling, Epitome Germanorum etc., in: Witichindi Saxonis rerum ab Henrico et Ottone I impp. gestarum Libri III etc., Basel 1532, 314–380.

323. P. Wolf, Humanismus im Dienst der Gegenreformation. Exempla aus Böhmen und Bayern, in: Funktionen des Humanismus, 262–302.

324. Wunderkind zwischen Spätrenaissance und Barock. Der Bildhauer Hans Juncker, hrsg. v. Th. Richter, München 2014.

Register

1. Sachregister

2. Ortsregister

3. Autorenregister

4. Personenregister

Enzyklopädie deutscher Geschichte
Themen und Autoren

Mittelalter

Agrarwirtschaft, Agrarverfassung und ländliche Gesellschaft im Mittelalter (Werner Rösener) 1992. EdG 13 **Adel, Rittertum und Ministerialität im Mittelalter (Werner Hechberger) 2. Aufl. 2010. EdG 72** **Die Stadt im Mittelalter (Frank G. Hirschmann) 2., aktual. u. erw. Aufl. 2016. EdG 84** **Die Juden im mittelalterlichen Reich (Michael Toch) 3., aktual. und um einen Nachtrag erw. Aufl. 2013. EdG 44**	Gesellschaft
Wirtschaftlicher Wandel und Wirtschaftspolitik im Mittelalter (Michael Rothmann)	Wirtschaft
Wissen als soziales System im Frühen und Hochmittelalter (Johannes Fried) Die geistige Kultur im späteren Mittelalter (Johannes Helmrath) **Die ritterlich-höfische Kultur des Mittelalters (Werner Paravicini) 3., um einen Nachtrag erw. Aufl. 2011. EdG 32**	Kultur, Alltag, Mentalitäten
Die mittelalterliche Kirche (Michael Borgolte) 2. Aufl. 2004. EdG 17 **Grundformen der Frömmigkeit im Mittelalter (Arnold Angenendt) 2. Aufl. 2004. EdG 68**	Religion und Kirche
Die Germanen (Walter Pohl) 2. Aufl. 2004. EdG 57 **Das römische Erbe und das Merowingerreich (Reinhold Kaiser) 3., überarb. u. erw. Aufl. 2004. EdG 26** **Die Herrschaften der Karolinger 714–911 (Jörg W. Busch) 2011. EdG 88** **Die Entstehung des Deutschen Reiches (Joachim Ehlers) 5. Aufl. 2013. EdG 31** **Königtum und Königsherrschaft im 10. und 11. Jahrhundert (Egon Boshof) 3., aktual. und um einen Nachtrag erw. Aufl. 2010. EdG 27** **Der Investiturstreit (Wilfried Hartmann) 3., überarb. u. erw. Aufl. 2007. EdG 21** **Könige und Fürsten, Kaiser und Papst im 12. Jahrhundert (Bernhard Schimmelpfennig) 2. Aufl. 2010. EdG 37** **Deutschland und seine Nachbarn 1200–1500 (Dieter Berg) 1996. EdG 40** **Die kirchliche Krise des Spätmittelalters (Heribert Müller) 2012. EdG 90** **König, Reich und Reichsreform im Spätmittelalter (Karl-Friedrich Krieger) 2., durchges. Aufl. 2005. EdG 14** **Fürstliche Herrschaft und Territorien im späten Mittelalter (Ernst Schubert) 2. Aufl. 2006. EdG 35**	Politik, Staat, Verfassung

Frühe Neuzeit

Gesellschaft

Bevölkerungsgeschichte und historische Demographie 1500–1800 (Christian Pfister) 2. Aufl. 2007. EdG 28

Migration in der Frühen Neuzeit (Matthias Asche)

Umweltgeschichte der Frühen Neuzeit (Reinhold Reith) 2011. EdG 89

Bauern zwischen Bauernkrieg und Dreißigjährigem Krieg (André Holenstein) 1996. EdG 38

Bauern 1648–1806 (Werner Troßbach) 1992. EdG 19

Adel in der Frühen Neuzeit (Rudolf Endres) 1993. EdG 18

Der Fürstenhof in der Frühen Neuzeit (Rainer A. Müller) 2. Aufl. 2004. EdG 33

Die Stadt in der Frühen Neuzeit (Heinz Schilling) 3., aktual. und um einen Nachtrag erw. Aufl. 2004. EdG 24

Armut, Unterschichten, Randgruppen in der Frühen Neuzeit (Wolfgang von Hippel) 1995. EdG 34

Unruhen in der ständischen Gesellschaft 1300–1800 (Peter Blickle) 3., aktual. und erw. Aufl. 2012. EdG 1

Frauen- und Geschlechtergeschichte 1500–1800 (Andreas Rutz)

Die deutschen Juden vom 16. bis zum Ende des 18. Jahrhunderts (J. Friedrich Battenberg) 2001. EdG 60

Wirtschaft

Die deutsche Wirtschaft im 16. Jahrhundert (Franz Mathis) 1992. EdG 11

Die Entwicklung der Wirtschaft im Zeitalter des Merkantilismus 1620–1800 (Rainer Gömmel) 1998. EdG 46

Landwirtschaft in der Frühen Neuzeit (Walter Achilles) 1991. EdG 10

Gewerbe in der Frühen Neuzeit (Wilfried Reininghaus) 1990. EdG 3

Kommunikation, Handel, Geld und Banken in der Frühen Neuzeit (Michael North) 2., aktual. und um einen Nachtrag erw. Aufl. 2014. EdG 59

Kultur, Alltag, Mentalitäten

Renaissance und Humanismus (Ulrich Muhlack) 2017. EdG 93

Medien in der Frühen Neuzeit (Andreas Würgler) 2., durchgesehene Aufl. 2013. EdG 85

Bildung und Wissenschaft vom 15. bis zum 17. Jahrhundert (Notker Hammerstein) 2003. EdG 64

Bildung und Wissenschaft in der Frühen Neuzeit 1650–1800 (Anton Schindling) 2. Aufl. 1999. EdG 30

Die Aufklärung (Winfried Müller) 2002. EdG 61

Lebenswelt und Kultur des Bürgertums in der Frühen Neuzeit (Bernd Roeck) 2., um einen Nachtrag erw. Aufl. 2011. EdG 9

Lebenswelt und Kultur der unterständischen Schichten in der Frühen Neuzeit (Robert von Friedeburg) 2002. EdG 62

Religion und Kirche

Die Reformation. Voraussetzungen und Durchsetzung (Olaf Mörke) 2., aktualisierte Aufl. 2011. EdG 74

Konfessionalisierung im 16. Jahrhundert (Heinrich Richard Schmidt) 1992. EdG 12

Kirche, Staat und Gesellschaft im 17. und 18. Jahrhundert (Michael Maurer) 1999. EdG 51

Religiöse Bewegungen in der Frühen Neuzeit (Hans-Jürgen Goertz) 1993. EdG 20

Politik, Staat, Verfassung

Das Reich in der Frühen Neuzeit (Helmut Neuhaus) 2. Aufl. 2003. EdG 42
Landesherrschaft, Territorien und Staat in der Frühen Neuzeit (Joachim Bahlcke) 2012. EdG 91
Die Landständische Verfassung (Kersten Krüger) 2003. EdG 67
Vom aufgeklärten Reformstaat zum bürokratischen Staatsabsolutismus (Walter Demel) 2., um einen Nachtrag erw. Aufl. 2010. EdG 23
Kriegswesen, Herrschaft und Gesellschaft 1300–1800 (Bernhard R. Kroener) 2013. EdG 94

Staatensystem, internationale Beziehungen

Das Reich im Kampf um die Hegemonie in Europa 1521–1648 (Alfred Kohler) 2., um einen Nachtrag erw. Aufl. 2010. EdG 6
Altes Reich und europäische Staatenwelt 1648–1806 (Heinz Duchhardt) 1990. EdG 4

19. und 20. Jahrhundert

Gesellschaft

Bevölkerungsgeschichte und Historische Demographie 1800–2000 (Josef Ehmer) 2004. EdG 71
Migration vom 19. bis zum 21. Jahrhundert (Jochen Oltmer) 3., aktual. Aufl. 2016. EdG 86
Umweltgeschichte im 19. und 20. Jahrhundert (Frank Uekötter) 2007. EdG 81
Adel im 19. und 20. Jahrhundert (Heinz Reif) 2, um einen Nachtrag erw. Aufl. 2012. EdG 55
Geschichte der Familie im 19. und 20. Jahrhundert (Andreas Gestrich) 3., aktual. und um einen Nachtrag erw. Aufl. 2013. EdG 50
Von der ständischen zur bürgerlichen Gesellschaft (Lothar Gall) 2., aktual. Aufl. 2012. EdG 25
Die Angestellten seit dem 19. Jahrhundert (Günter Schulz) 2000. EdG 54
Die Arbeiterschaft im 19. und 20. Jahrhundert (Gerhard Schildt) 1996. EdG 36
Frauen- und Geschlechtergeschichte im 19. und 20. Jahrhundert (Gisela Mettele)
Die Juden in Deutschland 1780–1918 (Shulamit Volkov) 2. Aufl. 2000. EdG 16
Die deutschen Juden 1914–1945 (Moshe Zimmermann) 1997. EdG 43

Wirtschaft

Die Industrielle Revolution in Deutschland (Hans-Werner Hahn) 3., um einen Nachtrag erw. Aufl. 2011. EdG 49
Die deutsche Wirtschaft im 20. Jahrhundert (Wilfried Feldenkirchen) 1998. EdG 47
Agrarwirtschaft und ländliche Gesellschaft im 20. Jahrhundert (Ulrich Kluge) 2005. EdG 73
Gewerbe und Industrie im 19. und 20. Jahrhundert (Toni Pierenkemper) 2., um einen Nachtrag erw. Aufl. 2007. EdG 29
Handel und Verkehr im 19. Jahrhundert (Karl Heinrich Kaufhold)
Handel und Verkehr im 20. Jahrhundert (Christopher Kopper) 2002. EdG 63
Banken und Versicherungen im 19. und 20. Jahrhundert (Eckhard Wandel) 1998. EdG 45
Technik und Wirtschaft im 19. und 20. Jahrhundert (Christian Kleinschmidt) 2007. EdG 79

Unternehmensgeschichte im 19. und 20. Jahrhundert (Werner Plumpe)
Staat und Wirtschaft im 19. Jahrhundert (Rudolf Boch) 2004. EdG 70
Staat und Wirtschaft im 20. Jahrhundert (Gerold Ambrosius) 1990. EdG 7

Kultur, Alltag, Mentalitäten

Kultur, Bildung und Wissenschaft im 19. Jahrhundert (Hans-Christof Kraus) 2008. EdG 82
Kultur, Bildung und Wissenschaft im 20. Jahrhundert (Frank-Lothar Kroll) 2003. EdG 65
Lebenswelt und Kultur des Bürgertums im 19. und 20. Jahrhundert (Andreas Schulz) 2., aktual. und um einen Nachtrag erw. Aufl. 2004. EdG 75
Lebenswelt und Kultur der unterbürgerlichen Schichten im 19. und 20. Jahrhundert (Wolfgang Kaschuba) 1990. EdG 5

Religion und Kirche

Kirche, Politik und Gesellschaft im 19. Jahrhundert (Gerhard Besier) 1998. EdG 48
Kirche, Politik und Gesellschaft im 20. Jahrhundert (Gerhard Besier) 2000. EdG 56

Politik, Staat, Verfassung

Der Deutsche Bund 1815–1866 (Jürgen Müller) 2006. EdG 78
Verfassungsstaat und Nationsbildung 1815–1871 (Elisabeth Fehrenbach) 2., um einen Nachtrag erw. Aufl. 2007. EdG 22
Politik im deutschen Kaiserreich (Hans-Peter Ullmann) 2., durchges. Aufl. 2005. EdG 52
Die Weimarer Republik. Politik und Gesellschaft (Andreas Wirsching) 2., um einen Nachtrag erw. Aufl. 2008. EdG 58
Nationalsozialistische Herrschaft (Ulrich von Hehl) 2. Aufl. 2001. EdG 39
Die Bundesrepublik Deutschland. Verfassung, Parlament und Parteien (Adolf M. Birke) 2. Aufl. 2010 mit Ergänzungen von Udo Wengst. EdG 41
Militär, Staat und Gesellschaft im 19. Jahrhundert (Ralf Pröve) 2006. EdG 77
Militär, Staat und Gesellschaft im 20. Jahrhundert (Bernhard R. Kroener) 2011. EdG 87
Die Sozialgeschichte der Bundesrepublik Deutschland bis 1989/90 (Axel Schildt) 2007. EdG 80
Die Sozialgeschichte der DDR (Arnd Bauerkämper) 2005. EdG 76
Die Innenpolitik der DDR (Günther Heydemann) 2003. EdG 66

Staatensystem, internationale Beziehungen

Die deutsche Frage und das europäische Staatensystem 1815–1871 (Anselm Doering-Manteuffel) 3., um einen Nachtrag erw. Aufl. 2010. EdG 15
Deutsche Außenpolitik 1871–1918 (Klaus Hildebrand) 3., überarb. und um einen Nachtrag erw. Aufl. 2008. EdG 2
Die Außenpolitik der Weimarer Republik (Gottfried Niedhart) 2., aktualisierte und um einen Nachtrag erw. Aufl. 2006. EdG 53
Die Außenpolitik des Dritten Reiches (Marie-Luise Recker) 2., um einen Nachtrag erw. Aufl. 2009. EdG 8
Die Außenpolitik der Bundesrepublik Deutschland 1949 bis 1990 (Ulrich Lappenküper) 2008. EdG 83
Die Außenpolitik der DDR (Joachim Scholtyseck) 2003. EdG 69

Hervorgehobene Titel sind bereits erschienen.

Stand: März 2017